32,-

wk

Hans R. Guggisberg

Geschichte der USA

Verlag W. Kohlhammer
Stuttgart Berlin Köln Mainz

Stuttgart Berlin Köln Mainz
Verlagsort: Stuttgart
Umschlag: hace
Gesamtherstellung: W. Kohlhammer GmbH
Grafischer Großbetrieb Stuttgart
Printed in Germany 1976
ISBN 3-17-002862-6

Inhalt

Vorwort

Das vorliegende Werk verdankt seine Entstehung einer Anregung des Verlags. Es möchte eine Einführung in die Geschichte der USA bieten und wendet sich vor allem an Studierende der Geschichte und der angrenzenden geistes- und sozialwissenschaftlichen Disziplinen, daneben aber auch an allgemein-historisch interessierte Leser, die eine erste und knappe Orientierung zu erhalten wünschen.
Die Schwerpunkte der Umrißskizze liegen auf den politischen und wirtschaftlich-sozialen Entwicklungen. Sowohl innerhalb als auch außerhalb dieser Bereiche mußte vieles weggelassen werden, und immer wieder ergab sich die Notwendigkeit, Erörterungen einzelner Probleme, Zusammenhänge und Begriffe so kurz zu fassen wie es irgend ging. Dabei wurde stets versucht, das Grundsätzliche hervortreten zu lassen und den langfristig wirksamen Ereignissen und Entwicklungstendenzen das ihnen gebührende Gewicht zu geben. Ihrer Zweckbestimmung gemäß enthält die Darstellung trotzdem im wesentlichen »selektive Ereignisgeschichte«, und es dürfte wie bei allen derartigen Überblicksversuchen verhältnismäßig leichtfallen, die getroffene Selektion und Gewichtsverteilung zu kritisieren. Das Wagnis der zusammenfassenden Überschau gehört aber nach wie vor zu den Aufgaben der Geschichtswissenschaft, und sie kann sich von dieser Verpflichtung angesichts der unaufhaltsam fortschreitenden Intensivierung und Spezialisierung der Einzelforschung immer weniger dispensieren. Daß der heutige Stand und die Interpretationstendenzen dieser Forschung auch in einer Kurzdarstellung wie der unseren berücksichtigt und gelegentlich referiert werden müssen, erscheint selbstverständlich.

Der Text entstand auf der Grundlage einer Reihe von Vorlesungen, die ich in den letzten Jahren an der Universität Basel gehalten habe. Zur Gestaltung des Stoffes habe ich im Laufe der Zeit von zahlreichen amerikanischen und europäischen Fachkollegen wertvolle Anregungen empfangen. Für besonders fruchtbare Ratschläge bin ich vor allem Erich Angermann und Hermann Wellenreuther von der Universität Köln zu Dank verpflichtet. Die anglo-amerikanische Abteilung des dortigen Historischen Seminars erwies sich immer wieder als zuverlässige Auskunftsstelle und auch als inspirierende Arbeitsstätte. Fräulein Helge Riedel, die stets hilfsbereite Bibliothekarin dieses Instituts, hat mir manche bibliographischen und dokumentarischen Schwierigkeiten aus dem Wege geräumt und damit zur Vermeidung unliebsamer Verzögerungen beigetragen. Bei der Zusammenstellung der Tabellen hat mich Rolf Zaugg, Assistent am Historischen Seminar der Universität Basel, als unentbehrlicher Mitarbeiter tatkräftig unterstützt. Die Durchsicht des Manuskripts erfolgte während eines Studienaufenthalts am »Institute for Advanced Study« in Princeton. Nützliche Hinweise und Hilfeleistungen habe ich hier vor allem von Mary M. und Richard S. Dunn, Nancy Weiss, Philip J. Greven und Felix Gilbert empfangen dürfen. Durch alle Stadien der Arbeit hat mich meine Frau mit fruchtbarer Kritik, Anteilnahme und Verständnis begleitet. Ihr gilt mein größter Dank.

Princeton, N. J., im Februar 1975 *H. R. G.*

Erster Teil: Vorgeschichte und Entstehung der USA

1. Die kolonialen Anfänge

Den europäischen Entdeckern präsentierte sich der nordamerikanische Kontinent zunächst als ein unwirtliches Land. Fast alle Küstengebiete waren von unwegsamen Wäldern bedeckt; sie wurden von Eingeborenen bevölkert, die in steinzeitlicher Primitivität lebten und sich gegenüber den Eindringlingen aus der Alten Welt fast überall feindselig verhielten. Das Klima war alles andere als angenehm: Im Norden machten die bitterkalten Winter mit ihren heftigen Schneefällen und schweren Stürmen das Leben beschwerlich, im Süden (und bis weit in die nördlichen Gebiete hinein) gab es aus der feuchten Hitze der Sommerzeit kein Entrinnen.

So erschienen die Voraussetzungen für die Entstehung permanenter europäischer Niederlassungen schlecht, und tatsächlich scheiterten zahlreiche Unternehmungen jeweils schon nach wenigen Monaten. Mit der Zeit aber wurden die Vorteile des Landes und seiner natürlichen Gegebenheiten erkannt und den kolonisatorischen Bemühungen dienstbar gemacht. Dies galt besonders für den mittleren Teil des Kontinents, für die Gebiete zwischen dem 22. und dem 55. Breitengrad. Hier konnten sich die Europäer ohne allzu große Anpassungsschwierigkeiten niederlassen. Sie konnten ihre mitgebrachten Getreidesorten anbauen: Weizen, Roggen, Gerste und Hafer. Auch Zwiebeln und Rüben gediehen. Dazu entdeckten die Siedler zwei neue wertvolle Nahrungsmittel, nämlich Mais und Kartoffeln. In den Wäldern gab es Wild in Fülle, die Küstengewässer und Flußläufe waren reich an Fischen, und mit der Zeit erkannte man, daß der mittlere Teil Nordamerikas Bodenschätze von ungeahnten Ausmaßen enthielt.

Die Entdeckung und Eroberung des Kontinents erfolgte mit Ausnahme der Besiedlung Californias und Oregons grundsätzlich von Osten nach Westen. Die »Frontier«, d.h. die Grenzlinie zwischen dem für die Landwirtschaft gewonnenen Land und der Wildnis, verschob sich in dieser Richtung, und zwar von allem Anfang an bis zum Ende des 19. Jahrhunderts, als sie zu existieren aufhörte.

Die Frage nach der Herkunft der *Ureinwohner* Nordamerikas ist bis heute nicht restlos geklärt. Möglicherweise wanderten sie vor dem Ende der letzten Eiszeit aus Asien über die Beringstraße nach Alaska

(ca. 40000 – 25000 v. Chr.) und verbreiteten sich dann im Laufe der Jahrtausende von dort aus über die ganze Hemisphäre. Während die Indianervölker Mittel- und Südamerikas teilweise hochstehende Kulturen entwickelten, blieben diejenigen im Gebiet der heutigen USA und Kanadas auf viel tieferer Stufe stehen. Zur Zeit der ersten Konfrontation mit den europäischen Kolonisten führten viele Stämme noch das Leben von Jägern und Sammlern; andere betrieben einfachen Ackerbau, waren aber meist nur zu schwacher Verwurzelung gelangt. In einigen Gegenden des Südostens und des Nordostens gab es Ansätze zu politischer Organisation in Stammeskonföderationen (z. B. diejenige der »Fünf Nationen« der Iroquois im heutigen Staate New York), meist aber lebten die einzelnen Stämme mehr oder weniger unabhängig unter der Führung ihrer Häuptlinge und Medizinmänner. Sie waren zahlenmäßig klein und wurden durch Kriege und innere Zwiste immer wieder geschwächt.
Als die Kolonisation begann, betrug die Gesamtzahl der Ureinwohner in den Gebieten nördlich der heutigen Republik Mexiko schätzungsweise kaum mehr als 1 Million. Für die Siedler war dies ein glücklicher Umstand. Auch dort, wo sich die Indianer zur Bewahrung ihrer Jagdgründe mit verzweifelter Energie zur Wehr setzten, konnten sie den Vormarsch der weißen Eindringlinge auf die Dauer nicht blockieren und mußten sich früher oder später doch immer weiter ins Landesinnere zurückziehen.
Die ersten europäischen Kundschafter auf dem nordamerikanischen Kontinent waren *wikingische Seefahrer* aus Island gewesen. Unter ihrem Anführer Leif Erikson hatten sie zu Beginn des 11. Jahrhunderts eine reich bewaldete Küstengegend entdeckt und ihr wegen des dort in Fülle wachsenden wilden Weines den Namen »Vinland« gegeben. Der Ort der Landung ist nicht bekannt, aber er muß in Neuengland oder Nova Scotia gelegen haben. Zu permanenter Niederlassung ist es jedoch damals und auch später nicht gekommen, und so ist diese Episode für die Geschichte der Erschließung Nordamerikas irrelevant geblieben.
Auch im *»Zeitalter der Entdeckungen«* dauerte es verhältnismäßig lange, bis das Gebiet der heutigen USA wirklich ins Blickfeld der Europäer gelangte. Columbus, der den Seeweg nach Indien suchte, hat die Küsten Nordamerikas nie gesehen. Fischer aus der Normandie und aus den südenglischen Hafenstädten mochten sie im Laufe des 15. Jahrhunderts schon kennengelernt haben, aber kein Chronist beschrieb ihre Fahrten für die Nachwelt. Der erste Seefahrer, der über das neue Land berichtete, war der Venezianer Giovanni Caboto (John Cabot): Er war um 1497 im Dienste Heinrichs VII. von England erstmals nach Westen gesegelt. Um 1524 erteilte König

Franz I. von Frankreich dem aus Florenz stammenden Navigator Giovanni da Verrazano den Auftrag, der nordamerikanischen Küste entlangzufahren und die Möglichkeit einer Durchfahrt zum Pazifik zu erkunden. Er brachte wichtige geographische Informationen zurück, hatte aber sein Hauptziel nicht erreicht. Zehn Jahre später überquerte Jacques Cartier mit ähnlicher Mission den Atlantik. Er sollte nicht nur den Weg nach Indien finden, sondern Länder und Inseln erkunden, die Gold und »andere Reichtümer« bargen. Cartier unternahm insgesamt drei Fahrten in das Mündungsgebiet des Sankt-Lorenz-Stromes (1534–1541). Als sich jedoch herausstellte, daß dort weder Edelmetalle noch Diamanten zu finden waren und daß die Kälte des Winters eine Niederlassung erschwerte, wurde die weitere Erschließung der »Nouvelle France« fürs erste aufgegeben.
Die ersten Weißen, die sich in Nordamerika definitiv festsetzten, waren die Spanier. Ein Sieg über französische Kolonisten, die im Norden Floridas ein Hugenottenrefugium errichten wollten, führte um 1565 zur Entstehung des Stützpunktes St. Augustine und ermöglichte den Beginn der Indianermission durch die Societas Jesu. Am Ende des 16. Jahrhundert sah es aus, als würde der nordamerikanische Kontinent gleich wie Mittel- und Südamerika schließlich dem spanischen Weltreich einverleibt werden. Tatsächlich gestaltete sich der europäische Zugriff dann aber so, daß die Briten (gefolgt von Holländern und Schweden) in die mittleren Regionen eindrangen, während die Franzosen auf dem nördlichen und die Spanier auf dem südlichen Flügel vorstießen. Die »Flankenaktionen« waren zunächst sehr viel spektakulärer als diejenigen im Zentrum. Die von Spanien beanspruchten Gebiete erstreckten sich bald weit nach Westen bis in die heutigen Staaten Texas, Oklahoma und New Mexiko. Die pazifischen Küstengebiete sollten bis zur Mitte des 18. Jahrhunderts fast ganz unter die Kontrolle Spaniens kommen. Nach 1600 nahmen die Franzosen die systematische Erkundung des Sankt-Lorenz-Gebietes wieder auf und stießen von dort zu den großen Seen und ins Mississippibecken vor. Sie folgten dem Fluß bis zu seiner Mündung, erhoben Anspruch auf die Gesamtheit der Gebiete von »Louisiana«, errichteten zahlreiche Stützpunkte und gründeten um 1718 die Siedlung Nouvelle Orléans.
Gegenüber den spanischen und französischen Unternehmungen besaßen die *britischen Niederlassungen* an der Ostküste Nordamerikas von Anfang an viel eindeutiger den Charakter von Siedlungskolonien. Ihre territoriale Ausdehnung war relativ bescheiden, und es war keineswegs vorauszusehen, daß sie einmal das Fundament eines kontinentalen Kolonialreichs oder gar den Kern einer kontinentalen Nation bilden würden.

Die Anfänge der überseeischen Expansion Englands lagen im Zeitalter Elisabeths I. Ihre wichtigsten Voraussetzungen bestanden einerseits in der durch das ganze 16. Jahrhundert hindurch fortschreitenden politischen und territorialen Konsolidierung des Tudor-Königreichs und andererseits in dem dadurch möglich gewordenen generellen Aufschwung von Handel und Gewerbe. Die ersten englischen Vorstöße über den Atlantik wurden von der Entwicklung des Verhältnisses zu Spanien unmittelbar beeinflußt. Dieses Verhältnis war seinerseits durch eine Vielzahl wirtschaftspolitischer, strategischer und religiöser Konfliktsprobleme belastet, die hier nicht im einzelnen erörtert werden können. Im ersten Jahrzehnt der Regierung Elisabeths I. waren die englisch-spanischen Beziehungen noch verhältnismäßig ungestört. Gegen Ende der 1560er Jahre ging England dann allmählich dazu über, den Schiffsverkehr zwischen Spanien und den spanischen Kolonien in Westindien zu stören. Gleichzeitig wurden erste kolonialpolitische Intentionen und Zielsetzungen sichtbar. Englische Schiffe befuhren bereits den Pazifischen Ozean, Francis Drake umsegelte die Welt (1577–1580), und die Suche nach der »Northwest Passage« wurde mit zunehmender Intensität vorangetrieben. Von 1585 an war das Verhalten Englands gegenüber Spanien durch den offenen Seekrieg charakterisiert, der seinen Höhepunkt drei Jahre später im Sieg über die Armada finden sollte. Langsam aber zielbewußt und beharrlich entwickelte England seine eigene Methode kolonialen Vorgehens. Als um 1604 der Friede mit Spanien geschlossen wurde, bestand bereits eine englische Handelsgesellschaft für Indien und den Fernen Osten (»East India Company«). Die entsprechenden Organisationen für die koloniale Expansion sollten bald ins Leben gerufen werden.

Die Fahrten der elisabethanischen »Sea dogs« waren oft nichts anderes als private Raubzüge. Indessen wurden viele dieser abenteuerlichen Unternehmungen aber auch vom Wunsche inspiriert, mit weit entfernten Weltgegenden den Handelsverkehr aufzunehmen und neue geographische Kenntnisse und Erfahrungen zu sammeln. Die Errichtung von Handelsstützpunkten in Übersee war schon zur Zeit des John Cabot geplant gewesen; die Gründung von *Siedlungskolonien* wurde erstmals von Sir Humphrey Gilbert erwogen. Obwohl die Erkundungsreisen dieses Seefahrers (1578–1583) keine Erfolge zeitigten, hinterließ er doch eine Gruppe von begeisterten Anhängern seiner Kolonialideen. Vor allem sein jüngerer Halbbruder Walter Raleigh setzte die Planung permanenter Niederlassungen mit großem Eifer fort. Er konnte das Kolonialpatent übernehmen, das die Königin Gilbert verliehen hatte, und er erhielt dadurch die Erlaubnis, »jedes ferne heidnische Barbarenland« in Besitz zu nehmen,

das noch keiner anderen christlichen Nation gehörte. Seine Bemühungen, auf der Insel *Roanoke* vor der Küste des heutigen Staates North Carolina eine Kolonie zu errichten (1585,1587), wurden von Anfang an durch Nachschubschwierigkeiten behindert. Als nach langer Unterbrechung um 1591 wiederum englische Schiffe auf der Insel landeten, war die kleine Siedlung nicht mehr vorhanden. Das Geheimnis ihres Verschwindens ist bis heute nicht gelüftet worden. Obwohl die Unternehmungen Raleighs auch mißlangen, ergaben sie doch viele wertvolle Informationen über das kontinentale Hinterland der Insel Roanoke, das von da an mit der Erlaubnis der Königin den Namen »Virginia« trug.
Trotz dieser Mißerfolge blieb das Interesse an der Neuen Welt in England bestehen. Es wurde durch zahlreiche Reiseberichte und »Promotion Tracts« wachgehalten, die den Lesern die Zukunftsaussichten englischen Kolonialbesitzes anschaulich und farbenreich schilderten.
Um 1603 – ein Jahr vor dem Friedensschluß mit Spanien – hatte Jakob I. aus dem Hause Stuart die Nachfolge Elisabeths I. angetreten. Wenn während seiner Regierungszeit (und derjenigen seines Sohnes Karl I.) Tausende von Engländern auch aus den unteren Volksschichten in die Wildnis Nordamerikas auswanderten, so war dies keineswegs nur einer durch literarische Impulse geweckten Abenteuerlust zuzuschreiben. Auch die religiöse Verfolgung, auf die noch einzugehen sein wird, genügt als Erklärung nicht. Der im frühen 17. Jahrhundert mächtig einsetzende *Emigrationsstrom* wurde ebenso entscheidend durch zahlreiche Mißstände mitbedingt, die sich aus den revolutionären Veränderungen der englischen Wirtschaft ergeben hatten. Die steigende Nachfrage nach Wolle und Wollstoffen hatte schon vor 1550 der Schafzucht zu starkem Aufschwung verholfen. Die notwendige Vermehrung des Weidelandes ging auf Kosten von Landparzellen, die vorher dem Ackerbau gedient hatten oder als Allmenden benutzt worden waren. Dadurch wurden viele Kleinbauern, Pächter und Landarbeiter um ihren Lebensunterhalt gebracht. Ganze Dörfer verschwanden, weite Landstriche entvölkerten sich. Die gesetzlichen Gegenmaßnahmen der Krone waren wenig wirkungsvoll und vermochten die *Verarmung* großer Teile der Landbevölkerung nicht aufzuhalten. Dies war die Kehrseite des Aufschwungs von Handel und Industrie. Als zur fortschreitenden Intensivierung der Weidewirtschaft noch Rezessionen im Textilexportgeschäft hinzukamen, verbreitete sich die *Arbeitslosigkeit* auch in den Städten. Die Folge war eine weithin spürbare Zunahme des Landstreichertums und des Bettels. Diese Situation wurde durch die in ganz Europa grassierende *Inflation* noch ver-

schärft und veranlaßte viele Angehörige der ländlichen Unterschichten, aber auch des Handwerkerstandes und selbst des niederen Adels (»Gentry«), ihre Hoffnungen auf ein besseres Los in die Neue Welt zu setzen.
Die ersten Jahrzehnte des 17. Jahrhunderts waren eine Periode der kolonialen Experimente im Gebiet von Virginia, aber auch in Neuengland, in Neufundland, auf mehreren Inseln Westindiens und sogar auf dem Festland Südamerikas. Mit dem Jahre 1620 war der Zeitpunkt erreicht, von dem an die Realisierbarkeit lebensfähiger kolonialer Niederlassungen nicht mehr zu bezweifeln war. Im dritten und vierten Jahrzehnt erreichte der Auswanderungsstrom seinen ersten Höhepunkt. Bis 1640 verließen ca. 70000 Menschen England, um sich in der Neuen Welt niederzulassen. Von diesen zogen ca. 12000 nach Virginia und auf die Bermudas, ca. 18000 nach Neuengland und ca. 37000 nach Westindien.
Fast alle englischen Kolonialunternehmungen dieser Zeit wurden von den Handelsgesellschaften durchgeführt, die als *»Joint-stock companies«* organisiert waren, d.h. als Aktionärsvereinigungen, deren Teilhaber Gewinne und Verluste gemeinsam trugen. Königliche Patente *(»Charters«)* umschrieben ihre Rechte und ermächtigten sie, in den erschlossenen und besiedelten Gebieten Verwaltungsbehörden einzusetzen und Gesetze zu erlassen.
Im Frühjahr 1606 erhielt eine solche Gesellschaft, die »London Company of Virginia«, von König Jakob I. das Recht, den nordamerikanischen Kontinent zwischen dem 34. und dem 41. Breitengrad zu erschließen. Die Hoffnungen der Aktionäre und Kolonisten richteten sich immer noch in erster Linie auf Gold und andere Bodenschätze, auf raschen Reichtum und auf die Entdeckung einer möglichst kurzen Verbindung zum Pazifik. Ende Mai 1607 wurde in der Chesapeake-Bucht die Siedlung *Jamestown* gegründet. Schon bald stellten sich jedoch auch hier die ersten Schwierigkeiten ein. Bodenschätze waren nicht zu finden, die Eingeborenen verhielten sich feindselig, das feuchte Klima erwies sich als äußerst ungesund, und die meisten Expeditionsteilnehmer waren weder willens noch in der Lage, die schwere Arbeit der Rodung und Bebauung des Bodens auf sich zu nehmen. Die Sterblichkeit war groß, und die Nahrungsmittel gingen zur Neige. Wenn das Unternehmen schließlich doch nicht zusammenbrach, war dies in erster Linie der Energie und den Führerqualitäten des Kapitäns John Smith zuzuschreiben.
Das war der Anfang der Kolonie *Virginia*. Obwohl sie in den ersten Jahren kaum Gewinne abwarf, erhielt sie 1609 eine neue »Charter«, die die Rechte der Gesellschaft erweiterte, die Nord- und Südgrenze neu festsetzte und den Gebietsanspruch bis zum Pazifik ausdrück-

lich bestätigte. Die Notzeit (»Starving time«) der Kolonie dauerte aber weiterhin an. Thomas Dale, einer der ersten Gouverneure, erließ überaus harte Gesetze zur Wahrung der inneren Ordnung und Disziplin (»Dale's Laws«). Sie bewirkten ein Nachlassen der inneren Streitigkeiten, lösten aber die Existenzprobleme der Siedlung nicht. Die »London Company« geriet allmählich in finanzielle Schwierigkeiten. Eine dritte königliche »Charter« (1612) erlaubte ihr, die Kolonisationstätigkeit auch auf die Bermudas auszudehnen. Gleichzeitig begann der Anbau von *Tabak*, der sich als rettendes Exportprodukt erwies.
Entscheidende Veränderungen brachte das Jahr 1619. Gemäß den Instruktionen der »London Company« wurde der *private Landbesitz* eingeführt (mindestens 100 Acres für jeden freien Siedler). Der Bevölkerungszuwachs wurde einerseits durch die Ankunft von 90 heiratsfähigen jungen Frauen charakterisiert, andererseits durch den erstmaligen Ankauf von *Negersklaven*, die von einem holländischen Schiff nach Jamestown gebracht worden waren. Von besonderer Bedeutung war schließlich auch das erstmalige Zusammentreten einer kolonialen Legislativbehörde, der sogenannten *»General Assembly«*. Viele Probleme blieben jedoch weiterhin bestehen. Die Abhängigkeit von den fluktuierenden Tabakpreisen verhinderte die wirtschaftliche Stabilisierung der Kolonie. Ein Indianerangriff, dem über 300 Siedler zum Opfer fielen, wirkte sich im Jahre 1623 als katastrophaler Schlag aus. Die Ausbeutung finanzschwacher Kolonisten nahm so extreme Formen an, daß Jakob I. eine offizielle Untersuchung anordnete. Ihr Ergebnis bestand in einem Gerichtsurteil, das die »London Company« auflöste und Virginia zur *Kronkolonie* machte (1624). Diese Maßnahme erwies sich im ganzen als segensreich. Die »General Assembly« verschwand nicht, aber sie erhielt ihre offizielle Sanktionierung erst um 1639 durch ein Dekret Karls I. Zu Beginn der 1640er Jahre war die Zahl der Siedlerbevölkerung auf ca. 10000 angestiegen, und in der Umgebung von Jamestown waren zahlreiche neue Niederlassungen entstanden. Zur Zeit des englischen Bürgerkriegs stand Virginia dezidiert auf der Seite des Königs.
Die Bezeichnung »New England« war von John Smith geprägt worden, der die Küste dieses Gebietes im Jahre 1614 erkundet und erstmals beschrieben hatte. Hier entwickelte sich wenige Jahre später ein neuer Typus englischer Kolonisation, dessen grundlegende Motive und Zielsetzungen im religiösen Bewußtsein wurzelten. Die gemeinsame Triebkraft der wichtigsten unter diesen Gründungen war der *Puritanismus*, d.h. die Oppositionsbewegung gegen das anglikanische Staatskirchen-Establishment der Stuart-Monarchie. Sehr viele englische Kolonisten, die sich in der ersten Hälfte des 17.

Jahrhunderts in Neuengland niederließen, waren radikale oder gemäßigte Puritaner, die vom Wunsche beseelt waren, in der Neuen Welt die wahre Gemeinde Christi zu begründen und damit das Werk der in England auf halbem Wege stehengebliebenen Reformation zu vollenden. Das Ziel bestand in der Errichtung eines neuen Jerusalem, einer »City upon a Hill«. Die Puritaner Neuenglands verstanden sich als ausgewählte Werkzeuge Gottes und hielten sich daher für verpflichtet, ihr »Holy Commonwealth« der ganzen Welt als leuchtendes Beispiel vor Augen zu führen. Das erstrebte Ideal ließ sich zwar nie völlig verwirklichen, aber es bildete doch den Nährboden zahlreicher institutioneller und weltanschaulicher Traditionen, die die gesamte spätere Entwicklung der amerikanischen Nation mitbestimmen und mitgestalten sollten.[1]
Die erste Puritanerkolonie war diejenige von *Plymouth*. Sie war das Werk der sogenannten »Pilgerväter«, die im Herbst 1620 auf der »Mayflower« den Atlantik überquerten. Die »Pilgrims« waren Separatisten, d.h. Puritaner des radikalen Flügels, die sich offen und bewußt von der anglikanischen Staatskirche losgesagt hatten und eine kongregationalistische Kirchenform befürworteten. Ihre Gemeinde war in den ersten Regierungsjahren Jakobs I. in der Nähe von York entstanden. Um 1608 waren sie nach Holland ausgewandert und hatten sich in Leiden niedergelassen. Hier waren sie geduldet worden, hatten aber unter gewissen wirtschaftlichen Einschränkungen zu leiden gehabt. Dies und die wachsende Sorge um die Bewahrung der englischen Sprache und Lebensart bei den jüngeren Gemeindegliedern hatte mit der Zeit den Entschluß zur weiteren Auswanderung heranreifen lassen. Britisch-Nordamerika erschien als sinnvolles Ziel, weil man dort den englischen Gesetzen unterstand, aber wegen der großen Entfernung keine religiöse Verfolgung zu befürchten brauchte.
Da die Leidener Exilgemeinde zu arm war, um die Siedlungsgründung selber zu finanzieren, mußte sie sich mit einigen Londoner Kaufleuten zu einer »Joint-stock company« vereinigen, die allerdings kein besonderes königliches Kolonisationspatent erhielt. Die Gesamtheit der ca. 100 Auswanderer bestand aus zwei Gruppen: Die aus Leiden gekommenen »Saints« führten das Unternehmen an und gaben ihm seinen besonderen Charakter. Ihnen hatten sich in England eine Anzahl von »Strangers« angeschlossen, die an der Expedition nicht in erster Linie aus religiösen Gründen teilnahmen,

1 Über die Geschichte und den heutigen Stand der Erforschung des amerikanischen Puritanismus orientiert die Arbeit von Ursula Brumm: Puritanismus und Literatur in Amerika, Darmstadt 1973, (= Erträge der Forschung, Bd. 20).

sondern auf materiellen Erfolg hofften. Die Überfahrt sollte ins Gebiet von Virginia führen, aber die »Mayflower« landete in Cape Cod. Da Neuengland außerhalb des bereits bestehenden britischen Jurisdiktionsgebietes lag, schufen die Pilgerväter im »Mayflower Compact« die Grundlage für eine eigene koloniale Staatsorganisation, allerdings mit der ausdrücklichen Betonung ihrer Loyalität gegenüber der englischen Krone. Dieses Dokument ist in der späteren amerikanischen Geschichtsschreibung als Symbol des Willens zur Selbstregierung und als Ausgangspunkt der Entwicklung demokratischer Grundprinzipien gelegentlich überbewertet worden. Im Grunde wollte es nichts anderes sein als eine provisorische Grundordnung, die so lange in Kraft bleiben sollte, bis die Kolonie eine gültige »Charter« erhielt. Im Jahre 1621 wurde William Bradford zum Gouverneur erkoren, ein ehemaliger Kaufmann mit gelehrten Neigungen und außergewöhnlichen theologischen Kenntnissen. Er versah das Amt fast ununterbrochen bis zu seinem Tode (1657). Unter seiner Führung überwand die Kolonie die schweren Krisen der ersten Jahre, und es gelang ihm auch, sie schließlich aus ihrer Verschuldung gegenüber den englischen Geldgebern herauszulösen. Mit seiner Chronik *»Of Plymouth Plantation«* überließ er der Nachwelt eine der anschaulichsten und inhaltsreichsten Darstellungen der frühen Kolonisation Neuenglands.[2]

Plymouth blieb stets eine kleine Niederlassung. Sie hatte den Weg nach Neuengland gewiesen, lockte aber selbst nur wenige neue Einwanderer an. Der große Puritaner-Exodus begann erst am Ende der 1620er Jahre; er führte zur Entstehung der *Massachusetts Bay-Kolonie.* Um 1628 hatte John Endecott die Siedlung Salem gegründet. Hinter diesem Unternehmen stand die hauptsächlich von puritanisch gesinnten Teilhabern getragene »New England Company«. Diese erhielt 1629 ein königliches Kolonisationspatent und nannte sich fortan »Massachusetts Bay Company«. Im folgenden Jahre brachte der Gouverneur John Winthrop nicht nur mehrere hundert Kolonisten, sondern auch die königliche »Charter« über den Atlantik. Damit war erstmals auch der Sitz einer Kolonialgesellschaft nach Amerika verlegt worden. Die Bay-Kolonie erlangte auf diese Weise von Anfang an mehr Unabhängigkeit vom Mutterland als alle früheren Unternehmungen. Innerhalb eines Jahres entstanden ein halbes Dutzend Niederlassungen, darunter Boston und Newtown (Cambridge). Bis 1643 vermehrten sie sich nach allen Richtungen, und die Zahl der Siedler überschritt 15000. Die sogenannte »Great Migra-

2 Als beste und handlichste Ausgabe dieses Werkes gilt William Bradford: Of Plymouth Plantation 1620–1647, A New Edition ... by Samuel Eliot Morison, New York 1952 u. ö.

tion« fiel fast genau in die Zeit, da Karl I. ohne Parlament regierte. Die Puritaner der Massachusetts Bay-Kolonie bekannten sich nicht so eindeutig zum Separatismus wie diejenigen von Plymouth. Sie glaubten im Gegenteil an die Möglichkeit, daß die »Church of England« schließlich doch noch von innen her im Sinne des Gotteswortes reformiert werden könne. Viele von ihnen hatten sich deshalb nur mit Mühe zur Auswanderung entschließen können und dies erst getan, als die Unterdrückung ihrer Opposition gegen die Staatskirche und Bischofshierarchie immer offener und schärfer wurde. Um so eifriger strebten sie nach dem Auszug aus der Heimat danach, ihr Ideal der wahren Gemeinde Christi in der Neuen Welt zu realisieren und damit direkt oder indirekt auch zur Vollendung der Reformation in England beizutragen.
Kurz nach der Entstehung der ersten Niederlassungen wurde die »Massachusetts Bay Company« zu einem »Commonwealth« umgeformt. Dies geschah, als die Teilhaber der Gesellschaft um 1631 hundert erwachsene Männer als stimmberechtigte »Freemen« in den *»General Court«* aufnahmen. Der Begriff *»Freeman«* bezeichnete im England des 17. Jahrhunderts das stimmberechtigte Mitglied einer Handelsgesellschaft oder einer Stadtgemeinde. In den amerikanischen Kolonien war der »Freeman« zunächst ein Siedler, der seine Überfahrt selbst bezahlt hatte und an der Siedlungsgründung finanziell beteiligt war (im Gegensatz zum *»Indentured Servant«*, der die Reisekosten durch Dienerarbeit abgelten mußte, bevor er »frei« wurde). Der koloniale »Freeman« besaß stets Grund und Boden und hatte das Recht, die Repräsentanten in der »Assembly« seiner Kolonie zu wählen oder sich selber wählen zu lassen. Durch die Vermehrung der »Freemen« wurde der puritanische Charakter der Kolonie Massachusetts nicht verändert, aber der »General Court« beschloß im gleichen Jahre 1631, daß nur Mitglieder der kongregationalistischen Kirche, wie sie in den einzelnen Siedlungen bestand, den Status von »Freemen« erlangen konnten. Damit zeichnete sich bereits wieder der Ansatz zu politischer Oligarchie und zu staatskirchlicher Ordnung ab. Im Jahre 1634 sicherten sich die »Freemen« gegenüber dem Gouverneur und seinem »Council of Assistants« die Kompetenz der Gesetzgebung, der Landverteilung und der Steuereintreibung. Gleichzeitig wurde für den »General Court« das Repräsentationsprinzip eingeführt. Der Gouverneur, sein Stellvertreter, die 18 »Assistants«, aber auch alle Deputierten der einzelnen Siedlungen mußten jedes Jahr neu gewählt werden. Dies war die Grundstruktur des »Self-governing Commonwealth« von Massachusetts. Sie wies manche Ähnlichkeit mit derjenigen Virginias auf und sollte für die meisten anderen Kolonien zum Vorbild werden.

Das Leben der frühen Bewohner von Massachusetts war durch Frömmigkeit und großen Fleiß in landwirtschaftlicher und handwerklicher Arbeit charakterisiert. Daneben zeichneten sich die Leute durch einen beträchtlichen Bildungseifer aus. Um 1635 entstand in Boston die erste öffentliche Lateinschule, ein Jahr danach wurde in Cambridge das Harvard College gegründet. Ein 1647 erlassenes Gesetz veranlaßte die generelle Einrichtung von Grund- und Mittelschulen in allen Ortschaften mit mehr als 50 bzw. 100 Familien.

Die oligarchischen Charakterzüge des Regierungssystems von Massachusetts wurden vor allem durch die puritanische Geistlichkeit gestärkt. Zu ihren Anführern gehörten Männer wie John Cotton, Increase Mather und Cotton Mather, allesamt unermüdliche Befürworter und Verteidiger des »Holy Commonwealth«. Sie bekleideten zwar keine politischen Ämter, aber ihre Kirche war mit der weltlichen Ordnung völlig identifiziert, da das politische Leben allein durch die Kirchenmitglieder getragen wurde.

Das auf der theologischen Doktrin vom »Covenant« (d.h. dem Bund Gottes mit seinem auserwählten Volk) beruhende puritanische System war indessen von Anfang an einer Vielzahl innerer und äußerer Widerstände ausgesetzt. Von besonderer Bedeutung waren einige religiöse Oppositionsbewegungen, die teilweise zur Entstehung neuer Kolonien führten. Am bekanntesten ist das Beispiel des Roger Williams, der als Prediger des radikalen Separatismus und als Kritiker des generellen kolonialen Landanspruchs um 1636 aus Massachusetts verbannt wurde. Er zog nach Süden zu den Naragansett-Indianern, kaufte von ihnen eine Landparzelle und errichtete darauf die Siedlung Providence. Diese zog bald viele andere Gegner und Opfer der Oligarchie von Massachusetts an, wie z.B. die Spiritualistin Anne Hutchinson mit ihren Anhängern. So entstand die Kolonie *Rhode Island*, die sich ebenfalls weitgehende Selbstverwaltungsrechte sichern konnte und zum ersten Gemeinwesen Amerikas wurde, in dem das Prinzip der Trennung von Kirche und Staat und damit die uneingeschränkte Glaubensfreiheit zur Verwirklichung gelangte. Ein zweiter Exodus aus Massachusetts begründete (ebenfalls im Jahre 1636) die Kolonie *Connecticut*. Die Hauptmotive lagen hier sowohl in der Ablehnung der oligarchischen Ordnung der Bay-Kolonie als auch im Wunsche nach besserem Land. Als Connecticut um 1662 von König Karl II. eine offizielle »Charter« erhielt, schloß diese auch die bereits 1638 entstandene kleine Puritanersiedlung *New Haven* ein.

Eine Hauptgefahr, gegen die sich die Apologeten des puritanischen Systems in Massachusetts von Anfang an zur Wehr setzen mußten,

war die Tendenz zur »Verweltlichung« innerhalb der Kolonie. Immer größer wurde im Laufe des 17. Jahrhunderts die Zahl der Siedler, die in erster Linie an materiellem Gewinn interessiert waren. Landwirtschaft und Handwerk konnten diesen nicht allein erbringen. Viele Einwanderer betätigten sich daher als Fischer, Pelzhändler und Schiffsbauer. Das wirtschaftliche Leben gestaltete sich viel komplexer als in Virginia. Wer daran erfolgreich teilnahm, strebte begreiflicherweise nach politischer und sozialer Gleichberechtigung, war aber nicht unbedingt bereit oder in der Lage, die hierfür notwendigen religiösen Qualifikationen aufzubringen. Die führenden Kreise wollten und konnten die wachsende Prosperität der Kolonie nicht aufs Spiel setzen und waren daher zu Kompromissen genötigt, die die scharfen Grenzen zwischen den Kirchenmitgliedern und den übrigen Kolonisten verwischten. Die endgültige Abschaffung der religiösen Voraussetzungen für die politische Gleichberechtigung sollte jedoch erst um 1691 erfolgen, ein Jahr vor der berüchtigten Hexenjagd von Salem, die die Glaubwürdigkeit und den Autoritätsanspruch des bereits schwer erschütterten puritanischen Systems endgültig zusammenbrechen ließ.
Seit 1650 hatte Massachusetts eigene territoriale Expansionspläne entwickelt, die in nördlicher Richtung wiesen. Während die formelle Annexion des weiten Grenzlandes von Maine gelang, war New Hampshire dem Zugriff der Bay-Kolonie jedoch entzogen, als Karl II. dieses Gebiet um 1679 zur Kronkolonie erklärte.
Neben den transatlantischen Niederlassungen, die von englischen Handelsgesellschaften gegründet wurden, gab es seit dem frühen 17. Jahrhundert auch *Eigentümerkolonien*. Die erste Unternehmung dieser Art war *Maryland*. Sie verdankte ihre Entstehung einem Patent, das Karl I. um 1632 ausstellte und das ein weites Gebiet im Norden Virginias an der Chesapeake Bay zur Kolonisation freigab. Der Empfänger der »Charter« war Cecil Calvert Lord Baltimore. Dieser katholische Edelmann wollte in der Neuen Welt ein Refugium für englische Katholiken schaffen. Trotz lauter Proteste der Siedler Virginias führte er sein wohlvorbereitetes Vorhaben von 1634 an mit beträchtlichem Erfolg durch. Er hatte das Land als königliches Lehen mit vollen Herrschaftsrechten zugesprochen erhalten und war befugt, es in einzelne Grundherrschaften (»Manors«) aufzuteilen und an weitere Lehensträger zu verleihen. So entstand in der amerikanischen Wildnis ein kleiner Feudalstaat, dessen Name sinnvollerweise an die katholische Gemahlin Karls I., Henriette Marie, erinnerte. Zu den ersten Einwanderern gehörten tatsächlich eine Anzahl katholischer Adeliger. Als Dienstleute, Handwerker, Pächter und Kleinbauern wurden aber von Anfang an auch Protestanten

zugelassen. Sie erreichten bald das zahlenmäßige Übergewicht, beförderten die fortlaufende Zunahme landwirtschaftlicher Kleinbetriebe und erzwangen auch die Einführung einer auf dem Repräsentationssystem beruhenden Verwaltungsorganisation. Im Jahre 1649 gewährte ihnen Calvert durch ein offizielles *Toleranzedikt* die volle Glaubensfreiheit. Die soziale Entwicklung der Kolonie entsprach zwar seinen ursprünglichen Intentionen nur zum Teil, aber bis zur Jahrhundertmitte hatte sie sich im ganzen gesehen doch als Erfolg erwiesen. Maryland zählte um diese Zeit bereits ca. 8000 Einwohner.

Als der Bürgerkrieg in England den Puritanern wenigstens vorübergehend neue Macht verlieh, hörte ihre Auswanderung nach Amerika allmählich auf. Dafür erschienen nun in zunehmender Zahl Anhänger der unterlegenen Partei des Königs, nicht hohe Adelige, sondern vielmehr Angehörige der »Gentry«. Sie wandten sich vor allem nach Virginia und trugen dazu bei, daß diese Kolonie ihre soziale Struktur allmählich veränderte.

Nach der Restauration der Stuart-Monarchie erhielt die englische Kolonisation Amerikas zahlreiche neue Impulse. Um 1663 sanktionierte Karl II. die Gründung einer neuen Kolonie südlich von Virginia, die nach ihm selbst *Carolina* genannt wurde. Sie war das Eigentum einer Gruppe hoher Adeliger, der u.a. auch Anthony Ashley Cooper, der spätere Earl of Shaftesbury, angehörte. Die Besiedlung lief nur langsam an, und erst um 1680 wurde die Niederlassung Charleston gegründet. Eine von John Locke und Cooper ausgearbeitete Verfassung sollte auch hier eine feudalistische Ordnung errichten, aber sie erwies sich als unpraktikabel, da sie die tatsächlichen sozialen Verhältnisse in der Kolonie nicht berücksichtigte. Neben dem Anbau von Tabak und Getreide wurde auch Viehzucht betrieben. Dauerhafte Prosperität begann sich jedoch erst einzustellen, als in den Küstengebieten der Massenanbau von Reis begonnen hatte. Gegen Ende des 17. Jahrhunderts führten französische Hugenotten die Seidenindustrie ein. Innere Streitigkeiten führten um dieselbe Zeit zu einer starken Einengung der Rechte der »Proprietors«, zur Entstehung von Selbstverwaltungsinstitutionen und schließlich zur Aufteilung des Gebietes in die beiden Kronkolonien North Carolina und South Carolina (1729).

Der zweite Anstoß zur Vergrößerung des nordamerikanischen Kolonialgebietes, der von Karl II. ausging, führte zur Eroberung der seit 1624 bestehenden holländischen Kolonie *Nieuw Nederland*, die sich zwischen die Regionen Virginia und Neuengland eingeschoben hatte und in deren Zentrum das fruchtbare Tal des Hudson lag. Die Aktion wurde dadurch eingeleitet, daß der Herzog von York (der

Bruder Karls II. und spätere König Jakob II.) im März 1664 ein Patent für das ganze Gebiet zwischen Connecticut und dem Delaware River sowie weitere Landstriche im Nordosten erhielt. Er organisierte den Auszug einer Seestreitmacht, die sich im gleichen Jahre des gesamten holländischen Territoriums ohne Blutvergießen bemächtigte, und zwar einschließlich der ehemals schwedischen Kolonie am Delaware, die die Holländer selbst erst wenige Jahre zuvor erobert hatten. Die Hauptsiedlung Nieuw Amsterdam erhielt den Namen *New York*, der bald auch für die ganze Kolonie gebräuchlich wurde. Im Gegensatz zu anderen Kolonialeigentümern widersetzte sich Jakob Stuart zunächst der Bildung einer »General Assembly« und bewilligte diese erst, nachdem er mit den Siedlern in schwere Steuerkonflikte geraten war. Bald erkannte er überdies, daß das Gebiet für eine einheitliche Verwaltung zu groß war. Er verlieh die westlichen und südwestlichen Teile an andere adelige »Proprietors«, die sich aber bald schon zu weiteren Transaktionen entschlossen. Der hieraus entstandene Wirrwarr der Rechtsansprüche und Besitzverhältnisse zog sich durch mehrere Jahrzehnte hin, bis das Territorium zwischen Hudson und Delaware um 1702 zur Kronkolonie *New Jersey* vereinigt wurde.

Auch die Kolonie *Pennsylvania* verdankte ihre Entstehung einem Willensakt Karls II. Der Quäker William Penn, Sohn eines bekannten und am Hofe einflußreichen Admirals, vermochte sich im Jahre 1681 eine »Charter« zu verschaffen, die ihm die Erschließung und Besiedlung eines weiten Landstrichs im Südwesten von New York erlaubte. Es war ein fruchtbares Land mit verhältnismäßig angenehmem Klima und enthielt in seinen östlichen Teilen bereits einige verstreute Niederlassungen schwedischer und holländischer Siedler. Um der Kolonie einen Zugang zum Meer zu verschaffen, wurde ihr am Westufer der Delaware-Bucht noch ein schmaler Landstreifen angehängt; dies war das Gebiet der späteren Kolonie *Delaware.*

In Pennsylvania sollten die Quäker, die wegen ihrer spiritualistischen und pazifistischen Anschauungen sowohl in England als auch in den puritanischen Kolonien (mit Ausnahme von Rhode Island) verfolgt wurden, einen ungefährdeten Wohnplatz finden. Aber auch andere Einwanderer waren willkommen; weder die Religion noch die Sprache sollte dem friedlichen Zusammenleben ein Hindernis bieten. Penn vereinigte hohes ethisches Verantwortungsbewußtsein mit praktischer Geschäftstüchtigkeit. Im Gegensatz zu den Puritanern glaubte er an das Gute im Menschen; dieser Glaube bestimmte auch seine politischen und sozialen Ideen, die er erstmals im *Frame of Government* von 1682 niederlegte. Hier entwickelte er seine Vorstellungen von der Glaubensfreiheit und von der Gleichheit der

Menschen vor Gott. Die Regierung, die er für seine Kolonie schuf, behielt jedoch manche elitären und oligarchischen Züge.
Angezogen durch die Aussicht auf fruchtbares Land, individuelle Freiheit und religiöse Toleranz, strömten von Anfang an viele Quäker aus England, Wales, Holland und Deutschland nach Pennsylvania. Dazu kamen Hugenotten, Mennoniten und andere Angehörige unterdrückter religiöser Minoritäten. Iro-schottische Presbyterianer ließen sich vor allem im Westen nieder. Ganz allgemein zog die gut organisierte Kolonie europäische Arbeitskräfte und europäisches Kapital stärker an als ihre älteren Vorgängerinnen. Zwei Jahre nach der Gründung der Stadt, d. h. um 1683, standen in Philadelphia bereits über 300 Häuser; zu gleicher Zeit gründeten deutsche Einwanderer an ihrem Nordrand die Siedlung Germantown.
Die jüngste der dreizehn kolonialen Niederlassungen, die den Kern der künftigen amerikanischen Nation bilden sollten, entstand erst im 18. Jahrhundert. Es war die nach dem zweiten Hannoveraner-König benannte Kolonie *Georgia*. Ihre Entstehung wurde sowohl von humanitären als auch von strategischen Intentionen her befördert. James Edward Oglethorpe, ein Offizier und philanthropisch gesinnter Unterhausabgeordneter der Tory-Partei, wollte jenseits des Atlantiks eine Siedlung schaffen, in welcher sich Schuldgefangene rehabilitieren konnten. Im Jahre 1732 erhielt er ein Patent für das bisher noch kaum erschlossene Gebiet südlich der Carolinas. Die Regierung war daran interessiert, an der Grenze zu den spanischen Territorien eine Art koloniale Pufferzone einzurichten. Der von Oglethorpe gegründete Verwaltungsrat (»Board of Trustees«) organisierte Finanzierung und Propaganda, und bald stellten sich zusätzliche Siedler aus England, Schottland, Deutschland sowie aus Neuengland ein. Die »Trustees« praktizierten eine sozial gerechte Landverteilung und setzten sich vor allem für die Bewahrung der Kolonie vor moralischer und sittlicher Gefährdung ein. Zu diesem Zweck verboten sie die Sklaverei und die Einfuhr von Rum. Die gute Absicht verfehlte aber ihren Zweck, und die Niederlassung gelangte unter dem strengen Regime der »Trustees« nicht zu der erhofften Prosperität. Diese stellte sich erst ein, als das Unternehmen um 1752 von der Krone direkt übernommen wurde. (Die Sklaverei- und Rumverbote waren schon einige Jahre zuvor aufgehoben worden.)

2. Hauptaspekte der Kolonialperiode

Seit den 1730er Jahren wehte die Flagge Englands an der Ostküste Nordamerikas vom französischen Kanada bis zum spanischen Florida. Im Westen waren die britischen Kolonien immer noch durch das Appalachengebirge begrenzt. Innerhalb ihres gesamten Gebietes hatten sich *drei Regionen* sichtbar voneinander abzuheben begonnen: Neuengland, die mittleren Kolonien und der Süden.

Neuengland besaß die homogenste Bevölkerung. Die »Yankees« waren in ihrer überwiegenden Mehrheit englischer Abstammung und wiesen in Sprache, Lebensart und Weltanschauung von einer Kolonie zur andern kaum Unterschiede auf. Eine Ausnahme bildete einzig Rhode Island, wo zahlreiche Angehörige sektiererischer Religionsgemeinschaften Aufnahme gefunden hatten und wo auch im politischen Denken radikalere Meinungen vorherrschten als anderswo. Bauern und Fischer konnten sich in vielen Teilen Neuenglands schon vor 1700 eines bequemen Wohlstandes erfreuen, manchen Reedern, Kaufleuten und Gewerbetreibenden war bereits die Anhäufung beträchtlichen Reichtums gelungen. Besonders in den Küstensiedlungen gab es neben den Schiffswerften und Sägewerken zahlreiche andere gewerbliche Unternehmungen wie Gerbereien, Wollspinnereien und Rumbrehnereien. In den Jahren unmittelbar vor dem Ausbruch der Revolution waren in Boston allein ca. 600 Schiffe beheimatet, die der Fischerei und dem Handel dienten. Im Landesinnern versorgten sich die meisten Farmhaushalte selbst und produzierten neben allen Nahrungsmitteln auch ihre eigenen Kleider, Schuhe, Möbel und Werkzeuge.

In den *mittleren Kolonien* (New York, New Jersey und Pennsylvania) war die Bevölkerung vielfältiger als in Neuengland, im ganzen weltoffener und toleranter. Die Landwirtschaft herrschte stärker vor, der Boden war ertragreicher, und nirgends in Amerika gab es wohlhabendere Farmer als im Lande William Penns und im Tal des Hudson River. New York und Philadelphia waren wie Boston bedeutende Handelsplätze und Zentren des Gewerbes. Besonders New York gab sich schon im frühen 18. Jahrhundert ausgesprochen kosmopolitisch. Der Grundstock der Bevölkerung war holländischer und englischer Abstammung, wurde aber durch Einwanderer aus vielen anderen Ländern, namentlich aus Schweden, Schottland und Deutschland, ergänzt. Jüdische Familien waren schon vor der englischen Eroberung ansässig geworden. Gegen Ende des 17. Jahrhunderts fanden auch französische Hugenotten Zuflucht. Der Reichtum wurde hier hemmungsloser und offener zur Schau gestellt als in Neuengland. In der Residenz des königlichen Gouverneurs ging es zu wie am Hofe eines kleinen europäischen Fürsten. Die Freude an Festlichkeiten war weitverbreitet, Bälle, Konzerte und Theateraufführungen gab es in großer Zahl. Den gelegentlichen Besuchern aus Neuengland gefiel diese lebenslustige Atmosphäre nicht. New York war für sie ein Ort der Unmoral und des neureichen Protzentums.

Die *südlichen Kolonien* besaßen eine durch und durch ländliche Lebensart und eine hierarchisch strukturierte Gesellschaft. Wenn man schon im Norden und in der Mittelregion nur wenige bedeutende Städte zählte, so gab es im Süden bloß eine einzige, die sich mit diesen vergleichen konnte, nämlich Charleston in South Carolina. In den Küstengebieten und an den Flußläufen waren aus den Farmen der Frühzeit gegen Ende des 17. Jahrhunderts die charakteristischen Plantagen-Großbetriebe entstanden, deren Besitzer mit ihren Familien einem aufwendigen und kultivierten Lebensstil huldigten, während die Feldarbeit von Negersklaven geleistet wurde. Dieser Entwicklung hatte Virginia den Weg gewiesen; diese Kolonie blieb auch später die führende und politisch einflußreichste Vertreterin ihrer Region. An Prosperität wurde sie nur von South Carolina eingeholt. Die landwirtschaftliche Produktion der südlichen Kolonien war stets viel einseitiger und daher krisenanfälliger als diejenige der Mittelregion und des Nordens. Oft stand der mit großer Gebärde zur Schau gestellte Reichtum der Plantagenbesitzer auf tönernen Füßen. Preisschwankungen auf dem internationalen Markt, leichtsinnig gemachte Schulden und unvorsichtige Spekulationen bewirkten immer wieder, daß hinter der Fassade des sorglosen aristokratischen Landlebens Unsicherheit und Zukunftsangst herrschten und die politische Aktivität bestimmten. Axiomatische Gültigkeit besaß die allgemein verbreitete Überzeugung, daß die Plantagenwirtschaft – und dies betraf in erster Linie den Tabakanbau – nur rentabel sein könne, wenn sie mit Sklaven betrieben werde. Viele reiche Gutsherren stammten aus der landbesitzenden Schicht Englands. Über die Angehörigen der Plantagengemeinschaft – Familienmitglieder, Angestellte und Sklaven – herrschten sie mit patriarchalischer Autorität. Zwischen ihnen und den Sklaven standen in der sozialen Hierarchie die Schichten der kleinen Farmer, Kaufleute und städtischen Handwerker sowie die große Menge der »Armen Weißen«, die als Kleinbauern auf schlechtem Land oder als vagabundierende Gelegenheitsarbeiter ein elendes Leben führten und sogar von den Negern verachtet wurden. Die Pflanzeraristokratie gab in allen südlichen Kolonien den Ton an. Sie bestimmte den Lauf des öffentlichen Lebens und verteidigte das konservative Gesellschaftssystem im unerschütterlichen Glauben an seine Richtigkeit. Daß aus dieser Schicht gelegentlich auch überaus bedeutende und weitblickende Staatsmänner hervorgingen, ändert nichts am allgemeinen Sachverhalt.

Der Überblick über die wirtschaftlich-soziale Lage der britischen

Kolonien muß schließlich noch auf einen *vierten Bezirk* weisen, der als bedeutsamer Bestandteil aller drei anderen zu erkennen ist: das *Grenz-* und *Hinterland.* Es erstreckte sich dem Ostabhang der Appalachen entlang und gelegentlich weit in die davor gelegenen Hügelzonen hinein. Hier lebten die Pioniere der kolonialen »Frontier«, die Jäger und Holzfäller, die die ersten Lichtungen in die Wildnis schlugen und als »Squatters« ohne Rücksicht auf Eigentumsverhältnisse und fiktive Rechtsansprüche ihre primitiven Hütten bauten und den ersten Weizen anpflanzten. Unter ihnen gab es Abenteurer, Flüchtlinge, Außenseiter aller Art, die lange nicht immer seßhaft blieben, sondern oft weit nach Westen vorstießen, bis auf die Gebirgskämme und in Einzelfällen wohl auch bis ins Mississippibekken. Sie standen im täglichen Kampf mit der Natur und sehr oft auch mit den Eingeborenen. Immer wieder gerieten sie in Konflikt mit den Siedlern des Ostens und mit den kolonialen Behörden, die für ihre Probleme kein Verständnis aufbrachten. In Pennsylvania befehdeten iro-schottische Grenzer mehrfach die deutschen Kolonisten, in den Carolinas mußten sich die Kleinfarmer des Hinterlandes gegen die einengenden Verordnungen der »Proprietors« zur Wehr setzen, und in Virginia kam es 1676 sogar zu einem regelrechten Bürgerkrieg (»Bacon's Rebellion«), wobei die Uneinigkeit über die Behandlung der Indianer eine auslösende Rolle spielte.
Die Auseinandersetzung mit den *Eingeborenen* gehörte ebenfalls in die »Hinterlandsproblematik« jeder Kolonie. Angriffe der Indianer auf die Siedlungen kamen immer wieder vor und lösten oftmals brutale Vergeltungsmaßnahmen aus. Eigentliche Indianerkriege gab es in der früheren Kolonialperiode nur zweimal; sie wurden beide Male in Neuengland ausgefochten und führten zu schwerer Dezimierung einzelner Stämme (»Pequot War«, 1636–1637; »King Philip's War«, 1675–1676). Im 18. Jahrhundert wurde das Verhältnis der britischen Kolonien zu den Eingeborenen in zunehmendem Maße auch von strategischen Überlegungen beeinflußt, die sich aus der kriegerischen Konfrontation mit dem französischen Kolonialreich ergaben.
Der *geistig-kulturelle* Aspekt des Lebens in den britischen Kolonien war von Anfang an stark von *kirchlich-religiösen* Fragen her bestimmt. Die Auffassungen hierüber waren in den einzelnen Regionen ebenso verschieden wie die religiöse Praxis. In Neuengland herrschte der »staatskirchliche« *Kongregationalismus* vor, und zwar in einer äußerst strengen und disziplinierten Form. Um die Wende zum 18. Jahrhundert verbreiteten sich allmählich liberale und tolerante Ideen, was u.a. zur Folge hatte, daß sich die *anglikanische Kirche* rasch ausbreiten konnte. In den mittleren Kolonien spielten Kir-

chenleben, Gottesdienstordnung und Einhaltung des Sabbats eine wesentlich geringere Rolle. Die Kirchengemeinden waren meist kleiner als in Neuengland, die Prediger besaßen weniger gesellschaftlichen Einfluß, und die Gottesdienste waren anspruchsloser. Wie in Pennsylvania faßten auch in New York und New Jersey viele verschiedene konfessionelle Gemeinschaften Fuß. Obgleich die anglikanische Kirche in den beiden letzteren Kolonien von behördlicher Seite Förderung erfuhr, hatte sie doch weniger Anhänger als die *Presbyterianer* und die *Holländisch-Reformierten*. Die einzige Kirche, die benachteiligt wurde, war die katholische; ihre Diskriminierung verschwand jedoch nach der Eroberung der »Nouvelle France«. Im Süden war der Anglikanismus ursprünglich die dominierende Denomination; er erreichte bis ins 18. Jahrhundert hinein überall staatskirchlichen Status. Da es der »Church of England« aber stets an profilierten Führerpersönlichkeiten fehlte, konnten sich die Presbyterianer und *Baptisten* besonders in den mittleren und unteren Gesellschaftsschichten erfolgreich durchsetzen. Um 1770 übten sie in den Carolinas und im ganzen Hinterland Virginias den stärksten Einfluß aus. Ihre Prediger eigneten sich, wie später auch diejenigen der *Methodistenkirche*, am besten für den vierten Landesteil, das in seiner Ausdehnung stets anwachsende Grenzgebiet.
In den ersten Jahrzehnten des 18. Jahrhunderts mehrten sich innerhalb der amerikanischen Kirchen ganz allgemein die theologischen und weltanschaulichen Spannungen. Ansätze zu aufklärerischem Rationalismus provozierten einerseits formalistisch-orthodoxe Gegenbewegungen und andererseits den Aufbruch zu neuen Manifestationen des religiösen Individualismus. Parallel zu ähnlichen Strömungen in Europa erhob sich aus dieser Situation der Zersplitterung das sogenannte *»Great Awakening«*, eine Erweckungs- und Erneuerungsbewegung, die in den 1740er und 1750er Jahren praktisch das ganze Gebiet der Kolonien erfaßte. Sie wurde durch den enthusiastischen Wanderprediger George Whitefield ausgelöst, fand aber dann in Jonathan Edwards aus Northampton (Massachusetts) ihren bedeutendsten theologischen Vertreter, der die Auswüchse zügelte und den Grund zu fruchtbarer Nachwirkung legte.
Die *Institutionen höherer Bildung* verdankten ihre Entstehung fast durchweg der Initiative der Kirchen. Die Puritaner von Massachusetts waren hier vorangegangen. Das Harvard College erfreute sich schon früh eines allgemeinen Ansehens. Seine Aufgabe bestand in erster Linie darin, den künftigen Predigern eine solide Grundausbildung in den Humaniora zu vermitteln. Nach 1700 wandten sich seine Absolventen in wachsender Anzahl aber auch weltlichen Berufen zu. Als zweite höhere Bildungsanstalt der Kolonien wurde unter

dem Protektorat der anglikanischen Kirche um 1693 das William and Mary College in Williamsburg (Virginia) errichtet. Bereits drei Jahre später folgte das Yale College in Connecticut, wiederum eine Schöpfung der Kongregationalisten. Unter mehr oder weniger direktem Einfluß des »Great Awakening« entstanden um die Mitte des 18. Jahrhunderts die Colleges, die heute unter den Namen Princeton, Brown, Rutgers und Dartmouth bekannt sind. Sie waren allesamt kirchliche Gründungen und unterstanden (in entsprechender Reihenfolge) presbyterianischen, baptistischen, holländisch-reformierten und kongregationalistischen Aufsichtsbehörden. Auch New York und Pennsylvania erhielten um dieselbe Zeit höhere Schulen. Ausgebaute Grundschulsysteme gab es jedoch nur in Neuengland. In den mittleren Kolonien bestanden Ansätze dazu, im Süden hingegen fehlte noch alles.

Der *Buchdruck* florierte seit 1639, als in Cambridge die erste Presse eingerichtet worden war. Um die Mitte des 18. Jahrhunderts gab es in allen Kolonien Druckereien, die Zeitungen, Zeitschriften, Pamphlete, Kalender usw. veröffentlichten und in vielen Fällen auch gelehrte Bücher produzierten. Zahlreiche literarische und wissenschaftliche Erzeugnisse amerikanischer Autoren erschienen aber noch in London, was für ihre Verbreitung in der Alten Welt natürlich stets ein Vorteil war.

Bereits gab es in den Kolonien eine Anzahl von *Gelehrten*, deren Werke in Europa Aufmerksamkeit erregten. Dies galt für Cotton Mather, den spätpuritanischen Theologen und Geschichtsschreiber, für manchen anderen Chronisten der Kolonialgeschichte, aber auch für Naturwissenschaftler wie etwa den Botaniker John Bartram und den Mathematiker Thomas Godfrey, der den Marinequadranten erfand. Der in Europa bekannteste und aufsehenerregendste Amerikaner seiner Zeit dürfte aber doch wohl Benjamin Franklin gewesen sein. Er gehörte ohne Zweifel zu den bemerkenswertesten Persönlichkeiten, die bis dahin aus den Kolonien hervorgegangen waren. Seine Schulbildung war gering, und fast alles, was er leistete, hatte er sich als Autodidakt erarbeitet. In den politischen Angelegenheiten Pennsylvanias und den anderen Kolonien erfahren, wirkte er in den Jahren vor der Revolution als eine Art amerikanischer Hochkommissar in England. Er war mit führenden Politikern und Gelehrten bekannt und wurde von den Universitäten St. Andrews und Oxford mit Ehrendoktoraten ausgezeichnet. Seine satirischen Aphorismen und politischen Essays fanden auch auf dem europäischen Kontinent begeisterte Leser, seine naturwissenschaftlichen Forschungen und Erfindungen erweckten allgemeine Bewunderung. In Philadelphia schuf er die städtische Feuerwehr und bemühte sich um die Verbesserung der Straßenbeleuchtung und -reinigung. Daneben gründete er eine öffentliche Bibliothek, die »American Philosophical Society« und eine Akademie, aus der später die »University of Pennsylvania« hervorging. Seine wohl bedeutendste Leistung aber vollbrachte er als Gesandter der neugegründeten amerikanischen Republik in Frankreich. Über seine diplomatische Tätigkeit wird jedoch weiter unten zu berichten sein. John Adams hatte gewiß recht, wenn er schrieb, der Charakter Franklins werde in Europa über alle Maßen geschätzt. Zum erstenmal war hier ein Amerikaner aufgetaucht, der mit den bedeutendsten Europäern seiner Zeit von gleich zu gleich verkehrte und von ihnen akzeptiert wurde.

Im Hinblick auf gewisse *politische Organisationsformen* und auf den *rechtlichen Status* bestanden unter den britischen Kolonien in Nordamerika manche Unterschiede. Andererseits wiesen sie aber auch sehr viele und wichtige Gemeinsamkeiten auf. Von erstrangiger Bedeutung war die Tatsache, daß sie alle von Engländern geplant und zum Funktionieren gebracht worden waren. Englische Institutionen und Rechtstraditionen hatten sich überall verbreitet, und die englische Sprache nahm mit Ausnahme weniger Gebiete eine dominierende Stellung ein. Die Grundstrukturen von Regierung und Verwaltung waren überall praktisch dieselben. Das monarchische Prinzip manifestierte sich im Gouverneur und seinem »Council«, das demokratische Element war in den gewählten Repräsentativversammlungen vorhanden. Diese mochten sich je nach ihrem Umfang und nach den Wählbarkeitsanforderungen, die an ihre Mitglieder gestellt wurden, voneinander unterscheiden; wichtig war, daß sie sich bis zum Ende der Kolonialperiode nicht nur überall die Kompetenz der Gesetzgebung, sondern auch die Aufsicht über den Finanzhaushalt erkämpft hatten.

Die *britische Krone* hatte anfänglich keine eigene kolonialpolitische Aktivität entwickelt. Alle Erkundungs- und Besiedlungsunternehmungen waren von privaten Gesellschaften oder von besonders aktiven Einzelpersonen ausgegangen. Bis 1640 hatte nur eine einzige Kolonie den Status einer königlichen Provinz erhalten, nämlich Virginia. Als das Parlament die volle Kontrolle über das englische Staatswesen übernahm, übernahm es damit natürlich auch die direkten und indirekten Aufsichtsrechte der Krone über die Kolonien. Gerade im puritanischen Neuengland jedoch wollte man dies nicht ohne weiteres anerkennen. Dies zeigte sich, als die »New England Confederation« von 1643 ohne vorherige Orientierung des Parlaments abgeschlossen wurde. Es handelte sich dabei der Sache nach um einen Allianzvertrag gegen die Indianer, aber doch immerhin um das erste föderalistische Experiment auf dem nordamerikanischen

Kontinent. Daß in Virginia und Maryland noch viel heftigere Widerstände gegen das Parlament und den Lord Protektor Cromwell spürbar wurden, ist nicht verwunderlich. Die wichtigste kolonialpolitische Maßnahme der »Commonwealth«-Regierung war die *Navigationsakte* (»Navigation Act«) von 1651. Sie bestimmte, daß der gesamte Handelsverkehr zwischen England und seinen Kolonien, zwischen England und den nichtenglischen Häfen sowie zwischen den anderen europäischen Nationen und Übersee nur noch durch englische Schiffe oder solche aus den Kolonien getätigt werden dürfe. Diese Vorschriften richteten sich in erster Linie gegen die Konkurrenz der Niederlande. Sie bildeten aber andererseits auch das erste Gesetz, das für alle Kolonien in gleicher Weise galt und das die merkantilistische Tendenz der damit aufgenommenen Kolonialpolitik in aller Deutlichkeit offenbarte.
Karl II. setzte diese Tendenz fort. Bei den von ihm sanktionierten Unternehmungen handelte es sich durchweg um Eigentümerkolonien. Die meisten dieser Eigentümer waren Angehörige der Aristokratie, die dem König nahestanden und damit rechneten, durch den Landerwerb in Amerika ihre standesgemäßen Einkünfte erhöhen zu können. Die kolonialpolitischen Berater des Königs beschäftigten sich jedoch nicht nur mit der Planung der Expansion, sondern vor allem mit der zentralisierenden Neuordnung des Verhältnisses zwischen den älteren Kolonien und der restaurierten Monarchie. Die hinter diesen Bemühungen stehende Intention manifestierte sich vor allem in der Tatsache, daß die Zahl der Kronkolonien allmählich zunahm. Die *Konsolidierung des entstehenden Kolonialreiches* wurde auch durch eine Reihe neuer Handelsgesetze befördert. Eine zweite Navigationsakte (1660) enthielt u. a. die Bestimmung, wonach verschiedene koloniale Produkte wie Zucker, Tabak und Baumwolle nur noch nach England und nach den anderen englischen Kolonien transportiert werden durften. So begann die Praxis, gewisse landwirtschaftlich besonders wichtige Rohstoffe nur innerhalb des Reiches selbst zirkulieren zu lassen, damit der erzielte Gewinn nicht ins Ausland abfließen konnte. Weitere Gesetze, die die kommerzielle Freizügigkeit der Kolonien einschränkten, schufen mit der Zeit ein ausgedehntes System wirtschaftspolitischer Regulationsmöglichkeiten. Durch sie wurde die Regierung in die Lage versetzt, nicht nur den eigenen Kolonialbesitz nach merkantilistischen Grundsätzen auszunützen, sondern auch der fremden Konkurrenz wirkungsvoll entgegenzutreten.
Dies führte allerdings wiederum zu Konflikten mit den Kolonien, und zwar diesmal in erster Linie mit Massachusetts. Die bereits sehr selbstbewußt gewordene Bay-Kolonie widersetzte sich den Han-

delsgesetzen mit energischer Entschlossenheit, bis Karl II. im Jahre 1684 die »Charter« von 1629 aufhob. Sein Nachfolger Jakob II. führte den nächsten Schlag, als er 1686/88 alle Neuengland-Kolonien zusammen mit New York und New Jersey zu einer einzigen Kronkolonie, dem »Dominion of New England«, vereinigte. Im Zuge dieser rigorosen Zentralisierungsmaßnahme wurden alle Selbstverwaltungsinstitutionen der einzelnen Kolonien aufgehoben. Nachdem die »Glorreiche Revolution« der Stuart-Monarchie ein Ende gesetzt hatte, fiel das »Dominion of New England« zwar bald wieder auseinander, aber die Reorganisation der britischen Kolonialverwaltung, die unter Wilhelm III. einsetzte, bezeugte doch das Fortleben der merkantilistischen Grundideen. Was nun erfolgte, war eine weitere Straffung und Verfeinerung des administrativen Apparates, allerdings ohne offene Provokation der Kolonien. Typisch war die Lösung, die für die Kolonie Massachusetts gefunden wurde: Sie erhielt 1691 ein neues Patent, das ihr den Status einer »Königlichen Provinz« verlieh. Die alten Institutionen des »Self-Government« wurden restauriert, aber der Gouverneur sollte fortan von der Krone ernannt werden und gegenüber dem »General Court« ein Vetorecht haben. Die gleiche »Charter« sprach der Bay-Kolonie nun auch das ganze Gebiet von Maine offiziell zu und verleibte ihr die Kolonie Plymouth ein.
Die allgemeine Tendenz zur Zentralisierung und Rationalisierung der Kolonialverwaltung führte 1696 zur Schaffung des »Board of Trade and Plantations«, der von da an bis zum Ausbruch der amerikanischen Revolution als höchste Behörde des britischen Kolonialreiches funktionierte. Gleichzeitig mit der Begründung dieser Institution wurde eine neue Navigationsakte erlassen, die alle früheren Handelsgesetze zusammenfaßte und noch vorhandene Lücken schloß. Zu Beginn des 18. Jahrhunderts gab es unter den britischen »Provinzen« auf dem nordamerikanischen Kontinent noch zwei Eigentümerkolonien, nämlich Maryland und Pennsylvania. Die übrigen waren als Kronkolonien zu bezeichnen (wobei Connecticut und Rhode Island insofern eine Ausnahmestellung einnahmen, als sie auch ihre Gouverneure selbst wählen konnten).
Zu den schwersten Belastungen, denen die britischen Kolonien generell ausgesetzt waren, gehörte die latente Gegnerschaft der spanischen und französischen Nachbarn. Diese Gegnerschaft entlud sich in den *Kolonialkriegen*. In ihrem Gesamtzusammenhang erscheinen die englisch-spanischen Kämpfe (1739–1742 an der Südküste Georgias und 1761–1762 im Karibischen Meer) mehr nur als Randereignisse. Viel größere Einsätze beanspruchten die Auseinandersetzungen mit Frankreich, die bereits im 17. Jahrhundert begonnen

hatten. Hier ging es um mehr als um einzelne lokale Konflikte zwischen rivalisierenden Kolonialmächten. Der französische Anspruch auf alle Gebiete westlich der Appalachen und der unaufhaltsame Vormarsch aus dem Sankt-Lorenz-Gebiet in die Täler des Ohio und des Mississippi bedeutete für die britischen Niederlassungen am Atlantik auf die Dauer die Gefahr, abgeschnürt und an jeder weiteren Expansion gehindert zu werden. So war es immer wieder zu Grenzkämpfen und Streitigkeiten um die Rechte von Pelzjägern und Fischern gekommen, und zwar in den Gewässern um Nova Scotia, im Norden der Kolonie New York und später auch in weiter westlich und südlich gelegenen Gegenden. Im Grunde war es selbstverständlich, daß immer dann, wenn England und Frankreich in Europa und auf den Weltmeeren aneinandergerieten, auch an den Grenzen ihrer amerikanischen Kolonien Kriege ausbrachen. So besaßen der Pfälzische, der Spanische und auch der Österreichische Erbfolgekrieg ihre Nebenschauplätze in der Neuen Welt. In die Kampfhandlungen waren auf beiden Seiten stets auch Indianer verwickelt.
Parallel zum *Siebenjährigen Krieg* verlief in Nordamerika der sogenannte »French and Indian War« (1754–1763). Er begann als Folge englischer Siedlungsvorstöße im oberen Ohiotal, die seit den 1740er Jahren unternommen worden waren. Kurz nach dem Ausbruch der Feindseligkeiten berief der »Board of Trade« eine Konferenz von Delegierten der acht größten Kolonien nach *Albany* ein, um die militärische Zusammenarbeit zu koordinieren und mit den Iroquois einen Vertrag abzuschließen. Der denkwürdigste Gegenstand der Verhandlungen war ein von Benjamin Franklin eingebrachter *Unionsentwurf*, der vorsah, daß alle Kolonien mit Ausnahme von Georgia und Nova Scotia (das seit 1713 in englischer Hand war) unter der Oberhoheit der britischen Krone zu einem Staatenbund mit einer gemeinsamen Legislativbehörde und einem Präsidenten vereinigt werden sollten. Dieser Plan wurde von den Kolonien in der Folge zwar verworfen, aber er erscheint aus der historischen Sicht betrachtet doch als bedeutsame Vorankündigung späterer Kooperationsbemühungen auf föderalistischer Basis.
Der Kriegsverlauf war zunächst durch schwere Verluste und Niederlagen der englischen Streitkräfte und der kolonialen Milizen gekennzeichnet. Die kritische Situation veränderte sich erst zum Besseren, als der ältere William Pitt um 1757 das Amt des Staatssekretärs in der britischen Regierung übernommen hatte. Er bewirkte eine entschlossenere und wirksamere Kriegführung in Amerika und bewies eine glückliche Hand in der Auswahl fähiger Militärs für die Durchführung der einzelnen Aktionen. Innerhalb kurzer Zeit gelang die Eroberung der strategisch bedeutenden Festung Louisbourg

auf Cape Breton Island, die Blockierung der französischen Kommunikationen zwischen dem Sankt-Lorenz-Tal und den Westgebieten sowie die Einnahme von Quebec (1759). Mit dem letztgenannten Erfolg war die Entscheidung erreicht, obwohl sich der Krieg danach noch einige Jahre hinzog. Im *Frieden von Paris* (1763) verzichtete Frankreich auf alle seine nordamerikanischen Besitzungen östlich des Mississippi, nachdem es die Gebietsansprüche westlich des Stromes schon vorher in einem Geheimabkommen an Spanien abgetreten hatte. England gab der spanischen Krone das 1762 eroberte Kuba zurück und erhielt dafür Florida.

Im Jahre des Friedensschlusses stellte sich der englischen militärischen Führung noch die Aufgabe, mit den aufrührerischen Indianern der Ohio-Gebiete fertig zu werden (»Pontiac's Rebellion«). Als auch dies gelungen war, schien die Macht der britischen Krone unangreifbar und nicht mehr zu erschüttern. Sie beherrschte den Kontinent östlich des Mississippi von der Hudson Bay bis zum Golf von Mexiko, und der kolonialen Expansion schienen – jedenfalls in diesem Gebiet – keine Grenzen mehr gesetzt. Doch der Schein trog. Schon im Jahre nach dem Pariser Frieden brachen neue Konflikte zwischen den Kolonien und dem Mutterlande aus. 20 Jahre nach dem Höhepunkt von 1763 sollte der wirtschaftlich wichtigste Teil des britischen »Empire« in Nordamerika von der Landkarte verschwunden sein. An seine Stelle sollte aber nicht ein anderes europäisches Kolonialreich treten, sondern eine neue unabhängige Nation.

3. *Kampf um die kolonialen Rechte und Durchbruch zur Unabhängigkeit*

Der Konflikt zwischen den britischen Kolonien in Nordamerika und dem Mutterland entzündete sich an zwei Problemen. Das erste betraf die *Westexpansion*, die nun über die Appalachen hinaus möglich geworden war. Die Kolonien brauchten neues Land; auf Grund ihrer »Charters« beanspruchten einige von ihnen das Recht der Ausdehnung bis an den Mississippi, und die Siedler glaubten, daß die neu eroberten Gebiete ihnen ohne weiteres zuständen. Die englische Regierung folgte jedoch solcher Argumentation nicht. Sie befürchtete, daß ein allzu mächtiger Siedlerstrom neue Indianerkriege hervorrufen könnte, und sie erkannte auch, daß es den aufeinander eifersüchtigen Kolonien niemals gelingen würde, eine einheitliche und vernünftige Indianerpolitik zu entwickeln. Der Earl of Bute, damals erster Minister Georgs III., war davon überzeugt, daß die Organisation der Erschließung sowie die politische Strukturierung der neuen

Gebiete nur unter der direkten Autorität der Krone bewerkstelligt werden könne. So wurde der König zu einer Proklamation bestimmt, die noch im Jahre 1763 alle privaten Landkäufe verbot und das Territorium hinter dem Appalachenkamm unter militärische Kontrolle stellte. Dieser Erlaß erbitterte viele Kolonisten, die nach Westen ziehen wollten. Es schien ihnen, als ob die Regierung des Mutterlandes sie daran hindern wolle, den gegen die Franzosen erfochtenen Sieg nun auch auszunützen. Die praktische Wirkung der Proklamation war indessen gering; sie vermochte den Drang nach dem neuen Land auf die Dauer nicht aufzuhalten.

Der zweite Konfliktpunkt muß etwas eingehender betrachtet werden, weil er mehr direkte und sichtbare Konsequenzen nach sich zog. Der *Finanz- und Steuerstreit* ergab sich aus dem an sich durchaus harmlosen und auch verständlichen Wunsche Englands, die Kolonien sollten zur Deckung der Kosten, die der Siebenjährige Krieg verursacht hatte, einen angemessenen Beitrag leisten. Viele Engländer waren der Meinung, der Krieg sei (jedenfalls in Nordamerika) in erster Linie zum Schutze der Kolonien geführt worden, und es sei daher nur recht und billig, daß diese sich nun an der Sanierung des Staatshaushaltes beteiligten. Zum allermindesten sollten sie die Versorgung der Truppen mittragen helfen, die die englische Regierung zur Bewachung und eventuellen Verteidigung der eroberten Gebiete in Amerika belassen hatte. In diesem Sinne stimmte das Parlament 1764 einem Gesetz zu, das die Zollsätze für verschiedene Einfuhrartikel der Kolonien revidierte und gleichzeitig schärfere Vorschriften für die Eintreibung der Zölle enthielt. Das Gesetz wurde als *»Revenue Act«* oder *»Sugar Act«* bezeichnet. Eine seiner wichtigsten Bestimmungen setzte den Einfuhrzoll auf Melasse (ein Grundprodukt für die in Neuengland blühende Rumdistillerie!) von 6 auf 3 Pence pro Gallone herab. Diese Maßnahme sah aus wie eine Lockerung, aber sie sollte sich in entgegengesetzter Richtung auswirken. Der frühere Zoll war so hoch gewesen, daß die amerikanischen Importeure ihn durch Schmuggel und Bestechung systematisch umgangen hatten. Durch die Neuregelung war der Schmuggel nun zugleich weniger lohnend und viel riskanter geworden, und die Regierung konnte erwarten, daß die Importeure lieber den niedrigeren Zoll entrichten würden als sich bei illegalen Transport- und Einfuhrgeschäften erwischen zu lassen. Das Ziel des Gesetzes bestand nach dem Wortlaut seiner Präambel ganz eindeutig in der Erhöhung der fiskalischen Einkünfte aus den Kolonien. Daß hierzu die Belastung durch Zölle oder Steuern ein berechtigtes Mittel sei, wurde in Westminster nicht bezweifelt. Der Schöpfer der »Revenue Act« war der Schatzkanzler George Grenville. Er brachte schon im folgenden

Jahr eine weitere Maßnahme durch das Parlament, nämlich das Stempelsteuergesetz (*»Stamp Act«*). Sein Inhalt war simpel: Für alle in Amerika ausgefertigten Rechtsurkunden sowie für Druckerzeugnisse wie Bücher, Kalender, Zeitungen, Flugblätter, Spielkarten, Formulare usw. mußten Stempelgebühren in Gebührenmarken entrichtet werden.
Die Reaktion der Kolonien auf diese Vorkehrungen der englischen Regierung war äußerst heftig. Sie richtete sich nicht gegen einzelne Bestimmungen, sondern gegen die Tatsache, daß ein Parlament, in dem die Kolonien nicht vertreten waren, diesen die Entrichtung von Steuern vorschreiben konnte. Gewiß waren regulierende Maßnahmen der englischen Regierung früher akzeptiert worden, auch wenn sie die kommerzielle Freizügigkeit der Kolonien einschränkten. Was die Einwohner der amerikanischen Provinzen des britischen Reiches aber jetzt ganz besonders erregte, war die unverhüllt ausgesprochene Zweckbestimmung solcher Maßnahmen, wie sie in der Präambel der »Revenue Act« erschien. Kaum hatten sich die prinzipiellen Gegenargumente in den ersten Streitschriften artikuliert, kam schon der zweite Schlag, die »Stamp Act«. Diese eindeutige Besteuerungsmaßnahme suchte nicht einmal mehr den Anschein zu wecken, sie diene nur der Regulierung des Außenhandels. Der publizistische Protest verschärfte sich. Schon kurz nachdem die ersten Nachrichten über die bevorstehende Einführung des Gesetzes in Virginia eingetroffen waren, veranlaßte der junge Rechtsanwalt Patrick Henry das Abgeordnetenhaus dieser Kolonie zur Annahme einiger Resolutionen, die sich eindeutig zum Grundsatz »No taxation without representation« bekannten. Die »Assemblies« anderer Kolonien folgten dem Beispiel Virginias mit entsprechenden Beschlüssen. Einer Anregung von Massachusetts folgend, entsandten neun Kolonien Delegierte zu einem Kongreß nach New York, der im Oktober 1765 das Besteuerungsrecht des Parlaments formell ablehnte. Dieser *Stempelsteuerkongreß* markiert den Beginn des gemeinsamen Widerstandes gegen England. Zur selben Zeit gingen die Kolonisten an mehreren Orten aber bereits zu direkten Aktionen über, um ihr Eigentum vor der Belastung durch englische Steuern zu schützen. Es kam zu ersten Tumulten und zu Überfällen auf Häuser von Bürgern, die verdächtigt wurden, die Durchführung der englischen Gesetze zu befürworten. In einigen größeren Städten entstanden Widerstands- und Kampforganisationen, die sich *»Sons of Liberty«* nannten. Sie setzten die Steuer- und Zolleintreiber unter Druck und zwangen viele zum Rücktritt. Am heftigsten war die Bewegung in Massachusetts. Als einer ihrer führenden Köpfe trat der Jurist und Publizist Samuel Adams hervor, der von da an stets an der

Spitze der radikalen Gegner Englands stehen sollte. Die »Sons of Liberty« befürworteten einen *Boykott* aller bisher aus England importierten Waren bis zum Widerruf der »Stamp Act«. Dieser Plan wurde von den führenden Kaufleuten Bostons, New Yorks und Philadelphias gutgeheißen und in die Tat umgesetzt. Als das Gesetz am 1. November 1765 in Kraft treten sollte, wagte niemand mehr, es zu vollstrecken, und es wurde völlig ignoriert. Die Arbeit der Gerichte und das Geschäftsleben kamen zu praktisch völligem Stillstand, und als der Handel gegen Ende des Jahres wieder anlief, geschah dies ohne Entrichtung der geforderten Stempelgebühren. Das war offener Widerstand gegen die Staatsgewalt und konnte ohne weiteres Sanktionen nach sich ziehen. Vielerorts wurde angekündigt, man werde eher zu den Waffen greifen als sich unterwerfen.

Durch die »Stamp Act Crisis« waren die Kolonien unversehens an den Rand der Rebellion geraten, und der Konflikt hatte in kurzer Zeit dramatische Formen angenommen. Zweierlei war an diesen Vorgängen bemerkenswert: Die englische Regierung hatte den Widerstandswillen der Kolonien bei weitem unterschätzt, und die Amerikaner hatten sich in der Überzeugung, daß die Grundlagen ihrer Existenz bedroht seien, erstaunlich einmütig und entschlossen gezeigt. Sie wollten nichts Neues und Ungewöhnliches; ihr Ziel war die Bewahrung des alten Grundsatzes, wonach Eigentum ohne Zustimmung der gewählten Vertreter der Eigentümer nicht besteuert werden dürfe. Dieser Grundsatz war von vielen Engländern schon in früheren Zeiten immer wieder vertreten worden, u. a. auch von John Locke. Indessen hatte sich aber in England auch die Gewohnheit verbreitet, die Mitglieder des Unterhauses als Vertreter aller britischen Untertanen zu betrachten. Nicht nur die Kolonisten, sondern auch sehr viele im Mutterland lebende Engländer besaßen kein Wahlrecht und galten trotzdem als »potentiell« vertreten. Von diesem Standpunkt aus konnte der amerikanische Widerstand gegenüber den Gesetzen des Parlaments sehr wohl als gefährliche Neuerung beurteilt werden. Den Kolonisten mußte andererseits aus ihrer historischen Erfahrung heraus die Idee einer »potentiellen« Vertretung unsinnig vorkommen. Ihre grundsätzlichen Argumente gegen die Besteuerung machten im Parlament keinen Eindruck. Eindruck machte dagegen der Warenboykott. Englische Kaufleute, die ihr Geschäft mit den Kolonien dahinschwinden sahen, bombardierten das Parlament mit Bittschriften und Hilfegesuchen. Sie bewirkten zusammen mit Benjamin Franklins Darlegungen vor dem Unterhaus, daß das Gesetz im März 1766 wieder aufgehoben wurde. Diesen taktischen Rückzug verband das Parlament jedoch mit der offiziellen Feststellung, daß es grundsätzlich dazu berechtigt sei, den

Kolonien in allen Angelegenheiten bindende Gesetze zu geben. Die von Pitt vorgeschlagene und auch von den Kolonisten vertretene Differenzierung zwischen »Taxation« und »Legislation« wurde mit allem Nachdruck abgelehnt.

Der Widerruf der »Stamp Act« leitete, äußerlich gesehen, eine Periode der Beruhigung ein, aber die Auseinandersetzungen um die Rechte des Mutterlandes gegenüber den Kolonien gingen weiter. In Amerika herrschte eine nicht ganz berechtigte und etwas vorschnelle Siegesstimmung. Man vergaß nicht, daß der Boykott englischer Waren das verhaßte Stempelsteuergesetz hatte begraben helfen. Man war stolz auf den bewiesenen Durchhaltewillen und auf die überall einmütig praktizierte Enthaltsamkeit. Einige Publizisten meinten sogar, das den Kolonien angetane Unrecht sei eigentlich nützlich gewesen, weil es die Tugenden förderte, auf die man schon lange großen Wert gelegt habe. Tatsächlich hatten die aus dem Boykott entstandenen Versorgungsschwierigkeiten den Arbeitseifer der Kolonisten in mancher Beziehung angespornt. Neues Land war gerodet worden, und die handwerkliche Produktion hatte sich erhöht. Hausfrauen hatten sich an Spindeln und Webstühle gesetzt, und die einfache selbstgemachte Kleidung war zur Uniform der Tugend geworden. Wenn amerikanische Staatsmänner und Geschichtsschreiber in späteren Jahren der Revolution und der nationalen Konsolidierung der Einigkeit im Kampf gegen die »Stamp Act« gedachten, pflegten sie jeweils nicht nur die grundsätzlichen politischen Probleme hervorzuheben, sondern auch den Fleiß, die bescheidene Lebensführung und die Opferbereitschaft zu loben, d.h. die Tugenden, die im Kampf gegen die Bedrückung an den Tag gelegt worden waren.

Die Amerikaner sollten nach der »Stamp Act Crisis« noch reichlich Gelegenheit erhalten, ihre Einigkeit unter Beweis zu stellen. Die nächste Zuspitzung des Konflikts erfolgte 1767 infolge der sogenannten *»Townshend Acts«*, die einen neuen Versuch der Besteuerung der Kolonien darstellten. Die von dem Schatzkanzler Charles Townshend vorbereiteten Gesetze bezogen sich auf wichtige Importwaren wie Blei, Farben, Papier, Glas und Tee.

Gleichzeitig schuf das Parlament die Behörde der Zollbevollmächtigten in Boston (»Board of Customs Commissioners«), die die Erhebung sämtlicher Zölle in Amerika zu koordinieren hatte. Die Reaktion war praktisch gleich wie diejenige auf die Einführung der »Stamp Act«: Protestresolutionen der kolonialen Abgeordnetenhäuser, Boykott englischer Waren, Publikation und Verbreitung zahlreicher Streitschriften. Die allgemeine Erbitterung richtete sich ganz besonders gegen die neue Zollbehörde, die sich durch korrupte

Geschäftsführung von Anfang an diskreditierte. Als sie das Schiff »Liberty« des angesehenen Bostoner Reeders John Hancock wegen einer Übertretung von Zollvorschriften konfiszieren wollte (10. Juni 1768), kam es zu Demonstrationen und Unruhen. Die Beamten forderten militärischen Schutz an, die britische Regierung entsprach dem Begehren und trug damit zu neuer Eskalation bei. Es handelte sich um eine unverhohlene militärische Machtdemonstration. Die Entrüstung der Bevölkerung über die anwesenden britischen Truppen entlud sich zwei Jahre später in einem blutigen Zusammenstoß (*»Boston Massacre«*, 5. März 1770), bei dem fünf Amerikaner ums Leben kamen. Kurz darauf wurden jedoch die Soldaten aus der Stadt abgezogen, und als die Townshend-Gesetze (mit Ausnahme derjenigen über den Teezoll) aufgehoben wurden, stellte sich eine allgemeine Entspannung ein. Der neue Premierminister Lord North war mit seiner Politik der Nachgiebigkeit mindestens temporär erfolgreich. Aber es war schon zu viel geschehen, als daß sich eine völlige Beruhigung hätte bewerkstelligen lassen. Das latente Mißtrauen der Bevölkerung der Kolonien manifestierte sich u. a. in der Entstehung der *»Committees of Correspondence«*, deren Zweck in der gegenseitigen Information über gefährliche Schritte der britischen Regierung bestand. Diese Komitees waren die wichtigsten Zentren des anti-englischen Radikalismus und seiner Propaganda. Im Jahre 1773 wurde die Krise der englisch-amerikanischen Beziehungen erneut in ihrer ganzen Dramatik aufgerissen, und zwar so weit, daß eine Entspannung nun überhaupt nicht mehr möglich schien. Einmal mehr zeigte die Regierung von Westminster, daß sie die wahren Motive des kolonialen Widerstandes nicht begriffen hatte. Um das nach wie vor hochgehaltene Recht der »Parlamentary Taxation« zu bekräftigen, unterstützte sie die Ostindische Kompanie in ihrem Vorhaben, billigen, aber verzollten Tee nach Amerika zu liefern. Wenn die Kolonien ihn akzeptierten, anerkannten sie damit den Townshend-Zoll. Die List wurde jedoch durchschaut, und neue Erregung erhob sich. In allen amerikanischen Häfen wurde der Tee zurückgewiesen; in Boston stürmten einige als Indianer verkleidete Männer ein Teeschiff und warfen dessen ganze Ladung ins Meer. Die »Boston Tea Party« (16. Dezember 1773) wurde in allen Kolonien bejubelt, der englischen Regierung aber erschien sie als Akt offener Rebellion. Das Parlament beschloß, die Kolonie Massachusetts zu bestrafen. Durch die *»Coercive Acts«* (März–Juni 1774) wurde sie praktisch einem Militärregime unterstellt, die britische Besatzungsmacht erfuhr drastische Verstärkung, ihr General, Thomas Gage, übernahm die Funktion des Gouverneurs. Der Hafen von Boston wurde für den Handel geschlossen; er sollte erst wieder geöffnet werden, wenn die Stadt der Ostindischen Kompanie den zugefügten Schaden vergütet hätte. Als ebenso provokativ wie die »Coercive Acts« empfanden die Kolonisten die kurz darauf vom Parlament erlassene »Quebec Act«, die das ganze Gebiet westlich der Appalachen und nördlich des Ohio der neuorganisierten Provinz Quebec einverleibte.

Alle diese Maßnahmen (die »Coercive Acts« wurden in Amerika als »Intolerable Acts« bezeichnet) führten dazu, daß sich die Kolonien zu gemeinsamer Verteidigung vereinigten. Im September 1774 trat in Philadelphia der *1. Kontinentale Kongreß* zusammen. Alle Kolonien mit Ausnahme von Georgia hatten ihn beschickt. Die Versammlung machte nach außen einen ehrwürdigen und entschlossenen Eindruck, aber es zeigte sich bald, daß die alte Einigkeit verschwunden war und daß die Zielsetzungen der 56 Abgeordneten in mancher Hinsicht auseinanderklafften. Die Vertreter der mittleren Kolonien befürworteten ein gemäßigtes Vorgehen. Ihr Sprecher Joseph Galloway aus Pennsylvania legte einen versöhnlich gehaltenen Unionsplan vor, laut welchem zwischen die »Assemblies« und das Parlament von Westminster eine gewählte Gesamtvertretung der Kolonien geschoben werden sollte. Der an die Idee Franklins von 1754 gemahnende Vorschlag wurde jedoch von den radikalen Delegierten des Südens und Neuenglands zu Fall gebracht. An der Spitze dieser Gruppe standen neben Samuel Adams dessen Vetter John Adams, ferner die Virginier Patrick Henry und Richard Henry Lee. Bald wurde deutlich, daß diese fähigen, energischen und jeder Nachgiebigkeit abgeneigten Politiker den Kongreß beherrschten und auf ihren Kurs festlegten. Für sie ging es grundsätzlich nicht um die Frage, ob das Parlament die Kolonien besteuern dürfe, sondern ob es überhaupt noch eine legislative Kompetenz über sie besitze. Wer dies verneinte, stimmte der sogenannten *»Dominion Theory«* zu, die besagte, daß die Kolonien einzig und allein der Krone unterstanden. Diese Auffassung wurde mit der Zeit von der Mehrheit der Abgeordneten geteilt. Sie basierte im wesentlichen auf zwei Streitschriften, nämlich auf den *»Considerations on the ... Authority of the British Parliament«* des Juristen James Wilson aus Pennsylvania und auf der *»Summary View of the Rights of British America«* des 31jährigen Thomas Jefferson.

Die Ergebnisse des Kongresses bestanden einerseits in der eindeutigen Ablehnung der »Coercive Acts« und der »Quebec Act«, verbunden mit 13 Resolutionen über die Rechte der Kolonien, und andererseits in der Übereinkunft, auf jeglichen weiteren Handelsverkehr mit Großbritannien, Irland und Westindien zu verzichten (»Declaration and Resolves«/»Continental Association«). Von einer

Trennung vom Mutterland war noch nicht die Rede gewesen. In seinen Resolutionen lud der Kongreß das Parlament ein, zur Politik der Zeit vor 1763 zurückzukehren. Stimmen, die zur Mäßigung mahnten, wurden auch in England selbst laut (Pitt, Edmund Burke), aber sie fanden kein Gehör. Der von Lord North in letzter Stunde ausgearbeitete Vermittlungsplan wurde andererseits in Amerika als neues Täuschungsmanöver empfunden. Zu Beginn des Jahres 1775 schien der offene Zusammenstoß auf beiden Seiten unvermeidlich. Entweder wurden die Gesetze aufgehoben, oder sie mußten mit Gewalt durchgesetzt werden. Zur Wiederherstellung seiner Autorität betrachtete das Parlament nur noch den zweiten Weg als gangbar. Am 27. Januar erhielt General Gage die entsprechenden Befehle. Die Milizen von Massachusetts standen bereits seit längerer Zeit in Alarmbereitschaft, und mit dem Ausbruch der Feindseligkeiten war täglich zu rechnen. Als Gage am 19. April eine Abteilung seiner Soldaten nach Concord beorderte, um dort ein Waffenlager der Kolonisten zu zerstören, kam es auf halbem Wege in *Lexington* und dann in Concord selbst zu den ersten Gefechten. Die Briten wurden von den Milizen zum Rückzug gezwungen und mußten eine empfindliche Niederlage einstecken.

Der mit diesem Waffengang ausgebrochene *Krieg der Amerikaner* gegen die *Armee des englischen Mutterlandes* sollte sich über sechs Jahre hinziehen. Er begann mit erstaunlichen Erfolgen der im ganzen undisziplinierten und schlecht bewaffneten Miliztruppen. Innerhalb weniger Tage war es zur Einschließung und Belagerung der britischen Truppen in Boston gekommen. Die anderen Kolonien rüsteten sich ebenfalls zum Widerstand und zur Unterstützung von Massachusetts. Wenige Wochen nach den Vorfällen von Lexington trat der 2. *Kontinentale Kongreß* zusammen, und zwar wiederum in Philadelphia (10. Mai 1775). Ihm gehörten jetzt auch Benjamin Franklin, James Wilson und Thomas Jefferson an. Die ersten Beschlüsse betrafen den gemeinsamen Verteidigungskampf: Die Miliztruppen, die vor Boston lagen, wurden als »Kontinentalarmee« organisiert und durch neue Kontingente verstärkt. Zum Oberbefehlshaber wurde George Washington ernannt, ein Tabakpflanzer aus Virginia, der sich als militärischer Führer schon im Krieg gegen Frankreich ausgezeichnet hatte. Untadelige Charakterfestigkeit, Organisationstalent und nie erlahmende persönliche Einsatzbereitschaft sollten ihm den ungeteilten Respekt der Soldaten und mit der Zeit der ganzen Bevölkerung verschaffen. Er erkannte, daß er einen Krieg zu führen hatte, in dem alles darauf ankam, die taktischen, geopolitischen und logistischen Gegebenheiten des Landes voll auszunützen. Dies schien anfänglich durchaus zu gelingen. Schon vor

der Kommandoübernahme Washingtons war die Festung Ticonderoga eingenommen und damit der Weg von New York nach Kanada freigekämpft worden. Nur wenig später wurden die englischen Truppen bei Bunker Hill vor den Toren Bostons erneut geschlagen. Obgleich der Kongreß ungefähr gleichzeitig eine versöhnliche Bittschrift an Georg III. richtete (»Olive Branch Petition«), gab es doch keinen Zweifel mehr an seiner Widerstandsbereitschaft.
Bald schon wurden indessen die *Schwierigkeiten der amerikanischen Kriegführung* sichtbar. Eine Expedition nach Kanada blieb vor Quebec stecken. Nur mit Mühe konnte Washington die buntgemischten und mangelhaft ausgebildeten Truppen in den Kolonien zusammenhalten und zu koordiniertem Einsatz bringen. Der Kongreß lieh ihm zwar stets loyale Unterstützung, vermochte aber Verzögerungen in der Besoldung und Versorgung der Armee oft nicht zu vermeiden, da es ihm nicht gelungen war, die Steuerhoheit zu erringen und er auf die Zuschüsse der Kolonien angewiesen blieb. So waren die Aktionsmöglichkeiten der kolonialen Streitkräfte stets begrenzt, und mehr als einmal standen sie vor der völligen Katastrophe. Dazu kam die Tatsache, daß sich ein erheblicher Teil der Bevölkerung indifferent verhielt und daß die nach wie vor englandfreundlichen »Loyalisten« oder »Tories« in den meisten Kolonien recht stark blieben. Hätte die britische Führung diese Schwächen des Gegners rechtzeitig erkannt und die entscheidenden Schläge geführt, bevor Washington seine Kommandoorganisation konsolidieren und der Kongreß nach fremder Hilfe Ausschau halten konnte, wären der Sieg und die rasche Beendigung des Krieges durchaus möglich gewesen. Die Langsamkeit, mit der die britische Kriegsmaschinerie anlief, bewirkte jedoch, daß diese Chance verpaßt wurde. Nach der Vertreibung der englischen Truppen aus Boston zog Washington im Frühjahr 1776 nach Süden, um New York zu verteidigen. Auf Long Island erlitt er eine schwere Niederlage, aber der Rückzug nach Süden durch New Jersey blieb offen und gelang. Die britischen Streitkräfte unter General William Howe hatten New York besetzen können, und es wäre ihnen ohne weiteres möglich gewesen, im Winter 1776/77 den Vernichtungsschlag gegen die Kontinentalarmee zu führen. Daß dies nicht geschah, war für Washington ein großes Glück.
Obwohl die Kriegslage für die Amerikaner äußerst kritisch war und blieb, wehte seit Beginn des Jahres 1776 ein neuer Wind politischer Meinungsbildung durch die Kolonien, und neue Zielsetzungen wurden sichtbar. Was als Kampf um die Rechte der Kolonisten unter der britischen Krone begonnen hatte, wurde zum *Kampf um die Unabhängigkeit.* Diese Entwicklung konnte auch von den gemäßig-

ten bis konservativen Führungskreisen der mittleren Kolonien auf die Dauer nicht aufgehalten werden. Die Verluste und Zerstörungen des Krieges riefen zunehmende Bitterkeit hervor; die schließlich doch unerbittliche Haltung Lord Norths und Georgs III. selbst erzeugte unter den Kolonisten das Bewußtsein, ein natürliches Recht auf politische Selbstbestimmung zu besitzen. Hieraus entstand die Forderung nach völliger Loslösung. Wiederum war es eine politische Streitschrift, die die allgemeine Meinungsbildung kraftvoll unterstützte, nämlich Thomas Paines *»Common Sense«*. Die im Januar 1776 in Philadelphia erstmals erschienene Broschüre hatte einen ungeheuren Erfolg und wurde von Angehörigen aller Volksschichten gelesen. Sie half entscheidend mit, das Image des Königs als eines Tyrannen zu verbreiten. Der kurz zuvor aus England eingewanderte Verfasser vertrat die Auffassung, das Ziel des Kampfes der Amerikaner könne nicht nur in der Aufhebung einiger Gesetze bestehen; dafür sei der bezahlte Preis zu hoch. Gesunder Menschenverstand wehre sich dagegen, einem König die Treue zu bewahren, der es zulasse, daß das Blut seiner Untertanen in den Kolonien vergossen werde. Paine polemisierte jedoch nicht nur gegen die Person Georgs III., sondern ganz allgemein gegen die Institution der Monarchie. »Ein einziger ehrlicher Mann ist für die Gesellschaft wertvoller«, so rief er aus, »als alle gekrönten Schurken, die jemals lebten.«
Solche Argumentation, in so leidenschaftlicher Eloquenz vorgetragen, traf die Amerikaner im richtigen Moment. Sie verstärkte das schon vorhandene Bewußtsein, vom König im Stich gelassen worden zu sein, und brachte die ohnehin latent vorhandene Begeisterung für das republikanische Prinzip zu hellem Auflodern. In dem halben Jahr nach dem Erscheinen von *»Common Sense«* verbreitete sich der Wille zur Unabhängigkeit und zur Ausgestaltung eines republikanischen Staatswesens erstaunlich rasch. Der Kongreß (Georgia war seit September 1775 auch darin vertreten) benahm sich immer mehr wie eine nationale Regierung; er empfahl den 13 Kolonien, alle Spuren der königlichen Autorität innerhalb ihrer Grenzen auszulöschen und an die Zustimmung des Volkes gebundene Regierungen einzusetzen. Am 2. Juli 1776 wurde der Antrag Virginias zum Beschluß erhoben, wonach die Vereinigten Kolonien freie und unabhängige Staaten seien und von Rechts wegen bleiben müßten. Zwei Tage später, am 4. Juli, erfolgte die Annahme der *Unabhängigkeitserklärung,* die diesen Entschluß rechtfertigte und die endgültige Trennung vom Mutterland vollzog.
Das berühmte Dokument war von einem Ausschuß vorbereitet worden, dem Thomas Jefferson als federführendes Mitglied angehörte. Der Kongreß begnügte sich hier nicht damit, den König von

England als einen Tyrannen zu brandmarken und ihm die Untertanentreue aufzukündigen. Die Deklaration charakterisierte die Revolution so, wie sie von ihren Trägern verstanden wurde. Sie verkündete die Grundsätze, die sich seit mehr als einem Jahrhundert in den institutionellen Strukturen der verschiedenen Kolonien manifestiert hatten und nun auch die neue Staatsgründung bestimmen sollten. Das Programm ist bereits in der Präambel enthalten:

> Wir erachten diese Wahrheiten als selbstverständlich: daß alle Menschen gleich erschaffen sind, daß sie von ihrem Schöpfer mit gewissen unveräußerlichen Rechten begabt sind und daß zu diesen das Leben, die Freiheit und das Streben nach Glückseligkeit gehören; daß zur Sicherung dieser Rechte unter den Menschen Regierungen eingesetzt sind, die ihre rechtmäßigen Befugnisse von der Zustimmung der Regierten herleiten; daß, sobald eine Regierungsform diesen Zwecken verderblich wird, es für das Volk rechtens ist, sie zu ändern oder abzuschaffen und eine neue Regierung zu errichten, die es auf solche Prinzipien gründet und deren Befugnisse es derart organisiert, wie es ihm zu seiner Sicherheit und Glückseligkeit am dienlichsten erscheint.

Als wichtigste Postulate treten einerseits das Prinzip der Gleichheit und andererseits dasjenige der Volkssouveränität hervor. Die Volkssouveränität mußte sich nun vor allem in der verfassungsgebenden Gewalt des Volkes (»Constituent Power«) äußern und jede Regierung an die Zustimmung der Regierten binden. Die Unabhängigkeitserklärung war als erster Rechtsakt des neu entstehenden Staatswesens von eminent praktisch-politischer Bedeutung, indem sie den Anspruch auf Anerkennung und Hilfeleistung seitens anderer Mächte ermöglichte. Darüber hinaus aber enthielt sie einen Ausblick in die Zukunft, der dem neuen Staat die Verpflichtung implizierte, überall dort für verbessernde Umgestaltung einzutreten, wo die Grundsätze, auf die er sich berief, nicht oder noch nicht verwirklicht waren. Diese Grundsätze waren allerdings zum Teil in früheren Dokumenten schon ausführlicher dargelegt worden (so z.B. der Katalog der Menschenrechte in der »Virginia Bill of Rights« vom 12. Juni 1776). Sie sollten auch in den Verfassungen der Einzelstaaten ihren Niederschlag finden.

4. Gestaltung der Republik

Den *Wendepunkt des englisch-amerikanischen Krieges* brachte das Jahr 1777. Aus Kanada war eine große Armee unter General John Burgoyne in den nördlichen Teil des Staates New York eingefallen. Sie sollte auf die Hauptstadt vorstoßen, sich mit den Truppen Howes vereinigen und auf diese Weise Neuengland von den übrigen

Gebieten der neuen Republik abschneiden. Howe machte aber keine Anstalten, Burgoyne entgegenzumarschieren, sondern segelte mit seinen Streitkräften in die Chesapeake Bay, drang von dort ins Landesinnere ein und krönte das große Umgehungsmanöver mit der Einnahme Philadelphias. Dies war ein zwar spektakulärer, aber strategisch bedeutungsloser Erfolg. Burgoyne blieb am oberen Hudson den amerikanischen Gegenangriffen allein ausgesetzt und kam immer langsamer vorwärts. Als seine Vorräte zur Neige gingen und er keinen anderen Ausweg mehr sah, ergab er sich am 17. Oktober mit ca. 57 000 Mann bei *Saratoga* dem amerikanischen General Horatio Gates.

Dieses aus der Zersplitterung der englischen Kräfte hervorgegangene Fiasko hatte weitreichende Folgen. Zunächst führte es zu vorübergehender Unterbrechung der Kriegsaktionen und zu einem Friedensangebot, auf das die Amerikaner allerdings nicht eingingen. Die zweite Konsequenz war der *amerikanisch-französische Bündnisvertrag,* der am 6. Februar 1778 abgeschlossen wurde. Erste Verhandlungen hatten schon im Sommer 1776 begonnen und sowohl Kriegsmateriallieferungen als auch finanzielle Unterstützung bewirkt. Nach der Proklamation der Unabhängigkeit wurde die diplomatische Aktivität von amerikanischer Seite intensiviert. Franklin ging als Unterhändler nach Paris und erweckte durch seinen persönlichen Charme und seine schlichte Weisheit allgemeine Sympathie für die amerikanische Sache. Ludwig XVI. und sein Außenminister Vergennes blieben jedoch vorsichtig und ließen sich erst zum Bündnisabschluß bewegen, als die Nachricht von Saratoga eingetroffen war. Das Hauptmotiv der französischen Hilfsbereitschaft war der Wunsch, die Niederlage von 1763 zu rächen und dem britischen Reich einen Vergeltungsschlag zu versetzen; Ambitionen auf Wiedergewinnung nordamerikanischer Kolonialgebiete existierten nicht mehr.

Wenn die militärische Unterstützung auch nicht sogleich wirksam einsetzte, so brachte die Allianz mit Frankreich der amerikanischen Republik doch entscheidende Erleichterungen. Die Finanz- und Waffenhilfe verstärkte sich rasch, und gleichzeitig wurde es für die Engländer immer schwieriger, ihre Armeen zu versorgen. Der englische Handels- und Nachschubverkehr auf dem Atlantik erlitt Störungen und wurde in zahlreiche Kampfhandlungen verwickelt, an denen neben französischen auch amerikanische Schiffe beteiligt waren. Legendären Ruhm erwarb sich in diesen Aktionen vor allem der aus Schottland stammende Kapitän John Paul Jones, der mit seinen tollkühnen Handstreichen bis in die britischen Küstengewässer vorstieß.

Washingtons Kontinentalarmee hatte im Winterlager von *Valley Forge* (1777/78) ihre schlimmste Krise durchgestanden. Hunger, Kälte und Krankheiten hatten ihre Disziplin untergraben und ihre Kampfkraft aufs äußerste geschwächt. Durch das Ausbleiben englischer Angriffe und das gleichzeitige Wiederanlaufen des Nachschubs wurde sie im Frühjahr 1778 vor dem völligen Zerfall bewahrt. Daß sie sich innerhalb weniger Monate wiederum zum schlagkräftigen Kriegsinstrument wandelte, war in erster Linie ihrem preußischen Drillmeister, dem Baron Friedrich Wilhelm von Steuben, zu verdanken.

Obwohl die englischen Truppen im Sommer 1780 Philadelphia räumten und sich unter ihrem neuen Befehlshaber Henry Clinton wiederum nach New York zurückzogen, gaben sie den Kampf noch nicht verloren. Sie verschoben die Hauptaktionen vielmehr auf einen neuen Schauplatz, nämlich in das Gebiet der *Südstaaten*. Ende 1778 entsandte Clinton eine große Streitmacht nach Georgia, die alsbald Savannah eroberte und den ganzen Staat besetzte. Nach verschiedenen entscheidungslosen Einzelaktionen, die ihn im Norden, im Süden und in den Westgebieten beschäftigten, löste der britische Heerführer ein Jahr später den Angriff auf South Carolina aus. Am 12. Mai 1780 gelang ihm die Einnahme von Charleston. Dann überließ er das Kommando seinem Unterführer Lord Cornwallis und kehrte nach New York zurück, wo seine übrigen Streitkräfte immer noch den Truppen Washingtons gegenüberstanden und in ihrem Rücken außerdem durch ein französisches Heer bedroht wurden, das unter dem General de Rochambeau in Newport (Rhode Island) gelandet war. Die Entscheidung sollte aber nicht hier, sondern im Süden fallen. Cornwallis gelang es nicht, die Carolinas seinem Auftrage gemäß völlig zu unterwerfen. Nach mehreren erfolglosen Gefechten zog er nach Virginia, um die dortige Operationsbasis der amerikanischen Streitkräfte endgültig zu zerstören. Aber auch hier war ihm das Kriegsglück nicht hold. Er konnte sich nur an der Küste behaupten und auch dort nur unter dem Schutz der britischen Flotte. Nun errangen aber die Franzosen im Sommer 1781 vorübergehend die Seeherrschaft vor der Chesapeake Bay, und dadurch erhielt Washington die Möglichkeit, mit dem Gros seiner Streitkräfte und dem Expeditionskorps Rochambeaus nach Süden zu stoßen und Cornwallis in seinem Stützpunkt *Yorktown* einzuschließen. Die großangelegte Operation (in welcher sich der freiwillig mitkämpfende Marquis de Lafayette als Anführer der Vorhut auszeichnete) gelang planmäßig, und zwar vor allem deshalb, weil sie durch die französische Flotte gedeckt wurde. Nach dreiwöchiger Belagerung

kapitulierte Cornwallis (19. Oktober 1781); Clintons Entsatzheer kam zu spät und konnte nichts mehr ausrichten.
Yorktown war nicht nur ein amerikanischer, sondern auch ein französischer Sieg, und deshalb bedeutete er noch nicht das Ende des Krieges. Auf dem nordamerikanischen Kontinent gab es nach der Einnahme der englischen Festung an der Chesapeake Bay keine nennenswerten Kampfhandlungen mehr. Die Amerikaner waren zum Frieden bereit, die Engländer auch, und auch die Franzosen, aber hier bestand noch ein Hindernis, nämlich die Bindung an Spanien. Spanien war erst an der Seite Frankreichs in den Krieg eingetreten (1779), als Vergennes versprochen hatte, er werde den Krieg fortführen, bis es der spanischen Krone gelungen sei, den Engländern auch Gibraltar zu entreißen. Der amerikanische Kongreß hatte sich seinerseits verpflichtet, nicht einseitig und ohne Zustimmung Frankreichs mit England Frieden zu schließen. Die Amerikaner mußten also auch auf den Fall Gibraltars warten. Spanien aber erwies sich als wenig erkenntlich. Aus naheliegenden Gründen weigerte es sich auch nach dem Kriegseintritt, die Unabhängigkeit der ehemaligen britischen Kolonien anzuerkennen. Nachdem die Eroberung des von den Engländern kaum verteidigten Territoriums West-Florida gelungen war, beschränkte sich der spanische Kriegseinsatz nur noch auf die Blockade Gibraltars.
Georg III. wäre eigentlich für eine Weiterführung des Krieges gewesen, aber das Parlament opponierte gegen die Ernennung eines neuen Oberkommandierenden, und es erzwang den Rücktritt des von Lord North angeführten Kabinetts. Das neue Ministerium des Marquess of Rockingham beschloß die sofortige Aufnahme von *Friedensverhandlungen* mit den amerikanischen Emissären in Paris.
Schon 1779 hatte der Kongreß erstmals die amerikanischen Friedensbedingungen formuliert, und zwar in einer Instruktion an John Adams, der damals in diplomatischer Mission nach Paris ging. Wichtigste Voraussetzung für das Eintreten in Verhandlungen war die Anerkennung der Vereinigten Staaten als souveräne Nation. War dies erreicht, sollte Adams auf klaren geographischen Grenzen bestehen: im Westen der Mississippi, im Norden die bereits vorhandenen Grenzen gegen Kanada, im Süden der 31. Breitengrad. Die Pariser Verhandlungen wurden 1782 mit leicht modifizierter und im ganzen recht vage gehaltener Instruktion von Franklin begonnen und dann von John Adams und John Jay fortgeführt. Die Kommission war nach wie vor gehalten, zunächst die Anerkennung der Unabhängigkeit durch England zu verlangen, aber es stand ihr frei, vermittelnde Regelungen zu akzeptieren. Vor allem durfte sie nichts

unternehmen ohne Wissen und Einverständnis der französischen Regierung. Das behagte den Bevollmächtigten keineswegs und beunruhigte sie um so mehr, als sie erfuhren, Vergennes paktiere insgeheim bereits mit den Engländern und unterstütze die amerikanischen Grenzforderungen nicht. Da nahmen sie in bewußter Mißachtung ihrer Instruktionen direkte Gespräche mit den englischen Emissären auf, ohne vorher die Anerkennung der Unabhängigkeit erhalten zu haben. Sie wollten sich vor allem aus der französischen Bevormundung befreien und trauten in diesem Moment ihren Gegnern mehr als ihren Bundesgenossen. Zwar erreichten sie nicht alles, was sie erstrebten, mit den »unabdingbaren« Forderungen (»Necessaries«) aber drangen sie durch: Die Anerkennung der amerikanischen Unabhängigkeit wurde ausgesprochen und das Problem der Grenzen gemäß der Instruktion Adams' von 1779 geregelt.

Vergennes erhielt von diesen Ergebnissen erst Kunde, als der amerikanisch-englische *Präliminarvertrag* unterzeichnet war (30. November 1782). Genaugenommen – und hier lag die Raffinesse des Vorgehens – verstieß er nicht gegen das amerikanisch-französische Bündnis, denn er sollte erst in Kraft treten, wenn auch Frankreich mit England zu einer Einigung gelangt war. Zugleich gab er dem französischen Außenminister die Möglichkeit, nun auch Spanien unter Druck zu setzen: Am Ende gab dieses den Kampf um Gibraltar auf und begnügte sich damit, von England das Gebiet Floridas zu übernehmen.

Die *endgültigen Friedensverträge* wurden am 3. September 1783 in Paris unterzeichnet. Zwei Monate später verließen die letzten britischen Truppen New York. Der militärische Sieg der amerikanischen Republik war durch einen brillanten diplomatischen Sieg ergänzt und abgesichert worden.

Aus der grundlegenden Veränderung ihrer Beziehungen zur Alten Welt ergab sich für die amerikanische Gesellschaft seit 1763 und ganz besonders seit 1776 eine tiefgreifende *innere Wandlung*. Wohl bewiesen die politischen Institutionen eine überraschende Tragkraft, aber das politische Leben zeigte eine deutliche Tendenz zu allgemeiner *Demokratisierung*, die die alten Formen vielfach mit neuem Gehalt erfüllte. Es ist nicht zu bezweifeln, daß der Krieg mit seinen direkten Auswirkungen auf die Bevölkerung hier manche Entwicklung beschleunigte und auch radikalisierte. Namentlich in seiner Frühphase und in der Auseinandersetzung mit den Loyalisten spielten lokale Bürgerversammlungen, Demonstrationen und irreguläre Gewaltaktionen im außerparlamentarischen Bereich eine beträchtliche Rolle und bewirkten eine Ausweitung der politischen Partizipation, die bei der Gestaltung neuer Regierungsordnungen nicht unberücksichtigt bleiben konnte. Ein deutliches Indiz für den überall wachsenden Glauben an das Gleichheitsprinzip bildete der mit großem Eifer betriebene *Abbau von Privilegien* sowohl symbolischer als auch materieller Art. Dabei ist etwa an das Verbot von Adelstiteln und Erbämtern zu denken, aber auch an die Abschaffung der Pachtzinse (»Quitrents«), des Fideikommisses (»Entail«) und der Primogenitur. Die letztere Maßnahme wurde vor allem dort spürbar, wo sich landbesitzende »Aristokratien« gebildet hatten, aber sie vermochte auf die Dauer keine Veränderung der Sozialstruktur herbeizuführen. Die allgemeine Privilegienfeindlichkeit verdichtete sich auch nirgends zum grundsätzlichen Angriff auf das Privateigentum. Wirklich radikal verfuhren die »Patrioten« nur mit dem Besitz der »Loyalisten«, die zu Tausenden verbannt worden waren oder das Land freiwillig verlassen hatten. Die zum Teil riesigen Ländereien reicher »Tory«-Familien wurden konfisziert und in kleinere Gehöfte aufgeteilt. Sehr rasch kam allerdings dabei die Spekulation zum Zuge und brachte manche Kleinbauern und Pächter um ihre Hoffnungen.

Besonders deutlich wurde der Wille zur Verwirklichung der »Equality« in den *Staatsverfassungen* sichtbar, die von 1776 bis 1800 in allen Kolonien entstanden. (Nur Rhode Island und Connecticut behielten ihre »Charters« aus der Zeit Karls II.) Diese Verfassungen waren durchweg von der Überzeugung getragen, daß Regierungen dazu da sind, dem Volke zu dienen und nicht, es zu beherrschen. Daher wurden in den meisten Konstitutionen »Bills of Rights« aufgenommen, die nach dem Vorbild derjenigen von Virginia die Gleichheit der Menschen statuierten und jene natürlichen Rechte der Bürger aufzählten, über die keiner Regierung Gewalt zukommt. In diesen Katalogen figurierten stets die Religionsfreiheit, die Pressefreiheit und das Recht auf »Trial by Jury« (Aburteilung im Schwurgerichtsverfahren).

Möglichst breite Machtverteilung erschien als Hauptcharakteristikum einer Republik, und so wurden die Verfassungswerke stets auf dem Grundsatz des »Responsible representative government« aufgebaut. Dafür waren die institutionellen Grundlagen bereits vorhanden. Die kolonialen »Assemblies« hatten sich überall in Provinzialkongresse verwandelt und wurden durch die neuen Verfassungen als Legislativbehörden legitimiert. Sie bestanden überall aus zwei Häusern. Die einzige Ausnahme bildete Pennsylvania, wo das Einkammersystem schon seit 1701 praktiziert wurde. Die entscheidenden Machtbefugnisse lagen überall bei den »Lower Houses«. Ihre Mitglieder wählten gewöhnlich die Abgeordneten der »Upper Houses«, d.h. jener Kammern, die aus den kolonialen »Governor's

Councils« hervorgegangen waren. Die Gouverneure selbst waren als Exekutivorgane in ihren Kompetenzbereichen gegenüber der vorrevolutionären Periode stark eingeschränkt. Wo sie noch ein Vetorecht besaßen, hatte dieses nur suspensive Wirkung. Nirgends mehr konnten sie die gesetzgebenden Behörden auflösen. Ihre Amtsperioden waren meist kurz, und oft durften sie sich der unmittelbaren Wiederwahl nicht stellen. In den Neuenglandstaaten und in New York wurden sie von der Gesamtheit der Stimmberechtigten gewählt, in den übrigen Staaten von den Abgeordnetenhäusern.
Obwohl das Gleichheitsprinzip überall postuliert wurde, blieb seine praktische Verwirklichung begrenzt. Fast in allen Staaten bestand nach wie vor der an den Landbesitz gebundene *Wahlzensus* (»Property Qualification«), und meist waren die Anforderungen für das passive Wahlrecht höher als für das aktive. Nur in Georgia und Pennsylvania besaßen alle Steuerzahler das Wahlrecht. Die Auffassung, daß nur der Besitzende am Leben des Staates verantwortlichen Anteil nehmen könne, war noch allgemein verbreitet. Allerdings gaben sich die Behörden Mühe, den Landbesitz möglichst vielen Bürgern zugänglich zu machen und die Zahl der Besitzlosen möglichst klein zu halten.
Tatsächlich waren die *sozialen Unterschiede* innerhalb der amerikanischen Bevölkerung nach der Revolution nicht wesentlich größer als vorher. Etwas mehr als 50% der Einwohner zählten zum Mittelstand der Farmer, Handwerker und Kaufleute mit Jahreseinkommen von 225–2250 Dollar oder Landbesitz im Wert von 900–9000 Dollar. Darüber lag die kleine Schicht der ausgesprochen Wohlhabenden (ca. 10%), d.h. der Plantagenbesitzer, Großkaufleute, Spekulanten, Anwälte und Ärzte, die pro Jahr mehr als 2250 Dollar verdienten. Die Unterschicht bestand einerseits aus den Negersklaven (ca. 20%) und andererseits aus den armen Weißen (ca. 15%), die sich als Lohnarbeiter, Dienstpersonal, Seeleute usw. betätigten. Ihr Einkommen genügte meist zum Leben, erlaubte aber keine Anlage von Ersparnissen. Im Gegensatz zu Europa fehlte die extreme Armut fast völlig. Aufstiegsmöglichkeiten gab es überall, in den westlichen Grenzgebieten mehr als im Osten. Sie auszunutzen, war nur den Sklaven verwehrt.
Einen bedeutenden Aspekt der allgemeinen Demokratisierungstendenz bildete die Ausdehnung der *Religionsfreiheit* und die damit parallellaufende *Gleichstellung der Religionsgemeinschaften*. Die Trennung von Kirche und Staat gelang dort am besten, wo bereits starke freikirchliche oder säkulare Opposition gegen die »Established Church« vorhanden war. Dennoch erstreckten sich die Auseinandersetzungen über lange Jahre. Von 1776 an war die »Disestab-

lishment«-Bewegung besonders in Virginia lebendig. Die von Jefferson 1779 eingeführte »Bill for establishing religious freedom« wurde jedoch erst im Januar 1786 zum Gesetz erhoben. Kurz vorher hatte sich die anglikanische Kirche (welcher noch stets das Odium des »Loyalismus« anhaftete) unter dem Namen »Protestant Episcopal Church« als freikirchliche Denomination konstituiert. In den Neuenglandstaaten dauerte der Kampf um das »Disestablishment« noch länger als im Süden. Er wurde hauptsächlich von den Baptisten und Methodisten geführt. Die kongregationalistische Kirche widerstand jedoch den Angriffen erstaunlich lange, und die völlige Abschaffung ihrer Privilegien konnte erst im 19. Jahrhundert erreicht werden (Connecticut, 1818; New Hampshire, 1819; Massachusetts, 1833). Andererseits wurde die absolute Trennung von Kirche und Staat in allen jenen Staaten von Anfang an praktiziert, die nach 1783 der Union beitraten.

Die von den Kirchen getragenen *höheren Bildungsanstalten* waren durch den Unabhängigkeitskrieg (wie das Schul- und Erziehungswesen überhaupt) in schwere Mitleidenschaft gezogen worden. Manche Colleges hatten ihre Studenten und Lehrer verloren und mußten neu organisiert und ausgebaut werden. Wiederum kam die entscheidende Initiative von den Kirchen her. Sie führte zur Wiederherstellung der bestehenden Institutionen und zu zahlreichen Neugründungen. Besonders erfolgreich waren in diesen Bemühungen die Presbyterianer.

Neben den kirchlichen Colleges wurden in den 1780er Jahren auch die ersten staatlichen Hochschulen eingerichtet, die allerdings zunächst auch nur allgemeinbildenden Unterricht vermittelten und noch nicht als eigentliche Universitäten funktionierten. Die Regierungen bemühten sich daneben zum Teil mit großem Eifer auch um die Verbesserung des Unterrichts in den *Elementar- und Sekundarschulen.* Dabei wurden sie vielerorts von privaten Gruppen nachhaltig unterstützt. Zahlreiche Lehr- und Schulbücher erschienen, u. a. Noah Websters *»American Spelling Book«* (1783), dessen Popularität jahrzehntelang anhalten sollte.

In eklatantem Widerspruch zum allseits postulierten Ideal der »Equality« stand natürlich die Institution der *Sklaverei*. Sie galt zwar weithin als Übel, wurde aber nach der Proklamation der Unabhängigkeit nicht generell zum Verschwinden gebracht. Gesetze und prohibitive Steuern unterbanden seit 1776 zunächst den Sklavenimport aus Afrika und Westindien. Sie bewirkten indessen eine starke Zunahme des Schmuggels, der erst im frühen 19. Jahrhundert eingedämmt werden konnte und bis zum Ausbruch des Sezessionskrieges fortbestand. Die Opposition gegen die Sklaverei war an sich

älter als die Unabhängigkeitserklärung. Zu ihren ersten Vertretern hatte schon Roger Williams gehört. In Pennsylvania bestand seit 1775 eine Antisklavereigesellschaft, und um 1780 wurde in diesem Staat das erste Abolitionsgesetz erlassen. Das Beispiel der Legislative von Philadelphia fand in den nördlichen Staaten verhältnismäßig rasche Nachahmung: Massachusetts folgte ihm bereits 1781, New Hampshire 1783; Connecticut und Rhode Island erließen ihre Abolitionsgesetze 1784, New York und New Jersey etwas später, nämlich 1799 bzw. 1804. Diese Entwicklung war nicht besonders überraschend, denn im Norden der Republik brachte die Sklaverei ohnehin keinen wirtschaftlichen Gewinn, da im Gewerbe und in der entstehenden Industrie hauptsächlich gelernte Arbeitskräfte benötigt wurden. Im Süden war die Zahl der Sklaven seit jeher sehr viel größer gewesen. Importbeschränkungen stießen auf wenig Widerstand, weil die Plantagenbesitzer und Farmer ein Überangebot und damit die Gefahr von Sklavenaufständen befürchteten. Die Aufhebung der Sklaverei wurde ebenfalls diskutiert und von prominenten Männern des öffentlichen Lebens wie Jefferson und Washington aufs nachdrücklichste befürwortet. Die Meinung, daß die Plantagenwirtschaft nur mit Hilfe von Sklaven aufrechterhalten werden könne, blieb jedoch im ganzen unerschüttert, und es kam nirgends zur Annahme von Abolitionsgesetzen. Was erreicht wurde, war lediglich die generelle Erleichterung der Freilassung. Nach 1783 ging die Zahl der Sklaven auch in den Südstaaten zurück. Sie sollte jedoch schon bald wieder ansteigen, und zwar infolge des Aufkommens der großangelegten Baumwollproduktion, die nach Eli Whitneys Erfindung der Entkörnungsmaschine (»Cotton Gin«, 1793) möglich wurde.
Die *innenpolitische Entwicklung* der 13 ehemaligen Kolonien Englands wurde nach der Gewinnung der Unabhängigkeit hauptsächlich von jenen Leuten bestimmt, die sich im Kongreß seit 1776 als die »Radikalen« durchgesetzt hatten. Sie waren es, die in den Einzelstaaten die Macht der Exekutivbehörde einschränkten, das »Disestablishment« der Staatskirchen forderten, die Ballungen von Grundbesitz wo immer möglich abzubauen suchten und ganz allgemein eine Gesellschaft formierten, die die Autorität von unten nach oben verlieh, sie stets vorsichtig einschränkte und gegenüber institutionalisierter Machtkonzentration in Kirche, Staat und Militärwesen grundsätzlich mißtrauisch blieb. Obwohl die von den »Radikalen« durchgesetzten Neuerungen im einzelnen sehr selten wirklich radikaler Natur waren, führte ihre ausgesprochen antiautoritäre Aktivität doch zur langsamen Konsolidierung der konservativen Opposition und bereitete damit die Entstehung eines Parteiensystems vor.

Die allmähliche Polarisierung der politischen Meinungen wurde seit der Mitte der 1780er Jahre durch die immer weiter um sich greifende *Wirtschaftskrise* verschärft: Der Krieg hatte zu einer allgemeinen Inflation geführt und die ökonomische Lage aller Staaten schwer erschüttert. Die Währungen zerfielen, fixe Einkommen lösten sich ins Nichts auf, und die Schuldner zwangen widerstrebende Gläubiger zur Annahme von unsicherem Papiergeld. Die gesetzliche Grundlage einer nationalen Währung entstand erst 1792, aber sie sollte die verwirrte Situation nicht sogleich beruhigen. Nach dem Frieden von 1783 blieben die kriegsbedingten Aufträge an die amerikanische Industrie und Landwirtschaft schlagartig aus. Dafür strömten wiederum britische Waren ins Land. Die amerikanischen Konsumenten waren nun nicht mehr bereit, tugendhafte Enthaltsamkeit zu üben, denn schließlich hatten sie ja England besiegt. Luxus und Verschwendungssucht begannen sich vielerorts auszubreiten, während das einheimische Gewerbe in Not geriet. Die Kaufleute der großen Handelszentren konnten ihre Waren nur mit Mühe im ehemaligen Mutterland absetzen. Neue Absatzmärkte zu finden, erwies sich als keineswegs leicht. Frankreich interessierte sich nur für den amerikanischen Tabak und profitierte im übrigen von den großzügigen britischen Kreditangeboten. Die Rezession belastete die gesamte Bevölkerung der Republik und verursachte mancherlei zwischen- und innerstaatliche Spannungen. In Massachusetts kam es 1786 zu einem Aufstand der Kleinfarmer des westlichen Hinterlandes, die unter besonders hohen Steuerlasten zu leiden hatten (*»Shays' Rebellion«*). Die Revolte konnte von der Staatsregierung zwar niedergeschlagen werden, aber sie offenbarte unmißverständlich, daß sich ganz Neuengland in einem Zustand der Zerrüttung befand, daß es unter völlig entwerteter Währung litt, seine Erzeugnisse nicht mehr verkaufen konnte und einem allgemeinen Zerfall der öffentlichen Ordnung entgegenschlitterte.

Maßnahmen zur Linderung und Abwendung der Krise konnten nur wirksam sein, wenn sie in allen Staaten gleiche Gültigkeit hatten, d.h. wenn sie von einer Zentralregierung ausgingen und durchgeführt wurden. Diese Zentralregierung jedoch existierte nicht.

Der Kontinentalkongreß hatte den Unabhängigkeitskrieg geführt und im Namen der 13 Kolonien die Unabhängigkeitserklärung proklamiert. Nachdem der militärische Sieg errungen war, strebte die mehr oder weniger improvisierte Union jedoch wieder auseinander. Die Loyalität der Bürger galt nach wie vor in erster Linie den Einzelstaaten. Wer in Übereinstimmung mit den autoritätsfeindlichen Intentionen der »Radikalen« bei den Staatsregierungen die Bildung starker Exekutivbehörden ablehnte, tat dies logischerweise auch im

Hinblick auf die Gesamtrepublik. Die 1777 vom Kongreß formell angenommenen, aber erst 1781 von allen Staaten ratifizierten *»Articles of Confederation«* schufen einen losen Staatenbund und legalisierten eigentlich nur den bestehenden Zustand. Im Kongreß war jeder der 13 Staaten mit 2 bis 7 Delegierten vertreten, die aber zusammen stets nur 1 Stimme hatten. Wenn in einer Sitzung nicht mehr als sieben Staaten vertreten waren, mußten alle Beschlüsse einstimmig sein. In außen- und finanzpolitischen Angelegenheiten war stets eine Mehrheit von neun Staaten erforderlich. Eine eigentliche Exekutivinstanz gab es nicht. Die Führung der Geschäfte wurde einzelnen Kommissionen übertragen. Drei Sekretäre waren verantwortlich für die Außenpolitik, die Finanzen und das Kriegswesen. Sie besaßen teilweise weitgehende Vollmachten, waren aber doch nur Beauftragte des Kongresses, der in seiner Arbeitsweise äußerst schwerfällig blieb. Vor allem fehlte ihm die Kompetenz, Gesetze zu erlassen und Steuern zu erheben. Er war daher nicht in der Lage, den Übeln wirksam zu begegnen, die nach dem Ende des Krieges dessen Erfolg und damit auch die Existenz der jungen Nation gefährdeten. Da er die Einzelstaaten nicht dazu zwingen konnte, die Gesamtpolitik finanziell zu unterstützen, sah sich der Kongreß mehrfach veranlaßt, Anleihen im Ausland aufzunehmen, und zwar hauptsächlich in Frankreich. Die Verschuldung gegenüber dem ehemaligen Bundesgenossen, aber auch gegenüber den Niederlanden und selbst gegenüber England nahm nach 1783 unaufhaltsam zu, und mehr als einmal schwebte das nationale Eigendasein der Vereinigten Staaten in größerer Gefahr als jemals während des Unabhängigkeitskrieges. Die einzige wirklich bedeutende Leistung, die der Kongreß unter den »Articles of Confederation« vollbrachte, war die Schaffung der Rechtsgrundlagen für eine geordnete *Besiedlung der Westgebiete* südlich der Großen Seen zwischen den Appalachen und dem Mississippi. Als die 13 Kolonien aus dem britischen Reichsverband ausschieden, besaßen sieben von ihnen Landansprüche im Westen, die sechs anderen dagegen nicht. Diese letzteren verlangten nun, daß die reicheren Staaten ihre Ansprüche zum allgemeinen Nutzen dem Kongreß übertragen sollten. Die Forderung war vernünftig, denn bereits hatten sich zahlreiche Rivalitäten nicht nur zwischen einzelnen Staaten, sondern auch zwischen spekulationsfreudigen und schwer kontrollierbaren Privatorganisationen ergeben, die die Bodenpreise in die Höhe trieben und allgemeine Rechtsunsicherheit verbreiteten. Es erschien daher notwenig, daß der Kongreß den schwierigen Problemkomplex in die Hand nehme. Einmal mehr bewies Jefferson seine hohe politische und organisatorische Begabung. Von ihm gingen die entscheidenden Ideen aus, und er verstand es auch, sie zu verwirklichen. Zunächst gelang es ihm, die »Assembly« von Virginia zum Verzicht auf sämtliche Ansprüche im »Old Northwest« zu bewegen (1781). Hierauf versprach der Kongreß, daß das ganze Territorium nach erfolgter Besiedlung in einzelne Staaten mit republikanischer Regierungsform eingeteilt werden sollte. Jeder dieser Staaten sollte als gleichberechtigtes Mitglied in die Konföderation aufgenommen werden. Die offizielle Verordnung dieses Inhalts wurde zwar erst 1784 erlassen, aber schon im folgenden Jahre regelte ein weiterer Kongreßbeschluß die Vermessung und Einteilung der weiten Landgebiete. Sie wurden in Bezirke (»Townships«) von je 36 Quadratmeilen aufgegliedert, und jeder Bezirk enthielt 36 »Sections« zu je 640 Acres. Nachdem die anderen Staaten, dem Beispiel Virginias folgend, ihre Landansprüche ebenfalls auf den Kongreß übertragen hatten, war der Weg frei zur Verabschiedung der sogenannten *»Northwest Ordinance«* (13. Juni 1787). In diesem Dokument wurde festgelegt, daß das gesamte Nordwest-Territorium zunächst durch einen Gouverneur und einige Richter verwaltet werden sollte. Diese Beamten waren durch den Kongreß zu wählen. Sobald 5000 freie männliche Einwohner in einem Teilgebiet lebten, sollte für dieses eine bikamerale Legislative organisiert werden, die einen Delegierten (ohne Stimmrecht) in den Kongreß abordnen konnte. Um als Staat anerkannt zu werden, mußte das betreffende Gebiet mindestens 60000 freie männliche Einwohner aufweisen. Im ganzen war die Gründung von mindestens drei bis höchstens fünf Staaten vorgesehen. Überall sollte religiöse Freiheit herrschen, und die Errichtung öffentlicher Schulsysteme wurde ausdrücklich vorgeschrieben. Die Indianer erhielten die Zusicherung gerechter Behandlung, was allerdings nicht mehr war als ein sehr vages Versprechen. Im ganzen Nordwest-Territorium sollte schließlich – auch dieser Punkt ging auf einen Vorschlag Jeffersons zurück – die Sklaverei verboten sein. Als Grundgesetz für die kontinentale Expansion der Vereinigten Staaten trug die »Northwest Ordinance« die politischen Prinzipien der amerikanischen Revolution in den Westen hinaus. Mit ihren Vorschriften über die Schaffung neuer Territorien und Staaten wurde sie zum Modell, dem die amerikanische Nation grundsätzlich bis in die neueste Zeit hinein gefolgt ist. Das Nordwest-Territorium wurde im Süden durch den Ohio River abgeschlossen. Für die Westgebiete, die südlich dieses Flusses lagen, war die Landnahme schwerer zu organisieren, da die spanische Regierung ihr Hindernisse in den Weg legte. Die Planung eines »Southwest-Territory« wurde vom Kongreß erst um 1790 in die Hand genommen. Zu dieser Zeit hatte der spanische Widerstand gegen die amerikanische Expansion jedoch nicht aufgehört. (Er sollte sein Ende erst in »Pinckney's Treaty« von 1795 finden, als Spanien sich endlich herbeiließ, die amerikanischen Grenzen am Mississippi und am 31. Breitengrad anzuerkennen und die seit 1784 verbotene amerikanische Mississippi-Schiffahrt wieder freizugeben.)

Um das Jahr 1786 war vielen Amerikanern, und zwar auch solchen »radikaler« Provenienz, klargeworden, daß der Kontinentalkongreß nicht das geeignete Instrument zur *Förderung der nationalen Interessen* war. Er konnte die wirtschaftliche Abhängigkeit von den europäischen Mächten nicht beseitigen und war ebensowenig imstande, ihnen Respekt vor den amerikanischen Expansionsabsichten einzuflößen. Vor allem aber vermochte er sich gegenüber den Einzelstaaten nicht durchzusetzen und auch nicht zu bewirken, daß diese ihre finanziellen und anderen Verpflichtungen gegenüber der Union erfüllten. Der Schock des Shays-Aufstandes in Massachusetts trug wesentlich zur Verbreitung der Einsicht bei, daß die Republik eine stärkere Zentralregierung benötigte. Die Gefahr der Anarchie und des Zerfalls der staatlichen Institutionen beeindruckte namentlich die *konservativen Kreise* und stärkte deren Position in den politischen Gremien. Die Vertreter konservativer Zielsetzungen in Armee und Kongreß entstammten meist der wohlhabenden Oberschicht der Plantagenbesitzer und Großkaufleute. Zu den bedeutendsten und angesehensten unter den sogenannten *»Nationalists«* zählten Washington, James Madison, Alexander Hamilton, Robert und Gouverneur Morris, John Jay, James Wilson u. a. Seit dem Beginn des Unabhängigkeitskrieges hatten sie sich immer wieder den von den »Radikalen« unterstützten Nivellierungs- und Dezentralisierungstendenzen entgegengestellt und stets die Schaffung einer Zentralregierung befürwortet. Ganz besonders eifrig hatten sie sich für eine von den Einzelstaaten unabhängige Finanzpolitik des Bundes eingesetzt. Die Wirtschaftskrise und die offensichtliche Ohnmacht des Kongresses in innen- und außenpolitischen Belangen bestärkte sie in der Auffassung, die »Articles of Confederation« müßten verbessert oder durch eine neukonzipierte Verfassungsordnung ersetzt werden. Zu diesem Zwecke war die Einberufung eines nationalen Konventes notwendig. Die Anregung hierzu ging von Virginia aus. Angespornt von Madison lud das Abgeordnetenhaus dieses Staates zu Beginn des Jahres 1786 alle anderen Staatsregierungen ein, Vertreter zu einer Konferenz nach *Annapolis* zu entsenden, um dort die gegenseitigen wirtschaftlichen Beziehungen zu überprüfen und die Möglichkeiten besserer Kooperation zu diskutieren. Die Versammlung (11.–14. September 1786) wurde nur von fünf Regierungen beschickt, aber sie erkannte bald, daß die wirtschaftlichen Fragen nicht isoliert zu lösen waren. Auf Drängen Madisons und Ha-

miltons schlug sie dem Kongreß und den Staaten vor, auf das nächste Frühjahr einen Konvent nach Philadelphia einzuberufen, dessen Aufgabe sein sollte, die »Constitution of the Federal Government« mit den Bedürfnissen der Union in Einklang zu bringen.
Der *Konvent von Philadelphia*, die Versammlung der »Founding Fathers«, trat am 25. Mai 1787 zusammen. Ihre offizielle Instruktion lautete auf Revision der Konföderationsartikel. Mit Ausnahme von Rhode Island waren alle Staaten vertreten, jeder mit einer Stimme. Die Zahl der anwesenden Delegierten stieg nie über 55, meist wohnten nur ca. 30 den Debatten bei. Die Art, wie der Konvent zustande gekommen war, bewirkte eine gewisse Homogenität seiner Zusammensetzung. Es war natürlich, daß die Befürworter einer engeren und in ihrer Zentralregierung stärkeren Union den Ton angaben. Unter den bedeutendsten Delegierten gehörten mehrere der jüngeren Generation an (Hamilton war 32 Jahre alt, Madison 36); die meisten hatten die Schwäche der »Articles of Confederation« persönlich und praktisch erfahren. Ausgesprochene Radikale waren nicht anwesend. Von den Staatsmännern, die sich bisher in führenden Positionen hervorgetan hatten, fehlten Jefferson und John Adams. Beide versahen diplomatische Ämter in Europa. Am ersten Verhandlungstag wurde Washington zum Präsidenten des Konvents gewählt; bald folgte der Beschluß, die Verhandlungen hinter verschlossenen Türen zu führen. Die Versammlung bestand zum großen Teil aus Politikern, die über ausgezeichnete historische und juristische Kenntnisse verfügten. Sie beriefen sich begreiflicherweise am häufigsten auf anglo-amerikanische Präzedentien, aber auch auf die Bünde der alten Griechen, auf die (mehrfach sehr kritisch charakterisierte) Schweizerische Eidgenossenschaft und auf die Vereinigten Niederlande. Oft zitierten sie Blackstone, Locke und Montesquieu, aber immer wieder kamen sie zurück auf die englische Verfassung und auf die Institutionen der amerikanischen Kolonien und Staaten.
In einer der ersten Sitzungen legte Gouverneur Edmund Randolph von Virginia den hauptsächlich von Madison ausgearbeiteten *»Virginia Plan«* vor. Dieser visierte auf eine Regierung, die aus einer bikameralen Legislative, einer durch diese gewählten und in einer einzigen Person verkörperten Exekutive und aus einer Judikative bestand. Die Staaten sollten in einer Legislative entsprechend ihrer Größe vertreten sein, und einem aus der Exekutive und obersten Richtern zusammengesetzten »Council of Revision« sollte ein suspensives Vetorecht gegen alle Gesetzgebungsakte des Bundes und der Staaten zukommen. Der »Virginia Plan« begünstigte ganz offen die größeren Staaten und zielte bewußt auf eine grundlegende Umgestaltung der Verfassungsstruktur.

Die kleinen Staaten befürchteten, in einer rein proportional zusammengesetzten Legislative dauernd an die Wand gedrückt zu werden. Unter der Führung von New Jersey präsentierten sie daher als Gegenvorschlag den sogenannten *»New Jersey Plan«*, der nur einer Teilrevision der Konföderationsartikel gleichkam. Er sah ebenfalls eine aus Exekutive, Legislative und Judikative bestehende Regierung vor, befürwortete aber für das Parlament eine einzige Kammer, in welcher die Staaten wie bisher mit je einer Stimme vertreten sein sollten.

So standen sich die Alternativen im Sommer 1787 gegenüber, und es erwies sich als notwendig, einen Kompromiß zu finden. Ein wichtiger Vorentscheid fiel am 19. Juni, als sieben Staaten in einer Abstimmung dem »Virginia Plan« grundsätzlichen Vorzug gaben. Damit hatte sich der Konvent zur Überschreitung seiner Revisionsinstruktion bekannt. Die Frage, wie die Staaten in der nationalen Legislative vertreten sein sollten, fand ihre Lösung in einem von Roger Sherman aus Connecticut eingebrachten Vorschlag, der die nationalen und föderativen Strukturelemente in glücklicher Weise verband. Der *»Connecticut Compromise«* sah vor, daß die Staaten im »Lower House« (= »House of Representatives«) im Verhältnis zu ihrer Bevölkerungszahl, im »Upper House« (= »Senate«) jedoch gleichmäßig, d.h. durch je zwei Abgeordnete repräsentiert waren. Für die Mitglieder des Repräsentantenhauses sollte eine zweijährige, für die Senatoren eine sechsjährige Amtszeit gelten. Die Legislative wurde weiterhin als »Kongreß« bezeichnet, aber in keinem ihrer Häuser sollte ein imperatives Mandat bestehen. Ein wichtiger Teilentscheid setzte fest, daß die Negerbevölkerung bei der Ermittlung der Repräsentationsgrundlage nur zu $^3/_5$ berücksichtigt werden sollte. Damit konnte eine Einigung zwischen den Sklavenhalterstaaten und den Anhängern der gleichberechtigten Zulassung neuer Staaten des Westens erreicht werden. (In bezug auf den Sklavenhandel konnte der Konvent zu keinem eindeutigen Ergebnis gelangen. South Carolina und Georgia widersetzten sich einem generellen, in der Verfassung niederzulegenden Verbot. Daraufhin wurde ein Passus aufgenommen, der ein solches vom Jahr 1808 an in Aussicht stellte.)

Mit der Verabschiedung des »Connecticut Compromise« hatten die dezidiert konservativen »Nationalists« zwar eine Niederlage einstecken müssen, aber nun war der Weg zur Ausarbeitung eines Verfassungsentwurfes mit starker Zentralgewalt doch von den größten Hindernissen befreit. Die *»Federal Constitution«*, die am 17. September nach langen und heftigen Detaildebatten von allen Staatsdelegationen angenommen wurde (nur drei Vertreter verweigerten ihre Unterschrift), war ein Kompromiß zwischen zahlreichen Interessen

und Intentionen; sie wurde auch durchaus als solcher empfunden. Aber der Konvent war doch mehrheitlich der Meinung, das Beste erreicht zu haben, was ihm zu erreichen möglich gewesen war. Besonders treffend wurde diese Überzeugung vom 81jährigen Franklin ausgesprochen, der in seiner Schlußrede sagte, er gebe seine Zustimmung zum Ergebnis der Verhandlungen, weil er kein besseres erwarte und »... because I am not sure that it is not the best«.
Die neue Verfassung der Vereinigten Staaten schuf zunächst einmal die bisher vermißte Bundesregierung und stattete sie mit allen jenen politischen und wirtschafts- bzw. finanzpolitischen Kompetenzen aus, die unter den Konföderationsartikeln zum Nachteil der Gesamtnation von den Einzelstaaten ausgeübt worden waren. Hierzu gehörten vor allem das Recht der Steuererhebung und die Verfügungsgewalt über Außen- und Binnenhandel. Für die Wahl des Präsidenten wurde ein Elektoren-Verfahren konzipiert, das bei aller Schwerfälligkeit doch einige Vorteile hatte und den Inhaber der Exekutivgewalt als eigenständig gewählten Vertreter der Gesamtnation dem Kongreß gegenüberstellte. Man hatte darauf geachtet, allen drei Regierungsgewalten so viel Unabhängigkeit zu geben, daß sie sich gegenseitig ihre Macht beschränkten. Durch das ausgeklügelte System der *»Checks and Balances«* sollte verhindert werden, daß eine Gewalt die absolute Macht an sich ziehen konnte. Gleichzeitig waren die drei Gewalten jedoch auch mehrfach ineinander verwoben. Dem Präsidenten wurde das Vetorecht über Gesetzesvorlagen des Kongresses zugesprochen; dieses konnte nur mit einer Zweidrittelmehrheit des Kongresses überstimmt werden. Der Senat mußte zahlreiche, vom Präsidenten zu vollziehende Ernennungen bestätigen, damit sie rechtskräftig wurden. Dasselbe galt für Verträge mit anderen Staaten. Das oberste Bundesgericht (»Supreme Court«) war vom Präsidenten ebenfalls mit Zustimmung des Senats zu besetzen, aber es konnte seinerseits Gesetze für verfassungswidrig erklären, die vom Kongreß und vom Präsidenten in Kraft gesetzt worden waren.
Die Kompetenzen des Präsidenten waren zahlreich und äußerst vielseitig; sie umfaßten auch den Oberbefehl über die Streitkräfte im Krieg und bei inneren Unruhen. Hier bestand ein auffallender Widerspruch zu den Staatsverfassungen, deren »radikale« Schöpfer die Exekutivbehörden stets so schwach wie möglich gehalten hatten. Aber die Bundesverfassung war eben nicht das Werk der »Radikalen«, sondern der konservativen »Nationalists«. Diese hatten die Exekutive stark gemacht, um sie in die Lage zu versetzen, das Land durch innere und äußere Krisen sicher hindurchzuführen. Jefferson verglich das Präsidentenamt einmal mit dem eines »elective mo-

narch« und bewies damit, daß er die Gefahren wohl erkannte, die in der präsidialen Machtfülle lauerten. Allerdings war diese Macht auch wieder begrenzt: Die Verfassung sah vor, daß ein Präsident, der sich des Verrats, des Betrugs oder anderer Verbrechen schuldig machte, unter Strafanklage (»Impeachment«) gestellt und durch ein Gerichtsverfahren abgesetzt werden konnte.

Besonders bedeutsam war die grundsätzliche Festlegung der Superiorität der Bundesverfassung über die Einzelstaaten. Das oberste Bundesgericht konnte nicht nur Bundes-, sondern auch Staatsgesetze annullieren. Die Verfassung war definiert als »the supreme law of the land«. Dabei wurde sie aber keineswegs starr und für alle Zeiten endgültig formuliert. Die »Founding Fathers« erkannten, daß ihr Werk, wenn es dauerhaft sein sollte, auch eine gewisse Flexibilität und Anpassungsfähigkeit besitzen müsse. Daher versahen sie es mit einer Klausel, die spätere Ergänzungen (*»Amendments«*) ermöglichte. Das war ein großer Vorteil, denn viele Fragen waren offengeblieben, und in manchen Punkten hatte man keine Einzellösung erzwungen, um nicht das Ganze zu gefährden.

Daß das Ergebnis der Konventsverhandlungen keineswegs überall auf Zustimmung stieß, zeigte sehr deutlich der Kampf um die *Ratifikation*. Nach dem Beschluß der Versammlung von Philadelphia konnte die Verfassung in Kraft treten, sobald sie von neun Staaten ratifiziert war. Wann dies der Fall sein würde, ließ sich im Herbst 1787 jedoch durchaus nicht voraussagen. In allen Staaten wurden auf Anordnung des Kongresses besondere Ratifikationskonvente einberufen. Diese arbeiteten teilweise sehr zügig, teilweise aber auch äußerst langsam. Delaware, New Jersey und Pennsylvania nahmen die Verfassung noch vor Jahresende an. In den beiden erstgenannten Staaten erfolgten die entsprechenden Beschlüsse einstimmig. Ohne Gegenstimme ratifizierte kurz darauf auch Georgia. Bis zum Frühsommer 1788 folgten mit großen Mehrheiten Connecticut, Maryland und South Carolina. Zu hitzigen Auseinandersetzungen kam es vor allem in Virginia, New York und Massachusetts. Der Streit wurde in den Konventen, in den Abgeordnetenhäusern und in der Presse von zwei Parteien geführt, deren Konsolidierung sich schon seit einiger Zeit abgezeichnet hatte. Die *»Federalists«* (die bisher meist als »Nationalists« bezeichnet worden waren) verteidigten die Verfassung, die *»Anti-Federalists«* kritisierten sie. Die neue Oppositionsbewegung war zum Teil in jenen Volksschichten verwurzelt, die in Philadelphia kaum eine Rolle gespielt hatten. Unter ihren Anhängern befanden sich viele Kleinfarmer und ländliche Handwerker, Leute mit bescheidenen Einkommen und Schulden, daneben aber doch auch Vertreter des Mittelstandes und der wohlhabenden Oberschicht. Die Argumente ihrer Anführer waren von der Besorgnis diktiert, die starke Zentralregierung könnte sich der Kontrolle durch das Volk entziehen und zur Bedrohung der politischen und bürgerlichen Freiheiten werden. Besonders beunruhigend wirkte auf die »Anti-Federalists« die Tatsache, daß die Bundesverfassung keine *»Bill of Rights«* besaß, während alle Staatsverfassungen mit mehr oder weniger formellen Deklarationen dieser Art ausgestattet waren. Sollte es etwa so sein, daß »Trial by Jury«, »Habeas Corpus«, Redefreiheit, Pressefreiheit, Versammlungsfreiheit und Freiheit von Truppeneinquartierung in der neuen Staatsordnung nicht mehr gewährleistet waren? Ohne ausdrückliche »Bill of Rights« erschien die in Philadelphia ausgearbeitete Verfassung jedenfalls nicht vertrauenerweckend. Weitere Befürchtungen der »Anti-Federalists« betrafen die Steuerhoheit des Bundes, die geringe Mitgliederzahl des Repräsentantenhauses und die Regelung, daß eine Mehrheit von nur neun Staaten genügen sollte, um die Verfassung in Kraft zu setzen. Die »Federalists» waren aggressiver und besser organisiert als die Verfassungsgegner, und sie besaßen schon in ihrem Namen einen wirkungsvollen Propagandavorsprung. Ihr Einsatz folgte der Überzeugung, daß eine Ablehnung der Verfassung den Zerfall der Union nach sich ziehen würde. Die bedeutendste publizistisch-propagandistische Leistung, die aus ihren Reihen kam, war die von Hamilton, Madison und Jay verfaßte Schriftenreihe der *»Federalist Papers«*, ein Werk, das schon bald zur politischen Weltliteratur gezählt werden sollte. Die »Federalists« erwiesen sich als geschickte und teilweise auch recht skrupellose Taktiker. Sie sahen ein, daß sie die großen Staaten gewinnen mußten, in denen die Opposition am stärksten war. In realistischer Einschätzung der Volksstimmung machten sie ihre wichtigsten Konzessionen in der Frage der »Bill of Rights«. Dadurch konnten Massachusetts, New Hampshire (als neunter Staat) und Virginia gewonnen werden. Am 26. Juli 1788 stimmte schließlich auch New York der Verfassung zu, allerdings nicht ohne zahlreiche Abänderungsvorschläge (North Carolina und Rhode Island folgten erst 1789 bzw. 1790).

Die Organisation des neuen Regierungsapparates begann bereits im September 1788. Am 4. Februar 1789 wurde George Washington zum ersten Präsidenten der Vereinigten Staaten gewählt, und am 4. März trat in New York der erste Kongreß unter der neuen Verfassung zusammen. Die »Federal Constitution« fand nun rasch allgemeine Anerkennung; man stritt sich fortan nicht mehr um ihre Gültigkeit, sondern stets nur um ihre Auslegung. Daß die Verfassungsgegnerschaft der »Anti-Federalists« sich legte, war in erster Linie der

von Madison ausgearbeiteten »Bill of Rights« zuzuschreiben, die die letzte Form in den *ersten zehn »Amendments«* finden sollte.
Die *amerikanische Geschichtsschreibung* des 19. Jahrhunderts hat die politische Leistung der »Founding Fathers«, von wenigen Ausnahmen abgesehen, stets positiv dargestellt und mehr oder weniger bedingungslos gepriesen. Zu Beginn des 20. Jahrhunderts, als die Bewegung des »Progressivismus« das Land aufwühlte und die Mißstände sichtbar werden ließ, die sich aus der Verbindung wirtschaftlicher und politischer Interessen in der kapitalistischen Industriegesellschaft ergeben hatten, veränderte sich mit dem allgemeinen nationalen Geschichtsbild auch dasjenige von der Entstehung der Verfassung. Man begann, die Mitglieder des Konvents von Philadelphia in erster Linie als Vertreter der ökonomischen Interessen der reichen Oberschicht zu sehen und tendierte dazu, ihr Werk als eine konservative Reaktion auf den radikal-demokratischen Geist von 1776 zu verstehen. Diese Betrachtungsweise wurde namentlich durch das einflußreiche Buch von Charles A. Beard, *»An Economic Interpretation of the Constitution of the United States«* (1913), weit verbreitet. Die dort vorgetragenen Thesen sind in der wissenschaftlichen Diskussion oft bekämpft und widerlegt worden, aber sie haben bis in die neueste Zeit hinein auch immer wieder Befürworter gefunden und diese zu ähnlich gerichteten Interpretationen angeregt. Der heutige Stand der Forschung erlaubt die Feststellung, daß der Reichtum der Quellen es unmöglich macht, die ganze Auseinandersetzung um die Verfassung in erster Linie oder gar ausschließlich als einen Klassenkonflikt zu verstehen. Weder die »Federalists« noch ihre »radikalen« oder »anti-föderalistischen« Gegner vertraten einheitliche und auf bestimmte Gesellschaftsschichten bezogene Interessen.
Ohne die »Founding Fathers« heroisieren zu wollen und ohne ihre nicht zu bestreitenden persönlichen Ambitionen zu übersehen, darf man wohl sagen, daß ihre Anstrengungen darauf hinausgingen, die Errungenschaften des Kampfes um die Unabhängigkeit durch die Verfassung zu befestigen und nicht dem Untergang preiszugeben.[3]

3 Die historische Interpretation der amerikanischen Revolution besitzt bereits ihre eigene Geschichte. Diese ist schon mehrfach dargestellt worden; für die neueren Entwicklungstendenzen besonders aufschlußreich ist die ausführliche Einleitung, die Jack P. Greene seiner Anthologie The Reinterpretation of the American Revolution 1763–1789, New York 1968, vorangestellt hat. Vgl. von demselben Autor auch das Kapitel Revolution, Confederation, and Constitution, 1763–1787, in: William H. Cartwright & Richard L. Watson, Jr. (eds.): The Reinterpretation of American History and Culture, Washington, D.C., 1973, S. 259–295; ferner Hans R. Guggisberg: Die amerikanische Revolution in der neueren und neuesten amerikanischen Geschichtsschreibung, in: Schweizer Monatshefte 54 (1974), S. 257–272.

Zweiter Teil: Die USA als kontinentale Nation

1. Verflechtung von Innen- und Außenpolitik im jungen Bundesstaat

Als Washington am 30. April 1789 die Präsidentschaft antrat, strömte ihm aus der gesamten Bevölkerung der Republik eine Woge einmütiger Sympathie und Unterstützungsbereitschaft entgegen. Seine zurückhaltend-förmliche Wesensart mochte keine Begeisterungsstürme entfachen, aber die Integrität seines Charakters, sein persönlicher Mut und seine Führerqualitäten wurden nirgends in Zweifel gezogen. Als Oberbefehlshaber der Kontinentalarmee und als Vorsitzender des Verfassungskonvents hatte er unübertreffliche Beweise seiner Fähigkeiten erbracht. Was ihm fehlte, war die praktische Erfahrung der Staatsführung; besonders mit den Problemen des Finanzwesens und der Außenpolitik war er noch verhältnismäßig wenig vertraut. Als Präsident wollte Washington über dem unvermeidlichen Kampf der Interessengruppen stehen. Er mußte aber bald einsehen, daß er nicht regieren konnte, ohne Entschlüsse zu fassen, und daß er keine Entschlüsse fassen konnte, ohne sich Feinde zu machen. Nur zögernd ließ er sich Ende 1792 ein zweites Mal wählen. Die zweite Amtsperiode brachte ihm das, was er in der ersten stets befürchtet hatte: die totale Verwicklung in den Streit der Parteien. Die politischen Meinungsverschiedenheiten der Amerikaner drehten sich nach 1789 um dieselben grundsätzlichen Fragen wie vorher. Von den Zielsetzungen der frühen Befürworter der »Articles of Confederation« zu denjenigen der Verfassungskritiker von 1788 und der späteren »Republicans« führt eine Linie sichtbarer Kontinuität. Dasselbe läßt sich von der Entwicklung konservativer Ideen auf der Seite der »Federalists« und ihrer Vorgänger sagen. Die Verfassung hatte für viele Probleme keine festen Vorschriften aufgestellt, und so war seit ihrer Inkraftsetzung stets genügend Konfliktstoff vorhanden.

Die Auseinandersetzungen in der amerikanischen Republik wurden seit der Proklamation der Unabhängigkeit von einem Dualismus der Intentionen bestimmt, der einerseits nach Stärkung der nationalen Union und andererseits nach fortschreitender Ausgestaltung der freiheitlichen Demokratie strebte. Die hieraus resultierenden Widersprüche und Konflikte führten nach 1789 zur allmählichen Entstehung eines *Zweiparteiensystems,* das – mutatis mutandis – bis in die neueste Zeit hinein ein Charakteristikum des innenpolitischen Lebens der USA geblieben ist. Unter den beiden ersten Präsidenten Washington und John Adams wurde dieses Zweiparteiensystem durch die vielleicht bedeutendsten Politiker der Zeit personifiziert, nämlich durch Hamilton (»Federalist«) und Jefferson (»Republican«). Viele politisch engagierte Amerikaner waren bei aller Verschiedenheit ihrer Zielsetzungen der übereinstimmenden Ansicht, daß die Macht im Staate von einer sowohl durch ihre Fähigkeiten als auch durch gehobenen sozialen Status qualifizierten Elite ausgeübt werden müsse. Sooft es jedoch danach aussah, als ob die verfassungsmäßigen Kompetenzen der Regierung in den Dienst eines bestimmten wirtschaftlichen und politischen Programms gestellt würden, erhob sich heftige Opposition und kam es zu grundsätzlicher Kontroverse.

Hamilton war der erste, der dies erfuhr. In seinen sechs Amtsjahren als »Secretary of the Treasury« (1789–1795) prägte er dem politischen Leben der Republik einen unauslöschlichen Stempel auf, bewirkte aber gleichzeitig auch den Aufschwung einer Widerstandsbewegung, die sich sowohl im Kongreß als auch in allen Einzelstaaten verbreitete. Hamilton war nicht nur ein gewandter und kenntnisreicher Jurist, sondern ein äußerst scharfsinniger, ehrgeiziger und selbstbewußter Staatsmann. Seit der Frühphase des Unabhängigkeitskrieges hatte er Washington als unentbehrlicher Berater gedient. Mit unerschütterlicher Entschlossenheit und außergewöhnlicher Überzeugungskraft vertrat er die Politik des *konservativen Zentralismus.* Er glaubte, daß die finanziellen Probleme der Republik nur zu lösen seien, wenn die Bundesregierung stark war und sich auf die Loyalität der wirtschaftlich führenden Schichten der Nation stützen konnte. Das Ziel seiner Bemühungen bestand aber nicht nur in der Sanierung der Union; er wollte sie zur wirtschaftlichen Unabhängigkeit führen und ihr eine internationale Machtposition verschaffen. Daß Amerika eine Agrarnation war, erkannte Hamilton sehr wohl, und er vermochte der industriellen Entwicklung im ganzen gesehen nur einen relativ schwachen Impuls zu geben. Dennoch setzte er sich mit großer Energie dafür ein. Als Privatmann gründete er 1791 ein Manufakturzentrum in Paterson (New Jersey). Das vielseitige Unternehmen erwies sich zwar als Mißerfolg, wurde aber doch zum Vorbild ähnlicher Versuche, die im frühen 19. Jahrhundert u.a. zur Entstehung der Textilindustrie in Lowell (Massachusetts) führten.

In seinem Amt fühlte sich Hamilton an die Spitze der Regierung gestellt. Als Bewunderer Englands hatte er die Bedeutung der »Bank of

England« für die Entwicklung der britischen Wirtschaft voll erfaßt, und mit dem eloquenten Hinweis auf dieses Vorbild gelang es ihm, den Kongreß zur Gründung der *»First Bank of the United States«* und zur Errichtung einer nationalen Münzstätte zu bewegen. Die »First Bank« stand zwar unter staatlicher Kontrolle, war aber doch eine private Körperschaft und erwies sich in der Folge als sehr brauchbares Instrument des »Treasury Department«, als Quelle finanzieller Stabilität und als Attraktion für interessierte Investoren. In einer Reihe von Denkschriften legte Hamilton die dringende Notwendigkeit dar, den Handel und die Industrie von Regierungsseite aus zu fördern (1790/91). Trotz wachsender Opposition konnte er erreichen, daß die neue Regierung die Schulden des Konföderationskongresses und der Einzelstaaten übernahm. Der Widerstand gegen diese finanzpolitischen Zentralisierungsmaßnahmen war besonders im Süden äußerst heftig und konnte nur durch einen mühsamen Kompromiß in der Frage der Schuldverzinsungen eingedämmt werden. (Die gleichzeitige Vereinbarung über die Errichtung der Bundeshauptstadt am Potomac scheint dabei allerdings nicht die entscheidende Rolle gespielt zu haben, die man ihr lange zuschrieb.) Hamiltons unermüdliche Aktivität wirkte sich in dreierlei Hinsicht aus: Sie verschaffte der Bundesregierung Kreditwürdigkeit und vermehrte Einkünfte, belebte den Handel und das Gewerbe und verband einflußreiche Machtgruppen in jedem Staat mit der nationalen Führungsspitze. Ganz allgemein gesehen stärkte sie das Vertrauen der Unternehmerkreise in die Regierung. Die Durchführung der verschiedenen Maßnahmen erforderte allerdings eine großzügige Auslegung der Verfassung. Dies zeigte sich besonders deutlich bei der Gründung der »First Bank of the United States«, für die überhaupt keine konstitutionellen Grundlagen bestanden. In der Diskussion um dieses Problem entwickelte Hamilton seine berühmte Theorie von den *»implizierten Befugnissen«* der Regierung. Ausgehend von dem Verfassungsparagraphen über die Förderung der »General Welfare« (Art. I, Sect. 8) folgerte er, daß alle verfassungskonformen Maßnahmen und Unternehmungen die zu ihrer Verwirklichung erforderlichen Mittel implizieren, sofern diese nicht gegen allgemeine moralische Grundsätze verstoßen. Mit dieser Argumentation gewann Hamilton nicht nur das Einverständnis Washingtons zur Gründung der »First Bank«, sondern er legte gleichzeitig die Grundlage zu jener Tradition der Verfassungsinterpretation, die als »Loose Construction« bezeichnet wird.

Die *agrarisch-dezentralistische Opposition* gegen den industrialistischen Zentralismus Hamiltons konsolidierte sich unter der Führung Jeffersons und Madisons recht langsam. Mit ihrer Ideologie von der

Überlegenheit des bäuerlichen Mittelstandes gegenüber einem städtisch-gewerblichen Proletariat hatte sie den Konzeptionen des Finanzministers zunächst keine wirkungsvolle Alternative entgegenzustellen. Die Kritik an der Theorie von den »implizierten Befugnissen« war zwar wohldurchdacht, aber sie konnte nicht bestreiten, daß die Maßnahmen Hamiltons erfolgreich waren und konkrete Probleme lösten.

Gegenüber dem aktiven Praktiker Hamilton erscheint Jefferson mehr als kontemplative Persönlichkeit. Er war nicht nur ein »homo politicus«, sondern auch ein überaus vielseitiger Gelehrter und Freund der Künste. Seine politischen Überzeugungen waren denjenigen Hamiltons fast durchweg entgegengesetzt. Obwohl er die Verfassung unterstützt hatte, hegte er gegenüber einer allzu starken Zentralregierung stets Bedenken. Nur nach außen, – das hatte er als Gesandter in Frankreich gelernt – sollte sie kraftvoll auftreten und wirken können. Im Innern dagegen hatten ihre Befugnisse begrenzt zu sein, damit sie die individuellen Rechte und Freiheiten der Bürger unter keinen Umständen gefährden konnten. Mehr als irgendein anderer unter den führenden Amerikanern seiner Zeit vertraute Jefferson der Vernunft des »common man«. Dabei hatte er allerdings den Landbewohner und nicht den Städter im Auge. Dem Anhänger und Fortsetzer der »anti-föderalistischen« Tradition lagen auch die Probleme der Einzelstaaten stets mehr am Herzen als diejenigen der Union. Obwohl er seine »agrarische Ideologie« in späteren Jahren allmählich aufgab, blieb er seinem ländlichen Heimatstaat Virginia zeitlebens aufs engste verbunden. Von der Nachwelt erwartete er, daß sie sich nicht nur an seine nationalpolitischen Leistungen erinnere, sondern daß sie nicht vergesse, was er für Virginia getan hatte. Für das Wichtigste hielt er die Ausarbeitung der Gesetzesvorlage über die Religionsfreiheit (1779) und die Gründung der Staatsuniversität in Charlottesville (1819).

Von 1789 bis 1793 amtierte Jefferson als Außenminister (»Secretary of State«) Washingtons. Als die Auswirkungen der Finanzpolitik Hamiltons in seinem Ressort Behinderungen zu verursachen begannen, kam es zwischen den beiden Kabinettskollegen zum persönlichen Konflikt, der bald die Regierung und danach den Kongreß in zwei Lager spaltete. Hamilton erlitt seine erste große Niederlage, als seine Schutzzollvorschläge (»*Report on Manufactures*«, 1791) nicht zum Gesetz erhoben wurden. Er gab aber seine Zielsetzungen nicht preis, und als er sich 1795 aus der Regierung zurückzog, hatte die politische Grundsatzdiskussion bereits die ganze Nation aufzuwühlen begonnen. Die allgemeine Erregung steigerte sich erst recht in den verschiedenartigen Reaktionen auf die *Französische Revolution.*

Sympathie für die Überwinder des absolutistischen Königstums war in der amerikanischen Republik begreiflicherweise weit verbreitet, obwohl man nicht übersehen konnte, daß sich unter den ersten Opfern der Revolution manche ehemalige Förderer des Unabhängigkeitskampfes befanden. Die Nachrichten vom Ausbruch der »Terreurs« und von der Hinrichtung Ludwigs XVI. bewirkten jedoch allgemeine Ernüchterung. Direkte Auswirkungen auf die innenpolitischen Konflikte hatte die französische Kriegserklärung an England vom 1. Februar 1793. Die »Federalists« besaßen ihre treuesten Anhänger in den Handelszentren und unter den Großfarmern, die für den Export produzierten. Viele ihrer führenden Männer unterhielten geschäftliche Beziehungen zu englischen Unternehmern und Firmen. England war immer noch der wichtigste Handelspartner der amerikanischen Republik, den man (wie Hamilton genau erkannte und nachdrücklich betonte) unter keinen Umständen verlieren durfte. Unter den Anhängern Jeffersons (sie nannten sich erst seit den frühen 1790er Jahren allgemein »Republicans« oder »Democratic Republicans«) herrschte hingegen schon lange ein ausgesprochenes Mißtrauen gegenüber England, und die positive Einstellung zum revolutionären Frankreich ging nie gänzlich verloren. »Demokratische Gesellschaften«, die vielerorts entstanden, verurteilten alles, was sich im eigenen Lande aristokratisch gab, priesen die Erfolge der Revolution in Frankreich und jubelten dem »Citoyen« Edmond Genêt zu, der als Gesandter Frankreichs versuchte, Amerika zum Außenposten des Kampfes gegen England zu machen. Washington konnte die wachsende Unruhe nicht ignorieren. Im April 1793 proklamierte er die *Neutralität* der Vereinigten Staaten und enttäuschte damit viele Freunde Frankreichs. Um die amerikanischen Interessen auf den Weltmeeren zu schützen, autorisierte er John Jay zum Abschluß eines Vertrags mit England. Der erfahrene Diplomat mußte aus schwacher Position heraus verhandeln, und so bestand das Ergebnis von *»Jay's Treaty«* (1794) denn auch darin, daß die amerikanische Handelsschiffahrt praktisch der Kontrolle der »Royal Navy« unterstellt wurde. Diese Demütigung schürte das anti-englische Ressentiment in weiten Kreisen der amerikanischen Bevölkerung. Washington akzeptierte sie, weil er einsah, daß Schiffahrtskonflikte mit England sehr leicht zu einem neuen Krieg ausarten und dadurch der amerikanischen Wirtschaft unabsehbaren Schaden zufügen konnten. Der Senat gab sein Einverständnis unter Protest; die Ratifikation kam nur zustande, weil der Präsident gleichzeitig den Vertrag mit Spanien (»Pinkney's Treaty«) vorlegen konnte, der dem amerikanischen Handel den Unterlauf des Mississippi öffnete.

Der »Jay's Treaty« machte unmißverständlich sichtbar, daß die außenpolitischen Probleme einen direkten Einfluß auf die innere Entwicklung der Vereinigten Staaten ausübten. Er demonstrierte ferner die Unmöglichkeit einer totalen Selbstisolierung Amerikas gegenüber den Machtkämpfen der Alten Welt. In der heftigen Diskussion, die allenthalben um ihn entbrannte, erwies sich schließlich einmal mehr, daß die Union einer starken Führungsspitze bedurfte, wenn sie in der Lage sein sollte, derartige Krisen zu überleben.

Die Schöpfer der Verfassung hatten darauf vertraut, daß das System der »Checks and Balances« die Entstehung politischer Parteien verhindern würde. Diese Hoffnung hatte sich nicht erfüllt, und manche ehemaligen Mitglieder des Konvents wurden in den 1790er Jahren zu Parteipolitikern, auch wenn sie dabei ein schlechtes Gewissen hatten. Gelegentlich versuchten sie, es zu erleichtern, indem sie feststellten, nicht sie und ihre Gesinnungsfreunde, sondern ihre Gegner seien dabei, dem Parteienunwesen steten Auftrieb zu verleihen. Washington selbst hatte sich im Laufe der Zeit immer deutlicher den Anschauungen Hamiltons angenähert und dessen Maßnahmen befürwortet. Auf diese Weise war er de facto zum Führer der »Federalists« geworden, aber er lehnte es stets ab, von ihnen als von einer Partei zu sprechen. Um so schärfer klagte er die »Republicans« der Parteibildung an. Die »demokratischen Gesellschaften« bezeichnete er als »self-created societies« und meinte damit eine Form außerparlamentarischer und deshalb illegaler Opposition. Einer dieser Gesellschaften konnte er vorwerfen, den als »Whiskey Rebellion« bekannten Bauernaufstand im westlichen Pennsylvania inszeniert zu haben, der im Herbst 1794 mit großem Truppenaufgebot niedergeschlagen wurde. Diese Revolte hatte sich hauptsächlich gegen Hamiltons Steuergesetze gerichtet und nichts anderes erreicht als eine generelle Stärkung der »Federalists«.

Noch in seiner berühmten Abschiedsbotschaft *(»Farewell Address«)* von 1796 wandte sich Washington in bewegten Worten (die von Hamilton stammten) gegen die Bildung politischer Parteien. Gleichzeitig formulierte er eine wirkungsreiche und in späteren Epochen der amerikanischen Geschichte oft wiederholte Warnung vor permanenten Allianzen mit anderen Nationen. Mit der Weigerung, sich ein drittes Mal zum Präsidenten wählen zu lassen, schuf er einen Präzedenzfall, der über 150 Jahre gültig bleiben sollte. Gleichzeitig aber gab er den »Federalists« die Chance, einen Nachfolgekandidaten zu nominieren, mit dem sie siegen und an der Macht bleiben konnten.

Unter John Adams, dem ehemals »radikalen« Unabhängigkeitskämpfer aus Massachusetts, zeigte der Regierungsstil der »Federalists« deutlich repressive Züge. Die *»Sedition Act«* von 1798 ermöglichte die Verhaftung und Einkerkerung oppositioneller Journalisten; die mit diesem Gesetz eng verbundenen *»Alien Acts«* erlaubten dem Präsidenten die Ausweisung unerwünschter Ausländer ohne Beizug der Gerichte. Sie wurden vor allem gegenüber Franzosen angewendet, die man der subversiven Tätigkeit verdächtigte, und schadeten dem Ruf der Regierung weit mehr als sie ihm nützten. Nach wie vor dominierten die Probleme der *Außenpolitik.* Ihr Gewicht sollte das Geschick der Union nicht nur während der Amtszeit Adams', sondern danach noch mindestens auf zwei Jahrzehnte hinaus entscheidend mitbestimmen. Ohne die englischen Behinderungen der amerikanischen Schiffahrt gänzlich aufzuheben, bewirkte der »Jay's Treaty« eine rasche Verschlechterung der Beziehungen zu Frankreich. Französische Kaperaktionen auf dem Atlantik hatten eine Spannungslage geschaffen, die unversehens zum offenen Krieg führen konnte. Adams aber wollte den Frieden bewahren, und nach einem komplizierten diplomatischen Manöver, das zeitweise nahe am totalen Mißerfolg vorbeiging, gelang ihm dies auch (»Convention of 1800«). Der außenpolitische Erfolg hatte jedoch einen hohen innenpolitischen Preis gefordert, und er sollte sich schließlich auch auf Adams' persönliche Machtstellung nachteilig auswirken. In den Auseinandersetzungen um die Opportunität einer nachgiebigen Haltung gegenüber Frankreich war die Einheit der *»Federalists«* auseinandergebrochen. Hamilton, der als Privatmann ebenso großen Einfluß ausübte wie vorher als Finanzminister, hatte jedes Entgegenkommen abgelehnt und sogar den Krieg befürwortet. Als er den Präsidenten nicht gewinnen konnte, sagte er sich mit einer beträchtlichen Zahl von Anhängern (den »High Federalists«) von ihm los. Adams zögerte seinerseits nicht, die Freunde Hamiltons aus seinem Kabinett zu entfernen. Das war eine Demonstration standhafter Prinzipientreue, aber sie täuschte nicht darüber hinweg, daß die Autorität Adams' eine empfindliche Einbuße erlitten hatte.

Die »Republicans« gründeten ihre Opposition hauptsächlich auf die »Alien and Sedition Acts«, die als eindeutige Verletzungen der bürgerlichen Grundrechte verurteilt und gebrandmarkt wurden. Inspiriert von Jefferson und Madison verabschiedeten die Abgeordnetenhäuser von *Virginia* und *Kentucky* (seit 1792 Mitglied der Union, s. u.) sogenannte *»Resolutions«*, die die Rechte der Einzelstaaten gegenüber der Bundesregierung geltend machten und vor allem betonten, daß die Staaten befugt seien, Bundesgesetze zu annullieren, die gegen ihre eigenen Interessen verstießen (1798/99). Die beiden Deklarationen konnten zwar keinen Widerruf der »Alien and Sedition Acts« bewirken, aber mit ihrer Theorie der »Nullification« warfen

sie ein Problem auf, das die Nation noch oft und aufs schwerste belasten sollte.
Aus den Präsidentschaftswahlen des Jahres 1800 ging Jefferson als Sieger hervor. Damit hatte sich zum erstenmal ein *Machtwechsel von einer politischen Partei zur anderen* ergeben. Erwartungsgemäß verdankte Jefferson seinen Erfolg in erster Linie der ländlichen Bevölkerung, unter welcher seine Partei eine äußerst rege und wohlorganisierte Propagandatätigkeit entfaltet hatte. Sehr wirksame Unterstützung war ihm außerdem aus jenen fundamentalistisch-religiösen Kreisen zugeflossen, die die große Erweckungsbewegung der 1790er Jahre, das sogenannte *»Second Great Awakening«*, trugen. Jefferson bezeichnete seinen Wahlsieg später gerne als die »Revolution of 1800«, obschon seine Intentionen keineswegs revolutionär waren. Wohl betonte er, daß nun eine neue Periode der demokratischen Entwicklung angebrochen sei, aber er machte sich sofort daran, die erschütterte innere Harmonie der Republik wiederherzustellen. In seiner *Inaugurationsrede* vom 4. März 1801 gab er sich milde und friedfertig. Seine Rolle als Präsident sah er ganz ähnlich wie Washington: Er wollte über einer »undivided republic« stehen, in welcher die politischen Grundsatzkonflikte allmählich von der Bildfläche verschwinden sollten. Bei der Errichtung des Parteiensystems hatte er zwar mitgeholfen, aber er wollte es nicht verewigen.
Die Amtseinführung war erstmals in der neuen Hauptstadt Washington erfolgt, die allerdings damals noch nicht viel mehr umfaßte als einige Straßenzüge, Häuser und Baustellen. Die Abkehr von jedem unnötigen Gepränge charakterisierte nicht nur die nüchterne Zeremonie der Einsetzung, sondern die ganze achtjährige Präsidentschaft Jeffersons. Er war gewiß kein Mann des Volkes, aber er wußte um seine Bedürfnisse und Nöte und verstand es, Männer in die Regierung zu berufen, die zum Volk sprechen und es überzeugen konnten. Von Anfang an war er bestrebt, mit den finanziellen Mitteln der Nation sparsam umzugehen. Er kürzte die Militärausgaben, schränkte den Tätigkeitsbereich der Bundesregierung wo immer möglich ein und verringerte die Steuern. Der Fortgang der Demokratisierung wurde in allen Lebensbereichen gefördert. Jefferson unterstützte die Landwirtschaft und eröffnete der Westexpansion durch den »Louisiana Purchase« (1803, s. u.) ungeahnte neue Möglichkeiten. Auch in den Einzelstaaten machte die Demokratisierung Fortschritte. Die Besitzanforderungen für die Ausübung des aktiven und passiven Wahlrechts wurden nach und nach überall aufgehoben, und neue Gesetze entstanden, die den Strafvollzug bei Schuldnern und Verbrechern humanisierten. Hamiltons Einsatz für die Förderung der Industrie war jedoch keineswegs umsonst gewesen. Die

Entwicklung von Gewerbe und Handel erlitt unter der republikanischen Administration keinen Unterbruch, sondern ging unaufhaltsam weiter. Jeffersons Finanzminister, der aus einer Genfer Patrizierfamilie stammende Albert Gallatin, förderte den wirtschaftlichen Aufschwung wo er konnte und wurde zum eifrigen Verteidiger der »First Bank of the United States«.

Wenn Jefferson den Kampf der politischen Parteien beilegen wollte, entsprang dieses Streben der Hoffnung auf eine friedliche Zukunft, in der die Zielsetzungen und Ideale seiner eigenen Partei das ganze politische System Amerikas erfüllen würden. Es zeigte sich aber bald, daß die Austragung politischer Meinungsverschiedenheiten nicht einfach gestoppt werden konnte. Das größte Hindernis auf dem Wege, den Jefferson zur Verwirklichung seiner Ideale beschreiten wollte, war jedoch ganz anderer Art: Der überzeugte Theoretiker des »limited government« wurde nicht im Frieden gelassen, sondern mußte sein Land in einer Periode anhaltender internationaler Unruhe regieren. Auch er mußte in erster Linie Außenpolitiker sein und sah sich mit der Zeit veranlaßt, die Befugnisse der Bundesregierung weiter auszudehnen als dies je zuvor notwendig gewesen war. In Anlehnung an Washingtons »Farewell Address« hatte Jefferson bei seinem Amtsantritt versprochen, die amerikanische Nation von »entangling alliances« stets fernzuhalten, d. h. für die Bewahrung ihrer Neutralität zu sorgen. Trotz seiner redlichen Bemühungen wurden die Vereinigten Staaten aber von 1804 an wiederum in die Konflikte der europäischen Mächte hineingezogen, und als er zurücktrat, stand der offene Krieg einmal mehr vor der Tür. Wie Adams erkannte Jefferson genau, daß die Republik den Frieden brauchte, daß sie aber gleichzeitig auf den Handelsverkehr mit Europa angewiesen war. Der Wirtschaftskampf zwischen England und dem Imperium Napoleons brachte die amerikanische Schiffahrt besonders nach der Verhängung der französischen *Kontinentalsperre* in wachsende Schwierigkeiten. Die englische Regierung versuchte, die amerikanischen Transportfahrten aus Französisch-Westindien zu unterbinden, und die Franzosen ordneten ihrerseits die Konfiskation aller amerikanischen Schiffe an, die englische Häfen anliefen. Damit wurde der Handelsverkehr praktisch lahmgelegt. Was die Amerikaner aber ganz besonders gegen England aufbrachte, war die *Zwangsrekrutierung* von Matrosen (»Impressment«). Die fortlaufende Vergrößerung der Flotte war für die britische Regierung eine Aufgabe erster Ordnung, aber die Art und Weise, wie englische Kapitäne amerikanische Schiffe nach Deserteuren zu durchsuchen sich anmaßten, und die Tatsache, daß dabei stets auch amerikanische Bürger in den Dienst der »Royal Navy« gezwungen wurden, erzeugte schwere Mißstimmung. Als bei einem besonders dramatischen Zwischenfall im Jahre 1807 ein amerikanisches Schiff zusammengeschossen wurde und dabei drei Mann seiner Besatzung verlor, stieg die Empörung auf den Siedepunkt. Das Land widerhallte von Protestrufen und Appellen, sich an Lexington zu erinnern und zum Krieg gegen England bereit zu sein. Wie Adams im Konflikt mit Frankreich von 1798/1800 wollte Jefferson auch jetzt um jeden Preis den Krieg verhindern. Er nahm aber nicht Verhandlungen auf, sondern brachte den Kongreß dazu, im Dezember 1807 das *Embargo-Gesetz* zu verabschieden. Dieser Versuch, jeden Außenhandel einzustellen, schädigte weder England noch Frankreich allzu sehr, hatte aber katastrophale Folgen für die amerikanische Wirtschaft. Die Kaufleute und Schiffahrtsunternehmer der Nordstaaten wurden an den Rand des Ruins gebracht, und nur durch die energische Intensivierung der gewerblichen Produktion konnte die drohende Krise wenigstens teilweise abgewendet werden. Am meisten litten die agrarischen Südstaaten, die ihre Hauptprodukte (Baumwolle, Tabak) nicht mehr exportieren konnten und nicht in der Lage waren, den Einkommensausfall anderweitig zu kompensieren. Die schärfsten Proteste kamen jedoch nicht aus diesen Gebieten, sondern aus Neuengland, wo die »Federalists« einen vorübergehenden Aufschwung erlebten und Jefferson vorwerfen konnten, nun habe auch er sich zu Maßnahmen hinreißen lassen, für die es keine verfassungsmäßige Grundlage gebe. Mit der fortschreitenden Verschlechterung der Lage setzte sich die Opposition allmählich im ganzen Lande durch und zwang den Präsidenten schließlich zum Nachgeben. An die Stelle des Embargo-Gesetzes trat am 1. März 1809 die »Non-Intercourse Act«, die das Handelsverbot auf Frankreich und England beschränkte. Durch ein raffiniertes Täuschungsmanöver gelang es Napoleon, der amerikanischen Regierung um 1810 weiszumachen, er sei bereit, seine Repressionsmaßnahmen gegen amerikanische Handelsschiffe einzustellen. Daraufhin wurde das Embargo für Frankreich aufgehoben, für England jedoch erneuert.

Wenn im Jahre 1812 der zweite amerikanisch-englische Krieg dann schließlich ausbrach, so waren hierfür allerdings nicht nur die handelspolitischen Spannungen verantwortlich. Man kann vielmehr ein Zusammenwirken sehr verschiedenartiger Faktoren beobachten. Die gekränkte nationale Ehre, die Empörung über die Zwangsrekrutierung und die Enttäuschung über die Mißachtung des amerikanischen Neutralitätswillens spielten in der allgemeinen Erhitzung der anti-englischen Stimmung eine bedeutende Rolle. Dazu kam die wirtschaftliche Depression und vor allem auch die Behinderung der Westexpansion durch die unter dem Shawnee-Häuptling Tecumseh

vereinigten Indianerstämme, deren Widerstandsaktionen mindestens teilweise durch britische Hilfsversprechen ausgelöst worden waren.
Diese letztgenannten Vorgänge erweckten vielerorts die Forderung nach militärischen Gegenschlägen. Nach den Kongreßwahlen von 1810 hatten zahlreiche konservative »Republicans« ihre Sitze den »War Hawks« abtreten müssen, die mehrheitlich der jüngeren Generation angehörten und seit ihrer frühen Jugend gelernt hatten, England als Feind zu betrachten. Unter ihnen befanden sich einige bedeutende Führerpersönlichkeiten wie Henry Clay aus Kentucky und John C. Calhoun aus South Carolina. Sie glaubten, daß es jetzt vor allem darauf ankomme, die Interessen der Nation zu schützen, und daß dies mit militärischen Mitteln zu geschehen habe, da die europäischen Mächte auf wirtschaftliche Sanktionen Amerikas ja doch nicht reagierten. Der zweifelhafte Sieg, den William Henry Harrison, Gouverneur des Indiana-Territoriums, über die von Tecumseh organisierten Indianer erfocht (Schlacht bei Tippecanoe, 7./8. November 1811), stärkte ihre Zuversicht, der drohende Bankrott der Südstaaten trieb sie zur Eile.
Der seit 1809 amtierende James Madison erwies sich bei all seinen früheren Verdiensten um die Republik als wenig durchschlagskräftiger Präsident. Er vermochte die »War Hawks« nicht in Schach zu halten und proklamierte unter ihrem Druck am 19. Juni 1812 den Kriegszustand. Das Ziel war die Verteidigung der amerikanischen Rechte auf den Weltmeeren und die endgültige Zerschlagung der englischen Herrschaft in Nordamerika.
Der *»Krieg von 1812«* wurde für die Amerikaner in mancher Hinsicht zum Fiasko. Er war schlecht vorbereitet, brachte keine entscheidenden Siege und vertrieb England keineswegs aus dem nordamerikanischen Kontinent. Zudem erwies er sich als überflüssig, denn die englischen Exekutiverlasse gegen die neutrale Schiffahrt (»Orders in Council«), die in den Vereinigten Staaten ganz besondere Erbitterung bewirkt hatten, waren zum Zeitpunkt der Kriegserklärung gerade aufgehoben worden. Dazu kam die Tatsache, daß in New York und in den Neuenglandstaaten eine äußerst heftige Opposition gegen den Krieg herrschte. Diese schlug zum Teil in offene Obstruktion um (z.B. Proviantlieferung an den Gegner) und führte schließlich zu der von den gemäßigten »Federalists« organisierten »Hartford Convention« (Dezember 1814–Januar 1815), die zum besseren Schutz der regionalen Interessen Neuenglands eine Reihe tiefgreifender Verfassungszusätze vorschlug. Der militärische Kriegsverlauf gestaltete sich für die amerikanischen Streitkräfte fast durchweg ungünstig. Nach der Abdankung Napoleons (11. April

1814) konnten die Engländer ihre Einsätze gewaltig verstärken, und einer ihrer großangelegten Angriffe führte sogar zur zeitweiligen Besetzung und Zerstörung der Hauptstadt Washington (24./25. August 1814). In einigen Flottengefechten, u.a. auf dem Erie-See, waren die Amerikaner erfolgreicher, aber sie vermochten die englische Blockade der gesamten Atlantikküste nie aufzubrechen. Den einzigen wirklich spektakulären Sieg brachte die Schlacht bei New Orleans, in welcher eine angreifende britische Streitmacht etwa ein Viertel ihres Bestandes verlor. Das Treffen änderte jedoch am Gesamtausgang des Krieges nichts mehr, denn es wurde (ohne daß man davon wußte) zwei Wochen nach dem in Europa erfolgten Friedensschluß ausgetragen. Trotzdem war es nicht ohne historische Bedeutung: Der amerikanische General Andrew Jackson wurde durch seinen großen militärischen Erfolg zum Nationalhelden, von dem man in den kommenden Jahrzehnten noch viel hören sollte.
Der *Friedensvertrag von Gent* (24. Dezember 1814) regelte nichts. Er stellte den status quo ante wieder her, erwähnte aber weder das Problem des »Impressment« noch die amerikanischen Seehandelsrechte. Die bestehenden Grenzstreitigkeiten wurden gemischten Kommissionen übergeben, deren erste um 1817 die Besitzansprüche in der Bay of Fundy regelte. Über den Verlauf der Grenzen zwischen den USA und Kanada bis zu den Rocky Mountains sollte erst der Webster-Ashburton-Vertrag von 1842 die endgültigen Entscheidungen fällen. Ein in London im Sommer 1815 abgeschlossener Handelsvertrag normalisierte die wirtschaftlichen Beziehungen.
Nach dem Abschluß der Feindseligkeiten konnten die Vereinigten Staaten eine sehr weitreichende *militärische Abrüstung* durchführen. Der Bestand der Landarmee wurde auf 10000 Mann reduziert; die Flotte verfügte fast nur noch über Sicherungs- und Begleiteinheiten; die meisten der Kanonenboote wurden verschrottet oder verkauft. Das verminderte militärische Potential erlaubte der Republik aber dennoch, im Jahre 1819 das spanische Gebiet von East Florida im Zusammenhang mit einer kriegerischen Aktion gegen die Seminole-Indianer zu besetzen. Spanien verzichtete auf seinen Besitz und überließ der amerikanischen Regierung auch West Florida. Die Transaktion wurde durch den Adams-Onís-Vertrag (1821) bestätigt und erweiterte die Union um das Territorium Florida, das 1845 als eigener Staat konstituiert werden sollte.
In der Zeit, da der amerikanischen Regierung die Annexion der großen Halbinsel mit ihrem nordwestlichen Hinterland gelang, befand sich das spanische Kolonialreich ganz allgemein im Zustand der Auflösung. Die rasch um sich greifende *lateinamerikanische Befreiungsbewegung* erweckte in den Vereinigten Staaten lebhafte und

teilweise begeisterte Anteilnahme. Henry Clay forderte mit Vehemenz die sofortige Anerkennung der neuen Republiken. Sein Wunsch ging jedoch erst nach dem Abschluß des Adams-Onís-Vertrags in Erfüllung. Die konservativ-restaurativen Mächte Kontinentaleuropas stellten sich dezidiert hinter das spanische Königreich, dessen Regierung trotz schwerer innerer Parteikämpfe alles daransetzte, die verlorengegangenen Kolonien zurückzugewinnen. England allerdings hielt sich abseits; seine Kaufleute und Industrieunternehmer wollten die bereits etablierten lateinamerikanischen Absatzmärkte nicht aufs Spiel setzen und bestimmten auch die Regierung zu einer anti-interventionistischen Haltung. Obwohl militärische Aktionen der Kontinentalmächte ohne englische Unterstützung kaum durchführbar waren, befürchteten die Vereinigten Staaten, daß die Bemühungen um die Wiederherstellung des spanischen Kolonialreiches früher oder später ihre nationale Sicherheit bedrohen könnten. Deshalb erschien es notwenig, die Grundsätze des eigenen außenpolitischen Verhaltens für den Fall einer solchen Bedrohung offiziell festzulegen.
Dies geschah in der Jahresbotschaft, die Präsident James Monroe, der Nachfolger Madisons, am 2. Dezember 1823 an den Kongreß richtete. Das hier entwickelte Konzept, das mit der Zeit als *»Monroe-Doktrin«* bekannt wurde, beruhte auf folgenden vier Hauptthesen:

1. Die amerikanische Hemisphäre ist nicht mehr als Kolonisationsgebiet europäischer Mächte zu betrachten.
2. In den Republiken der beiden amerikanischen Kontinente ist ein politisches System aufgewachsen, das sich von demjenigen der europäischen Mächte grundlegend unterscheidet.
3. Jeder Versuch einer europäischen Macht, ihr politisches System auf irgendein Gebiet der amerikanischen Hemisphäre auszudehnen, wird von den Vereinigten Staaten in Zukunft als Bedrohung ihrer Sicherheit und als unfreundlicher Akt betrachtet.
4. Die Vereinigten Staaten werden noch existierende Kolonien nicht antasten; sie werden sich in die inneren Angelegenheiten der europäischen Mächte nicht einmischen und mit allen freundschaftliche Beziehungen anstreben.

Mit dieser Deklaration (die übrigens nie zum formellen Kongreßbeschluß erhoben wurde) war eine scharfe politische Trennungslinie zwischen der amerikanischen und der europäischen Welt gezogen. Das »Statement« Monroes wiederholte die Ideen, die schon in der Außenpolitik Washingtons, John Adams' und Jeffersons enthalten gewesen waren; diese erhielten hier jedoch erstmals eine präzise und ausführliche Formulierung und wurden durch den sehr deutlich ak-

zentuierten Anspruch der Vereinigten Staaten ergänzt, als Schutz- und Führungsmacht der gesamten Hemisphäre aufzutreten. Hinter der in ihrer Aussage sehr eindeutigen Grundsatzerklärung stand ganz offensichtlich auch die Intention des Außenministers John Quincy Adams. Der Sohn des zweiten Präsidenten, der das höchste Staatsamt von 1825 bis 1829 selbst auch noch versehen sollte, war ein durchaus konservativer Politiker; er stand aber den konservativen Mächten Europas mit äußerster Skepsis gegenüber und hielt ihre Regierungen ausnahmslos für korrupt. Adams war es namentlich gewesen, der Monroe geraten hatte, seine anti-interventionistische Stellungnahme unabhängig von der englischen Regierung zu proklamieren. Er hatte genau erkannt, daß die englischen Motivationen anderer Art waren als diejenigen der Vereinigten Staaten. Zu den potentiellen Bedrohungen der amerikanischen Souveränität gehörte für Adams auch der Griff Rußlands nach der pazifischen Küste Nordamerikas. Ein Erlaß Zar Alexanders I. aus dem Jahre 1821 hatte die Südgrenze der russischen Ansprüche auf den 51. Breitengrad festgesetzt, aber drei Jahre später gelang es Adams, diese in einer diplomatischen Vereinbarung auf die Linie von 54° 40' zurückzuschieben.
Der innenpolitische Hintergrund der amerikanischen Antwort auf die kolonialistische Herausforderung Europas war durch eine allgemeine Stärkung der nationalen Einheit gekennzeichnet.[1] Merkwürdigerweise wurde der Krieg von 1812–1814 in den Vereinigten Staaten überwiegend als Erfolg gewertet. Man übersah, daß England in keinem der Hauptkonfliktpunkte nachgegeben hatte, man vergaß die peinlichen Niederlagen und erinnerte sich um so lieber an die wenigen siegreichen Waffengänge, ganz besonders an die Schlacht bei New Orleans. Diese Erinnerungen und die Tatsache, daß die Republik keine territorialen Verluste erlitten hatte, trugen wesentlich zur Entstehung des Mythos vom gewonnenen Kriege bei.
Als Präsident Monroe 1817 eine offizielle Reise durch die Oststaaten unternahm und auch im ehemals stark oppositionellen Neuengland mit großer Freundlichkeit empfangen wurde, schrieb eine den »Federalists« nahestehende Bostoner Zeitung, nun sei eine *»Era of Good Feelings«* angebrochen. Damit wurde ein Begriff geprägt, der in vielen späteren Werken der Historiographie die beiden Amtszeiten Monroes (1817–1824) charakterisieren sollte. Wie alle derartigen Bezeichnungen ist er einseitig und simplifizierend. Er verdeckt nämlich die Tatsache, daß die aus der zunehmenden Disparität der wirtschaftlich-sozialen Entwicklung entstandenen regionalen Interes-

1 Vgl. hierzu das immer noch gültige Standardwerk von Dexter Perkins: A History of the Monroe Doctrine, Boston 1955 u.ö.

senkonflikte nach 1820 an Schärfe wieder zunahmen und die Aussichten auf eine längere Zeit des inneren Friedens rasch verdunkelten.

Auch der bloß skizzenhafte Überblick über die politische Entwicklung der amerikanischen Republik in den ersten Jahrzehnten ihres Bestehens muß zum Schluß noch auf die in dieser Zeit zu beobachtende Autoritätszunahme des *»Supreme Court«* hinweisen. Sie war in erster Linie dem Wirken des aus Virginia stammenden Juristen John Marshall zuzuschreiben, der kurz vor Beginn der Präsidentschaft Jeffersons noch von John Adams zum Obersten Richter ernannt worden war. Unter der Führung dieses überzeugten Anhängers der »Federalist Party« wurde das vorher noch wenig einflußreiche Gericht zum achtunggebietenden Tribunal, das als dritte Säule der Bundesregierung allmählich zu ebenbürtiger Stellung neben Präsident und Kongreß emporwuchs. In einem berühmten Urteil von 1803 (Marbury gegen Madison) schuf Marshall eine wesentliche Präzedenz für das seither so bedeutsam gewordene richterliche Nachprüfungsrecht über Gesetze des Kongresses oder der einzelstaatlichen Legislativbehörden *(»Judicial Review«)*. In einem ebenso bedeutsamen Verdikt aus dem Jahre 1819 (McCulloch gegen Maryland) verlieh er der Theorie Hamiltons von den »implizierten Machtbefugnissen« der Bundesregierung entscheidende Unterstützung. Mehrfach bestärkte er auch die Verbindlichkeit von Verträgen zwischen Staatsregierungen und privaten Korporationen, so z. B. im »Dartmouth College Case« von 1819. Grundsätzlich setzte sich Marshall stets für die Vorordnung der Bundesgewalt vor diejenige der Einzelstaaten ein, und immer wieder trat er als wirkungsvoller Protektor des privaten Eigentums hervor.

Obschon die »Federalist Party« allmählich an politischer Bedeutung verlor, und immer mehr »Republicans« zu Mitgliedern des Obersten Gerichtshofes ernannt wurden, vermochte »Chief Justice« Marshall seinen beherrschenden Einfluß zu wahren. Bis ihn der Tod im Jahre 1835 seinem Amte entriß, war der von ihm geleitete »Supreme Court« ein unerschütterliches Bollwerk des »Federalism«, und auch später blieb er noch für lange Zeit das Kraft- und Autoritätszentrum aller Verfechter einer starken Zentralgewalt im Bundesstaat.

2. Expansion und Regionalismus

Die *Erschließung des Westens* gehört neben den Problemkomplexen der Rassenkonflikte, des Bürgerkriegs und der Industrialisierung zu den größten und wichtigsten Themen der amerikanischen Geschichte im 19. Jahrhundert. Ihr Ablauf läßt sich in zahlreichen Einzelphasen verfolgen, die durch große Hoffnungen und schwere Enttäuschungen, durch Erfolge und Mißerfolge, durch heldenhaften Einsatz und das Streben nach der Verbreitung demokratischer Ordnung, aber auch durch unmenschliche Brutalität und Unterdrükkung charakterisiert sind.

Der Bereich der besiedelten oder doch für die Besiedlung erschlossenen Gebiete dehnte sich seit dem Abschluß des Unabhängigkeitskrieges mit erstaunlicher Geschwindigkeit aus. Vor dem Jahre 1800 waren bereits drei neue Staaten zur Union gestoßen: Vermont (1791), Kentucky (1792) und Tennessee (1796). Der erste Staat, der im Nordwest-Territorium entstand, war Ohio (1803). Seiner Aufnahme folgte neun Jahre später diejenige Louisianas. Nach dem Krieg von 1812–1814 kamen in nur sieben Jahren weitere sechs Staaten dazu: Indiana (1816), Mississippi (1817), Illinois (1818), Alabama (1819), Maine (1820) und Missouri (1821). Maine lag zwar im Norden Neuenglands, seine Gründung stand aber, wie noch zu zeigen sein wird, in direktem Zusammenhang mit der Westexpansion und den daraus hervorgegangenen innenpolitischen Auseinandersetzungen.

Louisiana und Missouri lagen schon westlich des Mississippi. Sie waren die ersten Staaten, die ihre Entstehung dem *»Louisiana Purchase«* von 1803 verdankten. Der berühmte, durch Präsident Jefferson vollzogene Landerwerb hatte die amerikanische Republik 15 Millionen Dollar gekostet und sie auf einen Schlag um mehr als 800000 Quadratmeilen vergrößert. Er umfaßte die gesamten westlichen Einzugsräume des Mississippi und des Missouri bis zu den Rocky Mountains, d.h. das Gebiet der ursprünglich französischen und seit 1762 spanischen Kolonie Louisiana, die um 1800 wieder von Frankreich übernommen worden war. Bereits drei Jahre später hatte Napoleon das Territorium der amerikanischen Regierung angeboten, weil er erkannte, daß er es in einem neuen Krieg gegen England doch nicht wirksam zu verteidigen vermochte, und weil er aus diesem Grunde den Verkauf an die USA als eine strategisch sinnvolle Lösung ansah. Durch die Annahme des Angebotes war die Verfassung der Republik aufs äußerste »strapaziert« worden, denn sie enthielt keine Klausel, die den Kauf fremden Gebietes vorsah. Obwohl grundsätzlich ein Gegner der Theorie von den »implizierten Befugnissen« der Regierung, hatte Jefferson diese hier jedoch geistesgegenwärtig angewandt, – ganz ähnlich, wie er es einige Jahre später mit dem Embargogesetz tat.

Wenn bis zur vollständigen Erschließung des neuen Territoriums auch noch viel Zeit verstreichen sollte, so hatte der »Louisiana Purchase« doch die Grundlage dafür geschaffen, daß die amerikanische Republik schließlich zur faktischen Beherrscherin des Kontinents werden konnte.

Die Westwanderung verschob in den ersten Jahrzehnten nach der Gründung des Bundesstaates natürlicherweise auch dessen *demographische Gewichtsverteilung.* Hatten zur Zeit der Amtsübernahme Washingtons noch weniger als 6% der Bevölkerung westlich der Appalachen gewohnt, so waren es um 1810 schon mehr als ein Siebtel und um 1840 mehr als ein Drittel. Unter den Siedlern, die sich im Mittleren Westen niederließen, waren viele europäische Einwanderer, aber die große Mehrheit stammte doch aus älteren Staaten der Union. Aus Kentucky und Tennessee zogen zahlreiche »Migrants« in die neuen Baumwollgebiete des Südwestens; Siedler aus Neuengland und New York ließen sich mit Vorliebe in der Gegend der Großen Seen nieder. Die größte Immigrantengruppe kam aus den Südstaaten am Atlantik; ihre Ziele lagen vornehmlich im südlichen Ohio, in Indiana, Illinois, aber auch im Südwesten. Im ganzen gesehen gehörten die Westwanderer des frühen 19. Jahrhunderts der unteren Mittelklasse an. Sie reisten in kleineren und größeren Gruppen, sehr oft aber auch nur im Familienverband. Ihre Habseligkeiten führten sie gewöhnlich auf Planwagen oder Kähnen mit, gelegentlich auch auf Schubkarren und Packpferden.

Eine sehr bedeutsame Voraussetzung für die Siedlungsexpansion bildete der seit dem Beginn des Jahrhunderts stetig fortschreitende *Ausbau der Verkehrswege.* Die erste Hauptverkehrsader nach dem Westen war die *»Cumberland Road«,* eine Bundesstraße, mit deren Bau die Regierung um 1811 in Maryland begonnen hatte. Sie sollte ein wesentlicher Beitrag zur Verwirklichung des von den jüngeren »Federalists« und manchen »Republicans« unterstützten Wirtschaftsprogramms werden, dessen Ziele einerseits in der Förderung des Binnenhandels und der Industrie und andererseits in der Befreiung der USA aus der Abhängigkeit von England bestand. Für dieses Programm prägte Henry Clay um 1824 die Bezeichnung *»American System«.* Es war aber schon vorher verwässert worden, und zwar in erster Linie durch die Weigerung Madisons und Monroes, den Bau von weiteren Verkehrswegen durch Bundesmittel zu unterstützen. Die »Cumberland Road« hatte um 1818 bei Wheeling (im heutigen Staate West Virginia) den Ohio erreicht und wurde danach noch bis Indiana und Illinois weitergeführt, aber alle anderen Aufgaben im Bereich der »Internal Improvements« blieben den Einzelstaaten überlassen. Zahlreiche private Firmen und Finanzierungsgesellschaften bauten Straßen, für deren Benützung dann mit Bewilligung der Staatsregierungen Gebühren erhoben wurden. Die ersten dieser

»Turnpikes« verbanden die Städte des Ostens miteinander, aber bald führten sie auch über die Appalachenpässe in den Mittleren Westen. Die Warentransportkosten blieben jedoch auf dem Wasser stets niedriger als auf dem Lande, und so spielte sich der Hauptverkehr nach wie vor auf den Flußläufen ab. Zwei Faktoren trugen hauptsächlich dazu bei, daß die Bedeutung der »Turnpikes« relativ rasch eingeschränkt wurde: die Nutzbarmachung der *Dampfkraft* für die Schiffahrt und der Bau von *Kanälen.*

Dem raschen Aufschwung der Dampfschiffahrt hatte der Ingenieur Robert Fulton den Weg gewiesen, als er um 1807 auf dem Hudson das erste Maschinenboot in Betrieb setzte. Die kommerzielle Ausnützung der Erfindung erfolgte bald auch in anderen Teilen des Landes. Um 1840 gab es an der Ostküste keine Hafenstadt mehr ohne Dampfschiffe und Dampffähren. Schon seit der Mitte der 1820er Jahre befuhren die Dampfboote als Hauptverkehrsmittel auch die großen Flüsse. Manche mittelwestliche Kleinstadt verdankte ihnen den Aufstieg zum kommerziellen Zentrum. Werften entstanden überall. Wichtigster Brennpunkt der ganzen Aktivität aber wurde New Orleans. Technische Verbesserungen erhöhten mit der Zeit die Reisegeschwindigkeit und Manövrierfähigkeit der Schiffe. Ihre charakteristischen äußeren Merkmale waren die riesigen Schaufelräder und die hohen, über den kunstvollen Deckaufbauten oft nebeneinander angebrachten Schornsteine. Das »Riverboat« beeindruckte manche europäischen Besucher als eine typisch amerikanische Schöpfung. Vielen Passagieren flößte es aber auch Schrecken ein. Oft ereigneten sich Zusammenstöße, zahlreiche Schiffe kenterten in Untiefen oder auf Klippen, und immer wieder explodierte ein überhitzter Dampfkessel.

Parallel zur Entwicklung der Schiffahrt lief der Ausbau der schiffbaren Flüsse und der künstlichen Wasserstraßen, die ganze Flußsysteme miteinander verbanden und den Weg zu den Atlantikhäfen öffneten. Die bedeutendste Leistung dieser Art war der Bau des Erie-Kanals, der 1817–1825 mit finanzieller Unterstützung des Staates New York und unter der tatkräftigen Führung des Gouverneurs De Witt Clinton erfolgte. Nach seiner Vollendung durchmaß der Kanal eine Strecke von etwas mehr als 350 Meilen zwischen Buffalo am Erie-See und Albany am Hudson. Durch seine Inbetriebnahme konnten die Transportkosten für Handelswaren vom Gebiet der Großen Seen bis nach New York generell auf ein Zwanzigstel reduziert werden. Dieser große Erfolg leitete das »Zeitalter der Kanäle« ein und half mit, die Stadt New York zum bedeutendsten Handels- und Finanzzentrum der Nation zu machen, zur kommerziellen Metropole, die nicht nur das rasch emporgestiegene New Orleans, sondern auch die alten Hafenstädte am Atlantik überflügelte. Zahlreiche weitere Kanäle wurden bis ca. 1840 gebaut. Wenn auch keiner die Bedeutung des Erie-Kanals erreichte, so halfen sie doch alle mit, den Westen der Besiedlung und dem Handelsverkehr zu öffnen. Ihre wirtschaftliche Bedeutung ging auch nach dem Aufkommen der Eisenbahnen nur langsam zurück.

Wenn man feststellt, daß Hunderttausende von Amerikanern im frühen 19. Jahrhundert ihre Städte und Dörfer im Osten verließen und in die Wildnis des Westens zogen, um dort einen neuen Lebensunterhalt zu finden, erhebt sich die Frage nach den allgemein vorherrschenden *Motivationen dieses Bewegungsdranges.*

Hierzu ist zunächst zu bemerken, daß sich die in Amerika geborenen Einwohner der Vereinigten Staaten mit dem Ort, wo sie aufgewachsen waren, im allgemeinen weniger eng verbunden fühlten als ihre europäischen Zeitgenossen. Sie waren die Nachkommen von Auswanderern, die diese Bindungen radikal durchschnitten hatten, und etwas von der grundsätzlichen Bereitschaft, Brücken abzubrechen und ins Unbekannte zu ziehen, war ihnen allen geblieben. Diese Bereitschaft vermischte sich meist mit dem unverwüstlichen Optimismus des Entdeckers und Kundschafters, der hinter den nächsten Hügeln immer wieder einen noch günstigeren Platz zum glücklichen Leben erwartet. Dazu kam die Tatsache, daß die amerikanische Gesellschaft von allem Anfang an eine weniger scharf abgegrenzte soziale Schichtung aufwies als diejenige irgendeiner europäischen Nation. Der einzelne veränderte seine berufliche Tätigkeit leicht und glaubte stets daran, daß es für ihn nicht nur möglich, sondern eine moralische Pflicht sei, seine soziale und wirtschaftliche Position zu verbessern. Bis zu einem gewissen Grade war dies eine Nachwirkung des puritanischen Selbstverständnisses, das sich in seiner säkularisierten Form auch auf jene vielen Amerikaner übertrug, die selber keineswegs von Puritanern abstammten.

Manchen europäischen Zeitgenossen erschienen die Amerikaner als ein unruhiges, wurzelloses und ehrgeiziges Volk. Man registrierte ihre Freude an physischer Leistung, ihren unbändigen Individualismus und ihren unerschütterlichen Glauben an eine Gesellschaftsordnung, die es jedem, der sich anstrengt, erlaubt, zu Glück, Reichtum und Ansehen zu kommen. Dies waren tatsächlich auch die wichtigsten Eigenschaften, die die Westwanderer auszeichneten, und zwar sowohl die abenteuerlustigen Pioniere als auch die hinter ihnen herziehenden Siedler, die neues und fruchtbares Land zu finden hofften.

Neben den sozialpsychologischen Voraussetzungen der Wanderungsbewegung – sie sind von kaum einem Zeitgenossen prägnanter

charakterisiert worden als von Alexis de Tocqueville[2] – dürfen aber die materiellen Beweggründe nicht übersehen werden. Viele Immigranten, die die Täler des Ohio und des Mississippi besiedelten, stammten aus dem relativ wenig fruchtbaren Hinterland der Oststaaten. Die landwirtschaftliche Produktion hatte dort im allgemeinen gerade für den Selbstunterhalt gereicht, den Eintritt ins einträgliche Exportgeschäft aber nicht gestattet. Hohe Steuerlasten und mangelnde Unterstützung durch die Staatsregierungen hatten die Kleinfarmer allmählich desillusioniert. Sie fühlten sich in den Legislativbehörden ungenügend vertreten und gegenüber den wohlhabenden Bewohnern der Küstengebiete sowohl wirtschaftlich als auch politisch benachteiligt. So wuchs in ihnen der Wunsch nach Auswanderung in ein Gebiet, wo diese Mißstände nicht vorherrschten und wo der materielle Erfolg eher erreichbar schien.
Der Westen besaß zweifellos ein Übermaß an fruchtbarem Boden. Seine übrigen Schätze sollten erst später nach und nach entdeckt werden, aber er präsentierte sich schon jetzt sehr attraktiv. Der Widerstand der Indianer gegen den Vormarsch der Weißen ließ generell nach (s. u.), und im Jahre 1820 hatte ein neues Gesetz über den individuellen Landerwerb die Preise gesenkt und die bisher kleinsten Ankaufseinheiten noch weiter verkleinert (auf 80 Acres, zu 1,25 Dollar pro Acre). Dadurch wurden auch verhältnismäßig wenig bemittelte Siedler in die Lage versetzt, sich auf eigenem Grund und Boden als Farmer niederzulassen. Die überall aus dem Boden schießenden Staatsbanken gewährten Darlehen in Papiergeld zu leichten Bedingungen, und die Immigranten nahmen bereitwillig Schulden auf sich, weil sie hofften, die günstige Wirtschaftslage würde die Preise der Farmprodukte hoch halten.
Das *Leben an der »Frontier«* entsprach jedoch in den wenigsten Fällen dem, was geschäftstüchtige Landspekulanten in Zeitungsinseraten und Propagandabroschüren den interessierten Käufern vorgaukelten. Die Rodung der Wildnis erwies sich wie schon in der Kolonialzeit als eine auch für abgehärtete Männer äußerst anstrengende Arbeit. Unfälle, Krankheiten und Epidemien kamen häufig vor und forderten hohe Tribute an Menschenleben. Ungenügende hygienische Verhältnisse und einseitige Ernährung schwächten die Gesundheit der Siedlerbevölkerung ganz allgemein, und überall fehlte es an ausgebildeten Ärzten. Mehr als eine Niederlassung erlebte in den ersten Jahren ihrer Existenz eine »starving time«, wie sie die meisten Kolonien des 17. Jahrhunderts in ihren Anfängen durchgemacht

2 Alexis de Tocqueville: De la démocratie en Amérique, in: Œuvres complètes, hrsg. v. J.-P. Mayer, Paris 1961, Bd. I, 2, S. 142 ff.

hatten. Mit der Zeit besserten sich jedoch die Lebensbedingungen; Schulen und Kirchen wurden errichtet, und der Ausbau der Verkehrswege erleichterte den Zuzug neuer Siedler. Viele Dörfer und County-Hauptorte wuchsen zu beträchtlicher Größe heran, das Gewerbe hielt Einzug, und Zeitungen begannen zu erscheinen. Manche Landbewohner begnügten sich nicht mit der Bewirtschaftung kleiner und mittlerer Farmen, sondern entwickelten spezialisierte landwirtschaftliche Exportunternehmungen. Andere stiegen ins Spekulationsgeschäft ein und gelangten auf Kosten privater Käufer sowie der öffentlichen Landverteilungsämter oft zu raschem Reichtum. Zahlreiche »Land Companies« organisierten sich und planten ganze Städte. Zum Teil lösten sich diese Projekte nach kurzer Zeit ins Nichts auf, zum Teil gelangten sie aber zu rascher Blüte, besonders wenn sie an Kreuzungspunkten von Verkehrswegen lagen und See- oder Binnenhäfen angelegt werden konnten. Dies war u. a. in Cincinnati, Cleveland, Indianapolis, Chicago und St. Louis der Fall. Hierher kamen nicht nur Spekulanten, sondern kapitalkräftige Investoren, die die Entwicklung des Bankwesens, des Handels und der Industrie förderten. So wurden diese Städte in kurzer Zeit zu bedeutenden Zentren des wirtschaftlichen Lebens.

Die politischen Strukturen und Institutionen, die nach und nach im Westen entstanden, unterschieden sich jedoch nicht grundsätzlich von denjenigen des Ostens. Die allgemeine Tendenz zur Demokratisierung war nicht spezifisch westlichen Ursprungs; sie bestand im Osten bereits seit langem. Auch in sozialer und kultureller Hinsicht blieb der Westen vom Osten abhängig. Das war keineswegs verwunderlich, denn die Einwanderer lehnten ja die Struktur der oststaatlichen Gesellschaft nicht grundsätzlich ab. Was sie nicht befriedigte und zum Verlassen ihrer Heimstätten veranlaßte, war die Position, die sie selbst in dieser Gesellschaft einnehmen mußten bzw. nicht verbessern konnten.

Dennoch waren die *Auswirkungen* der »Frontier« auf die Lebensweise und die Anschauungen der Amerikaner schon in der ersten Hälfte des 19. Jahrhunderts von nicht zu unterschätzender Bedeutung. Das Fehlen lokaler Traditionen, die geographische Distanz zu den alten Zentren der Republik, aber auch die stets bestehende Notwendigkeit, das erschlossene Land zu behaupten und zu verteidigen, machten den Westen zu einer Region (»Section«), in der der Nationalismus, aber auch der Lokalpatriotismus besonders ausgeprägte Formen annahmen. Daß der Kampf gegen die Unbill der Wildnis den Individualismus und das demokratische Denken stärkte, ist ebensowenig zu bezweifeln wie die Tatsache, daß sich an der »Frontier« manche traditionellen Wertbegriffe und Tabus der abendländischen Zivilisation als bedeutungslose Formeln erwiesen. Obwohl auch der amerikanische Westen keine wirklich egalitäre Gesellschaft formierte, trug er doch wesentlich dazu bei, die sozialen Unterschiede noch weiter abzubauen und die Vorstellungen vom Recht auf Chancengleichheit zu festigen. Vor allem aber wurde seine Erschließung zu einer der wichtigsten Voraussetzungen für das unaufhaltsame wirtschaftliche Wachstum der amerikanischen Republik und für den stetig ansteigenden Lebensstandard ihrer Bevölkerung.

Als der Historiker Frederick Jackson Turner am Ende des 19. Jahrhunderts die »Frontier« als das fundamentale Phänomen beschrieb, von dem aus die gesamte Entwicklung der amerikanischen Gesellschaft in Vergangenheit und Gegenwart verstanden werden müsse, verfiel er – wie seine späteren Kritiker überzeugend nachgewiesen haben – in manchen Punkten der Übertreibung und dem Irrtum. Er hatte aber sicher recht, wenn er feststellte, die Begegnung mit der »Frontier« habe den Westen als Region entscheidend geprägt, das soziale und wirtschaftliche Verhalten seiner Bevölkerung vereinheitlicht und die in der amerikanischen Lebensweise bereits vorhandene Tendenz zur Mobilität und zum Pragmatismus nachhaltig gestärkt.[3]

Zu den dunkelsten Kapiteln der Geschichte der Westexpansion gehört unzweifelhaft das Schicksal der *Indianer*. Hier wirkte sich der Individualismus und der unersättliche Landhunger der vordringenden »Frontiersmen« in brutalster Weise aus. Da die Indianer kein Stimmrecht besaßen, beschäftigte sich keine politische Partei mit ihnen, und die wenig energische Indianerpolitik der Bundesregierung stand unter keinerlei Druck. Wohl waren mit einzelnen Stämmen im Gebiet zwischen Appalachen und Mississippi seit dem späten 18. Jahrhundert Landnahmeverträge abgeschlossen worden, aber diese wurden immer wieder gebrochen, und die Eingeborenen sahen sich stets um die versprochenen Entschädigungen geprellt. Sie verloren ihre Jagdgründe und damit auch die Möglichkeit, sich zu ernähren und zu bekleiden. Um diese Probleme kümmerten sich die weißen Siedler jedoch nicht. Sie waren überzeugt von ihrem Recht, ja von ihrer Pflicht, die Wilden zu verjagen, da diese das Land ja nicht erschlossen und seine Fruchtbarkeit nicht ausnützten. Solche Argu-

3 Frederick Jackson Turner: The Significance of the Frontier in American History, in: American Historical Association: Annual Report for 1893, Washington, D.C., 1894, S. 119–227; auch abgedruckt in: F. J. Turner: Frontier and Section, ed. by Ray A. Billington, Englewood Cliffs, N.J., 1961, S. 37–62. Eine gute Übersicht über die Diskussion um die Turner-These bietet Ray A. Billington: The American Frontier Thesis: Attack and Defense; Washington, D.C., ³1971, (= American Historical Association Pamphlets 101).

mentation verriet das Fehlen jedes Verständnisses für die Denkweise der Indianer. Sie richtete sich insbesondere gegen die Jägerstämme, aber mit der Zeit wurden auch die Ackerbau treibenden Völker aus ihren Gebieten verdrängt. Wenn die Indianer organisierten Widerstand zu leisten begannen, kam es stets zu blutigen Konfrontationen. Daß der englisch-amerikanische Krieg von 1812 bis 1814 in den westlichen Staaten und Territorien als Erfolg angesehen wurde, war in erster Linie den Siegen William Henry Harrisons über die aufständische Shawnee-Konföderation zuzuschreiben (1811, 1813). Was im Nordosten gelungen war, brachte General Andrew Jackson wenig später auch gegen die Creeks in Alabama (1814) und gegen den Seminole-Stamm in Florida (1818) zustande.

Die Folge dieser für die betroffenen Stämme äußerst verlustreichen Niederlagen war ein allgemeines Nachlassen des Widerstandes. Schon seit dem Anfang des 19. Jahrhunderts hatten einzelne amerikanische Politiker die Möglichkeit erwogen, die Indianer in ihrer Gesamtheit westlich des Mississippi anzusiedeln. Im Jahre 1830 – also während der ersten Präsidentschaft Jacksons – beschloß der Kongreß die Durchführung dieser *Massendeportation* und reservierte gleichzeitig von Oklahoma bis Wisconsin große Landstriche, in denen sich die verdrängten Stämme permanent niederlassen sollten. In einzelnen Fällen erhob sich heftiger Widerstand gegen die Umsiedlung. Um 1832 kehrten die Sauk- und Fox-Indianer unter ihrem Häuptling »Black Hawk« nach Illinois zurück, wurden aber rasch und erbarmungslos wieder nach Westen getrieben. Im Süden führten die Seminoles von 1835 bis 1843 einen zweiten Krieg gegen die Weißen, während die als Ackerbauern bereits recht wohlhabenden Cherokees den Obersten Gerichtshof anriefen und auch ein für sie günstiges Urteil erreichten. Die Erfolge waren jedoch nicht dauerhaft. Die Seminoles wurden schließlich doch geschlagen, und der Staat Georgia, in dem die Cherokees wohnten, konnte das Bundesgerichtsurteil ignorieren, weil Präsident Jackson keine Anstalten machte, seine Durchführung zu erzwingen. Um 1845 waren die meisten Indianer aus den Gebieten östlich des Mississippi verschwunden. Überreste hielten sich nur in wenigen älteren Reservaten.

Die Wanderung der Vertriebenen in die ihnen zugewiesenen Gebiete westlich des Mississippi ging aber auch nicht problemlos vor sich, denn die »Plains Indians« empfingen die Neuankömmlinge keineswegs als Brüder, sondern widersetzten sich ihrer Niederlassung. Es kam immer wieder zu blutigen Zusammenstößen und Kriegen, gegen die auch das 1832 eingesetzte »Bureau of Indian Affairs« kaum etwas ausrichten konnte. Die Hauptaufgabe dieser Bundesinstitution bestand im Schutz der Indianer gegen weitere Ausbeutung durch die Weißen. Aber auch hier war kein Erfolg zu erreichen, als der Vorstoß einmal richtig einsetzte. Zur Zeit des California-Goldrausches (1849) strömten Tausende von Pionieren und Glückssuchern durch das Indianerland und richteten unermeßliche Schäden an, indem sie wiederum ohne Rücksicht die Wildbestände dezimierten. Entschädigungsforderungen einzelner Stämme wurden zwar in Washington anerkannt, aber nur sehr widerstrebend und rudimentär erfüllt. Dennoch bewiesen die Indianer eine bemerkenswerte Geduld, und erst in den 1850er Jahren begannen sie sich allmählich wieder zu organisiertem Widerstand zu ermannen.

Die *Erkundung des Fernen Westens* hatte schon kurz nach 1800 eingesetzt. Eine erste und wesentliche Initiative war von Jefferson ausgegangen, der die Expedition von Meriwether Lewis und Thomas Clark (1804–1806) unterstützt und mit einer Subvention der Bundesregierung versehen hatte. Lewis und Clark waren den Missouri aufwärts gezogen, hatten die Rocky Mountains überquert und den Pazifik an der Küste des Columbia River erreicht. Das berühmte Unternehmen hatte nicht nur viele wissenschaftliche Entdeckungen erbracht, sondern auch die Grundlage für eine bedeutsame Ausdehnung des amerikanischen *Pelzhandels* geschaffen. Nach seiner Rückkehr von der monatelangen Fahrt durch die Wildnis rief Clark die Missouri-Pelzhandelsgesellschaft ins Leben und errichtete zu ihrem Schutze diesem Fluß entlang eine Reihe von Stützpunkten. Kurz darauf wurde John Jacob Astor mit seiner »Pacific Fur Company« im Nordwesten aktiv. Er ließ um 1811 an der Columbia-Mündung vom Meere her den Handelsstützpunkt Astoria errichten und verstärkte ihn im folgenden Jahre durch eine Landexpedition. Schon vorher waren weitere Unternehmungen erfolgt, die sowohl der geographischen Erforschung als auch kommerziellen Interessen dienten. Schon um 1805/1806 hatte Zebulon M. Pike eine Expedition in das Gebiet von Colorado geführt und war bis ins Tal des Rio Grande gelangt (wo ihn allerdings die Spanier für einige Zeit festsetzten). Kurz darauf war ein anderer Kundschafter erstmals in die Gegend des heutigen Yellowstone Park vorgestoßen. Um 1824 entdeckte der Pelzhändler James Bridger den Großen Salzsee, und zehn Jahre danach überschritt ein anderer »Mountain man« namens Joseph R. Walker erstmals von Osten her die Sierra Nevada. Wiederum ein Jahrzehnt später unternahm John C. Frémont im Auftrag der Regierung drei aufsehenerregende Expeditionen, die ihn durch weite Teile der Rocky Mountains bis nach California führten. Seine kartographischen Aufnahmen und Reiseberichte wurden zu unentbehrlichen Informationsquellen und Hilfsmitteln für die Siedler, die in den 1840er und 1850er Jahren in immer größerer Zahl auf dem »*Oregon Trail*« nach dem Fernen Westen zogen.

Die allmähliche Durchdringung der Rocky Mountains war hauptsächlich von kommerziellen Unternehmungen gefördert worden. Aber auch missionarische Aktivität trug wesentlich dazu bei; sie wurde sowohl von protestantischen Kirchen als auch von katholischen Organisationen wie der Societas Jesu getragen. Die Berichte der Missionare stießen im Osten und im Mississippital auf großes Interesse; sie verbreiteten die Vorstellung von Oregon als einem neuen Garten Eden und intensivierten so ebenfalls die Einwanderung.

Die wohl erstaunlichste aller Siedlungsunternehmungen in den westlichen Berggebieten war diejenige der *Mormonen.* Die »Kirche Jesu Christi der Heiligen der letzten Tage« war 1830 im Staate New York entstanden und folgte anfänglich dem Visionär Joseph Smith. Bald verschob sich ihr Zentrum nach Ohio und dann infolge von Konflikten mit anderen Siedlern nach Illinois. Auch hier kam es nach kurzer Zeit zu Zerwürfnissen mit den Behörden, mit Angehörigen anderer Denominationen und unter den Mormonen selbst. Besonderes Ärgernis bildete die von Joseph Smith gestattete (aber später wieder aufgegebene) Praxis der Polygamie. Nach schweren Tumulten, in deren Verlauf die Staatsmilizen von Illinois eingesetzt wurden und Smith ums Leben kam (1844), zog die Gemeinschaft 1846/1847 unter Führung des fähigen Brigham Young in das Gebirge des Westens. Am Großen Salzsee errichtete sie ihre permanente Niederlassung Salt Lake City als Zentrum einer Landwirtschaftskolonie, die in wenigen Jahren zu hoher Blüte emporwuchs und vom Kongreß schon um 1850 als Territorium Utah anerkannt wurde. Die Mormonenkirche sollte in diesem neuen »Land of the Saints« ihre beherrschende Bedeutung stets bewahren und nicht nur das religiöse, sondern auch das wirtschaftliche und das politische Leben bestimmen.

Durch den Vorstoß zur pazifischen Küste im Gebiet des späteren Staates Oregon waren die (nie genau festgelegten) Grenzen des »Louisiana Purchase« bereits überschritten worden. In den frühen 1830er Jahren begann außerdem die Einwanderung amerikanischer Siedler und Handlungsunternehmer in das mexikanische California, und es dauerte nicht lange, bis sich unter ihnen der Wunsch verbreitete, das fruchtbare Land unter amerikanische Kontrolle zu bringen.

Die erste große Gebietserweiterung seit dem Ankauf von Louisiana ergab sich der Republik jedoch durch die *Annexion von Texas* (ca. 270000 Quadratmeilen).

Die Grenze zwischen den USA und dem spanischen Kolonialgebiet war in dem bereits erwähnten Adams-Onís-Vertrag festgelegt worden, der 1821 in Kraft trat. Sie verlief dem Sabine River entlang nach

Norden, dann über den Kamm der Rockies bis zum 42. Breitengrad und von dort nach Westen bis zum Pazifik. Die amerikanische Regierung hatte auf das Gebiet von Texas verzichtet, und als Mexiko unabhängig wurde, blieb es innerhalb der Grenzen des neuen Staates. Nun hatte aber Texas viele amerikanische und englische Siedler angezogen, die große Landstriche erwerben konnten und sich mit Erfolg der Baumwollpflanzung und der Viehzucht widmeten. Als die mexikanische Regierung unter dem Präsidenten Santa Anna jedoch ihre Wünsche nach regionaler Autonomie nicht erfüllen wollte, kam es zu Reibungen und Konflikten, die im Frühjahr 1836 zum Aufstand der Texaner führten. Santa Anna zog mit einem großen Heer heran und errang zunächst einige Erfolge. Unter anderem gelang es ihm, eine texanische Garnison in der Alamo-Mission von San Antonio völlig aufzureiben. Wenige Wochen später fügten ihm indessen die Aufständischen unter ihrem General Sam Houston bei San Jacinto eine entscheidende Niederlage zu (21. April 1836). Er wurde gefangengenommen und zur Unterzeichnung eines Vertrags gezwungen, in dem er versprechen mußte, seine Regierung werde die Unabhängigkeit der *Republik Texas* anerkennen. Eine bereits vorbereitete Verfassung (die u. a. die Sklaverei legalisierte) wurde in Kraft gesetzt und Houston zum Präsidenten gewählt. Die Republik zog viele neue amerikanische Siedler an und blühte rasch auf. Der Anschluß an die USA wurde von Anfang an allgemein gewünscht und auch von Houston befürwortet. Viele amerikanische Politiker wehrten sich jedoch dagegen. Ihr Widerstand entsprang zum Teil der Besorgnis über die Möglichkeit eines Krieges mit Mexiko, zum Teil aber auch der Furcht vor einer Vermehrung der Sklavenhalterstaaten. Daß die Frage der Annexion von Texas in die Diskussion um die Sklaverei hineingezogen wurde, war an sich begreiflich. Ihre Lösung wurde dadurch aber um fast zehn Jahre verzögert. Es waren hauptsächlich wirtschaftspolitische Erwägungen, die mit der Zeit einen Umschwung der Meinungen herbeiführten. Als in den Präsidentschaftswahlen von 1844 der Expansionist James K. Polk aus Tennessee über den vorsichtigeren Henry Clay siegte, war eine wichtige Vorentscheidung gefallen. Die Annexion wurde am 1. März 1845 durch eine gemeinsame Resolution beider Häuser des Kongresses vollzogen, allerdings gegen eine immer noch starke Opposition der sklavenfreien Staaten. Das folgende Jahr brachte auch die endgültige Festsetzung der amerikanisch-kanadischen Grenze in Oregon: sie wurde auf dem 49. Breitengrad aus dem Landesinnern bis zur Pazifikküste weitergezogen. Sowohl in der Texas- als auch in der Oregon-Frage waren britische Widerstände erstmals mit der Berufung auf die Monroe-Doktrin zurückgewiesen worden.

Die Erfolge der Westexpansion stärkten in den 1830er und 1840er Jahren in großen Teilen der amerikanischen Bevölkerung die Überzeugung, die Erschließung des Kontinents bis zum Pazifik sei eine Aufgabe der Nation, die allen Einwohnern zum Heil gereiche und nur von amerikanischen Pionieren, Siedlern, Kaufleuten und Politikern vollbracht werden könne. Die Neigung zum Expansionismus war in der Geschichte der USA an sich keineswegs neu, aber sie wurde nunmehr erstmals von deutlich vernehmbaren Untertönen des Chauvinismus und des angelsächsischen Superioritätsbewußtseins begleitet. Außerdem erhielt sie im Jahre 1845 in dem Begriff *»Manifest Destiny«* ein attraktives und publikumswirksames Etikett. Ihr Schöpfer war der Journalist John L. O'Sullivan, der in einem Artikel der *»Democratic Review«* erklärte, die Erschließung und der Besitz des Kontinents sei die »offenkundige Bestimmung« der Vereinigten Staaten. Das Bekenntnis zum »Manifest Destiny« beinhaltete aber nicht nur die Unterstützung der Machtausdehnung der Republik, sondern auch die Verpflichtung, an der Verbreitung der in den alten Staaten bereits erprobten demokratischen Institutionen mitzuwirken. Das »great experiment of liberty and federated self-government« sollte in allen neuen Teilen der Nation weitergeführt werden. Diesem Programm haftete bei all seinen säkularen und rein machtpolitischen Triebkräften immer noch etwas von dem heiligen Eifer an, mit dem die puritanischen Kolonisten Neuenglands den Ausbau ihrer »City upon a Hill« betrieben hatten. War es damals darum gegangen, der übrigen Welt das amerikanische Beispiel der wahren christlichen Gemeinde vor Augen zu führen, so bemühte man sich jetzt, ein weithin leuchtendes Exempel für politische Demokratie zu statuieren und zu beweisen, daß diese den Menschen überall Glück und Freiheit bringen konnte. Wenige Jahrzehnte später sollte der Begriff »Manifest Destiny« mit genau denselben Implikationen auch zur Rechtfertigung der außerkontinentalen Expansion der USA benutzt werden (s. u.).
Wenn man feststellt, daß sich der amerikanische Westen in der ersten Hälfte des 19. Jahrhunderts innerhalb der Gesamtnation zur Region mit mehr oder weniger einheitlicher Sozialstruktur und wirtschaftlicher Zielsetzung entwickelte, so ist nicht zu übersehen, daß in der gleichen Zeit auch die regionalen Besonderheiten der Süd- und Nordoststaaten eine schärfere Ausprägung erfuhren.
Zunächst sei ein kurzer Blick auf die *Verhältnisse des Südens* gerichtet: Die Besiedlung von Alabama, Mississippi und Louisiana gehörte ursprünglich in den Zusammenhang der allgemeinen Westwanderung. Die ersten weißen Bewohner dieser Gebiete waren hauptsächlich Kleinfarmer aus Virginia und den Carolinas, deren Existenz-

probleme sich von denjenigen der Siedler nördlich des Ohio kaum unterschieden. Mit der Einführung der *Baumwollpflanzung* näherte sich der Südwesten aber dem Südosten und verschmolz mit ihm zur regionalen Einheit. Die Baumwollproduktion hatte seit der Einführung der von Eli Whitney erfundenen Entkörnungsmaschine, wie bereits erwähnt, einen ungeheuren Aufschwung genommen. In den frühen 1820er Jahren erreichte sie bereits das Fünfzigfache ihres Umfangs von 1793. Da die Baumwollpreise vor 1837 selten unter 15 Cents pro Pfund sanken, sondern oft sehr viel höher lagen, war es begreiflich, daß sich auch die Farmer des Südwestens immer mehr auf dieses Produkt spezialisierten. Der Boden erwies sich fast überall als äußerst fruchtbar, und seit 1815 vereinheitlichte sich die wirtschaftliche Struktur des ganzen »Cotton Kingdom« mit zunehmender Geschwindigkeit. In den folgenden Jahrzehnten wurde die südstaatliche Baumwollproduktion zu einem Hauptfaktor der nationalen Marktwirtschaft. Sie machte mehr als die Hälfte des gesamten amerikanischen Exports aus und finanzierte einen bedeutenden Teil der Warenimporte. Außerdem bildete der wirtschaftlich einseitige Süden einen zuverlässigen Absatzmarkt für die Industrieprodukte des Nordens, geriet mit der Zeit aber immer mehr in direkte Abhängigkeit von den nordstaatlichen Finanz- und Handelszentren.
Der Süden war vom Norden durch keine natürlichen Grenzen getrennt; er stellte weder eine geographische noch eine klimatische Einheit dar. Die Minderheit seiner weißen Bewohner bestand wie im Norden und im Westen aus Farmern, die ihre kleinen und mittelgroßen Höfe als unabhängige Eigentümer bewirtschafteten. Die reichen Plantagenbesitzer bildeten überall eine kleine, wenn auch mächtige Minderheit. Die Südstaaten profitierten im allgemeinen weniger von den Verbesserungen der Verkehrswege als der Westen. Der Reichtum war ungleichmäßiger verteilt, die Gesellschaftsordnung statischer und die soziale Mobilität weniger ausgeprägt. Im Gegensatz zu den anderen Regionen gaben die Bewohner des Südens auch im 19. Jahrhundert weniger Geld für Erziehung und Bildung aus. Das Analphabetentum war weiter verbreitet als im Westen und Norden; die »Poor Whites« hatten am allgemeinen wirtschaftlichen Aufschwung keinen Anteil. Nach wie vor gab es nur wenige größere Städte, und die Entwicklung der lokalen Industrie blieb durchweg bescheiden.
Alle diese Merkmale waren jedoch von sekundärer Bedeutung. Die wichtigste regionale Besonderheit des Südens bestand im Fortleben der *Negersklaverei.* Seit sie im Norden abgeschafft war, konnte sie mit Recht als die *»Peculiar Institution«* des Südens bezeichnet werden. Sie identifizierte die Einheit der Region nicht nur nach außen,

sondern gab auch ihren Bewohnern das mehr oder weniger belastende Bewußtsein, vom Rest der Nation getrennt zu leben. Die Grenze zwischen Norden und Süden war die Grenze zwischen den sklavenfreien und den sklavenhaltenden Staaten. Sie verlief zwischen Pennsylvania und Maryland auf der sogenannten »Mason-Dixon-Linie« bis nach Wheeling, folgte von dort dem Ohio bis zu dessen Vereinigung mit dem Mississippi und sollte später im Westen auch noch die Staaten Missouri und Texas umschließen.

Daß nicht alle Sklaven von ihren Besitzern unmenschlich behandelt wurden und daß ihr Los in den südöstlichen Staaten meist erträglicher war als in den südwestlichen, erscheint in der historischen Rückschau weniger wichtig als die Tatsache, daß die »Peculiar Institution« in den amerikanischen Südstaaten überhaupt bis in die zweite Hälfte des 19. Jahrhunderts hinein Bestand hatte. Daß sie zu den Grundideen der amerikanischen Demokratie in eklatantestem Widerspruch stand, war nicht zu leugnen, und der Druck dieses Widerspruchs wirkte sich auf manche politischen Reaktionen und Verhaltensnormen der südstaatlichen Gesellschaft immer dann besonders augenfällig aus, wenn diese mit der Kritik an ihrem hauptsächlichen Mißstand konfrontiert wurde. Die Verteidiger der Sklaverei argumentierten stets mit der generellen Inferiorität der schwarzen Rasse und wiesen darauf hin, daß die Freilassung der Neger zum Zusammenbruch nicht nur der südstaatlichen, sondern der gesamten amerikanischen Gesellschaftsordnung führen müsse. Wenn dann gar noch das Beispiel der griechischen und römischen Antike zur Rechtfertigung herangezogen wurde (was u.a. durch den ebenso gelehrten wie eloquenten John C. Calhoun geschah), ließ sich manches schlechte Gewissen erleichtern, und auch im Norden war nicht jedermann völlig unempfänglich für die Doktrin von der natürlichen Superiorität der weißen Rasse.

Entscheidend aber war der Umstand, daß die Sklaverei rentabel blieb und die Blüte der südstaatlichen Landwirtschaft am Leben erhielt. Wohl war nicht jeder Sklavenhalter ein reicher Mann, aber die Investitionen lohnten sich im ganzen gesehen doch, und zwar auch für mittlere und kleinere Farmbetriebe. Daß die Sklaverei von den Südstaaten nicht freiwillig aufgehoben wurde, ist im Grunde leicht zu erklären: Es gab keine wirtschaftlich zwingenden Gründe, die ihre Aufhebung in den Augen der Sklavenbesitzer gerechtfertigt hätten.[4]

4 Zur Debatte über die Bedeutung und Rentabilität der Sklaverei vgl. die Abschnitte von John W. Blassingame und Robert W. Johannsen in: The Reinterpretation of American History and Culture, a.a.O. S. 58 ff. bzw. 329 ff. Als besonders wichtiger Diskussionsbeitrag darf das auf den quanti-

Gerade weil sie die »Peculiar Institution« nur einer Region war, konnte und mußte die Sklaverei zur Gefahr für die Existenz der Union werden. Erste Anzeichen hierfür hatten sich im Kongreß schon in den 1790er Jahren bemerkbar gemacht. Was die sklavenfreien Staaten besonders irritierte, war der scheinbar unaufhaltsame Vormarsch der Sklaverei in den südlichen Mittelwesten. Um 1819 hatte die Union den Bestand von 22 Staaten erreicht: Elf erlaubten die Sklaverei, in den elf anderen war sie verboten. Dieses Gleichgewicht war gestört worden, als sich das *Missouri*-Territorium zur Aufnahme in die Union anmeldete, und zwar als sklavenhaltender Staat. Das Repräsentantenhaus hatte seine Zustimmung von der Bedingung der graduellen Aufhebung der Sklaverei im neuen Staate abhängig gemacht und damit eine heftige regionalistische Debatte ausgelöst, in welcher die Vertreter des Südens als eifrige Verteidiger der einzelstaatlichen Selbstbestimmungsrechte hervortraten. Der Kompromiß, auf den man sich schließlich einigte (1820), bestand darin, daß gleichzeitig mit Missouri (wo die Sklaverei erlaubt blieb) auch Maine als sklavenfreier Staat in die Union aufgenommen wurde. Ein Zusatzbeschluß des Kongresses setzte fest, daß alle in Zukunft auf dem Gebiet des »Louisiana Purchase« entstehenden Staaten nördlich der Linie 36° 30' sklavenfrei sein sollten. Als die Südstaaten dem *Missouri-Kompromiß* zustimmten, war zwar das Gleichgewicht wiederhergestellt, aber der Konflikt bestand latent weiter. Er mußte sofort wieder aufbrechen, wenn die Expansion der USA über das Territorium des »Louisiana Purchase« hinausging. Dies sollte bei der Annexion von Texas, vor allem aber in den Diskussionen um die Aufnahme des Staates California deutlich werden. Unsere Erörterungen der Westexpansion und der Entstehung des Regionalismus haben schon mehrfach die Tatsache gestreift, daß sich in den ersten Jahrzehnten des 19. Jahrhunderts auch in den *nordöstlichen Atlantikstaaten* eine wirtschaftliche und soziale Sonderentwicklung abzeichnete. Sie war in erster Linie durch die *Anfänge der Industrialisierung* charakterisiert, deren Voraussetzungen bereits vor dem Krieg von 1812–1814 entstanden waren. Der einträgliche Überseehandel hatte die notwendigen Kapitalien akkumuliert und die Gründung von Banken und anderen Finanzorganisationen mit sich gebracht, die die Entwicklung der Industrie för-

fizierenden Untersuchungsmethoden der »New Economic History« basierende Werk von Robert W. Fogel & Stanley L. Engerman: Time on the Cross: The Economics of American Negro Slavery, 2 Bde., Boston 1974, bezeichnet werden. Von grundlegender Bedeutung ist auch Eugene D. Genovese: Roll, Jordan Roll – The World the Slaves made, New York 1974.

dern konnten. In den verhältnismäßig großen städtischen Zentren fand diese ihre ersten lokalen Absatzmärkte, und die Küstenschiffahrt sowie die »Turnpikes« erleicherten die Warenlieferungen in benachbarte Städte und Regionen. Die wichtigsten Rohstoffe – Baumwolle aus dem Süden und Eisen aus Pennsylvania – konnten ebenfalls ohne allzu große Transportschwierigkeiten beschafft werden. Dasselbe galt für die Kohle, die wie das Eisen aus Pennsylvania kam. In den Jahren nach 1815 überflügelten Gewerbe und Industrie als wirtschaftliche Hauptaktivitäten allmählich den Handel. Dieser bedeutungsvolle *Umschwung* spiegelt sich besonders anschaulich in den Kongreßdebatten über die Schutzzollpolitik wider. Solange die Nordoststaaten vornehmlich auf den Handel ausgerichtet waren, kämpften ihre Vertreter für niedrige Zölle auf fremden Importwaren. Als aber die Industrie allmählich das Wirtschaftsleben zu beherrschen begann, veränderte sich ihre Haltung, und sie wurden zu Protektionisten. Ein berühmtes Beispiel hierfür bildet die politische Wirksamkeit des großen Juristen und Redners Daniel Webster, der sich im Repräsentantenhaus und im Senat stets als einflußreicher Advokat der Interessen Neuenglands hervortat. Von 1816 bis 1824 donnerte er unaufhaltsam gegen die Unbilligkeit der Schutzzölle, unterstützte aber das protektionistische Zollgesetz von 1828 und änderte von da an seinen Standpunkt nicht mehr.
Der allgemeine wirtschaftliche Strukturwandel war auch durch zahlreiche technologische Neuerungen gefördert worden. Wohl waren die meisten großen Erfindungen der Zeit europäischen Ursprungs, aber die Amerikaner erwiesen sich als überaus geschickte Vollender und Verbesserer der Maschinen und Werkzeuge, die sie aus Europa bezogen. So wurde die Nutzbarmachung der Dampfkraft auch abgesehen vom Schiffsbau in mancher Beziehung verfeinert und rationalisiert. Schon um 1804 hatte Oliver Evans eine Hochdruck-Dampfmaschine entwickelt, die alsbald für zahlreiche industrielle Zwecke verwendet wurde und u.a. Sägewerke, Mühlen und Drukkerpressen antrieb. Neben vielen Spezialmaschinen verschiedenster Art wurden namentlich Aushubbagger für den Kanal- und Straßenbau konstruiert, und schon in den frühen 1830er Jahren entstand in Philadelphia die erste Werkstätte für den Bau von Lokomotiven. Die Idee der normierten Bestandteile war schon in Frankreich durchdacht worden; sie wurde aber von dem bereits erwähnten amerikanischen Erfinder Eli Whitney erstmals praktisch verwirklicht und nach seinen Ideen bei der Massenherstellung von Schußwaffen, Werkzeugen aller Art, Schlössern und Uhren angewandt.
Das *Fabriksystem* war für die Textilherstellung bereits zur Zeit der Präsidentschaft Washingtons eingeführt worden. Erste Baumwoll-

und Wollspinnereien verdankten ihre Entstehung dem Unternehmungsgeist englischer Einwanderer. Nach 1814 begann sich besonders die *Baumwollindustrie* rasch und erfolgreich auszubreiten; auch sie profitierte von zahlreichen technischen Neuerungen und Verbesserungen. Um 1840 waren in Neuengland bereits über 2 Millionen mechanisch angetriebene Spindeln in Betrieb. Aus Einzelfirmen und Familienunternehmen entstanden mit der Zeit mächtige Korporationen, so z.B. die von Francis Cabot Lowell zusammen mit einer Gruppe reicher Kaufleute gegründete »Boston Manufacturing Company« (1813). Dies war das erste Unternehmen, in welchem die gesamte Verarbeitung der Baumwolle bis zum fertigen Tuch durchgeführt wurde. Um 1822 erfolgte die Verlegung der Hauptproduktionsstätten von Waltham in die neugegründete Stadt Lowell, die bald als das »Manchester von Massachusetts« bezeichnet wurde. Mit seinen zahlreichen Filialen und Tochtergesellschaften verbreitete sich der Konzern im ganzen Nordosten Neuenglands. Neben der Textilindustrie wuchsen auch andere Industriezweige zu beträchtlicher Bedeutung heran; ganz besonders galt dies für die Metallverarbeitung. Eisenwerke und Gießereien entstanden in großer Zahl hauptsächlich im westlichen Pennsylvania. Pittsburgh wurde zum ersten bedeutenden Zentrum der Schwerindustrie, die sich allmählich auch immer weiter nach Westen ausbreitete. Der große Aufschwung erfolgte hier allerdings erst nach 1840. Zu den wichtigsten technologischen Neuerungen gehörten die Verwendung von Steinkohle anstelle der Holzkohle, die Einführung der geschlossenen Hochöfen und die Verbesserung der Rollsysteme. Ebenfalls nach 1840 erlebte die Maschinenindustrie eine neue Periode der Expansion. Sie war u. a. dadurch gekennzeichnet, daß nun die Massenproduktion von Landwirtschaftsmaschinen einsetzte, die im Laufe des vorangegangenen Jahrzehntes entwickelt worden waren. (Dazu gehörte vor allem Cyrus H. McCormicks Mähmaschine sowie der von John Deere konstruierte Stahlpflug.)

Um 1840 waren die vollen Auswirkungen der industriellen Revolution in den Vereinigten Staaten noch nicht sichtbar. Im ganzen gesehen war die Republik immer noch in erster Linie auf die Landwirtschaft hin ausgerichtet. In manchen Bereichen des ökonomischen Lebens fehlte es an Organisation und regionaler Zusammenarbeit; Rationalisierung und Zentralisierung waren noch nicht zum allgemein vorherrschenden Bedürfnis geworden. Der wirtschaftliche Wachstumsprozeß stand erst in seinen Anfängen. In den Rezessionen der Jahre 1819 und 1837 war er wohl verlangsamt, aber nicht aufgehalten worden. Alles deutete darauf hin, daß er auch weiterhin andauern werde, so lange wenigstens, als die Existenz der Union

nicht von innen heraus bedroht wurde. Gerade hier aber lauerten Gefahren, die nicht zu unterschätzen waren.
Sie wurzelten alle im Phänomen des Regionalismus (»Sectionalism«), d.h. in dem immer ausgeprägtere und schärfere Formen annehmenden sozialen, wirtschaftlichen und kulturellen Selbstbewußtsein der drei großen Regionen des Südens, des Westens und des Nordostens. Expansion wurde überall gefördert und betrieben. Im Westen und auch im Süden war sie hauptsächlich durch die Erschließung neuen Landes bestimmt, im Nordosten durch das Streben nach Erhöhung der industriellen und gewerblichen Produktionskapazität. In der Verfechtung der agrarischen Interessen und in der Ablehnung einer allzu starken Bundesregierung fand sich der Westen mit dem Süden einig, sonst aber tendierte er zur Annäherung an den zur Industrialisierung übergehenden Nordosten. Die Kluft zwischen dem Süden einerseits und dem Westen und dem Nordosten andererseits vertiefte sich vor allem im Gegensatz der Sozialstruktur: Der statischen Ordnung des Südens traten die beiden anderen Regionen mit kraftvoller Dynamik entgegen, der stets krisenanfälligen wirtschaftlichen Einseitigkeit mit dem Streben nach wirtschaftlicher Vielfalt. Nirgends wurde dies deutlicher als in der Art und Weise, wie das Problem des notorischen Arbeitskräftemangels zu lösen versucht wurde: Die nördlichen Regionen förderten die Spezialisierung, die Arbeitsteilung und vor allem die Mechanisierung der Produktion, während der Süden – abgesehen von ganz wenigen Ansätzen in dieser Richtung – an der Handarbeit, und zwar an der unfreien Handarbeit, festhielt.
Die unausbleibliche Folge war die allmähliche Verschiebung des wirtschaftlichen Kräfteverhältnisses zugunsten des Nordostens und des Westens.

3. Die Demokratie Jacksons

Die im vorigen Abschnitt versuchte Überschau über die Ausbildung des Regionalismus mag die Konturen etwas zu stark gezogen haben, denn die notgedrungene Beschränkung auf das Typische bringt stets eine gewisse Gefahr der Überzeichnung mit sich. Es ist nicht zu verkennen, daß das Leben der amerikanischen Republik trotz der Vertiefung der regionalen Konflikte bis weit in die 1850er Jahre hinein auch noch von vielen vereinigenden Kräften mitbestimmt wurde. Zu ihnen gehört die neue demokratische Strömung, die von ca. 1820 an den gesamten amerikanischen Mittelstand erfaßte und seine geistigen, sozialen und wirtschaftlichen Lebensbereiche durchdrang.

Man kann sie mit dem ursprünglich nur für die Politik geprägten Begriff *»Jacksonian Democracy«* bezeichnen. Sie war eine nationale Bewegung, die in ihrem Ursprung mit keiner einzelnen Region zu identifizieren ist, wenn sie auch mit der Zeit ebenfalls zur Verschärfung der regionalen Differenzen beitragen sollte. Die »Jacksonian Democracy« charakterisiert nicht nur die beiden Amtsperioden Andrew Jacksons (1829–1837). Sie wurde in einigen typischen Erscheinungsformen schon vorher sichtbar und bildete spätestens seit 1824 ein Hauptelement im Kräftespiel der amerikanischen Innenpolitik. Auch nach 1837 wirkte sie weiter. Martin Van Buren kann als eigentlicher Schüler Jacksons bezeichnet werden; dasselbe gilt in mancher Beziehung von John Tyler, James K. Polk und später auch von Franklin Pierce und James Buchanan, dem Vorgänger Abraham Lincolns.

In den Präsidentschaftswahlen von 1824 hatte John Quincy Adams hauptsächlich mit der Hilfe von Henry Clay den Durchbruch der demokratisch-mittelständischen Welle noch einmal aufhalten können. Die Grenzen der Parteiformationen waren damals schon weitgehend verschwommen. Adams vertrat die kommerziellen Interessen Neuenglands, Clay war ein Vertreter des Westens, aber hauptsächlich der finanzkräftigen und wohlhabenden Oberschicht. Als Präsident war der bedeutende Außenpolitiker Adams vom Mißgeschick verfolgt. Seine vornehme Neuengland-Abstammung und sein distanziert-aristokratisches Auftreten machten ihn den Massen suspekt. Das Talent, um die Gunst der Wähler zu werben, ging ihm ebenso völlig ab wie dasjenige des Parteiführers. So kam es, daß Jackson um 1828 in fast allen Landesteilen mit Ausnahme Neuenglands einen klaren Wahlsieg erringen konnte.

Der Systemwechsel erschien vielen konservativ denkenden Amerikanern fast wie ein Weltuntergang, und dieser Eindruck wurde durch die Szenen wilder Ausgelassenheit noch verstärkt, die sich nach Jacksons Inauguration in Washington und im Weißen Hause selbst abspielten. Mit dem Abgang von John Quincy Adams war die Reihe der Präsidenten aus Virginia und Neuengland zu Ende. Obwohl verschiedenen Parteien angehörend, hatten sie sich in ihrem Lebens- und Regierungsstil doch stets als Vertreter einer relativ kleinen und elitären Oberschicht erwiesen. Jackson zog als erster »Westerner« ins Weiße Haus ein; er war der erste Politiker auf dem Präsidentenstuhl, der sich mit aller Entschiedenheit als Vertreter des Mittelstandes und als Advokat des »Common Man« deklarierte. Seinen Anhängern lieferte er ein äußerst attraktives Image, denn er war der Inbegriff des »self-made man«. Aus einfachsten Verhältnissen stammend, hatte er sich an der »Frontier« von Tennessee zum

Landjuristen und Lokalpolitiker emporgearbeitet und war schließlich durch kühne Spekulationen zu beträchtlichem Reichtum gelangt. Außerdem hatte er sich als Milizgeneral, wie schon erwähnt, die Lorbeeren eines nationalen Kriegshelden erworben. Obwohl er als Gutsherr auf seiner Besitzung »Hermitage« bei Nashville ein durchaus aristokratisches Leben führte (er hielt auch Sklaven), bewahrte er doch stets engen und lebendigen Kontakt zum einfachen Volk. Seine Persönlichkeit war durch einfache Integrität, Willenskraft und pragmatisches Denken geprägt; geistige Interessen besaß er keine, dafür um so größeres politisches Führungstalent. Obwohl stets umstritten und auch scharf kritisiert, wurde er mit der Zeit zur legendären Gestalt und sein politisches Wirken zum Mythos. Noch ein Menschenalter nach seinem Tode kam es vor, daß bei Präsidentschaftswahlen Stimmen auf seinen Namen lauteten.
Mit dem Aufstieg Jacksons verband sich die neue Konsolidierung des *Zweiparteiensystems.* Seine eigene *»Democratic Party«* war 1828 gegründet worden; sie stand bewußt in der geistigen Nachfolge Jeffersons. Ihr gegenüber konstituierte sich in den frühen 1830er Jahren unter der Führung von Adams, Clay und Daniel Webster die *»Whig Party«*, die in mancher Beziehung die föderalistische Tradition fortsetzte. Auf beiden Seiten verfestigte sich die Organisation der »Parteimaschinen«; Berufspolitiker verdrängten allmählich die Amateure, und ganz allgemein verbreitete sich eine neue Einstellung gegenüber dem öffentlichen Amt: Es wurde immer mehr als Belohnung oder Anreiz für besonderen parteipolitischen Einsatz verstanden. Jackson erkannte die aus dieser Entwicklung resultierenden Möglichkeiten sehr klar und baute das »Spoils System« weiter aus als irgendeiner unter den früheren Präsidenten. Durch generelle Verkürzung der Amtszeiten und relativ rasche personelle Wechsel in den hohen Staatsstellen (»Rotation in office«) konnte er viele treue Anhänger belohnen, eine verhältnismäßig große Zahl von Bürgern ins aktive politische Leben hineinziehen, die Bürokratisierung eindämmen, und erst noch den Eindruck erwecken, als werde der gesamte Verwaltungsapparat laufend demokratisiert und von inkompetenten Leuten gesäubert.
Die mittelständisch-individualistische Bewegung, die von der »Democratic Party« aufgefangen und getragen wurde, artikulierte einen im Grunde konservativen Protest gegen die sich bildende moderne Wirtschaftsgesellschaft mit ihren Tendenzen zur Machtkonzentration und Klassenbildung. Die Partei Jacksons befürwortete auf wirtschaftlichem Gebiet eine strikte Laissez-faire-Politik und forderte absolute Rechtsgleichheit, Erweiterung des Wahlrechts sowie die Abschaffung aller ökonomischen Privilegien. Ihre ausgesprochen

monopolfeindliche Tendenz führte zur Entstehung fortschrittlicher Wirtschaftsgesetze, die auf der Grundlage der Chancengleichheit für alle basierten. Im sozialen Bereich wurde allerdings nicht viel mehr erreicht als die Beseitigung der schlimmsten noch vorhandenen Mißstände der Schuldhaft.

Daß die Monopolfeindschaft sich für die nationale Wirtschaft auch ausgesprochen negativ, ja katastrophal auswirken konnte, zeigte vor allem Jacksons Kampf gegen die *Nationalbank*. Die »First Bank of the United States« war um 1811 durch Kongreßbeschluß aufgehoben worden, da an ihrer Vereinbarkeit mit der Verfassung Zweifel bestanden und viele Abgeordnete die Interessen der »State Banks« unterstützten. Bereits um 1816 hatte der Kongreß jedoch eine neue Nationalbank konzessioniert, die den durch Krieg und Spekulation in schwere Unordnung geratenen Geld- und Kapitalmarkt stabilisieren sollte. Nach schwierigen Anfängen hatte sich die *»Second Bank of the United States«* seit 1823 unter der Leitung von Nicholas Biddle zu einem recht gut funktionierenden zentralen Kreditinstitut entwickelt und wesentlich zur Gesundung der Währung beigetragen. Ihre mächtige Monopolstellung wurde aber in weiten Kreisen der Bevölkerung als Gefahr empfunden, und die Anhänger Jacksons tendierten dazu, die Nationalbank zum Sündenbock für alle Mißstände zu machen, die aus der Monopolisierung auch auf anderen Wirtschaftsgebieten resultierten. Als Biddle um 1832 das Gesuch um Erneuerung der (bis 1836 gültigen) Konzession stellte, blockierte der Präsident die positive Einstellung des Kongresses durch sein Veto. Diese Maßnahme fand in der Öffentlichkeit weitgehende Unterstützung, und nachdem Jackson im Herbst 1832 die Präsidentschaftswahlen zum zweitenmal gewonnen hatte, fühlte er sich stark genug, die Bank zu zerstören, indem er ihr die Depositen der Bundesregierung entzog. Damit rettete er in den Augen seiner Anhänger zwar die Demokratie, aber er beschwor eine schwere *Finanz- und Wirtschaftskrise* herauf, die – durch andere Faktoren wie Mißernten, Spekulationsfieber und Inflation mitverursacht – im Jahre 1837 ihren Höhepunkt erlebte und erst um die Mitte der 1840er Jahre wieder abklang.

Sehr viel weniger Kritik als in der Bank-Affäre zog sich Jackson als Verteidiger der Unauflöslichkeit der Union zu. Der Konflikt, der sich um dieses Problem erhob, besaß wiederum regionalistischen Charakter. Er entstand in der Diskussion um das Schutzzollgesetz von 1828, das im Süden auf heftige Ablehnung stieß und in den Resolutionen verschiedener Staatsparlamente als verfassungswidrig bezeichnet wurde. South Carolina begleitete den Protest mit einer von John C. Calhoun verfaßten Erklärung, in welcher für die Einzelstaaten einmal mehr das Recht der Annullierung von Bundesgesetzen postuliert wurde. Sofort erhob sich eine äußerst heftige Kontroverse über die *»Nullification«,* die sowohl im Süden selbst als auch im Kongreß und in der nationalen Presse ausgetragen wurde. Im Jahre 1832 verabschiedete der Kongreß ein neues Zollgesetz, das den Anti-Protektionisten und Verteidigern der »States' Rights« nur wenig entgegenkam. Im Staatsparlament von South Carolina errangen daraufhin die radikalen »Nullifiers« die Oberhand über die gemäßigten Elemente. Calhoun, der seinen Staat seit kurzem im Senat vertrat, lieferte die theoretische Grundlage für die »Ordinance of Nullification«, die durch einen besonderen Staatskonvent im November 1832 erlassen wurde. Dieses Dokument erklärte die Zollgesetze von 1828 und 1832 für null und nichtig und drohte gleichzeitig die *Sezession* des Staates South Carolina aus der Union an. Damit war der Streit um die Schutzzölle zur Krise der Nation geworden. Jackson ließ keinen Zweifel daran bestehen, daß er gewillt war, gegen South Carolina notfalls mit Gewalt vorzugehen. Er bezeichnete die Nullifikation als Verrat und verkündete die Absicht, seinen einstigen Vizepräsidenten Calhoun hängen zu lassen. South Carolina befand sich in einer kritischen Situation, als es erkennen mußte, daß sich die anderen Südstaaten der Sezessionsdrohung nicht anschließen wollten. Dadurch ergab sich die Möglichkeit des Kompromisses. Er wurde erreicht, als der Kongreß im Frühjahr 1833 eine von Henry Clay ausgearbeitete Zollgesetz-Vorlage verabschiedete, die eine allmähliche Senkung der Ansätze vorsah. South Carolina lenkte ein, und die Angelegenheit wurde so beigelegt, daß beide Seiten sich als Sieger fühlen konnten. Tatsächlich aber hatte Jackson durch seine Entschlossenheit die Union zusammengehalten, und dies blieb unvergessen.

Wie die Politik und die Wirtschaft waren auch das *Geistesleben* und *die soziale Entwicklung* der Jackson-Epoche und der unmittelbar darauffolgenden Jahre durch das Vorherrschen der individualistisch-demokratischen Strömung gekennzeichnet. Dies gilt hauptsächlich vom Nordosten und vom Westen, während die entsprechenden Lebensbereiche im Süden mehr von aristokratischen Tendenzen dominiert wurden. Dabei sind die einzelnen »Issues«, d.h. die Fragen, über die man sich ereiferte, weniger wichtig als die Intensität, mit welcher sich plötzlich weite Kreise ihrer annahmen. Das Nebeneinander von Missionswillen und quälendem Bewußtsein der eigenen Unvollkommenheit verstärkte das allgemeine Streben nach Verbesserung der gesellschaftlichen Zustände. Eine Fülle religiöser und sozialer Reformideen, die größtenteils aus Europa bezogen worden waren, machte sich hauptsächlich in Neuengland und in den mittelwestlichen Staaten bemerkbar. Gerade in den noch ungefestigten Verhältnissen der neu erschlossenen Gebiete fand der allseitige und gelegentlich auch ins Sektiererische abgeleitete Reformeifer einen günstigen Nährboden. Außer ihrer demokratischen Grundtendenz besaßen die einzelnen Bewegungen meist wenig Gemeinsames. Oft kam es sogar vor, daß sie sich untereinander heftig befehdeten. Es ist nicht möglich, sie hier auch nur annähernd vollständig aufzuzählen; wir müssen uns mit der Erwähnung einiger weniger Beispiele begnügen.

Unter dem Einfluß der englischen und französischen Frühsozialisten standen zahlreiche Bemühungen um die Begründung reformerischer *Siedlungs- und Lebensgemeinschaften*. Als eine der frühesten unter diesen wurde New Harmony in Indiana besonders bekannt, eine Siedlung, die 1825 unter der Leitung des englischen Philanthropen und Industriellen Robert Owen entstanden war und in kurzer Zeit ca. 1000 Siedler verschiedenster Herkunft anzog. Hier wurde nicht nur absolute Gleichberechtigung, Gesinnungs- und Redefreiheit praktiziert, sondern auch das Privateigentum abgeschafft. Das Unternehmen erwies sich bereits nach zwei Jahren als wirtschaftlicher Mißerfolg, fand aber bis in die 1840er Jahre hinein trotzdem vielfache Nachahmung. Etwas länger konnte sich das »Brook Farm«-Experiment (1841) in Massachusetts halten. In dieser sozialistischen Gemeinschaft, die die manuelle und geistige Arbeit den gleichen moralischen Zielen dienstbar machen wollte, wurde besonderes Gewicht auf kulturelle Aktivität und Erziehung gelegt. Die Siedlung erweckte das Interesse zahlreicher literarisch und wissenschaftlich tätiger Neuengländer aus dem Kreis der »Transcendentalists« (s. u.) und durchlief auch eine erfolgreiche ökonomische Entwicklung. Sie mußte jedoch um 1847 auch aufgegeben werden, nachdem ihr Landwirtschaftsbetrieb durch einen Brand zerstört worden war.

Neben diesen und anderen »Social Settlements« (die teilweise auch von religiösen Gemeinschaften getragen wurden) gab es aber noch viele weitere Experimente sozialer Reform. Besondere Gesellschaften kämpften für die Verbesserung des Gefängniswesens und des Strafvollzuges, für die Pflege der Geisteskranken und für die Erweiterung der Armenfürsorge. Eine Friedensbewegung propagierte die Idee des internationalen Schiedsgerichts. Erste Initiativen zeichneten sich im Kampf um die Gleichberechtigung der Frauen ab. Außerordentliche Bedeutung gewann in den 1830er Jahren die *Temperenzbewegung.* Ihre Ursprünge lagen in der Aktivität einzelner Pfarrer aus Neuengland, die sich in Predigt und Seelsorge seit dem Beginn des Jahrhunderts eifrig für die Bekämpfung des Alkoholis-

mus eingesetzt hatten. Aus dem Zusammenschluß verschiedener lokaler und einzelstaatlicher Organisationen entstand 1826 die »American Society for the Promotion of Temperance«, die nach kurzer Zeit schon weithin durch die Nation wirkte. Sie gab zahlreiche Broschüren und Zeitschriften heraus und versorgte die bestehenden kirchlichen Zeitschriften mit Artikeln. Der Kampf gegen den Alkoholismus wurde in der populären Literatur, in Theaterstücken, Liedern, literarischen Essays und Predigten, aber auch in Versammlungen und Umzügen durch das ganze Land hindurch mit größter Hingabe geführt. Seit 1836 bestand als Dachorganisation aller Temperenzvereine die »American Temperance Union«. Sie erlebte Ende der 1830er Jahre infolge innerer Differenzen einen vorübergehenden Stillstand, dafür aber nach 1840 eine weitere Periode der Ausbreitung und Kräftigung. Wohlorganisierte und auch emotionell entsprechend angeheizte »Experience meetings« zogen Tausende von Zuhörern an. Nach 1846 wurden in 13 Staaten Prohibitionsgesetze erlassen, die allerdings meist nur kurze Zeit in Kraft blieben.
Die auf weitere Sicht folgenreichsten Erneuerungsbewegungen der Zeit zeichneten sich vor allem im religiösen Leben, im Erziehungswesen und im Kampf gegen die Sklaverei ab.
Die Entwicklung der *Kirchen* und *Glaubensgemeinschaften* war durch eine allgemeine Tendenz zu immer größerer *Vielfalt* gekennzeichnet. Schon kurz vor 1800 hatte sich in Neuengland die Bewegung des rationalistischen *Unitarismus* als eigene kirchliche Denomination konstituiert und bald darauf das geistige Leben nachhaltig zu beeinflussen begonnen. Die Unitarier lehnten sowohl die Lehre von der Prädestination als auch die Doktrin von der Trinität ab und bekannten sich zu einem durchaus optimistischen Menschen- und Weltbild. Sie bildeten eine unter zahlreichen Oppositionsbewegungen gegen den orthodoxen Calvinismus und nahmen in mancher Hinsicht Traditionen wieder auf, die schon im evangelischen Radikalismus des 16. Jahrhunderts lebendig gewesen waren. Obwohl sich die »American Unitarian Association« um 1825 auf nationaler Ebene organisierte, fand sie die Mehrzahl ihrer Mitglieder doch stets in Neuengland, und zwar vornehmlich in den gebildeten Schichten.
Aus der geistigen Atmosphäre des Unitarismus stammte die philosophische Schule der *Transzendentalisten.* Ihr führender Kopf war Ralph Waldo Emerson, der in seinen auch in Europa stark beachteten Essays einen idealisierten moralischen Individualismus propagierte. Seine Auffassung vom Menschen als einem Teil des göttlichen Ganzen der Natur war sowohl im Puritanismus als auch in den rationalistischen Ideen der Aufklärung verwurzelt und blieb stets auch dem Weltbild der Romantik verpflichtet. Unter den Gesinnungsge-

nossen und Gesprächspartnern Emersons befanden sich Theologen wie Theodore Parker und Schriftsteller wie Nathaniel Hawthorne, Margaret Fuller und Henry David Thoreau. Am Rande des Kreises standen eine Reihe von Sozialreformern, Staatstheoretikern und Literaten, die das Gedankengut der Transzendentalisten popularisierten und ihren eigenen Bemühungen nutzbar machten.

Der protestantische Liberalismus mit seiner hauptsächlich ethischen Ausrichtung wurde in den 1820er und 1830er Jahren aber doch überschattet durch das Anschwellen der mächtigen *Erweckungsbewegung* pietistisch-fundamentalistischen Charakters, die sich zum Teil direkt aus dem »Second Great Awakening« der Jahrhundertwende herleitete und wiederum auch im Westen besonders aktiv war. Sie äußerte sich in mannigfacher Form und führte zur Entstehung einer Vielfalt neuer Gemeinschaften und Sekten, die vor allem auch die Angehörigen der unteren sozialen Schichten anzogen. Gemeinsam war ihnen der leidenschaftliche und zuweilen hektische Nachdruck auf dem persönlichen Bekehrungserlebnis, das sich zumeist in den Massenversammlungen der »Revivals« und »Camp meetings« vollzog. Der einzelne fühlte sich hier unmittelbar von Gott angesprochen, alle menschliche Autorität fiel dahin, alle Gemeindeglieder galten gleich. Auch dort, wo prophetisches Führertum sich manifestierte, entstanden durchaus demokratische Organisationsformen. Unter den älteren Denominationen, die den »Great Revival« trotz gelegentlichen Aufsplitterungserscheinungen mitzutragen vermochten, standen die Methodisten und Baptisten an der Spitze. Aus der großen Zahl neu entstandener Gemeinschaften sind vor allem die *Adventisten* zu nennen. Sie organisierten sich um 1831, zerfielen aber nach der Enttäuschung ihrer Wiederkunftshoffnungen wenige Jahre später in mehrere Einzelbewegungen. In den gleichen Zusammenhang des allgemeinen Aufbruchs religiöser Begeisterung und Gruppenbildung gehört auch die Entstehung der bereits erwähnten Mormonenkirche.

Parallel zu der demokratischen Entwicklung im politischen Sektor und zu den mannigfaltigen sozialen Reformbemühungen ging der Ausbau des demokratischen *Erziehungswesens*. Mit den überall erhobenen Forderungen nach Erweiterung des Wahlrechts und gleichen Aufstiegsmöglichkeiten verband sich stets auch der Wunsch nach öffentlichen und allen Kindern zugänglichen Schulen. Wohl hatten Bestrebungen in dieser Richtung schon unmittelbar nach dem Unabhängigkeitskrieg eingesetzt, aber fast alle Ergebnisse waren schließlich von privater Hand ermöglicht und getragen worden. In den beiden Jahrzehnten von 1830 bis 1850 wurde der entscheidende Kampf um die Mobilisierung des öffentlichen Verantwortungsbe-

wußtseins für das Schulwesen geführt und gewonnen. In manchen Staaten sollte es allerdings lange dauern, bis die theoretischen Einsichten sich in praktische Maßnahmen umsetzten. Einmal mehr ging Neuengland voran, und besonders im Staate Massachusetts, wo das Schulwesen immer schon besser organisiert gewesen war als in irgendeinem anderen Landesteil, wurde Vorbildliches geleistet. Im Jahre 1837 entstand hier eine erste »State Board of Education«. Ihr Sekretär war Horace Mann, der durch seinen unermüdlichen Einsatz für die Verbesserung des Unterrichts und für die Lehrerbildung zu nationaler Berühmtheit gelangte. Nach und nach wurden in allen Staaten Gesetze erlassen, die die finanzielle Unterstützung des Schulwesens zur öffentlichen Aufgabe machten und für den Besuch der Elementarschulen das Obligatorium einführten. Die Organisation des Sekundarschulwesens ging langsamer vor sich. Um 1860 existierten in der gesamten Republik nur etwas mehr als 300 »High Schools«, und von diesen befand sich fast ein Drittel in Massachusetts. Der große Bedarf an Lehrpersonal wurde infolge des allgemeinen Mangels an Arbeitskräften immer mehr von Frauen gedeckt. Schon um 1850 waren über 75% der amerikanischen Volksschullehrer weiblichen Geschlechts. Durch diese Entwicklung gewann die amerikanische Frau einen über die Familie hinausreichenden starken Einfluß auf das Erziehungswesen und auf das ganze kulturelle Leben. Dazu kam die Tatsache, daß die Lehrerinnen vorwiegend aus den gebildeten Kreisen Neuenglands stammten. Sie wurden im ganzen Lande wirksam und trugen entscheidend zur Vereinheitlichung der pädagogischen Zielsetzungen bei. Logischerweise führte der Bedarf an Lehrerinnen schon früh und in viel stärkerem Ausmaße als in Europa zur Errichtung höherer Schulen für Mädchen und zur Verwirklichung der Koedukation auf der College-Ebene.
Zwischen 1830 und 1850 wurden ca. 80 neue Colleges gegründet. Die meisten von ihnen standen nach wie vor unter kirchlicher Aufsicht und Leitung. Da ihr allgemeinbildender Unterricht nur einen sehr kleinen Teil der Bevölkerung erreichte, entstanden neben ihnen zahlreiche andere Institutionen, die dem allgemeinen Bedürfnis nach Wissen und Information entgegenkamen und sich vor allem an die Erwachsenen richteten. Hierzu gehörte in erster Linie die von dem Neuengländer Josiah Holbrook um 1826 ins Leben gerufene Lyceumsbewegung, die durch Einrichtung von Bibliotheken und Organisation von Vorträgen, Diskussionen, Theateraufführungen u.a.m. das allgemeine Bildungsniveau zu heben suchte. Hier wie in den Schulen bestand ein wesentlicher Teil des Lehrprogramms in der Vermittlung praktischer Kenntnisse und in der Erweckung staatsbürgerlichen Verantwortungsbewußtseins.

Seine schärfste und radikalste Ausprägung fand der individualistisch-demokratische Geist der Jackson-Ära in dem zu Beginn der 1830er Jahre aktiv gewordenen *Abolitionismus*, d.h. in der Bewegung, die das Ziel der totalen und bedingungslosen Abschaffung der Sklaverei verfolgte. Die publizistische Agitation gegen die »Peculiar Institution« des Südens brach nicht plötzlich und unvorbereitet hervor. Seit 1820 waren abolitionistische Zeitschriften erschienen. Die Quäker hatten schon im 18. Jahrhundert für die Befreiung der Schwarzen gekämpft, und ihr Einsatz war auch jetzt wieder bedeutend. In der Zeit vor 1830 waren zahlreiche Reformprojekte aus dem Süden selbst gekommen. Sie hatten meist die graduelle Emanzipation, die Entschädigung der Sklavenbesitzer und die Rückführung der befreiten Neger nach Afrika befürwortet. Die bereits im Jahre 1817 entstandene »American Colonization Society« war von führenden südstaatlichen Politikern wie Monroe, Madison und John Marshall unterstützt worden und hatte um 1821 ein großes Territorium in Westafrika erworben, auf dem im folgenden Jahre die unabhängige Rückwanderer-Republik *Liberia* mit der Hauptstadt Monrovia gegründet wurde. Ähnliche Bestrebungen gingen auch von anderen Organisationen aus, aber ihre Resultate blieben im ganzen bescheiden, und vor allem wurde die generelle Aufhebung der Sklaverei nicht offen propagiert.
Am 1. Januar 1831 erschien in Boston die erste Nummer der von William Lloyd Garrison herausgegebenen Zeitschrift *»The Liberator«*. Damit hatte der militante nordstaatliche Abolitionismus sein Organ erhalten. Um Garrison sammelten sich als Mitarbeiter und Kampfgenossen anfänglich nur einige wenige Angehörige der Bildungselite Neuenglands. Sie bezogen viele Anregungen und auch beträchtliche Unterstützung aus den anderen sozialen Reformbewegungen der Zeit und aus der religiösen Erweckungsbewegung. Ihre überaus vielseitige, eifrige und jeden Kompromiß ablehnende Aktivität breitete sich in allen Staaten des Nordostens und des Westens aus, und die ausschließlich moralisch begründete Kritik an den sozialen Verhältnissen des Südens fand zahlreiche Anhänger. Bald sahen sich einzelne Staatsregierungen zu beschwichtigendem Eingreifen veranlaßt, denn es war zu befürchten, daß die Reaktion der Südstaaten den Bestand der Union gefährden würde. Aber es gab auch andere Gegenkräfte. Das Rassenvorurteil gegen die Schwarzen war im Norden mindestens ebenso verbreitet wie im Süden. Nationalistische Politiker warnten vor der Gefahr der Sezession (die Nullifikationskrise lieferte hierfür ein schlagendes Argument!), konservative Kirchenführer befürchteten eine regionale Aufspaltung ihrer Organisationen, und zahlreiche Geschäftsleute betrachteten den

Abolitionismus als Bedrohung ihres einträglichen Handels mit den Südstaaten. So kam es zu Verfolgungen und Mißhandlungen einzelner Führer der Bewegung, ja sogar zu Mordanschlägen.
Im Süden selbst hatten die abolitionistischen Publizisten und Vortragsreisenden nicht nur keinen Erfolg, sondern sie bewirkten vielmehr eine allgemeine *Verhärtung der Gegenposition*. Zur Erhöhung der Nervosität trug auch der um 1831 in Virginia ausgebrochene Sklavenaufstand des Nat Turner bei, dessen gnadenlose Niederschlagung wiederum im Norden die Erbitterung anheizte. Die überaus scharfen und zuweilen von ausgesprochen fanatischer Tendenz erfüllten Artikel Garrisons im *»Liberator«* zeichneten ein Bild vom Süden, das nur die negativen Seiten enthielt. Es förderte dort die Entstehung eines ebenso einseitigen Bildes vom Norden: Man sah ihn als die industrialisierte Region, die die agrarischen Südstaaten ausbeuten und gänzlich unterwerfen wollte. Besonderen Unwillen erregte neben der abolitionistischen Propaganda die Institution der *»Underground Railroad«*. Das war ein weitverzweigtes System von Reiserouten und Verstecken für Sklaven, die aus dem Süden nach Norden flohen. Seine wichtigsten Knotenpunkte lagen in Ohio und Indiana, die Verbindungen reichten bis nach Kanada. Als Fluchthelfer waren nicht nur Weiße, sondern auch freie Neger tätig.
Die zentrale Aktionsorganisation der Abolitionisten war die 1833 gegründete *»American Antislavery Society«*. An ihrer Spitze stand u.a. der Theologe Theodore Weld, der zunächst am Lane Theological Seminary in Cincinnati und dann am Oberlin College (der ersten koedukativen und integrierten höheren Schule des Landes) lehrte und seine Studenten mit großem Erfolg zum aktiven Engagement antrieb. Als es sich zeigte, daß der Süden der abolitionistischen Propagandaflut nicht nachgab, begannen die Befürworter der bedingungslosen Sklavenbefreiung, direkten politischen Druck auf die nordstaatlichen Regierungen und auf den Kongreß auszuüben. In seinem Bestreben, die Einheit der Nation zu erhalten, stimmte das Repräsentantenhaus um 1836 einem Petitionsverbot zu, das die immer intensivere Aktivität der Abolitionisten eindämmen sollte. Diese Beeinträchtigung eines bürgerlichen Grundrechtes erweckte aber nun wieder heftigen Widerstand, und zwar auch von nicht-abolitionistischer Seite. Mit großem Einsatz kämpfte namentlich der alte John Quincy Adams (er war von 1831 bis 1848 Repräsentant von Massachusetts) gegen die *»Gag Rule«* und erwirkte schließlich auch deren Aufhebung. Durch die Auseinandersetzung um das Petitionsrecht war der Abolitionismus nicht eingedämmt, sondern nachhaltig gestärkt worden. Um 1839 versuchte Theodore Weld, der Bewegung durch die Gründung der »Liberty Party« einen definitiven

Platz im politischen Kräftespiel zu geben. Dieser Versuch blieb allerdings erfolglos, ebenso wie spätere Parteigründungen erfolglos bleiben sollten, deren Initianten ähnliche Ziele verfolgten oder sich auch nur der weiteren Ausdehnung der Sklaverei widersetzten (Free Soil Party, 1848; Free Democrats, 1852).
Obwohl der Abolitionismus zur bekanntesten und populärsten Reformbewegung seiner Zeit wurde, läßt sich doch feststellen, daß er nie die gesamte Bevölkerung der Nordstaaten erfaßte. In zweierlei Hinsicht erwies er sich als Mißerfolg: Er erreichte weder sein ursprüngliches Ziel der friedlichen Abschaffung der Sklaverei, noch gelang es ihm, die Diskriminierung der Schwarzen in den Nordstaaten wirklich zu überwinden. Was er bewirkte, war die allgemeine Stärkung des Bewußtseins vom moralischen Unrecht der Sklaverei und die allmähliche Verfestigung der Überzeugung, daß dieses Unrecht letztlich nur mit Waffengewalt aus der Welt geschafft werden könne.
Bei der Zuspitzung des Gegensatzes zwischen Norden und Süden spielte der Abolitionismus eine bedeutende, wenn auch nicht die entscheidende Rolle. Wichtiger und für den Bestand der Union gefährlicher war die Tatsache, daß die Erschließung des Westens weiterging und daß dadurch das prekäre Gleichgewicht zwischen den sklavenhaltenden und den sklavenfreien Staaten immer wieder gestört wurde.
Jackson war als Vertreter einer bestimmten Region und ihrer Interessen zum Präsidenten gewählt worden. Er erwies sich jedoch dann als durchaus national denkender Staatsmann und setzte sich mit großer Energie für die Erhaltung der Union ein. Da er von seiner Partei unterstützt wurde und selbst über außerordentliche Tat- und Entschlußkraft verfügte, war er in dieser Bemühung erfolgreich. Für seine Nachfolger wurde es jedoch immer schwieriger, den endgültigen Bruch zwischen den Regionen des Nordens und des Südens aufzuhalten oder doch aufzuschieben. Ohne es zu wollen, erschienen sie den Südstaatlern immer mehr als Vertreter des Nordens, und es spielte dabei keine Rolle, ob sie als »Democrats« oder als »Whigs« auftraten.

4. Verschärfung der inneren Gegensätze, Bürgerkrieg und Rekonstruktion

In der Zeit von 1830 bis 1860 stieg die *Bevölkerung* der Vereinigten Staaten von 12,9 auf 31,5 Millionen an. Trotz dieses bemerkenswerten Zuwachses blieb das Land im Durchschnitt jedoch dünn besiedelt, und nach wie vor herrschte allgemeiner Mangel an Arbeitskräften. Dieses Problem hätte sich auf die Dauer noch schärfer ausgewirkt, wenn seit Mitte der 1840er Jahre die europäische *Immigration* nicht plötzlich sehr stark angewachsen wäre. Im Jahrzehnt vor 1840 hatten weniger als 600000 Einwanderer den Atlantik überquert; von 1840 bis 1850 stieg die Gesamtzahl jedoch auf 1,7 und im folgenden Jahrzehnt auf 2,6 Millionen. Zwischen 1850 und 1854 lagen die jährlichen Einwandererzahlen bei 300000 und darüber. Der Höhepunkt wurde 1854 mit 428000 Immigranten erreicht; er sollte erst in den 1870er Jahren überschritten werden.

In ihrer großen Mehrheit stammten die Immigranten nach wie vor aus Nord- und Westeuropa. Seit den späten 1840er Jahren standen die Iren und die Deutschen zahlenmäßig an der Spitze. Die Gründe hierfür lagen nicht nur in der allgemeinen Anziehungskraft des neuen Landes und seiner scheinbar unbegrenzten Möglichkeiten, sondern auch in spezifischen wirtschaftlichen und politischen Gegebenheiten, die die Auswanderung begünstigten. Irland wurde seit 1845 von mehreren schweren Hungersnöten heimgesucht, die die allgemeine Verarmung weiter Bevölkerungskreise nach sich zogen; in Deutschland führte die Unterdrückung der Revolution von 1848 dazu, daß sich zu den in erster Linie wirtschaftlich motivierten Auswanderern auch viele politische Flüchtlinge gesellten. Von 1845 bis 1860 kamen ungefähr 1,5 Millionen Iren nach Nordamerika, von denen die meisten praktisch mittellos waren. Die Zahl der deutschen Einwanderer betrug in derselben Zeitspanne etwas weniger als 1 Million.

Der Immigrantenstrom erreichte die Vereinigten Staaten fast ausschließlich durch die großen Hafenstädte der Ostküste. Da keine öffentlichen Schutz- und Assimilationsinstitutionen bestanden, brachte die Niederlassung in der Neuen Welt vielen europäischen Einwanderern schwere Enttäuschungen, Rückschläge und materielle Sorgen. Die Iren blieben vorwiegend im Osten; sie fanden Arbeit in den Industriezentren, beim Eisenbahn- und beim Kanalbau. Innerhalb einer Generation wurden sie zum beherrschenden Element in der Lokalpolitik New Yorks und anderer Städte. Die deutschen Einwanderer, die i. a. weniger arm waren als die Iren, breiteten sich rasch über das ganze Land aus. In großer Zahl zogen sie in den Mittleren Westen, wo sie sich als Farmer niederließen oder in den aufstrebenden Städten wie Chicago, Cincinnati, Milwaukee und St. Louis gewerbliche und industrielle Unternehmungen begründeten.

Praktisch alle europäischen Länder leisteten zwischen 1830 und 1860 ihren Beitrag zum demographischen und wirtschaftlichen Aufstieg der USA. Aus den Reihen der Immigranten rekrutierten sich schon bald bedeutende politische Führerpersönlichkeiten, Geschäftsleute, Journalisten, Gelehrte und Künstler. Daß die Einwanderer auch *nativistische Gegnerschaft* auf den Plan riefen, war nicht zu vermeiden. Gehässige Kritik an ihren »fremden« Sitten und Lebensgewohnheiten enthüllte tiefsitzende Angst vor Konkurrenz und Gefährdung des erkämpften Wohlstandes. Besonders weit verbreitet war das Unbehagen über den Aufschwung des Katholizismus. Manche Amerikaner, die den Immigranten feindselig und mißtrauisch begegneten, vergaßen, daß ihre eigenen Vorfahren vor gar nicht langer Zeit ebenfalls Immigranten gewesen waren. Zahlreiche nativistische Gesellschaften und Geheimbünde schossen aus dem Boden und vereinigten sich nach 1852 zu einer mächtigen nationalen Organisation. Da ihre Mitglieder zur Verschwiegenheit verpflichtet waren, wurden sie als »Know-Nothings« bezeichnet. Zu ihren Zielen gehörte die Verteidigung des Protestantismus gegen den Katholizismus, die Erschwerung der Einwanderung und der Naturalisierung sowie der Ausschluß der Ausländer vom Stimm- und Wahlrecht. Den Höhepunkt ihres politischen Einflusses erreichte die Nativismus-Bewegung in den Jahren 1854–1856. Sie erhielt starken Zulauf aus den Kreisen der auseinanderbrechenden Whig-Partei, gewann in mehreren Staatsregierungen die Oberhand und konstituierte sogar eine eigene politische Partei. Als aber der Konflikt um die Sklaverei immer dramatischere Formen annahm (s. u.), ließ ihre Stoßkraft rasch nach, und die Uneinigkeit ihrer Führer beschleunigte seit 1856 ihr Verschwinden von der politischen Bühne. Zur Entstehung einer eigentlichen Immigrantenpartei kam es nie. Die in den Zentren des Ostens niedergelassenen Einwanderer wandten sich meist den Demokraten zu, während diejenigen im Mittleren Westen – vor allem die deutschen Farmer und Gewerbetreibenden – später mehrheitlich in den Reihen der Republikaner zu finden waren. Im Süden blieb die Immigration unbedeutend und spielte keine nennenswerte politische Rolle.

Der unaufhaltsame Expansionsdrang nach Westen hat die Vereinigten Staaten im Jahre 1846 in den *Krieg mit Mexiko* verwickelt. Die Gründe, die zu dieser Auseinandersetzung führten, waren auf vielfältige Weise in den bereits lange schwelenden Grenzkonflikten sowie in der Texas-Frage verwurzelt. Der Hauptgrund aber war der von Präsident Polk kräftig unterstützte Wunsch der Vereinigten Staaten gewesen, die Provinzen New Mexico und California zu erwerben, und zwar entweder mit Geld oder, wenn nötig, auch mit Gewalt. Dieser Wunsch ging nach zweijährigen Feldzügen in Erfüllung. In unrealistischer Überschätzung der eigenen militärischen

Stärke hatten sich die Mexikaner dazu hinreißen lassen, den Krieg zu beginnen. Sie wurden aber in der Folge mehrfach geschlagen, und schließlich gelang dem amerikanischen General Winfield Scott sogar die Einnahme der Hauptstadt. In den verschiedenen Gefechten zeichneten sich manche jungen Offiziere erstmals aus, deren Namen später noch berühmter werden sollten, z.B. Ulysses S. Grant, Jefferson Davis und Robert E. Lee. Das Ergebnis des Krieges war der Vertrag von Guadalupe Hidalgo (2. Februar 1848): Er überließ den Vereinigten Staaten New Mexico und California zusammen mit den Gebieten der späteren Staaten Arizona, Utah und Nevada gegen eine Bezahlung von 15 Millionen Dollar und bestimmte den Lauf des Rio Grande und des Rio Gila zur amerikanisch-mexikanischen Grenze. Der Gebietszuwachs betrug insgesamt ca. 850000 Quadratmeilen.

Schon vor dem Abschluß der Friedensverhandlungen war in California Gold entdeckt worden. Sofort begann der *»Goldrausch«*: Die Bevölkerung vervielfachte sich in wenigen Monaten, Kleinstädte wie San Francisco wurden über Nacht zu pulsierenden Lebenszentren, Spekulation, Laster, Luxus und Kriminalität breiteten sich aus, und die amerikanischen Militärbehörden waren völlig außerstande, ihre Autorität durchzusetzen. Kurz nach dem Friedensschluß hatte sich jedoch bereits eine zivile Verwaltung gebildet, eine Verfassung war ausgearbeitet worden, und um 1850 war California bereit, als Staat in die Union aufgenommen zu werden. Damit stellte sich aber sogleich wieder die Frage nach Einführung bzw. Verbot der Sklaverei. Der Konflikt war wiederum unvermeidlich, und zwar in erster Linie wegen des sogenannten »Wilmot Proviso«: Im August 1846 hatte David Wilmot, ein Repräsentant aus Pennsylvania, für eine Gesetzesvorlage über die Annexion mexikanischer Territorien eine Klausel vorgeschlagen, wonach die Sklaverei in keinem dieser Gebiete erlaubt werden sollte. Der Vorschlag wurde im Kongreß abgelehnt, blieb aber im Gespräch und erhitzte den erneut aufflammenden Streit zwischen den Regionen.

Die Sklavereigegner des Nordens – sie waren seit 1848 zu beträchtlichen Teilen in der »Free Soil Party« organisiert – standen einer sich zusehends verhärtenden Intransigenz der Südstaatler gegenüber. Da aber in der Bevölkerung aller Regionen der Wunsch nach Frieden vorherrschte, gelangten in den Kongreßdebatten des Jahres 1850 die vermittelnden Kräfte schließlich noch einmal zum Durchbruch. Der sogenannte *Kompromiß von 1850* verdankte seine Entstehung in erster Linie den Bemühungen Henry Clays. Er bestand aus einer Anzahl von Beschlüssen, deren wichtigster die Aufnahme Californias als sklavenfreier Staat vorsah. New Mexico und Utah wurden ohne

Auflagen bezüglich der Sklaverei zu Territorien gemacht, aber andererseits verschärfte ein neues »Fugitive Law« die bisherigen Bestimmungen über die Rückführung entflohener Sklaven nach dem Süden. Die allgemeine Beruhigung war jedoch trügerisch; bald zeigte es sich, daß der Konflikt nicht beigelegt, sondern nur hinausgeschoben war. Sowohl im Süden als auch im Norden erhoben sich Widerstände gegen den Kompromiß. In manchen Nordstaaten wurde das »Fugitive Law« offen mißachtet, und zahlreiche ehemalige Sklaven erhielten auf der »Underground Railroad« Fluchthilfe bis nach Kanada. Die Stimme des Abolitionismus verlor nichts von ihrer Lautstärke. Sie gewann vielmehr neue Breitenwirkung, und zwar vor allem durch den Roman *»Uncle Tom's Cabin«* von Harriet Beecher Stowe, der seit 1851 in einer Zeitschrift und im folgenden Jahre erstmals in Buchform erschien.

Das Jahrzehnt von 1850 bis 1860 war durch zunehmende Spannungen gekennzeichnet, die die Nation immer näher an den Abgrund des Bürgerkrieges brachten. Um 1860 hatte sich in den Südstaaten der Glaube an eine nördliche »Verschwörung« zur totalen Ausmerzung der Sklaverei und zur Zerstörung des südlichen Wirtschaftsgefüges allgemein verbreitet und verhärtet. Andererseits waren viele Einwohner der Nordstaaten davon überzeugt, daß der Süden nicht nachgeben würde, bis der Sklavenbesitz in der gesamten Union gesetzlich geschützt sei. Die emotionalen Wogen gingen immer höher. Durch die Maßnahmen von 1850 war das Gleichgewicht zwischen den sklavenhaltenden und den sklavenfreien Staaten wiederum gestört worden, und daher setzte sich bei zahlreichen südstaatlichen Politikern die Auffassung durch, daß die Sklaverei nur gerettet werden könne, wenn ihr die Möglichkeit der Expansion in den neuen Territorien und Staaten gegeben werde. Dabei spielte das Postulat der einzelstaatlichen Souveränität, die vom Bund geschützt werden müsse, natürlich stets eine entscheidende Rolle. Die verschiedenen Krisen der 1850er Jahre belasteten die Union immer stärker, und als die Entfremdung zwischen Süden und Norden schließlich nur noch vom moralischen Gesichtspunkt her betrachtet und beurteilt wurde, war der Bruch nicht mehr aufzuhalten.

Wie weit die innere Zersetzung der Nation trotz des scheinbaren Ausgleichs von 1850 schon fortgeschritten war, zeigte sich vier Jahre später, als Stephen A. Douglas, der demokratische Senator von Illinois, dem Kongreß die sogenannte *Kansas-Nebraska-Vorlage* unterbreitete. Nach seinem Vorschlag sollte die Einführung der Sklaverei in diesen neuzuschaffenden Territorien von der Bundesregierung nicht verboten, sondern dem Entscheid der dortigen Bevölkerung überlassen werden. Das aus der Theorie der »Popular Sovereignty« abgeleitete Prinzip des Volksentscheids war in bezug auf dasselbe Problem bereits in New Mexico und Utah angewandt worden, und es erschien rein theoretisch gesehen keineswegs unvernünftig. In erster Linie ging es Douglas darum, die rasche Besiedlung von Kansas und Nebraska zu fördern. Hinter ihm standen Interessengruppen, die sowohl die landwirtschaftliche Expansion als auch die Pläne für eine Eisenbahnverbindung von Chicago nach der Westküste des Kontinents befürworteten. Durch seine relativ nachgiebige Haltung gegenüber den Südstaaten hoffte Douglas, eine regionale Aufspaltung der demokratischen Partei zu vermeiden. Daß hier auch seine persönlichen Aspirationen auf die Präsidentschaft mitspielten, ist nicht zu bezweifeln. Seine Bereitschaft, im Interesse beschleunigter territorialer Expansion eine Ausbreitung der Sklaverei zu riskieren, verursachte jedoch in den Nordstaaten große Aufregung. Obwohl die »Kansas-Nebraska Act« vom Kongreß im Frühjahr 1854 verabschiedet wurde, beruhigte sich die Kontroverse in der Öffentlichkeit nun nicht mehr. Die ungeschickte Maßnahme hatte schwerwiegende und teilweise verhängnisvolle Konsequenzen. Die »Democratic Party« begann sich trotz der lavierenden Haltung Douglas' zu spalten, während die alte »Whig Party« in Unentschlossenheit und Verwirrung völlig auseinanderfiel. Sie räumte das Feld der in Wisconsin und Michigan entstandenen *»Republican Party«*, die von Anfang an als regionale Bewegung auftrat, sich dezidiert gegen die Einführung der Sklaverei in den neuen Territorien wandte und in allen Nordstaaten raschen und mächtigen Zulauf fand. 1856 nominierte sie John C. Frémont, den bekannten Kundschafter des Fernen Westens, zum Präsidentschaftskandidaten. Er siegte in elf Staaten und unterlag dem Demokraten James Buchanan nur knapp. Während die Besiedlung Nebraskas ruhig vor sich ging, kam es in Kansas nach dem Inkrafttreten des von Douglas durchgebrachten Gesetzes zu schweren Zusammenstößen zwischen Sklavenhaltern und Gegnern der Sklaverei. Die Unruhen nahmen mehrfach bereits bürgerkriegsähnliche Formen an, verursachten große Schäden und forderten mehrere hundert Todesopfer, bis sie im September 1856 durch ein Aufgebot von Bundestruppen eingedämmt werden konnten.

Jedes Jahr brachte der Nation fortan neue Erschütterungen. Im Mai 1856 war der Senator Charles Sumner aus Massachusetts im Sitzungssaal des Capitols von einem südstaatlichen Abgeordneten tätlich angegriffen und so schwer verletzt worden, daß er sich für mehrere Jahre aus dem politischen Leben zurückziehen mußte. 1857 fällte der Oberste Gerichtshof das berühmte *Dred Scott-Urteil*, in welchem der Grundsatz ausgesprochen wurde, daß der Kongreß kein Recht habe, die Sklaverei in den neuen Territorien zu verbieten. Dadurch wurde der Süden gestärkt und gewann weiteres Selbstvertrauen, als der schwache und unentschlossene Präsident Buchanan dem Urteil offiziell zustimmte. Der von den »Free Soilers« und Republikanern erhobene Protest war natürlich äußerst scharf, denn es sah so aus, als ob nun der ganze Westen der Sklaverei geöffnet würde. Da es ihrer Auffassung von der »Popular Sovereignty« widersprach, lehnten auch die Anhänger Douglas' das Urteil ab. Dadurch wurde die bereits bestehende Kluft in der demokratischen Partei noch weiter vertieft und den Südstaaten endgültig die Möglichkeit genommen, ihren Standpunkt auf nationaler Ebene zum Durchbruch zu bringen.

In dieser Situation ergab sich andererseits für die Republikaner die Hoffnung, aus den nächsten Präsidentschaftswahlen als Sieger hervorzugehen. Daß zwischen ihnen und den Nordstaaten-Demokraten grundsätzliche Meinungsverschiedenheiten bestehenblieben, zeigte sich jedoch im Vorfeld der Kongreßwahlen von 1858, und zwar hauptsächlich in den Debatten, die Douglas in Illinois mit Abraham Lincoln führte. Der damals 49jährige »Frontier«-Advokat machte als Republikaner in jenem Jahr dem bekannten Demokraten seinen Senatssitz streitig. In sieben öffentlichen Streitgesprächen, die in verschiedenen Ortschaften des Staates stattfanden, verurteilte Lincoln die Sklaverei als ein moralisches, soziales und politisches Unrecht und bezeichnete sie als ein Problem, das auf nationaler und nicht auf regionaler Ebene gelöst werden müsse. Seine Attacke gegen Douglas' Konzept des Volksentscheids gipfelte in der eloquenten Demonstration des Widerspruchs zwischen der »Popular Sovereignty« und dem Grundsatz des Dred Scott-Urteils.

Schon vor dem Beginn der Debatten hatte Lincoln in einer Rede seine Überzeugung durch ein berühmtes Bibelzitat unmißverständlich klargemacht: »A house divided against itself cannot stand« (Mt. 12, 25). Er identifizierte sich keineswegs mit dem Abolitionismus, aber er widersetzte sich mit aller Deutlichkeit jeder weiteren Ausbreitung der Sklaverei und wurde damit zum weithin wirkenden Sprecher seiner Partei. Den Senatssitz seines Gegners gewann er zwar nicht, aber die Kongreßwahlen brachten den Republikanern doch eine beträchtliche Stärkung, und es wurde klar, daß im Jahre 1860 eine grundsätzliche Entscheidung erfolgen mußte. Dazwischen fiel 1859 als weiterer Eskalationsimpuls der Überfall John Browns auf das Zeughaus von *Harper's Ferry* (Virginia). Diese Gewaltaktion des abolitionistischen Fanatikers verfolgte das Ziel, einen allgemeinen Sklavenaufstand auszulösen. Dazu kam es jedoch nicht. Brown wurde überwältigt, gefangengenommen und vor ein Gericht des

Staates Virginia gestellt, das ihn zum Tode verurteilte. Vielen Südstaatlern erschien seine Tat als neuer Beweis für die »Verschwörung« des Nordens gegen den Süden, und die Hinrichtung wurde als gerecht empfunden. Für die Abolitionisten jedoch starb Brown als Märtyrer der Freiheit.

Der stetige Machtzuwachs der Republikanischen Partei schien im Norden nicht mehr aufzuhalten. Auf ihrem Konvent vom 18. Mai 1860 nominierte sie Lincoln zum Präsidentschaftskandidaten und provozierte damit im Süden unverhüllte Sezessionsdrohungen. Dennoch verhalfen die südstaatlichen Extremisten Lincoln indirekt zum Wahlerfolg, und zwar weil sie es ablehnten, sich hinter Douglas zu stellen. Lincoln gewann 180 von 303 Wahlmännerstimmen. Damit überholte er sowohl Douglas als auch die anderen Gegenkandidaten sehr deutlich, aber er konnte seiner Partei im Kongreß keine absolute Mehrheit sichern. Beim Ausbleiben der Sezession wäre der Süden somit kaum ernstlich gefährdet gewesen. Die Stimmen, die angesichts des Wahlresultates auf diese Tatsache hinwiesen, verhallten jedoch ungehört. Die »Fire Eaters« des Südens erkannten, daß die Gelegenheit zu dem schon mehrfach geplanten Austritt aus der Union jetzt oder nie ergriffen werden mußte. Dem unaufhaltsam angewachsenen wirtschaftlichen, demographischen und politischen Übergewicht des Nordens konnte in ihren Augen mit keinem anderen Mittel mehr begegnet werden.

Als erster Staat erklärte South Carolina am 20. Dezember 1860 die *Sezession.* Innerhalb der nächsten zwei Monate traten auch Mississippi, Florida, Alabama, Georgia, Louisiana und Texas aus der Union aus. Anfang Februar 1861 wurde in Montgomery (Alabama) der neue Bundesstaat gegründet. Sein offizieller Name lautete »Confederate States of America«. An die Spitze seiner zunächst provisorisch eingesetzten Regierung trat Jefferson Davis als Präsident.

Die letzten Hoffnungen auf friedlichen Ausgleich mußten angesichts dieser Entwicklung der Dinge rasch verfliegen. Unverzüglich bemächtigten sich die Südstaaten der auf ihrem Gebiet liegenden militärischen Anlagen und Zeughäuser. In seiner Inaugurationsrede vom 4. März 1861 versprach Lincoln den Krieg nicht zu beginnen, aber er machte ebenso unmißverständlich klar, daß er die Union zu bewahren und sowohl ihre Rechtsautorität als auch ihr Eigentum zu verteidigen gesonnen war. Die Sezession bezeichnete er als einen illegalen Akt.

Der *Ausbruch der Feindseligkeiten* erfolgte am 12. April, und zwar durch einen südstaatlichen Artillerieangriff auf das im Hafen von Charleston gelegene Fort Sumter, dessen Versorgung durch die Regierung von Washington auf dem Seeweg versucht wurde. Als die

Festung gefallen war, griffen beide Seiten zu den Waffen. Die Konföderationsregierung mobilisierte ihre Land- und Seestreitkräfte, während Lincoln durch eine Reihe von Notstandsmaßnahmen 75000 Freiwillige zur Verstärkung der regulären Armee einberief, weitere Aufgebote vorbereitete und die Blockade der südstaatlichen Häfen proklamierte. Die Kriegsmobilmachung des Nordens provozierte den Abfall der Staaten Virginia, Arkansas, Tennessee und North Carolina. Das gebirgige Hinterland von Virginia machte die Sezession allerdings nicht mit. Es organisierte eine eigene Regierung und wurde 1863 als Staat West Virginia in die Union aufgenommen. Auch die östlichen Bezirke von Tennessee widersetzten sich dem Austritt aus der Union, aber zur Gründung eines neuen Staates kam es dort nicht. Von den sogenannten »Border States« blieben Delaware, Maryland, Kentucky und Missouri der Union treu.

Daß der *Bürgerkrieg* in erster Linie aus dem Konflikt über die Sklavenfrage resultierte, ist nach langer historiographischer Diskussion heute praktisch unbestritten. Bei genauer Prüfung der regionalen und lokalen Verhältnisse hat es sich immer wieder gezeigt, daß die wirtschaftlichen und soziologischen Faktoren der allmählichen Entfremdung zwischen Norden und Süden stets und aufs engste mit diesem Hauptproblem zusammenhingen.[5] Als die Sezession des tiefen Südens und die Gründung der Konföderation einmal Tatsache geworden war, war auch die kriegerische Auseinandersetzung nicht mehr zu vermeiden. Eine Anerkennung des neuen Staatsgebildes, das von den Nordstaaten überdies durch keine natürlichen Grenzen getrennt war, hätte zweifellos weitere Abfallbewegungen nach sich gezogen, und früher oder später hätten sich überall Grenzstreitigkeiten und neue Konflikte über Handel, Zölle und Aufteilung des Bundesbesitzes ergeben. Bedeutende Gebiete der südstaatlichen Konföderation waren durch finanzielle und militärische Anstrengungen der gesamten Nation erworben worden; daß die Washingtoner Regierung und die hinter ihr stehenden Staaten der Union nunmehr hierauf verzichten würden, war nicht denkbar. Wenn Lincoln seinen Amtseid ernst nahm, konnte er gar nichts anderes tun als das, was er in seiner Inaugurationsrede zu tun versprochen hatte.

Die Ausgangslage enthielt für beide Seiten Vorteile, deren geschickte

5 Die Diskussion über Gründe und Ursachen des Bürgerkrieges wird in ihrer Gesamtheit zusammengefaßt von Thomas J. Pressly: Americans Interpret Their Civil War, New York ²1962. Vgl. dazu ferner Avery Craven: An Historian and the Civil War, Chicago 1964 u. ö. Eine umfassende Literaturübersicht zur Geschichte des Bürgerkrieges stammt von Allan Nevins, James I. Robertson, Jr., & Bell I. Wiley (eds.): Civil War Books: A Critical Bibliography, 2 Bde. Baton Rouge, La., 1967 u. 1969.

Ausnützung militärischen Erfolg versprach. Der Norden übertraf den Süden an materiellen Ressourcen, Industriekapazität und Bevölkerungszahl. Auf seiten der Bundesregierung standen insgesamt 23 Staaten mit ca. 22 Millionen Einwohnern. Die Konföderation bestand aus 11 Staaten mit ca. 9 Millionen Einwohnern, davon 4,25 Millionen Schwarzen. Zu den gewichtigsten Aktivposten des Südens gehörten der ausgesprochene Kampfgeist der weißen Bevölkerung, das nationale Selbstvertrauen, das Bewußtsein, einen Defensivkrieg zu führen, und die leidenschaftliche Identifikation mit den Traditionen und Lebensformen der konservativ-agrarischen Gesellschaft. Dazu kam die Tatsache, daß die Konföderationsarmee in ihrem Führungskader über eine beträchtliche Zahl äußerst fähiger Offiziere verfügte. Hier war der Norden, wenigstens zu Beginn des Krieges, ganz entschieden im Nachteil. Viele Südstaatler erwarteten, daß England und Frankreich mit der Zeit auf ihre Seite treten würden, da sie auf den Baumwollimport angewiesen waren. Diese Hoffnung sollte sich allerdings als trügerisch erweisen. Es sollte sich auch zeigen, daß Lincoln seinen Gegenspieler Jefferson Davis an staatsmännischem Format bei weitem übertraf.

Wie im Süden glaubte man auch im Norden an einen kurzen, unblutigen und rasch zum Sieg führenden Waffengang. Die ersten Gefechte und vor allem die schwere Niederlage der Unionstruppen in der ersten Schlacht am Bull Run (südwestlich von Washington, 21. Juli 1861) zerstörten jedoch diese Illusion gründlich. Der Krieg sollte sich über vier Jahre hinziehen und bis zur völligen Erschöpfung des Südens auf beiden Seiten enorme Verluste an Menschen und materiellen Gütern fordern. Das gesamte Truppenaufgebot der Konföderation schwankte zwischen 700000 und 1 Million Mann, dasjenige der Union stieg auf mehr als 1,5 Millionen Soldaten. Die Verluste der Konföderationsarmee beliefen sich auf 258000, diejenigen der Unionsstreitkräfte auf 360000 Tote.

Der *Verlauf des Krieges* kann hier nur ganz kurz und skizzenhaft dargestellt werden. Er läßt sich im wesentlichen auf drei Schauplätzen verfolgen, nämlich auf dem Meer, im unteren Mississippital und im Osten, d. h. im engeren und weiteren Umkreis der Bundeshauptstadt Washington.

Der *Seekrieg* bestand zunächst aus einer Reihe von Kaperaktionen südstaatlicher Schiffe, die den Handelsverkehr zwischen der Union und Europa zwar störten, aber doch nie unterbrechen konnten. Im März 1862 kam es vor der Mündung des James River zu einem spektakulären Duell zweier Panzerschiffe. Das Treffen zwischen dem südstaatlichen »Merrimac« und dem nordstaatlichen »Monitor« endete zwar unentschieden, aber es markierte einen wichtigen Wendepunkt in der allgemeinen Geschichte der Seekriegsführung. Zu den bedeutendsten und erfolgreichsten Flotteneinsätzen des Nordens gehörte die Expedition, die im April 1862 zur Einnahme von New Orleans führte und die Konföderation für die ganze Dauer des Krieges ihres größten Hafens beraubte. Im ganzen läßt sich feststellen, daß die Seestreitkräfte der Union die strategischen Intentionen der Regierung von Washington sehr wirksam unterstützten. Sie halfen mit, die Blockade aller südstaatlichen Häfen zu verwirklichen und ermöglichten die Besetzung wichtiger Stützpunkte an Flüssen und Küsten. Sie versenkten oder eroberten zahlreiche Kriegs- und Handelsschiffe der Konföderation und schützten die transatlantischen Verkehrsrouten, auf die die Union angewiesen war. Die Lieferungen von Getreide, Fleisch, Petroleum und anderen Rohstoffen brachte ihr nicht nur lebenswichtige Einkünfte, sie trug auch dazu bei, daß England und Frankreich ihre neutrale Haltung gegenüber den Parteien des Bürgerkrieges nicht aufgaben.

Im *Mississippital* waren die Unionstruppen von Anfang an fast ununterbrochen siegreich. Zunächst gelang ihnen der Durchbruch nach Tennessee, die Eroberung strategisch wichtiger Befestigungsanlagen und die Besetzung der ganzen westlichen Hälfte dieses Staates einschließlich seiner Hauptstadt Nashville. Diese Erfolge waren im wesentlichen der klugen Einsatzplanung und Kampfführung des Unionsgenerals Ulysses S. Grant zu verdanken. Bei Siloh nahe der Südgrenze von Tennessee wurde er am 6./7. April 1862 von einem Gegenangriff der Konföderierten allerdings überrascht und in eine sehr gefährliche Situation gebracht. Seine Truppen hielten jedoch ihre Stellungen bis zur Ankunft von Verstärkungen und stießen dann dem Mississippi entlang weiter nach Süden vor. Nach der Einnahme von Memphis bestand das Ziel Grants darin, seine Streitkräfte mit dem Unionskontingent, das New Orleans besetzt hielt, zu vereinigen. Das schwerste Hindernis stellte sich seinem Vormarsch in der von den Konföderierten befestigten Stadt *Vicksburg* entgegen, die den wichtigsten Verbindungspunkt zwischen den westlichen und den östlichen Teilen des neuen Bundesstaates bildete. Nach dem erfolglosen Versuch einer Frontalattacke von Norden gelang Grant im Sommer 1863 ein großes und schwieriges Umgehungsmanöver und der Bezug einer Angriffsstellung im Süden der Stadt. Sie wurde sechs Wochen lang belagert und am 4. Juli zur Kapitulation gezwungen. Das war einer der entscheidenden Kriegserfolge der Union. Er brachte die Kontrolle über den ganzen Lauf des Mississippi von St. Louis nach New Orleans in ihre Hand und zerbrach die Konföderation in zwei Teile. Von diesem Moment an war es praktisch unmöglich geworden, die südstaatlichen Truppen, die

östlich des großen Stromes kämpften, mit dem notwenigen Nachschub aus Texas, Arkansas und Louisiana zu versorgen.
Auf dem *östlichen Kriegsschauplatz* waren die Operationen der nordstaatlichen Streitkräfte in den ersten beiden Kriegsjahren sehr viel weniger erfolgreich als im Westen. Die Kämpfe spielten sich in der Hauptsache in dem von zahlreichen Flußläufen durchzogenen Gebiet zwischen Washington und Richmond ab. Die Hauptstadt von Virginia war zur Kapitale der Konföderation erhoben worden; sie bildete das Ziel der nordstaatlichen Angriffe. Diese Vorstöße blieben aber immer wieder stecken, und immer wieder mußte sich die Unionsarmee unter hohen Verlusten zurückziehen. Bis zum Sommer 1863 konnten die Konföderierten ihre Überlegenheit wahren. Ihren äußerst fähigen Generälen Robert E. Lee und Thomas J. (»Stonewall«) Jackson vermochte die Union keine ebenbürtigen Heerführer entgegenzustellen. Nur einmal errang sie einen wenigstens knappen Sieg, und zwar in der Abwehr von Lees Einfall nach Maryland. Die Schlacht am Antietam (17. September 1862) war eine der blutigsten des ganzen Krieges. Ihr Ausgang veranlaßte die Konföderationsarmee zum Rückzug und gab Lincoln die lange erwartete Möglichkeit, die *Emanzipationsproklamation* zu erlassen. Sie wurde zunächst als »Preliminary Proclamation« bekanntgegeben (22. September) und sollte mit dem 1. Januar 1863 endgültig in Kraft gesetzt werden.
Für diesen Zeitpunkt verkündete Lincoln die Befreiung der Sklaven in allen im Aufstand befindlichen Gebieten. Ausnahmen sah er vor für einige von den Unionstruppen besetzte Gegenden sowie für die »Border States«, die er nicht brüskieren konnte. Obwohl die Erklärung von abolitionistischer Seite als halbe Maßnahme kritisiert wurde, war sie dennoch dazu angetan, den Charakter und die Bedeutung des Bürgerkrieges von Grund auf zu verändern. Von nun an verkleinerte jeder Vorstoß der nordstaatlichen Streitkräfte das Gebiet, in dem die Sklaverei noch erlaubt war. Die Unionsarmee wurde zur Befreiungsarmee; wo immer sie aufmarschierte, verstärkte sich die Gewißheit, daß mit dem Kriegsende auch die »Peculiar Institution« des Südens völlig und endgültig verschwinden werde. Ein im Untergrund funktionierendes Nachrichtensystem verbreitete die Botschaft Lincolns in der ganzen Konföderation und bewirkte, daß die Zahl der hinter die Linien der Unionstruppen fliehenden Schwarzen stark zunahm.
Für den Norden wirkte sich die Emanzipationsproklamation vor allem in außenpolitischer Hinsicht günstig aus. Sie verstärkte in den europäischen Ländern die Zahl der Freunde der Union und drängte die Anhänger der Konföderation überall in die Defensive. Besonders

lebhaft war die Reaktion in England. In zahlreichen Städten wurden öffentliche Versammlungen abgehalten, die Lincoln feierten und beglückwünschten. Sehr einhellig klang das Lob des amerikanischen Präsidenten namentlich unter den Textilarbeitern von Lancashire, die sich trotz des Ausbleibens der Baumwollieferungen in ihren Sympathien für die Union nie hatten irremachen lassen. Konservative Zeitungen, die die Politik der Regierung von Washington gegenüber den Südstaaten stets kritisiert hatten, änderten vom Herbst 1862 an allmählich ihre Haltung und stimmten in den allgemeinen Beifall ein. In dieser Situation blieb der britischen Regierung nichts anderes übrig, als gegenüber den Vorgängen in Amerika auch weiterhin ihre Neutralität zu bewahren und die bisher mehr als einmal diskutierten Pläne einer Intervention zugunsten der Konföderation aufzugeben.

In der Union selbst konnte Lincoln seine Position gegenüber der demokratischen Partei und anderen oppositionellen Gruppen festigen. Da die militärischen Operationen nach wie vor große Einsätze und Opfer forderten, stellte sich das Problem der laufenden Verstärkung der Streitkräfte immer dringender. Das bisherige Rekrutierungssystem erwies sich als untauglich; die Tatsache, daß zahlreiche Offiziersernennungen und Kommandoübertragungen politisch motiviert waren, hatte sich auf die Kriegstüchtigkeit einzelner Truppenkörper sehr nachteilig ausgewirkt. Die »Conscription Act« vom 3. März 1863, die vom Prinzip der allgemeinen Wehrpflicht ausging und jedem Staat die Aufstellung bestimmter Kontingente vorschrieb, vermochte hier einiges zu verbessern, aber sie stieß mit ihren Dispensations- und Stellvertretungsklauseln auf harte Widerstände und provozierte im Sommer 1863 in den Arbeiterquartieren von New York einen mehrtägigen »Anti-Draft Riot«. Als wirksame Verstärkungen der Unionsarmee erwiesen sich die seit 1863 rekrutierten Negerregimenter. Ihre Soldaten legten schon in den ersten Kriegseinsätzen große Tapferkeit an den Tag und zeigten, daß sie den weißen Truppen trotz kurzer Ausbildung durchaus ebenbürtig waren. Schwierigkeiten bei der Auffüllung der Bestände bestanden seit 1862 auch für die Konföderationsregierung. Auch im Süden erhob sich scharfe Opposition gegen die Zwangsrekrutierung. Die Desertionsrate lag in beiden Armeen während des ganzen Krieges durchschnittlich bei 10%.

Das Frühjahr 1863 brachte den Unionsstreitkräften auf dem Kriegsschauplatz von Virginia zunächst noch einmal eine schwere Niederlage; im Sommer desselben Jahres war allerdings dann der Wendepunkt erreicht.

Nach dem Sieg bei Chancellorsville (2. – 4. Mai) stieß Lee wiederum

von Norden vor und fiel diesmal in Pennsylvania ein. Mit einem Heer von 75000 Mann zog er gegen die Staatshauptstadt Harrisburg und jagte dadurch dem gesamten Norden einen gewaltigen Schrekken ein. Mehr durch Zufall als auf Grund systematischer Operationsplanung kam es am 1. Juli bei *Gettysburg* zur Konfrontation mit einer Unionsstreitmacht unter dem General George G. Meade. Hieraus entwickelte sich eine Schlacht, die drei volle Tage andauerte und nach einem letzten verzweifelten Angriff der Konföderierten (»Pickett's Charge«) damit endete, daß Lee sich wieder nach Süden zurückziehen mußte. Die Schlacht von Gettysburg forderte auf beiden Seiten wiederum äußerst hohe Verluste. Über 7000 Soldaten verloren ihr Leben, die Zahl der Verwundeten und Vermißten betrug für beide Parteien zusammengerechnet über 40000 Mann. Erstmals war der Union – wenn auch mit größter Anstrengung – auf dem östlichen Kriegsschauplatz ein klarer Sieg gelungen. Die fast auf den Tag genaue Koinzidenz mit Grants Einnahme von Vicksburg war gewiß ein Zufall; sie markiert aber für den historischen Betrachter sehr deutlich den Augenblick, von dem an die Konföderation die ersten Zeichen der Erschöpfung zu zeigen begann.
Gleichzeitig mit der Eroberung des Mississippi war die *Blockade* der südstaatlichen Küsten vollendet worden, so daß der gesamte Import- und Exportverkehr der Konföderation praktisch zum Erliegen kam. Bald fehlte es der ohnehin nur wenig entwickelten Industrie an den notwendigen Rohstoffen. Der Materialnachschub an die kämpfenden Truppen war nicht mehr sichergestellt, die Eisenbahnlinien verfielen oder wurden durch gegnerische Angriffe zerstört, Lebensmittelknappheit breitete sich aus, die Teuerung war nicht aufzuhalten, und die Bevölkerung begann zu hungern. Dazu kamen *mannigfache politische Spannungen*. Die alten Konflikte zwischen Unionisten und Sezessionisten brachen aufs neue aus, Verfechter der »States' Rights« stritten sich mit den Anhängern einer starken Bundesregierung, und auch der Gegensatz zwischen Plantagenbesitzern und Hinterlandfarmern erhitzte sich wiederum in offenen Zwistigkeiten. Jefferson Davis konnte sich als Präsident gegen einen feindseligen Kongreß immer weniger durchsetzen und büßte seine Autorität durch undiplomatisches Verhalten mit der Zeit fast völlig ein. Während die innere Situation der Konföderation immer kritischer wurde, produzierte die *Industrie der Nordstaaten* auf Hochtouren. Die Inflation begünstigte zahlreiche Unternehmungen, und die vom Kongreß (nunmehr ohne den Widerstand des agrarischen Südens) festgesetzten Schutzzölle brachten den Fabrikanten hohe Gewinne ein. Die in den späten 1850er Jahren entstandene *Petroleumindustrie* erlebte einen sehr raschen Aufschwung und beschäftigte schon wäh-

rend des Krieges Zehntausende von Arbeitern. Durch die fortschreitende Mechanisierung der Landwirtschaft konnte auch der Getreideexport laufend erhöht werden. Die Erschließung des Westens erhielt durch den *Eisenbahnbau* kräftige Impulse: Am 1. Juli 1862 trat die »Pacific Railway Act« in Kraft, die die staatliche Unterstützung für den Bau einer Eisenbahn- und Telegraphenlinie vom Missouri zur Westküste vorsah. Kurz darauf begann in Omaha der Bau der »Union Pacific Railroad«, während die »Central Pacific Railroad« von Sacramento aus nach Osten vorstieß. Im Jahre 1862 erließ der Kongreß außerdem zwei besonders bedeutsame Gesetze, die einerseits die Landerschließung und andererseits das Erziehungswesen förderten. Die »Homestead Act«, deren Verabschiedung durch südstaatliche Opposition früher stets verhindert worden war, ermöglichte den individuellen Siedlern den praktisch kostenlosen Landerwerb in Einheiten zu je 160 Acres. (Das war fortschrittlich gedacht und im Prinzip gut gemeint, aber bald zeigte sich, daß eine solche Parzelle im Westen für rentable Bewirtschaftung zu klein war, und so mußten die Bestimmungen über das Ausmaß der Landzuteilung mehrfach geändert werden.) Durch die »Morrill Act« wurden in allen Staaten Landparzellen für den Bau von Landwirtschafts- und Ingenieurschulen reserviert. Dadurch konnten die schon bestehenden Staatsuniversitäten vergrößert und zahlreiche neue Institutionen der höheren Allgemein- und Berufsbildung errichtet werden.
Hätte der Süden nach den Niederlagen von Vicksburg und Gettysburg den *Kompromißfrieden* gesucht, so wäre ihm die totale Katastrophe möglicherweise erspart geblieben. Lincoln versicherte mehrmals seine Bereitschaft zu einem Waffenstillstand, allerdings stets unter der Voraussetzung, daß die Südstaaten in die Union zurückkehrten und die Emanzipation der Sklaven anerkannten. Sicher ist jedoch, daß der Kongreß weit weniger nachgiebig gewesen wäre, denn aus seinen Reihen erfuhr der Präsident in den Jahren 1863 und 1864 oftmals scharfe Kritik wegen allzu großer Konzilianz gegenüber den unterworfenen Gebieten des Südens. Aber auch in der Konföderation vermochten sich die Stimmen, die nach einem Kompromiß riefen, nicht Gehör zu verschaffen. Haß, Verbitterung und die grimmige Entschlossenheit, den Kampf bis zum Letzten weiterzuführen, vereinigten sich mit immer wieder aufbrechendem Optimismus und mit der Überzeugung, der siegreiche Durchbruch nach Washington werde schließlich doch noch gelingen.
So wurde der Kampf verbissen weitergeführt. Sein westlicher Hauptschauplatz verlagerte sich im September 1863 in das *Grenzgebiet* zwischen *Tennessee* und *Georgia.* Nach der siegreichen Schlacht bei Chattanooga konnte Grant die Machtstellung der Unionstrup-

pen in Tennessee festigen und die Ausgangsbasis für den weiteren Vormarsch nach Südosten konsolidieren. Zu Beginn des Jahres 1864 wurde er jedoch nach Washington beordert und von Lincoln zum Oberbefehlshaber aller Unionsstreitkräfte ernannt. In einer ganzen Reihe von Schlachten, die alle in Virginia stattfanden und für beide Seiten wiederum äußerst verlustreich waren, setzte er den Kampf gegen die Armee Lees fort. Diese war bis jetzt noch von keinem Unionsgeneral endgültig geschlagen worden, und auch Grant vermochte nichts anderes zu tun, als sie nach und nach aufzureiben. Während er damit beschäftigt war, führte General William Tecumseh Sherman mit der Armee des Westens den geplanten Feldzug von Tennessee bis an die Südostküste des Kontinents durch. Er eroberte u.a. Atlanta und Savannah (1. September / 22. Dezember 1864). Die Hauptstadt des Staates Georgia wurde total zerstört. Auf ihrem ganzen Marsch, der schließlich nordwärts bis nach North Carolina führte, ließ die Armee Shermans eine breite Spur erbarmungsloser Verwüstung, Plünderung und Ausbeutung zurück, die nicht nur den Widerstandswillen der Bevölkerung brach, sondern auf Jahrzehnte hinaus ihre Ressentiments gegen den Norden nähren sollte. Die Konföderation verfügte über keine Truppen mehr, die dieser Zerstörungswut wirksam hätten entgegentreten können, und sie vermochte auch keinen Widerstand mehr zu leisten, als die Regimenter des Reitergenerals Philip Sheridan im Herbst 1864 das Tal des Shenandoah verwüsteten. Grant selbst hatte seine Truppen schon im Sommer an den James River vorrücken lassen und die Belagerung der Stadt Petersburg begonnen, die insgesamt neun Monate dauern sollte. Als der Eisenbahnknotenpunkt nicht mehr zu halten war, mußte sich Lee auch aus Richmond zurückziehen. Mit den Resten seiner Armee marschierte er ins westliche Hügelland von Virginia und kapitulierte schließlich am 9. April 1865 bei *Appomattox Courthouse.* Innerhalb weniger Tage gaben auch die anderen Konföderationstruppen, die bis dahin noch zersplittert im Einsatz gestanden hatten, den Kampf auf.

Damit war der Krieg zu Ende, aber es sollte Lincoln nicht mehr vergönnt sein, nach dem Sieg über die »Confederate States« nun auch den Frieden wiederherzustellen. Im Herbst 1864 war er für eine zweite Amtsperiode eindeutig wiedergewählt worden. Der Wahlkampf hatte bereits die Konflikte vorausahnen lassen, die das Land im kommenden Jahrzehnt belasten sollten. Die Hoffnung, daß Lincoln diese Schwierigkeiten durch seinen Gerechtigkeitssinn und durch sein staatsmännisches Talent aus der Welt schaffen werde, erfüllte sich nicht. Am 14. April 1865 fiel der Präsident in Washington einem Attentat zum Opfer.

Die Zeit von 1865 bis 1877 wird in der amerikanischen Geschichtsschreibung als die Periode der *»Reconstruction«* bezeichnet. Sie war charakterisiert durch zahlreiche Versuche und Anstrengungen, das soziale und wirtschaftliche Leben der Südstaaten zu normalisieren und die ehemalige Konföderation dem Unionsverband wiederum zu integrieren. Über die Frage, wie dieses Ziel erreicht werden sollte, herrschte aber so tiefgreifende Uneinigkeit, daß von einer wirklich umfassenden Rekonstruktion der Nation nie die Rede sein konnte. Als nach der Mitte der 1870er Jahre das allgemeine Interesse an der großen innenpolitischen Aufgabe allmählich erschlaffte, blieben noch viele Probleme ungelöst.

Die unglückliche Entwicklung der Dinge begann damit, daß die Bundesregierung nach Lincolns Tod unter den beherrschenden Einfluß einer Gruppe rachsüchtiger, engstirniger und in erster Linie den Interessen der eigenen Partei verschriebener Politiker geriet. Die *»radikalen Republikaner«* hatten sich schon während der letzten Kriegsjahre mit zunehmender Lautstärke im Kongreß bemerkbar gemacht. Sie haßten die ehemals führende Gesellschaftsschicht des Südens und wollten sie für die Sezession bestrafen. Durch diese Haltung verstärkten sie bei den meisten weißen Südstaatlern den Haß gegen den Norden, die Verbitterung und das Ressentiment.

Während die ehemalige Konföderation erschöpft und paralysiert darniederlag, breiteten sich im pulsierenden Geschäftsleben des Nordens hemmungslose Habgier, Spekulationslust und allgemeine Skrupellosigkeit aus. In fast allen Wirtschaftszweigen war eine neue Schicht von Profiteuren und Erfolgsjägern nach oben gekommen, die die Tradition eines einigermaßen geregelten kommerziellen Gebarens rücksichtslos über Bord warfen und nicht davor zurückschreckten, ihren Gewinn nun auch noch im geschlagenen Süden zu suchen. Dieselbe moralische Verwilderung erfaßte auch die Politik und die Verwaltung; sie führte dazu, daß die Glaubwürdigkeit mancher Institutionen und einflußreicher Persönlichkeiten schwer beeinträchtigt wurde.

Die Bemühungen um die soziale Erneuerung und Demokratisierung des Südens manifestierte sich in drei *Verfassungszusätzen*. Das 13. Amendment (1865) erklärte die Sklaverei für das ganze Land als gesetzwidrig und bestätigte damit die Emanzipationsproklamation. Das 14. Amendment (1868) garantierte den befreiten Sklaven (»Freedmen«) Staatsbürgerschaft und Bürgerrechte, während das 15. Amendment (1870) bezweckte, den Schwarzen das volle Stimm- und Wahlrecht zu sichern. Mit diesen Grundsätzen konnte im Norden jedermann einverstanden sein; ihre Verwirklichung war aber mit

der bloßen Proklamation noch keineswegs gesichert und konnte auf ganz verschiedene Art und Weise erfolgen.
Bei Kriegsende hatte die Regierung von Washington kein ausgearbeitetes Programm für die Restauration der Union besessen. Lincolns großzügiger Rekonstruktionsplan vom Dezember 1863, der eine rasche Wiederherstellung der südlichen Staatsregierungen vorsah, war von den radikalen Republikanern mit einer sehr viel schärfer gefaßten Gesetzesvorlage konfrontiert worden. Gegen diese hatte Lincoln mit Erfolg das Veto eingelegt, und noch in seiner letzten Rede vom 11. April 1865 hatte er für Mäßigung und Milde gegenüber dem Süden plädiert. Sein Nachfolger Andrew Johnson folgte denselben Ideen und bemühte sich auf Grund liberaler Amnestieverfügungen um einen raschen Neuaufbau der öffentlichen Institutionen in den Südstaaten. Als der Kongreß im Dezember 1865 wieder zusammentrat, war es mit dieser *»Presidential Reconstruction«* allerdings rasch vorbei. Den Maßnahmen Johnsons wurde die Zustimmung verweigert und ein wiederum sehr viel rigoroseres Programm der *»Congressional Reconstruction«* aufgestellt. Die Abgeordneten des radikal-republikanischen Flügels wollten die gesamte Kontrolle über die Rekonstruktionspolitik dem Kongreß zuteilen, da dieser ja auch über die Wiederaufnahme der ehemaligen Konföderationsstaaten entscheiden mußte. Das Ziel war die völlige Ausschaltung der konservativen Süd-Demokraten, die rasche und vollständige Durchsetzung der politischen Freiheit der »Freedmen«, vor allem aber die Festigung des republikanischen Supremats. Die radikalen Republikaner betrachteten ihre Partei nicht mehr als eine regionale, sondern als eine nationale Bewegung. Sie befürchteten die Entstehung einer neuen demokratischen Kongreßmehrheit, wenn die Südstaaten mit ihren alten Vertretern in den Kongreß zurückkehrten und sich mit den Norddemokraten wieder vereinigten. Daß die den Interessen der nordstaatlichen Industrie- und Finanzkreise dienliche Gesetzgebung von 1862–1864 in einem solchen Fall gefährdet war, erkannten sie sehr genau. Um ihre Position zu wahren, schreckten die um Thaddeus Stevens und Charles Sumner gescharten republikanischen Extremisten vor keinem Mittel der Repression und der Intrige zurück. Der Konflikt mit dem Präsidenten und den gemäßigten Gruppen des Kongresses war unvermeidlich.
Der aus der Schicht der »armen Weißen« von North Carolina und Tennessee stammende Johnson war seit jeher ein überzeugter Gegner der alten »Southern Aristocracy« und ihrer Privilegien gewesen, er hielt aber auch nicht viel von der politischen Leistungsfähigkeit der »Freedmen«. Als potentiell zuverlässigste Träger der Demokratie betrachtete er die mittleren und kleinen Farmer. Wie Lincoln ver-

trat er die Meinung, daß die Südstaaten die Union nie verlassen hätten, da dies von der Verfassung her gesehen gar nicht möglich war. Lincoln selbst hätte den Kompromiß mit den Radikalen vielleicht zustande gebracht, aber der bis zur Sturheit prinzipientreue Johnson verfügte weder über die staatsmännische Phantasie noch über die Beredsamkeit und Schlauheit seines Vorgängers und verstrickte sich immer tiefer in den Streit mit dem Kongreß. Da sein Veto gegen dessen Gesetzesvorlagen immer wieder umgestoßen werden konnte, schwand seine Autorität rasch dahin. Die Wahlen von 1866 brachten den radikalen Republikanern in beiden Häusern die Mehrheit und eröffneten ihnen damit den Weg zu ungehinderter legislatorischer Aktivität. Als Führungsorgan funktionierte das beinahe allmächtige »Joint Committee of Fifteen«. Das wichtigste von diesem Gremium vorgeschlagene Gesetz war die *»First Reconstruction Act«* (2. März 1867). Hier wurde zwei Jahre nach Kriegsende die militärische Okkupation des Südens verfügt, das ganze Gebiet (ohne Tennessee) wurde in fünf Militärregionen eingeteilt, und der Kongreß bestimmte, daß die Staaten erst wieder in die Union aufgenommen werden sollten, wenn sie Verfassungen vorlegten, die dem 14. Amendment der Bundesverfassung entsprachen.

Unter der Aufsicht der Militärgouverneure wurden diese Verfassungen ausgearbeitet, und bis zum Sommer 1868 amtierten in acht Staaten neue Zivilregierungen, in denen auch Schwarze vertreten waren. Daneben wurden überall auch weiße Nordstaatler aktiv, die aus Idealismus, aber oft auch aus Profitgier in den Süden gekommen waren, um bei der Durchführung der »Reconstruction« mitzuhelfen. Man nannte sie »Carpetbaggers«, während die wenigen weißen Südstaatler, die mit ihnen zusammenarbeiteten, als »Scalawags« bezeichnet wurden. Bis 1870 gab es in allen Südstaaten »Reconstructed Governments«; ihre Parlamente erließen mancherorts fortschrittliche Gesetze, vor allem in den Bereichen des Erziehungswesens (gemischte Schulen) und der sozialen Fürsorge. Sie förderten die Wiederaufnahme des Eisenbahnbaus, die Reparatur der Kriegsschäden und die Errichtung von Krankenhäusern. Vor allem waren sie bemüht, die politische und wirtschaftliche Integration der Schwarzen in das Leben der gesamten Gesellschaft zu verwirklichen. Andererseits aber litten die »Reconstructed Governments« doch auch sehr unter der politischen Unerfahrenheit der Mehrheit ihrer Mitglieder. Verschwendungssucht und Korruption breiteten sich rasch aus, und viele Schwarze wurden von den »Carpetbaggers« und ihren Gesinnungsgenossen wiederum schamlos ausgenützt. Das ganze System war aufs engste mit der Parteiorganisation der Republikaner verbunden. Die konservativen Südstaatler hielten sich von ihm fern und

verweigerten jede Zusammenarbeit mit den Behörden, die sie als betrügerisch und illegitim betrachteten.
Nun begnügten sich aber die radikalen Republikaner nicht damit, die Stellung ihrer Partei im Süden zu festigen. Sie strebten auch danach, der Legislative in der Bundesregierung eine klare Übermacht über Exekutive und Judikative zu verschaffen und auf diese Weise die führende Mehrheit im Kongreß zur höchsten Autorität in der Auslegung der Verfassung zu machen. So beförderten sie u.a. die Verabschiedung eines Gesetzes, das dem Präsidenten verbot, Bundesbeamte und Kabinettsmitglieder ohne Zustimmung des Senats zu entlassen. Mit Recht betrachtete Johnson dies als verfassungswidrig. Als er im Februar 1868 den noch von Lincoln übernommenen Kriegsminister Edwin M. Stanton seines Amtes enthob, provozierte er die offene Konfrontation. Was viele Republikaner schon lange erhofft hatten, geschah jetzt: Das Repräsentantenhaus klagte den Präsidenten des Hochverrats an. Damit war erstmals in der Geschichte der USA ein *Impeachment*-Verfahren in die Wege geleitet, das sich gegen einen Präsidenten richtete. Der nach der Verfassung vorgesehene Prozeß vor dem Senat endete zwar mit dem Freispruch, aber zu der für die Verurteilung erforderlichen Zweidrittelmehrheit hatte nur eine einzige Stimme gefehlt. Durch diesen Ausgang der für alle Beteiligten höchst blamablen Angelegenheit wurde nicht nur ein ungeschickter Präsident gerettet, sondern im Grunde das ganze traditionelle Regierungssystem der amerikanischen Republik vor dem Untergang bewahrt. Verbrecherische Handlungen konnten Johnson nicht nachgewiesen werden; wäre er abgesetzt worden, so wäre dies nur geschehen, weil er in seinen politischen Auffassungen und Zielsetzungen von der Mehrheit des Kongresses abwich.
Zum Nachfolger Johnsons wurde im Herbst 1868 mit großer Mehrheit Ulysses S. Grant gewählt, der sich deutlich zu den Ideen der radikalen Republikaner bekannt hatte. Der wegen seiner Kriegstaten populäre General erwies sich als einer der unfähigsten Präsidenten, die je an der Spitze der Nation gestanden hatten. Er legte eine noch nie erlebte politische Naivität an den Tag und war den Interessen der Geschäfts- und Finanzkreise absolut ergeben. Darüber hinaus ließ er in seiner Regierung eine beispiellose allgemeine Korruption einreißen, die alle bisherigen Mißstände dieser Art bei weitem übertraf. In den acht Jahren der Administration Grants gewannen im Süden die konservativen Kräfte allmählich wieder die Oberhand. Der Rekonstruktionseifer der Bundesregierung ließ deutlich nach, und es zeigte sich jetzt, daß das primäre Ziel der republikanischen Partei eben doch nicht in der Unterstützung der Rechte der Schwarzen und der von ihnen mitgetragenen Staatsverwaltungen lag. Die rekonstru-

ierten »Carpetbagger«-Regierungen gerieten immer mehr in den Ruf, nur dem eigenen materiellen Gewinn nachzujagen, und die von ihnen begangenen Ungeschicklichkeiten erleichterten den konservativen Demokraten die Rückkehr in die alten Machtpositionen. In einem Staat nach dem andern verschwanden die Republikaner und ihre Anhänger von der Bildfläche. Zahlreiche fortschrittliche Gesetze (vor allem die Schulgesetze) wurden wieder aufgehoben. Die Schwarzen sanken allmählich in die Position von Bürgern zweiter Klasse herab, denen die Ausübung der politischen Rechte immer mehr erschwert wurde. Ihre Einschüchterung wurde namentlich durch den *Ku-Klux-Klan* betrieben, durch jenen Geheimbund, der 1867 als »Unsichtbares Reich des Südens« organisiert worden war. Als verkleidete Reiterbanden traten seine Mitglieder überall auf, belästigten die Neger auf alle möglichen Arten und schreckten auch vor körperlicher Mißhandlung, Lynchjustiz und Mord nicht zurück. Obwohl die Bundesregierung mit harten Strafmaßnahmen gegen den unmenschlichen Terror einschritt, vermochte sie ihm nicht wirksam Einhalt zu gebieten. Sie war auch sonst nicht in der Lage, den Vormarsch der Reaktion aufzuhalten, und neigte immer mehr dazu, die allgemeine Entwicklung der Situation zu akzeptieren. Unter den konservativen Regierungen kehrte in den Südstaaten zwar Ruhe und Ordnung ein, aber die Ansätze zur Lösung der sozialen Probleme wurden zunichte gemacht, und die Beziehungen zwischen den Rassen blieben vergiftet. Sie entwickelten sich nur deshalb nicht zum offenen Konflikt, weil die Schwarzen überall nachgaben und sich der Diskriminierung praktisch widerstandslos unterwarfen. Andererseits blieb aber auch das Mißtrauen und das Ressentiment der weißen Südstaatler gegenüber dem Norden latent bestehen. Die Demütigung der Okkupation hatte sich ihrer Erinnerung noch schmerzhafter eingebrannt als diejenige der militärischen Niederlage im Bürgerkrieg.

Das »offizielle« *Ende der Rekonstruktionszeit* kündigte sich um 1876 an. In diesem Jahre konnte der Republikaner Rutherford P. Hayes die Präsidentschaft nach äußerst knapper und angefochtener Wahl nur dadurch gewinnen, daß er den Rückzug der letzten Besetzungstruppen aus Louisiana und South Carolina versprach. Nachdem die längst fällige Maßnahme vollzogen war, kamen im folgenden Jahre auch in diesen Staaten die konservativen Demokraten an die Macht, und auf der nationalen Ebene beruhigte sich das Verhältnis zwischen den großen Parteien. Der »Kompromiß von 1877« bedeutete aber im Grunde nichts anderes als das Eingeständnis, daß die radikal-republikanische Rekonstruktionspolitik ein Mißerfolg gewesen war.

5. *Abschluß der kontinentalen Expansion und Vollendung des modernen Industriestaates*

Zu den wichtigsten Triebkräften der amerikanischen Geschichte im letzten Viertel des 19. Jahrhunderts gehört ohne Zweifel der allgemein verbreitete Glaube an das *»Laissez faire«-Prinzip*. Er manifestierte sich auf mannigfache Weise in allen Regionen der Republik, in den Städten und auf dem Lande, in der Wirtschaft und in der Politik. Er bestimmte das Schicksal der Neger und der Indianer, die Nutzbarmachung (und gelegentlich auch die Zerstörung) der natürlichen Ressourcen, aber auch die Ausdehnung des Eisenbahnnetzes und den gewaltigen Aufschwung der Industrie. Der Schwerpunkt des historischen Geschehens entfernte sich allmählich vom politischen Zentrum Washingtons; Bundesregierung und Parteien tendierten dazu, direkte wirtschaftspolitische Interventionen zu vermeiden und der privaten Initiative überall möglichst freien Lauf zu lassen.

Nach dem Bürgerkrieg begann die letzte Phase der *Erschließung des Westens.* Bis dahin hatten sich die Siedler fast ausschließlich im unmittelbaren westlichen Einzugsgebiet des Mississippi und – abgesehen von Texas – an der pazifischen Küste niedergelassen. In diesen beiden von Norden nach Süden verlaufenden Landstrichen waren mehrere neue Staaten entstanden, und zwei »Frontier«-Linien bewegten sich seither aufeinander zu. Zwischen ihnen lagen die »Great Plains« und das Gebirge mit seinen Hochplateaus, Wüsten und Canyons. In diesem Gebiet waren als Kolonisten bisher allein die Mormonen seßhaft geworden; die meisten anderen Pioniere hatten es auf dem Wege nach California und Oregon nur durchwandert. Seine endgültige Erschließung sollte Zeitgenossen und Nachwelt in einzigartiger Weise beeindrucken. Die große Zeit des »Wilden Westens« war zwar nur von relativ kurzer Dauer, aber sie hat das Bild, das sich die Welt von Amerika machte und immer noch macht, unauslöschlich mitgeprägt.

Die Besiedlung der »Great Plains« und der Gebirgstäler war nicht nur durch den Bürgerkrieg, sondern auch durch die besonderen klimatischen und topographischen Verhältnisse hinausgezögert worden. Der rentable Ackerbau hatte bisher am 98. Meridian praktisch aufgehört. Die »Plains« waren nur spärlich mit Gras bewachsen und wenig fruchtbar. Sie wurden von regelmäßigen Dürreperioden heimgesucht, ihre Flüße führten i.a. wenig Wasser, Wälder gab es kaum, und die Temperaturunterschiede zwischen Sommer und Winter waren extrem hoch. Das Gebiet erschien durchaus unwirtlich; es stellte der landwirtschaftlichen Expansion zahlreiche bisher

unbekannte Probleme in den Weg, und seine natürlichen Reichtümer waren keineswegs immer leicht zugänglich.
Daß die Erschließung des *»New West«* in wesentlichem Maße durch die *Eisenbahnen* gefördert wurde, haben wir schon erwähnt. Das Bundesgesetz zur Unterstützung des Eisenbahnbaus von 1862 hatte den privaten Unternehmungen Land, Holz und großzügige Darlehen bewilligt. Ein Kongreßbeschluß aus dem Jahre 1864 verdoppelte die »Land Grants« und erleichterte die Kreditbedingungen. Tausende von Tagelöhnern arbeiteten auf den Gleisbaustellen; die »Union Pacific« beschäftigte hauptsächlich Iren, während die »Central Pacific« einen großen Teil ihrer Arbeitskräfte aus China bezog. Im Mai 1869 begegneten sich die beiden Linien in Utah. Damit war die erste transkontinentale Eisenbahnverbindung hergestellt. Sehr bald folgten weitere Linien im Süden und im Norden; bis 1893 waren es ihrer fünf. Inzwischen hatte das Eisenbahnnetz aber auch im Mittleren Westen und im Osten weiteren Ausbau erfahren. Einzelne Unternehmungen waren zu riesigen Systemen zusammengewachsen, deren Gesamtstrecken sich auf Tausende von Meilen beliefen. An ihrer Spitze standen mächtige Finanzleute wie Cornelius Vanderbilt, James J. Hill, Jay Gould und J. Pierpont Morgan, die mit der Zeit das gesamte Wirtschaftsleben der Nation bestimmten.
Im Westen eilten die Eisenbahnen mancherorts den Siedlern voraus. Sie gaben der »Frontier« einen neuen Charakter, indem sie die Pioniere und Kundschafter sehr viel enger mit den ökonomischen und politischen Zentren der bereits besiedelten Gebiete verbanden, als dies früher der Fall gewesen war. Der gesamte Prozeß der Erschließung und politischen Strukturierung des neuen Landes wurde dadurch wesentlich beschleunigt.
Die ersten Vorstöße in die »Great Plains« gingen von den *Viehzüchtern* aus. Das Hauptgebiet der Viehzucht war Texas. Dieser Staat hatte durch den Bürgerkrieg verhältnismäßig wenig gelitten und konnte nach 1865 rasch ein regelrechtes Rindfleisch-Imperium aufbauen. Viehzucht war von den Spaniern schon seit Jahrhunderten betrieben und von den anglo-amerikanischen Einwanderern eifrig weitergeführt worden. Ihre Bemühungen resultierten in der Ausbildung der kräftigen »Longhorn«-Rasse, die auf den Viehfarmen (»Ranches«) von Texas besonders gut gedieh und um 1865 einen Gesamtbestand von ca. 5 Millionen Stück erreicht hatte. Angesichts des unaufhaltsam ansteigenden Fleischbedarfs stellte sich das Problem des Transports der Rinder in die Schlacht- und Verarbeitungszentren des Mittleren Westens und des Ostens mit zunehmender Dringlichkeit. Von 1866 an begannen die Texaner, ihre Herden in langen Zügen durch die Prärie zu den End- und Anschlußpunkten der Ei-

senbahnen zu treiben. Der *»Long Drive«* ging schließlich zur Hauptsache auf vier Routen vor sich; seine Strapazen und Gefahren lieferten den Stoff für viele (und keineswegs immer romantisierende) Volkslieder, Balladen und Abenteuergeschichten, die vom harten und ungebundenen Leben der »Cowboys« kündeten.

Bis in die frühen 1880er Jahre hatte sich die Viehzucht von Texas nach Colorado, Montana, Idaho und in die beiden Dakotas ausgedehnt. Riesige Gewinne wurden gemacht, und ihrer Mehrung schienen keine Grenzen gesetzt. Das Ende des »Cattle Kingdom« kam jedoch mit dem plötzlichen Zerfall der Fleischpreise im Jahre 1885. Die dadurch entstandene Krise wurde noch verschärft, als in den extrem kalten Wintern von 1885/86 und 1886/87 große Teile der Viehbestände zugrunde gingen. Wohl erholten sich die »Cattlemen« nach 1890 allmählich wieder von diesen Rückschlägen; ihre Situation im Gesamtgefüge der westlichen Wirtschaft hatte sich jedoch grundlegend verändert, und ihr Investitions- und Geschäftsgebaren nahm nie mehr die wilden Formen der Zeit vor 1885 an.

Noch während die Rinderherden durch die »Plains« getrieben wurden, hatten sich die *Farmer* allmählich in die letzten unerschlossenen Bereiche billigen Bodens vorgewagt. Neue Maschinen ermöglichten die extensive Nutzung, Windmühlen betrieben Pumpwerke und Bewässerungsanlagen, und technisch verbesserte Pflüge erleichterten die Feldarbeit. Das Problem der Einzäunung des bebauten Landes wurde durch die Einführung des Stacheldrahtes (1874) gelöst. Verschiedene Bundesgesetze verschafften den Farmern Zutritt zum anbaufähigen Weideland. Die Eisenbahngesellschaften, die zu den größten Landbesitzern des Westens gehörten, führten ihre Propagandafeldzüge bis nach Europa und versprachen den Auswanderern das Paradies auf Erden. Dasselbe taten viele Banken, Spekulationsgesellschaften und auch Staats- und Territorialbehörden. Über mangelnden Erfolg brauchten sie sich nicht zu beklagen: Innerhalb zweier Jahrzehnte stieg die Bevölkerung der Prärienstaaten von 1 auf 4 Millionen an. Die Einwanderer stammten zum Teil aus dem Mittleren Westen der USA, viele kamen aber auch wiederum direkt aus West- und Nordeuropa.

Für die Besiedlung der »Plains« und der Gebirgsgebiete ebenso wichtig wie die Viehzucht und das Vordringen der Landwirtschaft war die Hochkonjunktur des *Bergbaus* an der *»Mining Frontier«*. Schon vor dem Bürgerkrieg war man in Colorado auf Goldvorkommen gestoßen, aber die Adern hatten nicht viel hergegeben, und zahlreiche Glückssucher waren als Farmer seßhaft geworden. Um 1858 war ein neuer »Colorado Gold Rush« ausgebrochen; gleichzeitig hatten andere Prospektoren in Nevada die große Comstock-Ader entdeckt, die in 20 Jahren Gold und Silber im Wert von 300 Millionen Dollar lieferte. Ähnlicher Reichtum wurde sonst nirgends gefunden, aber die Entdeckung kleinerer Edelmetallvorkommen in anderen Teilen Nevadas sowie in den künftigen Staaten Washington, Idaho und Montana führten zu immer neuen Goldgräberauszügen. Der letzte Ansturm dieser Art richtete sich im Jahre 1876 auf die »Black Hills« von South Dakota. Mit Ausnahme der Comstock-Ader versiegten die Gold- und Silberminen überall ziemlich rasch. Viele legendäre Bergbaustädte verwandelten sich in kurzer Zeit in ebenso legendäre »Ghost Towns«, und immer wieder kam es vor, daß die ernüchterten Prospektoren zu Farmern wurden und das Land permanent besiedelten. Die Geschichte der Edelmetallgewinnung ist jedoch nicht die ganze Geschichte der »Mining Frontier«. In denselben Zusammenhang gehört auch die Entdeckung und der beginnende Abbau von Kupfer, Blei und Quarz in Colorado, Montana und California sowie die Ausdehnung der Eisenerzgewinnung auf Michigan, Wisconsin und Minnesota. Diese Rohprodukte wurden jedoch nicht von mehr oder weniger ungeordneten Abenteurergruppen, sondern von eigens hierzu organisierten Bergbauunternehmungen abgebaut und der aufsteigenden Industrie zugänglich gemacht.

Auf ihrem Vormarsch nach dem Westen drangen die Pioniere, Viehzüchter, Farmer und Goldsucher immer tiefer in die letzten Gebiete ein, die bisher noch den *Indianern* vorbehalten gewesen waren. Der Konflikt, der 50 Jahre früher im Osten ausgetragen worden war, wiederholte sich nunmehr in den »Great Plains«. Schon seit 1851 betrieb die Bundesregierung gegenüber den Indianern eine systematische Politik der »Concentration«, die hauptsächlich in der Verkleinerung und fortgesetzten Aufteilung der Reservate bestand. Bald fühlten sich die Stämme zwischen der »Mining Frontier« und der »Agricultural Frontier« eingekeilt, und einmal mehr zeigte es sich, daß dem Wort des weißen Mannes nicht zu trauen war. Nicht nur die Jagdgründe wurden den Indianern geraubt; ebenso verhängnisvoll wirkte sich die Vernichtung der Büffelherden aus, die ihnen bisher Nahrung, Kleidung, Zeltmaterial und Brennstoff geliefert hatten. Die Büffel behinderten die Bewegungsfreiheit der Farmer und Viehzüchter; Berufsjäger und Soldaten rückten ihnen deshalb systematisch zu Leibe und töteten sie zu Tausenden. Ihre Häute und Knochen wurden industriell verwertet, ihr Fleisch ernährte nicht nur die Siedler, sondern vor allem auch die Eisenbahnarbeiter. Ursprünglich hatte es im Westen zwischen 15 und 30 Millionen Büffel gegeben; bis zur Mitte der 1880er Jahre waren sie fast völlig ausgerottet.

Daß sich die Indianer gegen die Bedrohung ihrer Existenz auch im Westen zur Wehr setzten, war nur natürlich. Erste Ansätze zu organisiertem Widerstand waren schon vor 1860 sichtbar geworden. Der offene *Indianerkrieg* begann im Gebiet von Colorado ungefähr zu der Zeit, da im Osten der Bürgerkrieg ausbrach. Die Kämpfe breiteten sich bald nach Norden aus und wurden dort vor allem von den Sioux geführt. Die Bundesregierung, die nach 1865 die Rekonstruktion des Südens unterstützte, verhielt sich gegenüber den Indianern des Westens weit weniger liberal und widersetzte sich ihrem Anspruch auf bürgerliche Gleichberechtigung hartnäckig. Zur Unterdrückung der Aufstände setzte sie starke Truppenkontingente ein, die sich ihrer Kampfaufträge oft mit unbeschreiblicher Grausamkeit entledigten und zahlreiche gnadenlose Vernichtungsfeldzüge durchführten. Gegen die außerordentlich beweglichen und mit dem Mut der Verzweiflung kämpfenden Reiterhorden der Indianer hatten sie allerdings mitunter einen schweren Stand. Als die Sioux im Jahre 1876 unter Sitting Bull zur Verteidigung ihres Reservats im Dakota-Territorium gegen die von Bundestruppen unterstützten Goldsucher antraten, gelang ihnen in dem berühmten Gefecht von Little Big Horn die totale Vernichtung einer von General George A. Custer befehligten Streitmacht. Trotz diesem Erfolg, der keineswegs der einzige blieb, ließ jedoch die Widerstandskraft der Indianer mit der Zeit nach. Ihre Ernährungslage wurde immer prekärer und das Ausweichen in noch unberührte Gebiete immer schwieriger. In den 1880er Jahren kam es noch zu sporadischen Kampfhandlungen, aber sie veränderten die allgemeine Lage nicht mehr. Der letzte Akt des Indianerkrieges, der die Unterwerfung der kontinentalen Ureinwohner besiegelte, war das ebenso unnötige wie grausame Massaker in Wounded Knee (South Dakota), dem am 29. Dezember 1890 über 200 Männer, Frauen und Kinder vom Stamme der Sioux zum Opfer fielen. Kurz zuvor hatte das Zensusbüro von Washington offiziell erklärt, die »Frontier« habe praktisch zu bestehen aufgehört. Wohl waren seit 1865 immer wieder Anstrengungen unternommen worden, die Lebensbedingungen der Indianer zu verbessern. Sie waren hauptsächlich von religiösen und sozialreformerischen Gruppen ausgegangen, hatten aber nie nachhaltige Erfolge erzielt, weil man die Mentalität der Indianer in bezug auf Landbesitz und Seßhaftigkeit nie richtig begriff oder begreifen wollte. Daß sich mit der Zeit auch in Washington konstruktive Tendenzen durchsetzten, wird vor allem durch die »Dawes Act« von 1887 bezeugt, die das Land in den Reservaten den einzelnen Familien und sogar einzelnen Personen zuteilte. Aber auch diese Maßnahme vermochte das Los der Indianer nicht wirklich zu lindern. Einzelne Stämme widersetzten sich der Landaufteilung, in vielen Reservaten war der Boden unfruchtbar, und die Bewohner, die sich ohnehin nur mit äußerstem Widerwillen zu Farmern hatten umerziehen lassen, blieben zur Armut verurteilt. Vor allem aber konnte die Landspekulation nicht abgestellt werden. Sie blühte überall dort weiter, wo man im Laufe der Zeit auf neue Mineral- oder auf Erdölvorkommen stieß. Um 1901 wurden die Angehörigen der besonders gut assimilierten fünf »Civilized Tribes« von Oklahoma gesamthaft zu Bürgern der Vereinigten Staaten erklärt. Die generelle Aufnahme aller Indianer in die Staatsbürgerschaft erfolgte um 1924. Von ihrer völligen Integration in die amerikanische Gesellschaft kann jedoch auch heute noch nicht gesprochen werden.

Wie vom »New West« spricht die amerikanische Geschichtsschreibung im Blick auf die letzten Jahrzehnte des 19. Jahrhunderts auch vom *»New South«.* Sie bezeichnet damit eine Phase regionaler Entwicklung, die einerseits durch die Erholung von der Katastrophe des Bürgerkrieges und andererseits durch die neue und unumschränkte Herrschaft der konservativen Kräfte bestimmt war.

Im ganzen gesehen ging die Regeneration der südstaatlichen Wirtschaft erstaunlich rasch vor sich. Die Abschaffung der Sklaverei zeitigte auf die Dauer keine nachteiligen Folgen für die Plantagenwirtschaft. Bereits um 1875 hatte die Produktion von Baumwolle und Tabak wieder den Vorkriegsbestand erreicht. Obwohl die Zahl der Kleinfarmen zunahm, blieben die Großgrundbesitzer doch dominant und wußten die ehemaligen Sklaven, die zu Pächtern (»Sharecroppers«) geworden waren, von sich abhängig zu halten. Viele führende Politiker träumten von der *Industrialisierung* ihrer Region nach dem Vorbild des Nordens. Tatsächlich begannen sich zahlreiche industrielle Unternehmungen im Süden niederzulassen; ihre Entwicklung wurde durch den auch hier einsetzenden Ausbau des Eisenbahnnetzes nachhaltig unterstützt. Zwischen 1880 und 1890 lag die Wachstumsrate der Eisenbahnen in den Südstaaten um 50% höher als diejenige der gesamten Nation. Die Verbesserung des Transportwesens ermöglichte auch die Intensivierung des Bergbaus und der Erdölgewinnung. Die Tabakindustrie durchlief einen allgemeinen Rationalisierungs- und Konzentrationsprozeß; sie entwickelte neue Fabrikationstechniken und paßte sich durch die Verlegung des Produktionsschwerpunktes auf die Zigaretten dem neuen Bedürfnis einer großen Käuferschaft an. Das eigentliche Symbol des »New South« aber war die *»Cotton Mill«*. Die Baumwollverarbeitungsindustrie hatte ihre bescheidenen Anfänge schon vor dem Bürgerkrieg erlebt; in der Zeit von 1880 bis 1900 aber stiegen die Investitionen in diesem Bereich um das Siebenfache an. Viele Textilfirmen

Neuenglands konnten infolge höherer Löhne und kürzerer Arbeitszeiten nicht mehr konkurrieren und mußten ihre Produktion umstellen. Die Hauptprodukte der südstaatlichen Industrie waren jedoch unfertige Waren, die zu weiterer Verarbeitung in den Norden geschickt werden mußten. So blieb der Süden auch jetzt noch in mancher Hinsicht vom Norden und ganz besonders von den Finanzzentren des Nordostens abhängig. Trotz seines raschen Aufschwungs erreichte er die Prosperität und den Lebensstandard der anderen Regionen nicht. Das durchschnittliche Einkommen pro Kopf der Bevölkerung betrug um 1880 für die gesamten Vereinigten Staaten 870 Dollar, für den Süden allein jedoch bloß 376 Dollar. Um 1900 beliefen sich die entsprechenden Werte auf 1 165 bzw. 509 Dollar.

Parallel zur wirtschaftlichen Erholung lief in den Südstaaten die neue Unterdrückung der Schwarzen. Das doppelte Ziel bestand in der totalen *Segregation* und im *Wahlrechtsentzug* (»Disenfranchisement«). Um 1900 gab es überall segregierte Eisenbahnen und Bahnhofsanlagen; mit der Zeit eroberte die Rassentrennung sämtliche öffentlichen Dienste und Einrichtungen. Die hierfür erlassenen Staatsgesetze wurden als »Jim Crow Laws« bezeichnet. Im Jahre 1896 hatte der Oberste Gerichtshof die Segregation praktisch sanktioniert, und zwar durch die Proklamierung des Grundsatzes »Separate but equal« (Plessy gegen Ferguson). Zwei Jahre später öffnete ein weiteres Urteil (Williams gegen Mississippi) den Weg zur systematischen Fernhaltung der Neger von den Wahllokalen. Sie wurde durch alle möglichen Tricks erreicht, so u.a. durch Prüfungen der Lese- und Schreibfähigkeit sowie durch prohibitive Niederlassungsanforderungen. Am Ende des Jahrhunderts hatte die hemmungslose »Laissez faire«-Reaktion, gegen die im Norden kaum je Protest lautgeworden war, in den Südstaaten jede Erinnerung an die Rekonstruktion ausgelöscht. Die Verfassungszusätze, die die Schwarzen den Weißen gleichstellten, wurden praktisch vollkommen ignoriert, und der Rassismus feierte seine wüstesten Triumphe in der Lynchjustiz, die in den 1890er Jahren ihre weiteste Verbreitung erlebte. Die schwarze Bevölkerung verhielt sich der Diskriminierung gegenüber auch jetzt noch vornehmlich nachgiebig. Sie hatte sich seit der Emanzipation allmählich in soziale Schichten aufgeteilt und vor allem in den Städten einen Mittelstand ausgebildet, der die ökonomische Prosperität bald für wichtiger hielt als den vollen Besitz der politischen Rechte. Als Sprecher dieser Gruppe und wirkungsvoller Verfechter einer konzilianten und friedlichen Haltung gegenüber den Weißen trat Booker T. Washington hervor, der sich als Leiter des Tuskegee Institute in Tuskegee (Alabama) auch in beispielgebender Weise um die handwerkliche Erziehung der Schwarzen bemühte. Seine gemäßigten Ideen fanden weiten Beifall, sollten aber von einer späteren Generation von Negerführern schroff abgelehnt und als »Uncle Tomism« verurteilt werden.

Während die Erschließung des Westens ihrem Ende entgegenging, erfolgte der endgültige Übergang der amerikanischen Gesellschaft von einer agrarischen zu einer *industriellen Zivilisation*. Wenn man die dreieinhalb Jahrzehnte von 1865 bis 1900 als Periode der amerikanischen industriellen Revolution bezeichnet, ist dies im Hinblick auf die technologischen Entwicklungen durchaus gerechtfertigt; man darf aber dabei nicht übersehen, daß sich die Vereinigten Staaten schon in der ersten Hälfte des 19. Jahrhunderts sehr energisch angeschickt hatten, eine Industrienation zu werden. Über die Frage, ob der Bürgerkrieg die industrielle Revolution verzögert oder gefördert habe, sind in der amerikanischen Historiographie lange Diskussionen geführt worden. Gegenwärtig herrscht die Auffassung vor, daß die Zeit von 1820 bis 1861 insgesamt als die Vorbereitungsphase der Industrialisierung betrachtet werden müsse und daß der Bürgerkrieg mit dem endgültigen Sieg der industriellen und kommerziellen über die landwirtschaftlichen Interessen den entscheidenden Anstoß zur vollen Verwirklichung der industriellen Revolution gegeben habe.[6]

Die Industrie verdankte ihr Wachstum nicht nur dem durch die Eisenbahnen geschaffenen einheitlichen Binnenmarkt. Man muß hier eine ganze Reihe weiterer Faktoren ebenfalls berücksichtigen: Die seit dem Krieg ohne Unterbrechung betriebene Schutzzollpolitik, die um 1890 im »McKinley Tariff« gipfelte, wirkte sich für die Fabrikanten und Unternehmer äußerst vorteilhaft aus. Die natürlichen Reichtümer des Landes standen seit der Entdeckung der neuen Mineral- und Erdölvorkommen in größerem Umfang zur Verfügung als je zuvor. Von großer Bedeutung waren außerdem zahlreiche technische Erfindungen und Verbesserungen früherer Erfindungen, die sowohl den industriellen Produktionsprozeß rationalisierten als auch das tägliche Leben des einzelnen in mancher Beziehung erleichterten. Man denke hier z. B. an die Modernisierung der Eisenbahnen durch Druckluftbremsen, automatische Kupplungen und erste Experimente mit elektrischem Antrieb, an die Verbesserung des Nahrungsmitteltransports durch Kühlwagen, ferner an zahlreiche Neue-

6 Eine sehr einprägsame Zusammenfassung dieser Debatte findet sich in dem Werk des französischen Historikers Claude Fohlen: La société américaine 1865 – 1970, Paris 1973, S. 92 ff. Vgl. Harry N. Scheiber: Economic Change in the Civil War Era: An Analysis of Recent Studies, in: Civil War History 11, No. 4 (1965), S. 396 – 411.

rungen auf dem Gebiet des Fernmelde- und Fernsprechwesens, an die Fortschritte in der Eisen- und Stahlherstellung, aber auch an Erfindungen wie die der Glühlampe, der Schreibmaschine, des Phonographen u. a. m. Der stetige Bevölkerungszuwachs sicherte nicht nur die andauernde Nachfrage nach Industrieprodukten im Konsumgütersektor, sondern auch die Verfügbarkeit der erforderlichen Arbeitskräfte. Die amerikanische Gesellschaft war zu jener Zeit äußerst reich an organisatorischen Talenten, die die gegebenen technischen Möglichkeiten voll ausnützten und durch den zielbewußten Einsatz von Menschen, Rohstoffen, Transportmitteln und Maschinen jene Großbetriebe errichteten, die dem Land seinen neuen ökonomischen Charakter gaben. Wo in der Investitionsplanung früher von Millionen die Rede gewesen war, sprach man nunmehr von Milliarden.

In der Stahl-, Erdöl-, Textil- und Maschinenindustrie wie auch im Transportgeschäft wurden die großen Gesellschaften zusehends mächtiger und anmaßender. Sie strebten nach immer größerem Umfang, weil dadurch gleichzeitig die Produktion verbilligt und die Kontrolle des Marktes verschärft werden konnte. Die Krisen von 1873, 1883 und 1893 vermochten die allgemeine Aufwärtsentwicklung wohl zu verzögern, aber nicht aufzuhalten. Einige Gesellschaften, z.B. die Nähmaschinenfabrik Singer und die Maschinenbaufirma McCormick, besaßen wertvolle Patente; andere Unternehmen bemühten sich, die Konkurrenz aufzukaufen oder sich mit ihr zu vereinigen. Die großen Eisenbahngesellschaften waren in den 1860er und 1870er Jahren in erbitterte Preiskriege verwickelt und senkten ihre Tarife gelegentlich unter die Kosten, um die Konkurrenten auszuschalten. Gegenseitige Tarifabsprachen führten zur Entstehung von Kartellen (»Pools«), die aber immer wieder auseinanderbrachen. Nachdem einige Staatsregierungen diesem Treiben durch Regulationsgesetze zu steuern versucht hatten, rang sich der Kongreß im Jahre 1887 zur »Interstate Commerce Act« durch, die den Eisenbahngesellschaften den unlauteren Wettbewerb verbot und die Publikation ihrer Tarife vorschrieb. Die Wirksamkeit auch dieses Gesetzes blieb aber gering, denn es gestattete keine umfassende öffentliche Kontrolle über die Eisenbahnen und hielt den Obersten Gerichtshof nicht davon ab, sich in seinen Urteilen immer wieder zugunsten der Interessen der einzelnen Gesellschaften auszusprechen.

Wie in den größeren Industrienationen Europas übte auch in den USA die *Eisen- und Stahlindustrie* einen entscheidenden Einfluß auf die gesamte ökonomische Entwicklung aus. Die neuen Techniken der Verhüttung, der Stahlherstellung (Bessemer-Verfahren) und der

Weiterverarbeitung im Walzwerk ermöglichten gewaltige Produktionssteigerungen. Obwohl der Aufstieg der Stahlindustrie nur einen Teilaspekt des allgemeinen wirtschaftlichen Strukturwandels der USA darstellt, verkörpert er auf paradigmatische Weise einerseits die erfolgreichen Anfänge des »Big Business« und andererseits den Übergang der Führungsrolle von der Konsumgüter- auf die Kapitalgüterindustrie. Zu den größten Unternehmern gehörte Andrew Carnegie. Er war als Sohn armer Eltern aus Schottland eingewandert, hatte seine ersten Erfolge im Eisenbahngeschäft errungen, umgab sich als Stahlfabrikant mit äußerst tüchtigen Mitarbeitern und profitierte bei der Überwindung seiner Konkurrenten u. a. von den Tarifermäßigungen, die ihm die »Pennsylvania Railroad« gewährte. Mit einem Vermögen von mehreren hundert Millionen Dollar zog er sich um 1901 zurück und betätigte sich von da an hauptsächlich als Philanthrop und Förderer humanitärer und kultureller Institutionen aller Art. Seine Firma verkaufte er dem New Yorker Bankier J. Pierpont Morgan, der sie noch im gleichen Jahre mit elf anderen Stahlgesellschaften zur *»United States Steel Corporation«* verband. Dieses neue Unternehmen verfügte über ein Gesamtkapital von ca. 1,4 Milliarden Dollar und kontrollierte drei Fünftel der gesamten amerikanischen Stahlproduktion. Noch vor seinem Rücktritt aus dem Geschäftsleben hatte Carnegie, der stets als harter Gegner gewerkschaftlicher Ansprüche bekannt gewesen war, seine Gedanken über die moralische Verpflichtung des erfolgreichen Geschäftsmannes zur Philanthropie niedergeschrieben. Der berühmte Essay *»The Gospel of Wealth«* war im Jahre 1889 erschienen.

Die allgemeine Tendenz zur industriellen Konzentration hatte über die Kartelle zur Entstehung der monopolisierenden *Trusts* geführt und in der »United States Steel Corporation« ihren Höhepunkt erreicht. Sie war schon in den 1880er Jahren sichtbar geworden, als anstelle der relativ losen und unstabilen »Pools« die ersten Kapitalzusammenlegungen verschiedener Firmen und ihre Unterstellung unter besondere »Boards of Trustees« erfolgten. Das »Trust Device« wurde um 1882 in der von John D. Rockefeller gegründeten *»Standard Oil Company«* erstmals offen praktiziert. Die Geschichte dieser Gesellschaft liefert das charakteristische Beispiel für die Vorteile, Risiken und Gefahren einer solchen Organisation. Ihre Entstehung beruhte auf der erfolgreichen Ausdehnung der Nutzbarmachung natürlicher Ressourcen, sie prosperierte infolge geschickter Anwendung aller technologischen Errungenschaften der Zeit und weil sie – wie die Unternehmung Carnegies – von einem ausgezeichneten Management geleitet wurde. Sie führte alle Arbeitsprozesse in eigener Regie durch: Gewinnung des Rohmaterials, Transport, Raffinierung, Verpackung (»Tin Cans«) und Verkauf. Die »Standard Oil Company« beherrschte mit der Zeit nicht nur den nationalen Erdölmarkt, sondern auch denjenigen Europas und Lateinamerikas. Ihre Einflüsse waren mannigfaltig: Sie korrumpierte die öffentliche Verwaltung und viele Politiker, sie rief die Antitrust-Gesetzgebung auf den Plan, sammelte riesige Gewinne, ruinierte die Konkurrenz, hielt viele Menschen in Armut, genoß illegale Privilegien und begründete ebenfalls bedeutsame philanthropische Unternehmungen.

Trustbildung gab es auch in zahlreichen anderen Branchen. In der Tabakindustrie schuf James B. Duke aus North Carolina eine mächtige Monopolgesellschaft; Ähnliches geschah in der Zuckerraffinierung und in der Kupfergewinnung. Sowohl die Whiskybrenner als auch die Streichholzfabrikanten und die Hersteller von Landwirtschaftsmaschinen bildeten ihre eigenen Trusts. Um 1904 hatten 320 Trusts oder trustartige Gesellschaften über 5300 früher unabhängige Unternehmen aufgeschluckt.

Die *Antitrust-Gesetzgebung* begann in einigen Einzelstaaten, wo die Monopolisierungstendenzen großer Industriegesellschaften den »Small Business« besonders stark bedrohten. Das erste entsprechende Bundesgesetz, das die Trustbildung als illegal bezeichnete, wurde 1890 verabschiedet (»Sherman Antitrust Act«). Der Erfolg all dieser Maßnahmen war aber nicht groß. Viele betroffene Firmen verwandelten sich nach außen in Holding-Gesellschaften und führten ihre monopolisierenden Aktivitäten weiter. Dies konnten sie tun, weil sie durch die Gerichte nach wie vor geschützt wurden. Die Wirtschaftsführer, Großunternehmer und Finanzleute vertraten zwar in mancher Beziehung durchaus konservative Anschauungen, aber sie standen den überlieferten Traditionen des Wirtschafts- und Geschäftslebens im allgemeinen eher skeptisch gegenüber und predigten stets den Glauben an den Fortschritt. Das »Laissez faire«-Postulat, dem sie sich verschrieben hatten, wurzelte im Ideengut der Anhänger Jeffersons und Jacksons. Dies galt auch für Begriffe wie »Democracy«, »Liberty«, »Equality«, »Opportunity« etc., die von den neuen Konservativen bedenkenlos übernommen und sowohl der liberalen als auch der sozialreformerischen Kritik als integrale Elemente des wahren Amerika entgegengehalten wurden. Ethische und idealistische Konzeptionen einer früheren Zeit erfuhren hier bewußte Umorientierung und erhielten einen neuen, ökonomisch bestimmten Inhalt. Das Individuum wurde in erster Linie als Teil eines wirtschaftlichen Systems gesehen, Demokratie wurde mit Kapitalismus, Freiheit mit Besitz und Fortschritt mit Erwerb von Reichtum gleichgesetzt. Das eigentliche konservative Element dieser Doktrin bestand vor allem im Bestreben, die Privilegien zu bewahren, die den Aufstieg zum materiellen Erfolg ermöglicht hatten. Die Anhänger des »Laissez faire«-Prinzips waren im allgemeinen große Bewunderer der *Evolutionstheorie* Charles Darwins und der auf ihr beruhenden Soziallehre Herbert Spencers. Die Werke und Ideen der beiden britischen Denker fanden im Amerika des späten 19. Jahrhunderts außerordentlich weite Verbreitung. Die von Spencer vertretene Auffassung, wonach der »Survival of the fittest« die Grundvoraussetzung für den zivilisatorischen Fortschritt bilde, mußte manchem Geschäftsunternehmer, der seinen Erfolg im brutalen Konkurrenzkampf errungen hatte, wie eine Bestätigung der persönlichen Erfahrung vorkommen. Der mit dem »Gospel of Wealth« kombinierte *Sozialdarwinismus* wurde aber auch von vielen Wirtschaftstheoretikern, Historikern und Theologen vertreten, die immer wieder darauf hinwiesen, daß die amerikanische Wirtschaft im Interesse des ganzen Volkes von einer Aristokratie weiser Führer geleitet werde, daß der freie Konkurrenzkampf stets die Tauglichen nach oben bringe und die Untauglichen ausschalte und daß der Staat sich darauf beschränken müsse, die für den ungestörten Ablauf des Wirtschaftslebens erforderliche Ruhe und Ordnung zu gewährleisten.

Diese Lehre entstammte zwar dem Denken einer privilegierten Elite, aber sie verbreitete sich in allen sozialen Schichten und wurde recht eigentlich zu einem Volksglauben. Daß sie mit der Zeit auch heftige Kritik auf sich zog, war nicht überraschend. Es wäre vielmehr zu verwundern gewesen, wenn sich angesichts der Tatsache, daß es in Amerika ja keineswegs nur Nutznießer des wirtschaftlichen Aufstiegs gab, keine Kritik am »Laissez faire«-Prinzip geregt hätte.

Die Industrialisierung förderte schließlich noch ein anderes sozialhistorisches Charakteristikum der Zeit, das hier nicht unerwähnt bleiben darf, nämlich die Konzentration der Bevölkerung in den *Städten.* Diese demographische Verschiebung trug ebenfalls sehr nachhaltig zur Veränderung der allgemeinen Lebensbedingungen bei, obwohl sie sich nicht in allen Teilen des Landes gleich stark auswirkte. Die erste offizielle Volkszählung von 1790 hatte ergeben, daß nur 3,35% der Bevölkerung der Vereinigten Staaten in Städten (d.h. in Ortschaften von 8000 oder mehr Einwohnern) niedergelassen waren. Ein Jahrhundert später wurde bereits etwas mehr als ein Drittel der Bevölkerung in urbanen Verhältnissen festgestellt. Das Wachstum der Städte ging jedoch sehr ungleichmäßig vor sich. Um 1890 lebte mehr als die Hälfte aller amerikanischen Stadtbewohner in den fünf Staaten New York, Pennsylvania, Massachusetts, Illinois und

Ohio. Die Stadt New York zählte bereits 2,3 Millionen Einwohner, Chicago und Philadelphia hatten je etwas mehr als 1 Million. Daneben gab es eine ganze Reihe von Städten mit über 200000 Einwohnern, und überall nahmen die Bevölkerungszahlen rapid zu.

Der Zustrom, der sich in die Städte ergoß, war natürlich in erster Linie der stetigen Vermehrung der industriellen Arbeitsmöglichkeiten zuzuschreiben. Die fortschreitende Mechanisierung der Landwirtschaft und die (oftmals enttäuschten) Hoffnungen auf ein bequemeres und abwechslungsreicheres Leben in der Stadt beförderten andererseits die Landflucht. Ihr Wachstum verdankten die Städte indessen nicht nur den zuziehenden Landbewohnern, sondern in erster Linie der unaufhaltsam ansteigenden *Immigration.* Diese hatte sich in der Zeit von 1870 bis 1880 auf insgesamt 2,8 Millionen belaufen, aber schon im folgenden Jahrzehnt die Fünfmillionengrenze überschritten. Zwischen 1890 und 1900 wanderten 3,7 Millionen ein, und in der Zeit von 1900 bis 1910 sollte die Immigration die vorher und auch seither nicht mehr erreichte Gesamtziffer von 8,8 Millionen erreichen.

Wie in der ersten Hälfte des 19. Jahrhunderts bestand das Hauptziel der Immigranten auch jetzt noch darin, in der Neuen Welt eine bessere Existenz aufzubauen. Immer noch entstammten sie vornehmlich den sozialen Mittel- und Unterschichten ihrer Länder. In ihrer großen Mehrzahl waren sie Landbewohner, die in den Städten mit denselben Adaptationsproblemen konfrontiert wurden wie die weißen und schwarzen Amerikaner, die ihre landwirtschaftlichen Arbeitsplätze verlassen hatten. Das starke Anschwellen des Immigrantenstromes nach 1870 war generell gesehen auch eine Folge des technologischen Fortschritts. Durch den seit den späten 1860er Jahren vorherrschenden Einsatz großer Dampfschiffe wurde die Seereise nicht nur beschleunigt, sondern auch von manchen Gefahren befreit und vor allem verbilligt. Stärker als ihre Vorgänger in der Zeit vor 1870 zeigten die »neuen« Einwanderer die Tendenz, sich in den großen Städten vornehmlich des amerikanischen Ostens niederzulassen. Diese Konzentration verlängerte nicht nur den Prozeß ihrer Assimilation, sondern ließ sie den bereits früher zugezogenen Einwohnern gegenüber als »fremde« Gruppen auch augenfälliger erscheinen. Dazu kam aber noch eine weitere und besonders bedeutsame Tatsache: Während die Immigranten der ersten Jahrhunderthälfte vorwiegend aus den Staaten Nord- und Westeuropas gekommen waren, handelte es sich bei den »neuen« Einwanderern mehrheitlich um Angehörige süd- und osteuropäischer Völker sowie zu geringeren Teilen auch um Mexikaner, Französisch-Kanadier, Chinesen und Japaner. Die größten europäischen Gruppen stammten aus Österreich-Ungarn, Polen, Serbien, Rußland und Armenien. Wie schon früher hatten sich auch jetzt wiederum die politischen Verhältnisse in den betreffenden Gebieten der Alten Welt auf die Verstärkung der Auswanderung ausgewirkt. Die traditionellen sozialen Ordnungen waren mancherorts durchbrochen oder ganz aufgehoben worden (Abschaffung der grundherrschaftlichen Bindungen, Bauernbefreiung, beginnende Industrialisierung u. a. m.). In einzelnen Ländern hatten spezifische Vorkommnisse den Ausschlag gegeben, so etwa in Rußland die zunehmende Unterdrückung ethnischer Minderheiten durch die Regierung Alexanders III. Die besonders auffallende Zunahme ostjüdischer Einwanderer war eine direkte Konsequenz der russischen Antijudengesetze der 1880er Jahre und der Pogrome von 1891 bzw. 1905/1906. Entsprechendes gilt von der Armenier-Immigration, die durch die türkischen Verfolgungen und Massaker von 1894–1896 ausgelöst worden war.

Im Jahrzehnt des amerikanischen Bürgerkrieges hatte der Anteil der »neuen« Einwanderer an der gesamten Immigration bloß 1,4% betragen; 20 Jahre später belief er sich auf 20%, um im Jahrzehnt von 1890 bis 1900 auf 50% und nach 1900 zeitweilig bis auf 70% anzusteigen.

Daß der große Einwandererstrom in den amerikanischen Städten sehr bald schon schwere Probleme schaffen und bereits bestehende soziale Mißstände verschärfen mußte, war vorauszusehen. Über die Art und das Ausmaß dieser Probleme und über die Versuche, sie zu lösen, wird im nächsten Kapitel berichtet.

6. Soziale Spannungen und Reformbemühungen

Weder die Zeitgenossen noch die späteren Beobachter haben jemals in Abrede gestellt, daß die Vereinigten Staaten nach dem Bürgerkrieg eine Periode ihrer Geschichte durchlebten, die von einem nie zuvor in solchem Ausmaß verwirklichten Triumph des individuellen Unternehmungsgeistes, der Abenteuerlust und des vor keinen Hindernissen zurückschreckenden Geschäftssinnes bestimmt war.

Neben der ungeheuren Vitalität des wirtschaftlich-materiellen Wachstums nehmen sich die *geistigen und kulturellen Leistungen* derselben Zeit eher bescheiden aus. Sie wurden in ihrer Bedeutung vielfach erst von der Nachwelt wirklich verstanden und als entscheidende Impulse späterer Entwicklungen erkannt. Dies gilt in ganz besonderem Maße vom *Erziehungswesen*. Da eine zentrale Leitung fehlte, vollzog sich die Entwicklung hier zwar nach wie vor ungleichmäßig, aber der allgemein verbreitete Glaube an den praktischen Nutzen der Schulbildung begünstigte doch manche pädagogischen und organisatorischen Verbesserungen. Die Lehrerausbildung wurde allmählich überall reglementiert und den staatlichen »Teachers' Colleges« überantwortet. Auf der Elementarstufe überwogen immer noch die weiblichen Lehrkräfte. Erwachsenenbildung und Bibliothekswesen wurden nicht nur durch die öffentliche Hand, sondern vor allem auch durch private Geldgeber kräftig gefördert. Die wohl bedeutungsvollsten Veränderungen waren jedoch in den *Universitäten* zu beobachten. Die Initiative weitblickender Reformer führte hier zu tiefgreifender methodischer Erneuerung des in formeller Textbuchpaukerei erstarrten Unterrichts und zur Entstehung von Lehr- und Forschungsstätten, die den Vergleich mit ihren europäischen Vorbildern nicht nur aushielten, sondern diese an wissenschaftlicher Bedeutung in manchen Fällen auch überholten. Von der allgemeinen Verbesserung der Studienmöglichkeiten profitierten neben den naturwissenschaftlichen Disziplinen auch die Geistes- und Sozialwissenschaften. Die wegweisende Pionierarbeit wurde hauptsächlich an der Harvard Universität und an der seit 1876 bestehenden Johns Hopkins Universität in Baltimore geleistet. Die erneuerten Hochschulen dienten natürlicherweise dem technologischen und wirtschaftlichen Aufschwung der Nation; sie trugen aber andererseits auch dazu bei, daß die Gefahren und Probleme, die hieraus entstanden, immer deutlicher erkannt und analysiert wurden.

Unter den kritisch beobachtenden Zeugen der industriellen Revolution gab es seit den frühen 1870er Jahren viele erklärte *Gegner der hemmungslosen »Laissez faire«-Praxis*. Ihre Warnungen und Diskussionsargumente waren zwar uneinheitlich motiviert und verfolgten nicht immer die gleichen konkreten Ziele, aber sie dienten doch alle der Relativierung des allzu optimistischen Fortschrittsglaubens.

Die geistige Leere des hektischen Gewinnstrebens wurde von dem Dichter Walt Whitman in den *»Democratic Vistas«* (1871) mit unverhüllter Schärfe bloßgestellt. Ironischer und distanzierter, aber ebenso kompromißlos und von tiefer Resignation durchzogen erscheint die Zeitkritik des Historikers Henry Adams. Das Dilemma zwischen tiefempfundener Bindung an die Heimat und ebenso bewußt erlebter Entfremdung tritt bei Henry James hervor, der nach England ins freiwillige Exil zog und dort seine bedeutendsten literarischen Werke schuf. Dieselbe Spannung charakterisiert aber auch die Romane Mark Twains, der wie kaum ein zweiter den Pulsschlag seiner Zeit zu fühlen und fühlbar zu machen verstand. Mit dem

Buchtitel *»The Gilded Age«* (1873) gab er der ganzen Epoche den Namen, der seither auch in der Geschichtsschreibung allgemein gebräuchlich geworden ist.

Es blieb jedoch nicht bei der literarischen Demaskierung der unreflektierten materialistischen Erfolgssucht. Der Sozialdarwinismus wurde von reformerischen Theoretikern verschiedenster Färbung angegriffen und mit teilweise höchst originellen sozioökonomischen Konstruktionen zu widerlegen versucht (vgl. u.a. Henry George: *»Progress and Poverty«*, 1879, und Edward Bellamy: *»Looking Backward«*, 1888). Der schreiende Kontrast zwischen dem immensen Reichtum der Industriemagnaten und dem Elend der großstädtischen Slumquartiere, die sich unter dem Druck der Immigration immer weiter ausdehnten, führte zur Artikulation einer scharf anklagenden Sozialkritik (Jacob Riis: *»How the Other Half Lives«*, 1890; Thorstein Veblen: *»The Theory of the Leisure Class«*, 1899), aber auch zu praktischen und richtungweisenden Unternehmungen auf dem Gebiet der Armen- und Kinderfürsorge (Jane Addams in Chicago, Florence Kelley, Lillian Wald in New York u. a.). Überall erschallte außerdem der Ruf nach Reform der Gemeindeverwaltungen, nach Ausmerzung der Korruption und nach Entthronung der »City Bosses«, die mit ihren Machtapparaten die gesamte Lokalpolitik beherrschten und gerade die vertrauensseligen Immigranten oft aufs schändlichste ausnützten. Auch auf Staats- und Bundesebene wurde die Forderung nach administrativen Reformen erhoben. Zu ihren angesehensten Verfechtern gehörte der aus Deutschland stammende liberale Republikaner Carl Schurz, der als Diplomat und Offizier schon unter Lincoln und als Innenminister unter Hayes gedient hatte. Dauerhafte Erfolge waren diesen Bemühungen jedoch im allgemeinen erst nach 1890 beschieden.

Im *kirchlich-religiösen Bereich* regten sich seit den frühen 1870er Jahren neue konservativ-fundamentalistische Strömungen, die den sozialen Zeitproblemen zunächst wenig Interesse entgegenbrachten. Zu ihnen gehörte als eigenwilliger Seitentrieb die Gemeinschaft der »Christlichen Wissenschaft« (»Christian Science«), die um 1878 durch Mary Baker Eddy gegründet wurde und sich nach 1900 zur internationalen Bewegung ausweitete. Ihr Hauptmerkmal bestand in der Lehre von der Krankheitsheilung durch Glauben und Gebet. Ein lebendiges soziales Verantwortungsbewußtsein manifestierte sich andererseits in der Tätigkeit der Heilsarmee (1880 ff.) sowie bei manchen Organisationen und Institutionen der römisch-katholischen Kirche, die sich der aus katholischen Ländern stammenden Einwanderer annahmen. In den älteren protestantischen Denominationen gewann seit der Mitte der 1880er Jahre das von Washington

Gladden und Walter Rauschenbusch angeführte »Social Gospel Movement« zahlreiche Anhänger.
Betrachtet man die offizielle *Innenpolitik* der amerikanischen Bundesregierung in den letzten drei Jahrzehnten des 19. Jahrhunderts, so kann man leicht feststellen, daß sie den vielen privaten Bemühungen um Linderung der sozialen Ungerechtigkeit keine tatkräftige Unterstützung zugute kommen ließ. Sie verhielt sich hier ebenso passiv wie in der Kontrolle des Großkapitals. Zwischen den beiden großen Parteien gab es keine grundsätzlichen Meinungsverschiedenheiten, und ihre Gefolgschaften waren annähernd gleich stark. Wenn die Republikaner auch in den meisten Präsidentschaftswahlen siegten, geschah dies doch stets nur mit knappem Vorsprung. Die Partei Abraham Lincolns war immer eindeutiger zur Vertreterin konservativer Gruppeninteressen geworden. Die Industrie revanchierte sich für die Aufrechterhaltung der *Schutzzölle* mit namhaften und wirkungsvollen Wahlspenden. Die führenden Finanzkreise konnten sich darauf verlassen, daß die Regierung eine *konservative Währungspolitik* betrieb, ihre Schulden in Gold bezahlte und sowohl für die Silberwährung als auch für die Papier-Dollars (»Greenbacks«) die Golddeckung aufrechterhielt. Zu den treuesten Anhängern der »Grand Old Party« (der Name kam in den 1880er Jahren auf) gehörten neben den Industrieunternehmern und Bankiers auch die überaus zahlreichen Bürgerkriegsveteranen der Unionsarmee, die reichliche Pensionen bezogen und viele andere Vergünstigungen genossen.
Die von den Republikanern in dieser Zeit gewählten Präsidenten besaßen ausnahmslos nur mäßiges staatsmännisches Format. Sie waren stets bereit, die Wünsche ihrer Anhänger zu erfüllen und neigten fast immer zur Unterstützung von Gesetzesvorlagen, die direkt oder indirekt den Interessen der eigenen Partei dienten. Schon bevor die weltweite *Wirtschaftskrise* der 1890er Jahre auch die Vereinigten Staaten ergriff, hielten die republikanischen Administrationen zusammen mit der Mehrheit des Kongresses starr an der Golddeckung des Dollars fest und trugen auf diese Weise zur Benachteiligung namentlich der Landwirtschaft bei (s. u.). Die Industrie-Lobbies in Washington hatten nicht nur die Verabschiedung des Zollgesetzes von 1890 (»McKinley Tariff«) bewirkt, sondern erzwangen mit der Zeit noch weitere Protektionsmaßnahmen, die die Preise der europäischen Importwaren unablässig in die Höhe trieben.
Der einzige Präsident, der sich bemühte, diese Entwicklung einzudämmen, war Grover Cleveland. Mit ihm hatte nach aufregender Wahlschlacht im Jahre 1885 erstmals seit dem Bürgerkrieg wieder ein Vertreter der Demokratischen Partei das höchste Amt des Staates

übernommen. In seinen beiden Administrationsperioden (1885 bis 1889, 1893–1897) setzte er sich sehr energisch für die Verwaltungsreform ein und führte einen wenigstens temporär erfolgreichen Kampf um die Senkung der Zollsätze; außerdem trat er den grassierenden Mißbräuchen im Kriegspensionenwesen entgegen. Seine zweite Amtszeit fiel in die Jahre der Depression, die in den USA mit der »Panik von 1893« begonnen hatte. Obwohl die Demokratische Partei für eine inflationäre Währungspolitik eintrat, hielt der in diesen Fragen durchaus konservativ denkende Cleveland an der Bewahrung des Goldstandards fest und befürwortete die Unantastbarkeit der nationalen Goldreserve von 100 Millionen Dollar. Damit stellte auch er sich in Gegensatz zu den Farmern, die ganz allgemein die unbeschränkte Silberprägung und damit den Bimetallismus forderten. Die *»Silver Question«* erregte in diesen Jahren die amerikanische Öffentlichkeit aufs höchste und polarisierte den durch die alte Diskussion um die Schutzzölle ohnehin schon erhitzten Interessenkonflikt zwischen Landwirtschaft und Industrie in einem bisher nie dagewesenen Maße. Cleveland konnte schließlich den Goldstandard retten; dies gelang ihm aber nur mit Hilfe der Republikaner. Weite Kreise seiner eigenen Partei wandten sich enttäuscht von ihm ab, und er mußte sich schwerste Vorwürfe und Beschimpfungen gefallen lassen.

Daß die unter dem Druck der öffentlichen Meinung zustande gekommenen Ansätze zu einer regulierenden Wirtschaftsgesetzgebung (»Interstate Commerce Act«, »Sherman Antitrust Act«) im ganzen gesehen wenig wirksam waren, wurde bereits erwähnt. Obwohl sie den Siegeszug der Trusts und der Monopole vorerst nicht aufzuhalten vermochten, zeigten sie aber doch an, daß sich die gegen die »Laissez faire«-Praxis gerichteten politischen Kräfte zu formieren begannen und nicht länger ignoriert werden konnten. Ihre Hauptträger waren die *Arbeiter- und Farmerorganisationen*.

Gewerkschaftsähnliche Arbeitervereinigungen hatte es seit den Anfängen der Republik gegeben, aber sie waren politisch nie sehr bedeutsam gewesen. Kurz vor dem Bürgerkrieg waren verschiedene Fachverbände oder *»Craft Unions«* entstanden, die sich um 1866 in der »National Labor Union« (NLU) vereinigten, aber im ganzen doch nur einen winzigen Prozentsatz der amerikanischen Arbeiterschaft umfaßten. Die NLU zerfiel bereits in der Rezession von 1873, und mit ihr verschwanden zahlreiche »Craft Unions« von der Bildfläche. Trotzdem blieb bei vielen Arbeiterführern die Überzeugung bestehen, daß eine zentrale Organisation auch weiterhin notwendig sei. Mit dem Wachstum der Industrie wuchs auch die Zahl der Lohnabhängigen. Schlechte Bezahlung, ungünstige Arbeitsbedingungen und fortwährende Gefährdung des Arbeitsplatzes waren keine lokalen Probleme mehr, sondern berührten die gesamte Nation. Dies wurde schlagartig deutlich, als sich ein Ausstand bei der »Baltimore & Ohio«-Eisenbahn im Sommer 1877 sehr rasch zu einer nationalen Streikaktion auswuchs, in deren Verlauf es mancherorts zu schweren und blutigen Zusammenstößen zwischen Arbeitern und Ordnungskräften kam.

Dennoch erschienen die Aussichten für eine neue nationale Arbeiterorganisation nicht günstig. Da die Einzelstaaten in ihrer Fabrik- und Arbeitergesetzgebung völlig autonom waren, wurde die gewerkschaftliche Initiative in den verschiedenen Industriezentren mit sehr verschiedenartigen Bedürfnissen und Aufgaben konfrontiert. In allen Bevölkerungsschichten herrschte tiefstes Mißtrauen gegenüber den politischen Aktivitäten der »Unions«, hinter denen man stets die radikalen Umsturzabsichten europäischer Agenten witterte. Die Arbeiter selbst waren uneinig in ihren Zielsetzungen. Zwischen Immigranten und Eingesessenen und vor allem zwischen den Angehörigen verschiedener ethnischer Gruppen herrschte vielerorts bittere Zwietracht und Rivalität. Vor allem aber bestand kein proletarisches Klassenbewußtsein: Der amerikanische Arbeiter war freizügiger als der europäische, er wechselte seinen »Job« leichter und hoffte stets, nach »oben« zu gelangen und schließlich selbst zum Unternehmer zu werden. Wer diese Hoffnung aufgab, bezeugte den Verlust des Glaubens an den »American Dream« von den unbegrenzten Aufstiegsmöglichkeiten des arbeitenden einzelnen.

Das Bedürfnis nach einem kollektiven Verhandlungsinstrument wurde zunächst durch den *»Order of the Knights of Labor«* befriedigt. Diese halb geheime und durch eine komplizierte interne Hierarchie charakterisierte Organisation war gelernten und ungelernten Arbeitern aller Branchen zugänglich. Sie bestand seit 1869, war aber erst nach 1880 zu nationaler Bedeutung emporgewachsen. Als sie um 1885 Streikaktionen durchzuführen begann und damit erfolgreich war, stieg die Zahl ihrer Mitglieder auf über 700000. Ihr Niedergang begann jedoch bereits im nächsten Jahr, und zwar als Folge des blutigen Haymarket-Aufruhrs in Chicago, der von einer Anarchistengruppe provoziert worden war, aber dann doch den »Knights of Labor« zur Last gelegt wurde. An die Stelle des rasch zerfallenden »Ordens« trat die ebenfalls um 1886 gegründete *»American Federation of Labor«* (AFL), die von Anfang an eine wesentlich konservativere Politik betrieb, die Massen der ungelernten Arbeiter ausschloß und sich als Dachverband weitgehend autonomer Fachgewerkschaften organisierte. An ihrer Spitze stand bis 1924 Samuel Gompers, ein ehemaliger Zigarrendreher jüdisch-holländischer Herkunft, der die

Praxis der britischen Gewerkschaftsbewegung ebenso genau kannte wie das theoretische Schrifttum des europäischen Sozialismus. Er führte seine Organisation aber als Pragmatiker und bekannte sich grundsätzlich zum kapitalistischen Wirtschaftssystem, da er überzeugt war, daß dieses der Arbeiterklasse letztlich die größten Vorteile bringen werde. Den Gedanken an eine besondere Arbeiterpartei lehnte er entschieden ab; um so eifriger bemühte er sich, seinen Gewerkschaftsbund zum »legitimen« Verhandlungspartner der Arbeitgeberverbände zu machen. Als seine Hauptaufgabe betrachtete er den unablässigen Kampf um höhere Löhne, geringere Arbeitszeit und soziale Sicherung der Arbeitnehmer. Diese »Brot und Butter«-Ziele wollte er ausschließlich auf dem Verhandlungsweg erreichen; den Streik sah er als eine Waffe an, die nur in Notsituationen eingesetzt werden sollte.
Dennoch nahmen die offenen Arbeitskonflikte nach 1890 an Heftigkeit dauernd zu. Die Unternehmer gingen in ihrem Kampf gegen gewerkschaftliche Aktivitäten fast durchweg äußerst hart und skrupellos vor. Ihr Recht, Schutzverbände zu gründen und durch diese die Regierung unter Druck zu setzen, galt als unbestreitbar. Wenn die Arbeiter sich zu den gleichen Zwecken zusammentaten, bezeichnete man ihre Bestrebungen in Unternehmerkreisen jedoch gerne als »unamerikanisch, illegal und unanständig«. Kam es zu Konfrontationen, so zogen die Gewerkschaften fast immer den kürzeren. Dies zeigte sich vor allem in zwei Vorfällen des Jahres 1892, nämlich im Bergarbeiterstreik von Coeur d'Alene (Idaho) und im Ausstand der Stahlarbeiter von Homestead (Pennsylvania). Die Krise von 1893 brachte eine neue Welle von Lohnkürzungen, Entlassungen und Streikaktionen. Besonders folgenreich war der sogenannte »Pullman Strike«, der im folgenden Jahre wiederum praktisch das ganze nationale Eisenbahnnetz lahmlegte. Er wurde hauptsächlich von der »American Railway Union« getragen, die kurz zuvor durch Eugene V. Debs gegründet worden war. Mit Hilfe von Bundestruppen wurde die Revolte nach mehrwöchiger Dauer unterdrückt, die Eisenbahnergewerkschaft brach zusammen, und als neues Kampfmittel der Arbeitgeber bewährte sich erstmals das gerichtliche Streikverbot (»Injunction«), das in der Folge immer wieder mit Erfolg angewandt wurde.
Trotz der Heftigkeit der Gegensätze und Auseinandersetzungen gelangten die Arbeiterorganisationen revolutionär-sozialistischer Prägung stets nur zu geringer Wirkung. Daran änderte auch die Tatsache nichts, daß das Hauptquartier der Ersten Internationale um 1872 nach New York verlegt wurde. Die von dem Marxisten Friedrich Adolf Sorge einige Jahre danach ins Leben gerufene »Socialist Labor

Party« zählte fast ausschließlich deutsche Immigranten zu ihren Mitgliedern. Als bedeutendster Führer des amerikanischen Sozialismus trat gegen das Ende des Jahrhunderts der durch den »Pullman Strike« zu nationaler Berühmtheit gelangte Eugene V. Debs hervor; er vereinigte um 1901 verschiedene linksstehende Splittergruppen in der »Socialist Party of America«.

Die *Probleme der Landwirtschaft* wurden bereits mehr als einmal kurz gestreift. Der einzelne Farmer und Viehzüchter verspürte ihren Druck hauptsächlich insofern, als er immer mehr produzierte und für seine Ware immer weniger erhielt. So stieg beispielsweise der Weizenertrag von 179 Bushel (1 Bushel = 35,23 l) im Jahre 1859 auf 599 Bushel im Jahre 1900. In der gleichen Zeitspanne sank aber der durchschnittliche Preis pro Bushel von ca. 2 Dollar auf 62 Cents. Die allgemeine Produktionszunahme ergab sich einerseits aus der Vervielfachung des landwirtschaftlichen Nutzungsgebietes und andererseits aus der fortschrittlichen Mechanisierung. Ackerbau und Viehzucht wurden zu wichtigen Handelszweigen. Die Farmer waren nicht mehr Selbstversorger, sondern Agrarkapitalisten, die sich zunehmend spezialisierten und fast nur noch für Handel und Export produzierten. Da die Landwirtschaft auch in anderen Ländern und Weltteilen (Rußland, Kanada, Südamerika und Australien) einen großen Aufschwung erlebte, sahen sie sich mit immer stärkerer Konkurrenz konfrontiert. Sie mußten ihre Produkte auf einem ungeschützten Weltmarkt absetzen, dessen Fluktuationen sie nicht zu beeinflussen vermochten. Was sie an Verbrauchsgütern benötigten, konnten sie sich jedoch nur auf einem durch Schutzzölle abgeriegelten Binnenmarkt beschaffen; und hier stiegen die Preise unaufhaltsam an. Die Produktionszunahme führte die Farmer nicht zum Wohlstand, sondern in immer schwerere Bedrängnis. Sie wurden fortlaufend zur Verpfändung ihres Landbesitzes und zur Aufnahme von Darlehen gezwungen, wenn sie die immer größer werdende Diskrepanz zwischen Einkommen und Lebenskosten überbrücken wollten. Naturkatastrophen, Dürreperioden und Viehseuchen wirkten sich immer wieder als zusätzliche existenzgefährdende Belastungen aus. Dies alles führte mit der Zeit zu einer schweren *allgemeinen Verschuldung der Landwirtschaft*, und es ist keineswegs zu verwundern, daß sich die Farmer der deflationären Währungspolitik der Bundesregierung mit aller Entschiedenheit widersetzten.

Die Unruhe nahm ihre schärfsten Formen im Westen und im Süden an, d. h. in den Gebieten, wo die Landwirtschaft am ausschließlichsten auf die Lagergüterproduktion und auf den Export ausgerichtet war. Die Schuld an der bedrohlichen und scheinbar ausweglosen Situation wurde vor allem der Frachtpreispolitik der Eisenbahngesellschaften, den Schutzzöllen und der unflexiblen Haltung der Banken zugeschoben. Die Farmer kümmerten sich nicht allzu sehr um die Tatsache, daß ihr Produktionszweig in eine internationale Krise verwickelt war. Sie stellten hingegen fest, daß ihre Interessen in Washington zu wenig wirksam vertreten wurden und hatten schon früh bemerkt, daß sie sich gegenüber der wirtschaftlichen und politischen Vorherrschaft der Industrie organisieren und zur Wehr setzen mußten.

Die *»agrarische Revolte«* gehört zu den dramatischsten Ereignissen im letzten Viertel des 19. Jahrhunderts. Ihre Vorgeschichte reicht in die Zeit unmittelbar nach dem Bürgerkrieg zurück. Als erste nationale Farmerorganisation war um 1867 diejenige der »Patrons of Husbandry« oder *»Grangers«* gegründet worden. Sie bestand aus einer Vielzahl lokaler Sektionen, der sogenannten »Granges«, und verfolgte nicht nur politische, sondern auch soziale und bildungsreformerische Ziele. Die »Grangers« versuchten vor allem, die Farmer aus ihrer Isolierung zu lösen und unter ihnen das Bewußtsein der gemeinsamen Interessen zu verbreiten. Sie kämpften insbesondere gegen die hohen Frachttarife und gründeten zahlreiche kooperative Selbsthilfeorganisationen. Die große Zeit des »Granger Movement« fiel in die Mitte der 1870er Jahre. Als sich gegen Ende dieses Jahrzehnts die Lage der Landwirtschaft vorübergehend etwas entspannte, verlor die Organisation rasch an Bedeutung. Nach 1880 verschärfte sich jedoch die bereits geschilderte Bedrängnis der Farmer aufs neue. Innerhalb eines guten Jahrzehnts entstand eine allgemein als nicht mehr erträglich empfundene Notlage. Sie bewirkte die Entstehung der *»Farmers' Alliances«*, die sich um 1889 zum nationalen Farmerbund vereinigten und wesentlich schärfere Reformforderungen erhoben als die »Grangers«. In mehreren Staaten des Westens vermochten sich ihre Führer rasch zu politischen Schlüsselstellungen emporzuschwingen, und so verbreitete sich schon bald der Wunsch nach der Gründung einer dritten nationalen Partei, die in erster Linie die Interessen der Landwirtschaft vertreten sollte.

Diese Partei entstand im Jahre 1892. Ihr offizieller Name war »People's Party«, sie wurde aber von Anfang an allgemein als *»Populist Party«* bezeichnet. Auf ihrem ersten Wahlkonvent in Omaha (Nebraska) proklamierte sie ein sehr fortschrittliches Programm (4. Juli 1892), das u. a. eine abgestufte Einkommensteuer, ein nationales Kreditsystem für die Landwirtschaft, die Verstaatlichung der Eisenbahnen und die Wahl der Senatoren durch das Volk forderte. Indem sie die generelle Festsetzung des Achtstundentages verlangten, setzten sich die Populisten auch für die Industriearbeiter ein. Auf dem währungspolitischen Sektor propagierten sie eine allgemeine Erhöhung der umlaufenden Geldmenge durch freie und unbegrenzte Prägung von Silber und Gold im Verhältnis 16 zu 1. Damit stellten sie sich in offenen Gegensatz zu den Verteidigern des Goldstandards. Andererseits wies die »Platform« aber auch einen unverkennbar konservativen Zug auf; dieser wurde namentlich in dem Artikel sichtbar, der die Beschränkung der Einwanderung forderte.

Die Präsidentschaftswahlen von 1892 brachten der neuen Partei vor allem im Westen und im Süden große Erfolge. Ihr Kandidat James B. Weaver, ein ehemaliger Unionsgeneral aus Iowa, vereinigte mehr als 1 Million Stimmen auf sich. In vier Staaten errangen die Populisten deutliche Siege. Die Krise von 1893 half ihnen, ihre Positionen zu wahren, aber nach 1895 ging ihr Einfluß allmählich wieder zurück, weil unterdessen auch in der Demokratischen Partei die gegen Cleveland gerichteten Verfechter der »Freisilber«-Politik die Oberhand errungen hatten. In dem auf allen Seiten mit großer Leidenschaft geführten Wahlkampf von 1896 unterstützten die Populisten den Kandidaten der Demokraten, William Jennings Bryan. Das Programm dieses ebenso eloquenten wie tatkräftigen Politikers aus Nebraska versprach eine Reihe von Maßnahmen, die – wenn sie durchgeführt worden wären – wesentlich zur Verstärkung der Kontrolle über das Großkapital und zur Vergrößerung der sozialen Gerechtigkeit beigetragen hätten. Bryans währungspolitische Forderungen und seine Konzeption eines gemäßigten Staatssozialismus schreckten jedoch die Unternehmerkreise ab, und auch viele Industriearbeiter des Ostens stimmten für die Republikaner, weil sie fürchteten, die Inflation könnte sich nachteilig auf ihre Löhne auswirken.

Der Kampf um die Präsidentschaft endete mit dem knappen Sieg William McKinleys, der sich mit einem erzkonservativen Kabinett umgab und vielen seiner Parteigenossen als Retter des Landes vor der Revolution erschien. Der Ruf nach politischen und sozialen Reformen verstummte jedoch nicht mehr, und wenn die innere Spannung nach 1896 allmählich nachließ, war dies in erster Linie der allgemeinen Beruhigung der internationalen Finanz- und Wirtschaftslage zuzuschreiben. Dazu kam die Tatsache, daß die Aufmerksamkeit der amerikanischen Öffentlichkeit in vermehrtem Maße wiederum von den Problemen der Außenpolitik (s. u.) in Anspruch genommen wurde.

Mit der Unterstützung der Präsidentschaftskandidatur Bryans hatte die populistische Bewegung nach sturmflutartigem Aufbruch um 1896 praktisch bereits ihr Ende gefunden. Dennoch war und ist ihre politische Bedeutung nicht zu unterschätzen. Die durch sie geschaffene Partei war die erfolgreichste nationale Drittpartei, die in der

Geschichte der USA bis heute aufgetreten ist. Ihre Forderungen nach Ausbau der direkten Demokratie und Kontrolle der Monopole sollten als historische Vorbilder auch später immer wieder Beachtung finden. In den Südstaaten trug sie nachhaltig zur Schwächung der konservativen Herrschaftshierarchien bei und verbesserte das Los wenigstens der weißen Mittel- und Unterschichten.

Die amerikanische Geschichtsschreibung des frühen 20. Jahrhunderts hat den Populismus gerne als direkten Vorläufer des »Progressive Movement« bezeichnet. Seit etwa 1950 wurden aber auch seine nativistischen Tendenzen immer deutlicher gesehen, seine feindliche Haltung gegenüber den Immigranten im allgemeinen und sein Antisemitismus im besonderen. Daß der Bewegung bei aller Fortschrittlichkeit ihrer sozialen Forderungen und Programme auch konservative, ja reaktionäre Elemente innewohnten, ist heute nicht mehr zu übersehen.[7]

Das Jahrzehnt von *1900 bis 1910* war im Gegensatz zum vorangegangenen wiederum durch *allgemeines Wachstum* charakterisiert. Die Bevölkerung der USA vermehrte sich von 76 auf 92 Millionen, das durchschnittliche Pro-Kopf-Einkommen stieg merklich an, die Westwanderung ging weiter. Angetrieben durch einen neuen Aufschwung des privaten Investitionseifers erholte sich die amerikanische Nation zusehends von der Depression der 1890er Jahre. Nicht alle Bevölkerungsgruppen hatten jedoch an diesem Gesundungsprozeß den gleichen Anteil. Obwohl die Arbeitslosigkeit zurückging, folgte das Realeinkommen der industriellen Lohnempfänger der allgemeinen Aufwärtsbewegung nicht. Die Preise stiegen rascher als die Löhne, und ein immer größerer Teil der Geschäftsgewinne floß in die Investitionen. Aus den wohlhabenden Schichten, die ihren Besitz durch die Krise von 1893 hatten hindurchretten können, stammten sowohl die Befürworter als auch die hauptsächlichen Nutznießer der neu anlaufenden Expansions- und Konsolidierungsbewegung. Der Trend zum korporativen Zusammenschluß und zur Trustbildung hielt weiter an.

Der Glanz des »American Wealth« bildete nach wie vor einen scharfen Kontrast zu den traurigen Lebensverhältnissen der in den industriellen Zentren ansäßig gewordenen *Unterschichten*. Die industriellen Arbeitsbedingungen waren immer noch schlecht, ungesund und unsicher. Die Arbeitszeiten schwankten zwischen 45 und 60 Stunden pro Woche. Unfälle waren an der Tagesordnung, Sozialversicherungen und andere Schutzeinrichtungen gab es nicht, Frauen- und Kinderarbeit blieb überall verbreitet. Fabrikgesetzgebung exi-

7 Zur Entwicklung der Populismus-Interpretation vgl. Fohlen, S. 84ff.

stierte nur in vereinzelten und ungenügenden Ansätzen. Die Slumquartiere breiteten sich unaufhaltsam aus. Von den 3,5 Millionen Einwohnern, die die Stadt New York um 1900 zählte, lebten rund zwei Drittel in ca. 80000 Mietskasernen (»Tenement Houses«).
Die in der AFL zusammengefaßten »Craft Unions« setzten sich nicht sehr energisch für Arbeiterschutzgesetze ein; sie strebten vielmehr in erster Linie nach bilateralen Abmachungen (»Bargains«) mit einzelnen Arbeitgebern und Arbeitgeberorganisationen. Generell vertraten sie nur die Interessen der gelernten Arbeiter und bestärkten diese in ihrer Abneigung gegenüber den Massen der mehrheitlich ungelernten »neuen« Immigranten aus Osteuropa und Ostasien. Diese Lohnempfänger blieben denn auch weitgehend ungeschützt, wenn sie sich nicht radikalen Organisationen wie den syndikalistischen »Industrial Workers of the World« (IWW, gegründet 1905) anschlossen. Zu den von der AFL vernachlässigten Gruppen gehörten natürlich auch die schwarzen Arbeiter. Daß die *Neger* seit ca. 1890 ganz allgemein wiederum eine besonders harte Zeit der Diskriminierung durchmachten, wurde bereits erwähnt. Rassistischer Terror und gewaltsame Verfolgungen verbreiteten sich nicht nur im Süden, sondern mit der Zeit auch im Norden. Die in die Städte einströmenden Schwarzen wurden überall in die Rassengettos abgedrängt, aus denen ihnen der Ausbruch durch die Segregationsgesetze verwehrt war. In dieser Situation begannen sich aber nunmehr erste Anzeichen organisierten Widerstandes bemerkbar zu machen. Unter der Führung von W. E. B. DuBois gründeten einige schwarze Intellektuelle im Jahre 1905 das »Niagara Movement«. Sie distanzierten sich in scharfer Eindeutigkeit von den Zielsetzungen Booker T. Washingtons und forderten unverzügliche Aktionen zur Durchsetzung der politischen und wirtschaftlichen Gleichberechtigung der Neger gegenüber den Weißen. Aus dem »Niagara Movement« entstand bereits um 1909 die *»National Association for the Advancement of Colored People«* (NAACP), die aber erst nach langen Jahren des Wachstums zum wirksamen Instrument sozialer Reform werden sollte.
Im ganzen gesehen waren die Probleme, Spannungen und Konflikte, die die amerikanische Gesellschaft nach 1900 belasteten, immer noch die gleichen wie in den letzten drei Jahrzehnten des 19. Jahrhunderts. So erscheint auch die literarische und publizistische *Sozialkritik* dieser Epoche als direkte Fortsetzung der früheren Warnungen vor der unkontrollierten »Laissez faire«-Praxis. Zu ihren bedeutendsten Vertretern gehörten nunmehr Romanschriftsteller wie Theodore Dreiser, Frank Norris und Upton Sinclair, daneben aber auch zahlreiche Praktiker der Sozialfürsorge, Ökonomen, Soziolo-

gen und gesellschaftskritisch engagierte Journalisten, die sich in Büchern und Zeitschriftenartikeln (besonders etwa in *»McClure's Magazine«)* an ein großes Publikum wandten. Man denkt hier u. a. an Ida Tarbell und ihre Enthüllungen über die Geschäftspraktiken der »Standard Oil Company«, an Ray Stannard Bakers Verurteilung der Eisenbahngesellschaften sowie an die Kritik, die Lincoln Steffens an der Korruption in zahlreichen Staats- und Gemeindeverwaltungen übte. Die Literatur dieser und anderer *»Muckrakers«* (der Ausdruck bedeutet »Mistkratzer« und wurde von Theodore Roosevelt geprägt) mochte zwar gelegentlich zur Dramatisierung tendieren, sie zeichnete aber im ganzen doch ein korrektes Bild der Zustände und erschütterte das soziale Gewissen vieler Leser. Die kritiklose Bewunderung des geschäftlichen Erfolgs und des Reichtums wich einer allgemeinen Ernüchterung, und die Existenzprobleme der in Armut lebenden Unterschichten traten immer deutlicher auch ins Bewußtsein vieler Angehöriger des Mittelstandes.
Der neue Aufbruch des Reformeifers erfaßte nicht nur Privatpersonen und private Organisationen, sondern mit der Zeit auch zahlreiche Politiker. Er wurde zur mächtigen nationalen Erneuerungsbewegung, die alle ähnlich gerichteten Ansätze früherer Jahrzehnte an Durchschlagskraft hinter sich ließ.
Zu den Hauptimpulsen des *»Progressive Movement«* gehörte die allgemein verbreitete und durch mannigfache Erfahrungen gestärkte Einsicht, daß private Initiative und lokale Reformexperimente nur dann etwas zur endgültigen Überwindung sozialer und politischer Mißstände beitragen konnten, wenn sie durch die gesetzgeberische Tätigkeit der Regierungsbehörden unterstützt wurden.
Die Reformwelle setzte im agrarischen Mittelwesten ein. Von entscheidender Bedeutung war die Wahl des Republikaners Robert M. La Follette zum Gouverneur von *Wisconsin* im Jahre 1900. In den sechs Jahren seiner Amtsführung – er ging bereits um 1906 als Senator nach Washington – machte dieser fortschrittlich gesinnte Politiker die Verwaltung seines Staates zu einem Muster an Effizienz und Tüchtigkeit. Er räumte mit der korrupten Herrschaft der »Party Bosses« auf, etablierte eine enge Zusammenarbeit zwischen der Staatsregierung und der bereits sehr renommierten Staatsuniversität in Madison und setzte zahlreiche Expertenkommissionen ein, die ihm Gutachten und Ratschläge zur Lösung der ökonomischen und sozialen Probleme vorlegten. Mit außerordentlicher Energie trieb er die Legislativbehörde zu produktiver Arbeit an. Sie führte direkte Primärwahlen, Initiative und Referendum ein, setzte eine allgemeine Verfassungsreform durch, beschnitt die Einflußmöglichkeiten des »Lobbyism« der Banken und Eisenbahngesellschaften, förderte den

Naturschutz und schuf das erste einzelstaatliche Einkommensteuergesetz. Wisconsin wurde nach den Worten Theodore Roosevelts zum »Laboratory of Democracy«, das die gesamte Nation beeindruckte.

Große Mehrheiten der Bevölkerung unterstützten ähnliche Regierungsprogramme auch in anderen Landwirtschafts-Staaten wie Iowa, Minnesota, Oregon, Mississippi, Arkansas und South Carolina. Aber auch in den industrialisierten Staaten errang das »Progressive Movement« mit der Zeit bedeutende Erfolge. Der Kampf gegen die Macht der großen privaten Geschäftsunternehmungen und ihren Einfluß auf öffentliche Verwaltung und Politik wurde zuerst und vor allem in *New Jersey* mit großem Einsatz geführt. Zu den wirkungsreichsten Reformpolitikern dieses Staates gehörte Woodrow Wilson, der 1911/12 als Gouverneur amtierte und sich in dieser kurzen Zeit ein nationales Ansehen erwarb, das mit demjenigen La Follettes durchaus zu vergleichen war.

Wenn die Zielsetzungen des »Progressive Movement« im ersten Jahrzehnt des 20. Jahrhunderts auch zum *Anliegen der Bundesregierung* erhoben wurden, war dies in erster Linie der Tatkraft Theodore Roosevelts zu verdanken. Dieser vielseitig interessierte und begabte Staatsmann übte das Präsidentenamt mit einer Dynamik aus, die seit Jackson und Lincoln nicht mehr zu spüren gewesen war. Er entstammte einer reichen New Yorker Familie und war nach ungewöhnlich rascher und steiler Karriere um 1898 bereits zum Gouverneur seines Heimatstaates und zwei Jahre danach zum Vizepräsidenten gewählt worden. Vorher hatte er sich sowohl in der Lokalpolitik als auch in der Landwirtschaft und im Militär erfolgreich betätigt. Er war während kurzer Zeit (1897/98) »Assistant Secretary of the Navy« gewesen und hatte neben alledem noch die Zeit für die Abfassung mehrerer historiographischer Werke gefunden. Als Präsident McKinley im September 1901 einem Attentat zum Opfer fiel, öffnete sich dem erst 42jährigen Roosevelt plötzlich der Weg zum höchsten Amt der Nation. Vielen konservativen Republikanern der »Old Guard« flößten sein energisches Wesen und seine Reformfreudigkeit Mißtrauen ein. Die »progressiven« Politiker beider Parteien hingegen setzten große Hoffnungen auf ihn. Innerhalb seines ersten Amtsjahres schon zeigte Roosevelt, daß er die durch den ökonomischen Aufschwung entstandenen Probleme der Republik sehr genau erkannt hatte und daß er gewillt war, zu ihrer Lösung beizutragen. Das bestehende Wirtschaftssystem wollte er zwar nicht revolutionär verändern, aber er wollte es von Machtmißbrauch und Korruption befreien. Zutiefst war er davon überzeugt, daß der Bundesregierung die Aufgabe obliege, den privaten »Business« zu kontrollieren, die

Herrschaft über das Kapital zu behaupten, den Monopolen ein Ende zu bereiten und den Lohnabhängigen mehr Sicherheit zu verschaffen. Nach seinen eigenen Worten ging es ihm stets darum, allen am Wirtschaftsprozeß beteiligten Interessengruppen einen *»Square Deal«* zu ermöglichen.
Schon kurz nach seinem Amtsantritt stellte sich die Frage, ob es ihm gelingen würde, die *Trusts* zur Einhaltung der Gesetze zu bewegen, die ihre Ausdehnung begrenzten. Nach hartem Kampf gelang 1904 ein erster und bedeutungsvoller Sieg: J. Pierpont Morgan und die beiden Eisenbahnmagnaten James J. Hill und E.H. Harriman hatten sich mit anderen Unternehmergruppen zu einer Gesellschaft zusammengeschlossen, die die gesamten Eisenbahnlinien des Nordens zu monopolisieren drohte. Der von Roosevelt angestrengte Prozeß endete aber mit der Auflösung der »Northern Securities Company«. Noch vor dem Ende seiner ersten Amtsperiode brachte Roosevelt den Kongreß dazu, ein »Department of Commerce and Labor« zu schaffen, dessen Vorsteher Kabinettsrang besaß. Ihm war u. a. das »Bureau of Corporations« unterstellt, eine zentrale Kontrollbehörde, die das Geschäftsgebaren der großen Firmen durchleuchtete, Berichte darüber anfertigte und diese in der Presse veröffentlichte. Der Kampf gegen die Trusts verstärkte Roosevelts Popularität natürlicherweise besonders bei den mittleren und unteren Einkommensschichten. Sein Vorgehen bestand aus einer wohlberechneten Kombination von Konzilianz und harter Drohung. Die Erfolge waren im ganzen gesehen allerdings eher propagandistischer als praktischer Art. Die gesetzlichen Grundlagen der Antimonopol-Bewegung wurden nicht entscheidend erweitert. Immerhin gelang die Vernichtung einiger besonders schlimmer Auswüchse der Monopolisierung, und manche Unternehmer bequemten sich zu maßvollerem und vorsichtigerem Vorgehen.
Roosevelt befaßte sich auch mit dem seit langer Zeit heftig umstrittenen Problem einer *zentralen Regelung des Eisenbahnwesens.* Es gelang ihm, den Kongreß zur Verabschiedung zweier Gesetze zu bewegen, die die Praxis der Vorzugstarife und die Kontrolle der Kohlengruben durch die Eisenbahngesellschaften aufhoben und darüber hinaus der Bundesregierung die Berechtigung zur Intervention in Tarifangelegenheiten zusprachen (»Elkins Act«, 1903; »Hepburn Act«, 1906). Gleichzeitig unterstützte Roosevelt jene Reformer, die sich für eine wirksame *Lebensmittel- und Arzneikontrolle* einsetzten. Ihre Bemühungen resultierten vor allem in der »Pure Food and Drug Act« und »Meat Inspection Act« von 1906. Daß Roosevelt gewillt war, sich auch für die *Behebung sozialer Ungerechtigkeit* tatkräftig einzusetzen, bewies vor allem sein Verhal-

ten im Streik der Kohlengrubenarbeiter von Pennsylvania, der von Mai bis Oktober 1902 andauerte. Das »Bureau of Corporations« befleißigte sich hier einer sehr fairen Berichterstattung. Die Gewerkschaft der »United Mine Workers« forderte den Achtstundentag und eine zehn- bis zwanzigprozentige Lohnerhöhung. Ihre Bereitschaft, sich einem Schiedsgerichtsentscheid zu unterziehen, gewann ihr viele Sympathien, während die harte Intransigenz der Unternehmer in der Öffentlichkeit auf weitverbreitete Ablehnung stieß. Als sich eine akute Versorgungskrise abzuzeichnen begann, griff der Präsident ein. Er wies die Minenbesitzer an, sich dem Schiedsgericht ebenfalls zu unterziehen und drohte ihnen offen mit der militärischen Besetzung der Gruben. Unter diesem Druck gaben die Unternehmer nach; der Kompromiß brachte den Arbeitern die geforderten Lohnerhöhungen und partielle Arbeitszeitverkürzungen, die Gewerkschaft konnte aber ihre Anerkennung nicht durchsetzen. Roosevelts Intervention war einerseits gewiß in der Sorge vor dem drohenden Kohlenmangel begründet gewesen, andererseits aber ebensosehr in seiner Überzeugung von der Angemessenheit der gewerkschaftlichen Forderungen.
Zu den bemerkenswertesten Leistungen seiner Innenpolitik gehörte schließlich auch der Einsatz für den *Naturschutz,* für die Erhaltung der Wälder und der anderen natürlichen Reichtümer des Landes. Seit seinem Amtsantritt hatte er immer wieder die Schaffung nationaler Land- und Waldreserven sowie den Schutz der natürlichen Wasserläufe gefördert. Im Mai 1908 berief er eine »National Conservation Conference« nach Washington ein, an der 44 Gouverneure und Hunderte von Experten teilnahmen. Die Tagung legte den Grund zu regelmäßigen Gouverneurskonferenzen und führte zur Entstehung einzelstaatlicher Naturschutz-Kommissionen. Obwohl die Farmer wiederum einen relativ sicheren Wohlstand erreicht hatten, ernannte Roosevelt auch einen nationalen Ausschuß zum Studium der Verbesserungsmöglichkeiten der ländlichen Lebensbedingungen. Seine Anteilnahme am Los der Schwarzen bekundete er oftmals; am augenfälligsten geschah dies, als er Booker T. Washington offiziell ins Weiße Haus einlud. Alle diese Maßnahmen besaßen wiederum starke propagandistische Wirkungskraft. Wenn ihre Erfolge teilweise auch begrenzt blieben, setzten sie doch neue Akzente im politischen und sozialen Leben der Nation. Roosevelt war zwar kein tiefschürfender Staatsdenker, aber er war ein sehr wirkungsvoller und um treffende Formulierungen nie verlegener Redner. Er verstand es, seine Zeitgenossen aufzurütteln und die Anhänger des »Progressive Movement« in ihren Hoffnungen und Bemühungen immer wieder zu bestärken.

Unter seinem Nachfolger William H. Taft geriet die fortschrittliche Innenpolitik der Bundesregierung in eine Krise. Wohl setzte der neue Präsident den Kampf gegen die Trusts fort, aber er näherte sich doch immer mehr dem konservativen Flügel der Republikanischen Partei an, d.h. jenen Kreisen, die sich von Roosevelt (nicht zuletzt auch in der Naturschutzfrage) deutlich distanziert hatten. In der neu aufbrechenden Debatte über die Schutzzölle ließ Taft es zu, daß die Konservativen unter Senator Nelson W. Aldrich (Rhode Island) ein streng protektionistisches Gesetz durchbringen konnten. Der heftige Widerstand der um Robert La Follette gescharten »Insurgents« blieb erfolglos. Als Roosevelt im Juni 1910 von einer Europa- und Afrikareise zurückkehrte, mußte er feststellen, daß seine Partei innerlich total zerrissen war. Das untrügliche Zeichen hierfür war der überwältigende Sieg der Demokraten in den Kongreßwahlen desselben Jahres. Die Republikaner wurden durch diesen Rückschlag jedoch nicht zur Einigung veranlaßt, sondern entzweiten sich immer mehr. Viele Taft-Gegner richteten ihre Hoffnungen auf eine Rückkehr Roosevelts in die aktive Politik. Im Februar 1912 meldete er sein Interesse an der Präsidentschaftskandidatur denn auch offiziell an und versprach ein fortschrittliches Gesetzgebungsprogramm. Als der Parteikonvent trotzdem Taft nominierte, zog Roosevelt an der Spitze einer in aller Eile organisierten »Progressive Party« in den Wahlkampf.

Diese Situation erwies sich für die Demokraten als überaus günstig, und es gelang ihnen, mit ihrem Kandidaten Woodrow Wilson die Präsidentschaftswahlen klar zu gewinnen.

Wilsons Amtszeit zerfällt in zwei deutlich zu unterscheidende Hälften, von denen die erste vor allem durch die innenpolitischen Aufgaben, die zweite aber fast ausschließlich durch den Ersten Weltkrieg bestimmt wurde. Das »Progressive Movement« war in den Jahren der Taft-Administration nicht zum Stillstand gekommen; es hatte in manchen Einzelstaaten gerade zu dieser Zeit beträchtliche Stärkung erfahren. Wilson sollte es nun erneut in den Dienst der nationalen Innenpolitik stellen und damit zu seinem eigentlichen *Höhepunkt* führen.

Noch mehr als seine beiden Vorgänger war dieser erste Südstaatler, der seit dem Bürgerkrieg wieder ins Weiße Haus einzog, zur Durchsetzung umfangreicher wirtschaftlicher und sozialer Reformen prädestiniert. Wilson war als Sohn eines presbyterianischen Predigers in Virginia geboren; er hatte in Princeton studiert und an der Johns Hopkins Universität in Baltimore um 1886 mit einer politologischen Arbeit den Doktorgrad erworben. Nach mehrjähriger Dozententätigkeit war er Präsident der Universität Princeton geworden und hatte dieses Amt bis zu seiner Wahl zum Gouverneur von New Jersey ausgeübt. Sein politisches Denken war sowohl durch intellektuelle Disziplin als auch durch hohen Idealismus gekennzeichnet. Er war persönlich integer, in seinen moralischen Überzeugungen bis zum Eigensinn unbeirrbar und dazu von einem ausgesprochenen Missionsbewußtsein erfüllt. Wie Roosevelt besaß auch Wilson ein waches Sensorium für die sozialen Mißstände der Zeit, doch war bei ihm das Mißtrauen gegenüber den führenden »Business«-Kreisen noch stärker ausgeprägt. In seiner ersten Inaugurationsrede (4. März 1913) verkündete er ein Reformprogramm, das tiefgreifende Veränderungen im Geschäftsleben und vor allem im Bankwesen anvisierte. Es wurde bald darauf unter das Schlagwort *»New Freedom«* gestellt und sollte in mancher Hinsicht tatsächlich auch verwirklicht werden.

Zu Beginn seiner ersten Amtsperiode zeigte Wilson recht großes Geschick in der Auswahl seiner Mitarbeiter. Er ernannte den bewährten Parteiführer William Jennings Bryan zum Außenminister und betraute den aus dem Süden stammenden New Yorker Geschäftsmann William G. McAdoo mit der Leitung des Finanzministeriums. Zum persönlichen Berater für innen- und außenpolitische Fragen machte er den vertrauten Freund Edward M. House aus Texas.

Die erste durchgreifende Reformmaßnahme richtete sich gegen die hohen *Schutzzölle.* Mit dem »Underwood Tariff« (1913), der die Ansätze auf ein vernünftiges Maß zurückschraubte und allen ungesetzlichen Privilegien und willkürlichen Begünstigungen einzelner Geschäftszweige einen Riegel vorschob, statuierte Wilson ein eindrucksvolles Exempel seiner Entschlossenheit und seiner Durchschlagskraft. Dann brachte er den Kongreß dazu, das Bank- und Währungswesen zu erneuern. Zur Behebung der notorischen Krisenanfälligkeit der über 30000 mehr oder weniger unabhängigen Geldinstitute wurde durch die »Federal Reserve Act« (1913) ein *nationales Zentral- und Reservebanksystem* eingerichtet, das sich als überaus wirksames Instrument der Konjunktursteuerung bewährte und dem Land in den Jahren des Ersten Weltkrieges unschätzbare Dienste leistete. Das »Federal Reserve System« enthielt neben der starken Zentrale als dezentralisierendes Element 12 Distriktsbanken, die den partikularen Wirtschaftsinteressen einzelner Landesteile besser entgegenkommen konnten.

Auch die *Antitrust-Bewegung* erfuhr neue gesetzliche Stärkung. Anstelle des »Bureau of Corporations« wurde die »Federal Trade Commission« eingesetzt, die die Geschäftspraktiken der großen Firmen untersuchen, Klagen über unlauteres Vorgehen prüfen und erwiesene Mißstände durch »Cease and Desist Orders« ausmerzen

sollte. In der im Oktober 1913 in Kraft gesetzten »Clayton Antitrust Act«, die die »Sherman Act« von 1890 in manchen Punkten ergänzte, wurde eine ganze Anzahl illegaler Machenschaften der Trusts genau definiert. Das Gesetz verbot insbesondere den Zusammenschluß großer Gesellschaften durch die Verflechtung von Direktorenposten. Ferner bestimmte es, daß die Gewerkschaften nicht unter die antimonopolistischen Maßnahmen der Regierung fallen sollten und daß die Waffe der »Injunction« bei Lohnkämpfen nur unter ganz bestimmten Voraussetzungen angewandt werden konnte.
Ebenso wie Roosevelt engagierte sich auch Wilson im Kampf um die soziale Gerechtigkeit. Er brachte u.a. ein Gesetz zur Verbesserung der Arbeitsbedingungen der Seeleute durch und veranlaßte den Kongreß zur Einführung des Achtstundentages für Eisenbahnarbeiter. Schließlich erfüllte er eine alte Populistenforderung, als seine Regierung für die Farmer ein Kreditsystem errichtete, das die Hypothekarzinsen in sehr beträchtlichem Maße reduzierte.
Als die Erschütterungen des Ersten Weltkrieges auch die Vereinigten Staaten erreichten, fand die von Wilson inspirierte reformerische Innenpolitik ihr abruptes Ende. Wenn sich auch zeigen sollte, daß gerade ihre gegen die Monopole gerichteten Maßnahmen auf die Dauer wiederum zu wenig wirksam waren, so hatte Wilson mit seinem Aktionsprogramm des »New Freedom« doch auch manches erreicht, was Bestand hatte.
Eine gesamthafte Würdigung der durch das »Progressive Movement« hervorgerufenen und getragenen Reformbemühungen kann nicht an der Tatsache vorbeigehen, daß im sozialen und wirtschaftlichen Leben der USA in der Zeit von 1900 bis 1916 zahlreiche bedeutsame Veränderungen erfolgten. Die hemmungslose »Laissez faire«-Praxis hatte sich manche Einschränkungen gefallen lassen müssen. Die amerikanische Öffentlichkeit war auf die Gefahren hingewiesen worden, die dem kapitalistischen System innewohnten, und hatte die Notwendigkeit staatlicher Regulationseingriffe in den bis dahin völlig autonomen Bereich der Privatwirtschaft in zunehmender Einsichtigkeit akzeptiert. Das Gefüge der amerikanischen Gesellschaft war freilich nicht von Grund auf verändert worden, und es läßt sich nicht verneinen, daß manche Bekenntnisse zum »Progressivism« auf seiten der Arbeitgeber und Unternehmer vor allem deshalb abgelegt wurden, weil die Hoffnung bestand, daß der soziale Status quo auf diese Weise zu bewahren sei. Dennoch erscheint eine historiographische Interpretation einseitig, die die gesamte Bewegung nur als »Triumph des Konservativismus« begreifen will.[8]

8 So z.B. Gabriel Kolko: The Triumph of Conservatism, A Reinterpretation of American History, 1900–1916, New York 1963 u.ö.

Nach dem Ende des Ersten Weltkrieges erwies sich eine Erneuerung des »Progressive Movement« in der wirtschaftlichen Praxis als unmöglich, und zwar vor allem, weil die Hochkonjunktur der 20er Jahre jede prinzipielle Kritik an ihren Voraussetzungen und strukturellen Grundlagen von vornherein zu widerlegen schien. Im geistigen Leben allerdings sollten – wie noch zu zeigen sein wird – zahlreiche Ideen des »Progressivism« bis weit in die Zwischenkriegszeit hinein weiterwirken. Die Initiative zu praktischer sozialer Reform sollte ihrerseits in der Ära Franklin D. Roosevelts zu neuem Leben erwachen und mit ihren Ergebnissen die Errungenschaften des »Progressive Movement« bei weitem übertreffen.

Dritter Teil: Die USA als Weltmacht

1. Ära des Imperialismus – Aufstieg der USA zur Weltmachtstellung

Der Drang zum »Empirebuilding« hat die Geschichte der amerikanischen Nation seit ihren Anfängen entscheidend mitbestimmt. Der Expansionismus war stets eine fundamentale Triebkraft aller ihrer Auseinandersetzungen mit fremden Mächten gewesen; man braucht sich nur daran zu erinnern, wie die kontinentalen Westgebiete (Louisiana, Texas, New Mexico, California, Oregon) unter die Kontrolle der Regierung von Washington gelangt waren. Mit dem *Kauf Alaskas* hatte diese um 1867 ihren bisher weitesten Ausgriff getan. In den darauffolgenden Jahren war die Erschließung der »Great Plains« und der »Rocky Mountains« vollendet worden. Die zweite Epoche des amerikanischen Expansionismus sollte in den frühen 1890er Jahren anbrechen, aber unter einem erneuerten Vorzeichen: »Manifest Destiny« hieß nicht mehr Eroberung des Kontinents, sondern Ausgreifen auf außerkontinentale Gebiete. In dieser zweiten Phase ihres Wachstums wurde die knapp 100jährige Republik zum »New Empire«; die Nation, die während langer Zeit vor allem mit ihren inneren Problemen beschäftigt gewesen war, erklomm in wenigen Jahren die Stellung einer Weltmacht.

Wenn sich die Vereinigten Staaten nach 1867 vorübergehend von der aggressiven Außenpolitik zurückgezogen hatten, bedeutete dies nicht, daß es ihr in dieser Zeit des Stillhaltens an Befürwortern weiterer Expansion gefehlt hätte. Einer der eifrigsten und scharfsinnigsten unter ihnen war William H. Seward, der Außenminister Lincolns und Andrew Johnsons. In der Aufstiegsphase der amerikanischen industriellen Revolution ging er von den Absatzbedürfnissen eines rasch anwachsenden Produktionsapparates aus, für den die Sicherung überseeischer Märkte äußerst wichtig war, da der Binnenmarkt der Sättigung entgegenging. Formellen Kolonialbesitz strebte er nicht an; was er sich vorstellte, war ein »Informal Empire«. Die auf Stützpunkten in der ganzen Welt ruhende Handelssuprematie erschien ihm als das Ziel, das die Vereinigten Staaten erreichen mußten und konnten. Besondere Aufmerksamkeit schenkte er den Möglichkeiten des Handelsverkehrs mit den Ländern Ostasiens. (Entsprechende Verträge bestanden mit China seit 1844, mit Japan seit 1854.) Er war davon überzeugt, daß England seine kommerzielle Füh-

rungsposition im Pazifik früher oder später an die Vereinigten Staaten abgeben müsse. Sewards Theorie ist deshalb von historischer Bedeutung, weil sie die Konzeption des amerikanischen Handelsimperialismus des ganzen folgenden Jahrhunderts vorwegnimmt. Die Idee des »Informal Empire« ist für diesen stets charakteristisch geblieben. Formelle Herrschaft über koloniale Gebiete blieb auf eine vorübergehende Phase seiner Geschichte beschränkt.
Seward entwickelte eine ganze Reihe konkreter Pläne zur Verwirklichung des amerikanischen Handelsimperiums. Er schlug u. a. eine Intervention in Korea vor und befürwortete den Erwerb der Hawaii-Inseln. Diese Ideen fanden jedoch keine Unterstützung, und nur mit Mühe gelang es ihm, den Kongreß dazu zu bringen, daß er den Alaska-Kaufvertrag mit Rußland ratifizierte.
Auch unter Präsident Grant verhielt sich der Kongreß gegenüber allen außerkontinentalen Annexions- und Kolonisationsgelüsten der Exekutive ablehnend und verhinderte dadurch die weitere Entwicklung expansionistischer Außenpolitik. Diese Situation blieb bis in die 1880er Jahre hinein sozusagen unverändert. Als Grover Cleveland 1885 Präsident wurde, beschäftigte das amerikanische Außenministerium nur 60 Beamte und Angestellte. Die Handelsmarine war zur Bedeutungslosigkeit herabgesunken, die Kriegsflotte bestand aus veralteten Schiffen, und die in ihrem Bestand drastisch reduzierte Landarmee wurde hauptsächlich für den Kampf gegen die Indianer gebraucht. Cleveland selber war ein erklärter Gegner des Expansionismus. Seine Außenpolitik war darauf angelegt, »Entanglements«, also Verwicklungen mit anderen Mächten, möglichst zu vermeiden.
Trotz der offiziellen Zurückhaltung der Regierung mehrten sich aber in denselben Jahren auch wiederum die Forderungen nach expansionistischer Initiative. Sie erfuhren kräftige Unterstützung durch das damals weitverbreitete Gedankengut Darwins und Spencers. Auf der Grundlage der *darwinistischen Evolutionstheorie* gedieh auch das Selbstbewußtsein gegenüber den »natives« und »backward peoples«, die nicht der weißen Rasse angehörten. Dieses Selbstbewußtsein verdichtete sich bei manchen Publizisten, aber auch bei Industriellen und potentiellen Kolonialunternehmern zu der Überzeugung von der »Anglo-Saxon superiority«, die den englischsprechenden Völkern den Weg zur globalen Führungsposition zu eröffnen schien.
Praktischer veranlagte Zeitgenossen erkannten, daß dieses Ziel nur mit einer starken und modernen Flotte zu erreichen war und daß die amerikanische Republik hier vor einer ganz konkreten Aufgabe stand, die gelöst werden mußte, wenn die Grundlage zu einem Han-

delsimperium überhaupt gelegt werden sollte. Der beredteste Vertreter dieser Einsicht war Kapitän Alfred T. Mahan. Seine Bücher »*The Influence of Sea Power upon History*« (1890) und »*The Interest of America in Sea Power*« (1897) wurden nicht nur in den Vereinigten Staaten, sondern auch in England, Deutschland und Japan mit großem Interesse gelesen. Er war ein realistischer Prophet der amerikanischen Weltmachtstellung. Seine Vision eines künftigen amerikanischen Handelsimperiums fand praktischen Niederschlag in der offiziellen Flottenpolitik der Regierung von Washington. Zu seinen überzeugten Anhängern zählten unter den jüngeren Staatsmännern seiner Zeit namentlich Henry Cabot Lodge und Theodore Roosevelt.

Der *Ausbau der amerikanischen Kriegsflotte* hatte schon vor 1890 begonnen, und noch vor dem Ende des Jahrhunderts waren die USA unter den Seemächten der Welt vom zwölften auf den dritten Platz vorgerückt.

Ein wichtiges Stimulans des amerikanischen Handelsimperialismus war natürlich das Beispiel des europäischen Kolonialwettlaufs, und schließlich spielten auch innenpolitische Faktoren bei der Belebung des außerkontinentalen Expansionsstrebens eine bedeutende Rolle. Wie in Europa verhalfen auch in den Vereinigten Staaten die wirtschaftlichen Wachstumsstörungen und die damit verbundenen sozialen Spannungen der 1880er und 1890er Jahre dem modernen Imperialismus zum Durchbruch. Das Gesetz der steigenden Bedeutung des Außenhandels in Zeiten innerer Krisen wirkte sich voll aus und führte zusammen mit den anderen erwähnten Triebkräften zur Intensivierung der amerikanischen Expansionspolitik.[1]

Der sichtbare und offizielle Umschwung wurde von James G. Blaine, dem Außenminister Präsident Benjamin Harrisons, vollzogen. Blaine hatte dasselbe Amt schon unter James A. Garfield innegehabt und erschien als Erneuerer der expansionistischen Ideen Sewards. Sein Hauptinteresse war auf *Lateinamerika* gerichtet. Er strebte nach allgemeiner Intensivierung des Handelsverkehrs und befürwortete die Erwerbung von Flottenstützpunkten im karibischen Raum sowie den Bau eines Kanals, der das Karibische Meer mit dem Pazifik verbinden sollte. Schon 1881 hatte er die Einberufung einer panamerikanischen Wirtschaftskonferenz vorbereitet, die dann aber

1 Hans-Ulrich Wehler: Der amerikanische Imperialismus vor 1914, in: Wolfgang J. Mommsen (Hrsg.): Der moderne Imperialismus, Stuttgart 1971, S. 172–192. Vgl. außerdem Hans-Ulrich Wehler: Der Aufstieg des amerikanischen Imperialismus, Studien zur Entwicklung des Imperium Americanum 1865–1900, Göttingen 1974 (= Kritische Studien zur Geschichtswissenschaft 10).

erst acht Jahre später zustande kam. Ihr Ergebnis entsprach Blaines Hoffnungen nicht; es bestand lediglich in der Errichtung eines permanenten Informationszentrums (»Pan-American Union«).
In den frühen 90er Jahren verbreitete sich in den Vereinigten Staaten eine allgemeine Expansionsbegeisterung, die sich in zahlreichen chauvinistischen Ausbrüchen übelster Art Luft verschaffte. Der sogenannte »Jingoism« wurde sowohl von der nationalistischen Presse als auch von militärischen Kreisen kräftig geschürt und brachte die Regierung von Washington mehr als einmal in Schwierigkeiten. Gelegentlich gebärdete sie sich aber auch selbst recht aggressiv, so z. B. in ihrer Stellungnahme zum Konflikt zwischen Großbritannien und Venezuela über die Grenze von *Britisch-Guiana* (1895). Hier kam es zu einer scharfen Auseinandersetzung über die Auslegung der Monroe-Doktrin. Präsident Cleveland wurde vom Kongreß unterstützt, als er für die USA den Anspruch erhob, den fraglichen Grenzverlauf durch eine dafür einzusetzende Kommission eigenmächtig zu bestimmen und England zur Annahme des amerikanischen Diktats zu zwingen. Das Riskio einer kriegerischen Auseinandersetzung mit England, das hier eingegangen wurde, stand in keinem Verhältnis zu den wirklichen amerikanischen Interessen, die intransigente Haltung der Regierung entsprach aber durchaus der chauvinistischen Kriegsstimmung, die die amerikanische Öffentlichkeit erfaßt hatte. Daß der offene Konflikt schließlich doch nicht ausbrach, war nur dem Nachgeben Englands zuzuschreiben, das im Jahre 1897 unter amerikanischer Vermittlung einen Schiedsgerichtsvertrag mit Venezuela abschloß.
Hatte Cleveland in dieser Affäre den »jingoistischen« Pressionen vorübergehend nachgegeben, so verhielt er sich zu gleicher Zeit in der Frage des Verhältnisses der USA zu *Hawaii* seinen Grundüberzeugungen gemäß streng anti-expansionistisch. Eine von amerikanischen Zuckerpflanzern angeführte Oppositionsbewegung hatte dort im Frühjahr 1893 gegen das Regime der Königin Liliuokalani eine erfolgreiche Revolte durchgeführt, die Entsendung amerikanischer Truppen veranlaßt, eine Revolutionsregierung eingesetzt und mit der Regierung von Washington einen Annexionsvertrag abschließen lassen. Als Cleveland im Herbst desselben Jahres die Präsidentschaft zum zweitenmal übernahm, war dieser Vertrag noch nicht ratifiziert und wurde nach eingehender Untersuchung denn auch wieder rückgängig gemacht. Die »revolutionäre« republikanische Regierung des pazifischen Inselstaates mußte Cleveland indessen anerkennen (1894). Das Verhältnis USA–Hawaii war damit natürlich noch nicht endgültig geklärt. Die Annexion, die Cleveland nicht gewollt hatte, sollte bereits 1898 unter seinem Nachfolger McKinley erfolgen, und

zwar sozusagen als Nebenaktion des *Spanisch-amerikanischen Krieges.*

Dieser Krieg war nicht durch die amerikanischen Expansionisten herbeigeführt worden, aber sie nützten ihn nach Kräften für ihre Zwecke aus. Er öffnete ihren aufgestauten Energien und Plänen alle Schleusen und wischte die bisher noch vorhanden gewesenen Widerstände gegen ein kolonialistisches Ausgreifen aus dem Weg. Dabei wurde das Vorgehen der USA auch von moralischen und politisch-missionarischen Impulsen mitbestimmt, denn es konnte als anti-kolonialistische Aktion deklariert werden: *Kuba,* das den casus belli lieferte, war eine spanische Kolonie. Schon während der Präsidentschaft Grants war auf der Insel ein Aufstand gegen das spanische Regime ausgebrochen, den viele Amerikaner mit warmer Anteilnahme verfolgt hatten. Im Februar 1895 brach eine neue Rebellion aus. Das kubanische Volk litt unter wirtschaftlicher, politischer und kirchlicher Tyrannei; das Land wurde von Spanien skrupellos ausgebeutet. Der Kampf wurde auf beiden Seiten mit äußerster Heftigkeit geführt, und er wurde noch unerbittlicher, als die spanische Regierung ein Heer von fast 200000 Soldaten auf die Insel sandte. Nachrichten über die Errichtung von Konzentrationslagern und über andere durch das spanische Militär verübte Grausamkeiten bewirkten in den Vereinigten Staaten wiederum weitverbreitete Anteilnahme am Los der unterdrückten Kubaner und allgemeine Empörung gegenüber Spanien. Dafür waren vor allem einige New Yorker Zeitungen, Hearst- und Pulitzer-Blätter, verantwortlich, die untereinander in scharfem Konkurrenzkampf lagen und sich durch sensationell aufgemachte Berichterstattung gegenseitig zu überbieten trachteten. Obwohl die brutale Gewalttätigkeit der Spanier nicht zu leugnen war, ist heute erwiesen, daß die »yellow press« hier vieles übertrieb und die Emotionen kräftig schürte. Unter ihrem Einfluß verbreitete sich in der amerikanischen Öffentlichkeit die Überzeugung, daß eine Intervention der USA in Kuba notwendig und gerechtfertigt sei. Präsident McKinley widerstand anfänglich dem Druck der allgemeinen Kriegslust. Er änderte seine Haltung erst (aber dafür um so gründlicher!), nachdem am 15. Februar 1898 das im Hafen von Havanna vor Anker liegende amerikanische Schlachtschiff »Maine« in die Luft geflogen war. Die Ursache der Explosion konnte nie geklärt werden; die amerikanischen Zeitungsleser beschuldigten jedoch Spanien, der Kongreß anerkannte formell die Unabhängigkeit Kubas und provozierte damit die spanische Kriegserklärung.

Der »splendid little war« wurde für die USA ein großer militärischer Erfolg. Ein amerikanisches Geschwader unter Admiral George Dewey errang einen ersten Sieg über die Spanier in der Bucht von Manila (1. Mai 1898); ein anderes vernichtete zwei Monate später den Rest der spanischen Flotte vor dem Hafen von Santiago de Cuba. Die Stadt selbst wurde von einer Landstreitmacht eingenommen, der u.a. auch Theodore Roosevelt als Kavallerieoffizier angehörte. Gleichzeitig erfolgte die Besetzung von Puerto Rico. Nach dem Verlust ihrer Kriegsflotte war die spanische Regierung zu Friedensverhandlungen bereit. Eine formelle Annexion Kubas hatten die USA von Anfang an abgelehnt. Die militärische Besetzung der Insel wurde jedoch erst aufgehoben, als die neue Republik eine Reihe von Klauseln in ihre Verfassung aufgenommen hatte, die ihre außenpolitische Freizügigkeit einschränkten und sie praktisch zum amerikanischen Protektorat machten (»Platt Amendment«).

Im Friedensvertrag von Paris (10. Dezember 1898) erhielten die Vereinigten Staaten die *Philippinen,* die Pazifikinsel Guam und Puerto Rico. Damit war die Republik, die aus einer kolonialen Rebellion hervorgegangen war, selbst zur Kolonialmacht geworden.

Die Diskussion um den Expansionismus hatte jedoch ihren Abschluß noch nicht erreicht. Sie intensivierte sich noch einmal in der Frage der Ratifikation des Pariser Friedensvertrages. Während die Anti-Imperialisten die Meinung vertraten, der außerkontinentale Expansionismus stehe im Widerspruch zu den historischen Traditionen der USA und gefährde die Demokratie, argumentierten die Imperialisten mit den bereits bekannten Ideen von der Mission Amerikas, in der Weltpolitik eine führende Rolle zu spielen, das Christentum zu verbreiten und den unterentwickelten Völkern die Annehmlichkeiten der westlichen Zivilisation zu bringen. Damit sollte Amerika – in den Worten Rudyard Kiplings – als führende abendländische Nation »the white man's burden« auf sich nehmen. Der zum Imperialismus bekehrte McKinley prägte den Satz: »Duty determines history.« In diesem Geiste wurde der Pariser Friedensvertrag trotz beträchtlicher Widerstände vom Kongreß am 6. Februar 1900 ratifiziert.

Der neue Kolonialbesitz machte der amerikanischen Regierung schon bald Sorgen. Ironischerweise mußte sie, nachdem sie in Kuba eine Unabhängigkeitsbewegung unterstützt hatte, einen gegen die eigene Verwaltung auf den Philippinen gerichteten Aufstand bekämpfen. Mit einer Brutalität, die dem spanischen Vorbild in nichts nachstand, unterdrückte eine Landarmee von ca. 70000 Mann die von Emilio Aguinaldo angeführte Rebellion der philippinischen Patrioten, die sich nicht damit abfinden konnten, daß ihr Land nach der Befreiung aus der spanischen Herrschaft nun von einer neuen Kolonialmacht abhängig geworden war. Obwohl die Aufstandsbe-

wegung Ende 1899 praktisch zerschlagen war, kamen einzelne Guerillaaktionen noch bis zum Jahre 1902 vor.
Über die Philippinen hinaus wurde in den späten 1890er Jahren auch *China* zu einem Problem der amerikanischen Außenpolitik. Die Schwäche des Kaiserreiches wurde in dieser Zeit immer offensichtlicher. Japan hatte schon um 1895 nach kurzem Kriege bedeutende Gebietsgewinne eingeheimst, und in den folgenden Jahren hatten sich sowohl Rußland als auch das Deutsche Reich wichtige Handelsprivilegien gesichert. Nach der Annexion Hawaiis und der Philippinen erschienen die amerikanischen Handelsmöglichkeiten in China durch diese Konkurrenten bedroht, und so kam es zur Aussendung der sogenannten »Open Door Notes« durch John Hay, den Außenminister McKinleys (6. September 1899; 3. Juli 1900). Im ersten dieser beiden diplomatischen Sendschreiben wurden die Regierungen von Westminster, St. Petersburg und Berlin aufgefordert, sich an der Errichtung eines gemeinsamen Marktes in China zu beteiligen. Sie sollten erklären, daß sie sich ihre Handelsrechte nicht streitig machen und in bezug auf die Erhebung von Zoll- und Hafengebühren nicht gegenseitig diskriminieren wollten. In der zweiten Note, die zur Zeit des Boxeraufstandes versandt wurde, erklärte Hay, die USA würden sich für die Wiederherstellung des Friedens und für den Schutz aller Handelsrechte fremder Mächte im Kaiserreich einsetzen. Obwohl diese (im Einverständnis mit Großbritannien unternommene) Initiative fast nur ausweichende Antworten und keinerlei feste Zusicherungen einbrachte, wurde sie in Washington doch als ein diplomatischer Erfolg gewertet und später in ihrer Bedeutung gemeinhin überschätzt.
Die expansive Außenpolitik, die unter McKinley noch etwas erratisch eingesetzt hatte, erfuhr unter seinem Nachfolger Theodore Roosevelt tatkräftige Fortsetzung und führte zu weiteren beträchtlichen Erfolgen. Das kubanische Problem wurde gelöst, indem die Republik den USA nach dem Abzug der amerikanischen Truppen in einem Staatsvertrag eine Reihe wichtiger Einflußmöglichkeiten garantieren mußte (1903). Ganz besonders stolz war Roosevelt auf die Tatsache, daß unter seiner Administration die Bauarbeiten am *Panamakanal* begannen (1904). Schon um 1850 waren England und die Vereinigten Staaten übereingekommen, den Kanalbau unter ihrer Kontrolle von privaten Unternehmern durchführen zu lassen und dem Kanal nach seiner Vollendung neutralen Status zu verleihen (Clayton-Bulwer-Vertrag). Um 1901 hatten diese Abmachungen eine Revision erfahren, durch welche die USA ermächtigt wurden, die Bauarbeiten zu überwachen. Roosevelt versuchte, mit der Republik Kolumbien, auf deren Territorium der geplante Kanal liegen

sollte, einen entsprechenden Konzessionsvertrag abzuschließen. Als dies nicht gelang, unterstützte er einen Aufstand auf der Landenge und anerkannte sofort die neue Republik Panama, die praktisch nichts anderes als ein amerikanisches Protektorat war. Die USA boten der panamesischen Regierung 10 Millionen Dollar und jährliche Zahlungen von 250000 Dollar (die nach neun Jahren beginnen sollten) als Gegenleistung für die permanente Benutzung und Kontrolle der Kanalzone. Die eigentlichen Baukosten beliefen sich auf eine Gesamtsumme von ca. 400 Millionen Dollar. Im Jahre 1914 konnte der neue Wasserweg eröffnet werden.
Von großer Bedeutung für die Festigung des internationalen Ansehens der USA war Roosevelts *Vermittlung im Russisch-japanischen Krieg* von 1904/05. Die Japaner hatten praktisch alle Schlachten zur See und auf dem Land gewonnen, befanden sich aber nach einjähriger Kriegsdauer in einem Zustand äußerster Erschöpfung. Roosevelt sandte gleichlautende Noten nach Tokio und St. Petersburg, in denen er zu direkten Verhandlungen aufrief und seine guten Dienste anbot. Das Ergebnis dieser Initiative war der Friedensvertrag, der am 5. September 1905 in Portsmouth (New Hampshire) unterzeichnet wurde. Die Bemühung um Beilegung einer internationalen Spannung und um gleichzeitige Förderung der amerikanischen Interessen bestimmte im folgenden Jahr auch die Mitarbeit der amerikanischen Regierung an der Konferenz von Algeciras.
Vielleicht die wichtigste außenpolitische Maßnahme Theodore Roosevelts war jedoch seine *Ausdehnung der Monroe-Doktrin.* Die Voraussetzungen hierzu waren durch die immer wieder zutage tretende Labilität einzelner lateinamerikanischer Staaten gegeben. Wann immer nämlich ein solcher Staat die Begleichung seiner Schulden an die europäischen Mächte verweigerte, pflegten diese durch die Aussendung von Kriegsschiffen und die damit verbundene militärische Bedrohung die Zahlungen zu erzwingen. So war es um 1902 in Venezuela geschehen, und wenig später war auch die Dominikanische Republik in ähnliche Schwierigkeiten geraten. Roosevelt erklärte deshalb in seiner Jahresbotschaft an den Kongreß vom 6. Dezember 1904, daß die USA sich in Zukunft zur Ausübung einer »international police power« verpflichtet fühlen würden, um einerseits politische Verantwortungslosigkeit und den inneren Zerfall lateinamerikanischer Staaten aufzuhalten und andererseits die in solchen Fällen stets drohende Intervention europäischer Mächte zu verhindern. Diesen Zusatz (»Corollary«) zur Monroe-Doktrin proklamierte Roosevelt jedoch nicht nur theoretisch, sondern er handelte gleich auch entsprechend. Schon im folgenden Jahre zwang er die Dominikanische Republik zu einer Übereinkunft, die den USA die Aufsicht

über die Zollverwaltung dieses Landes gestattete. Die militärische Besetzung dauerte bis zum Abschluß eines entsprechenden Staatsvertrages im Februar 1907.
Durch all diese zielbewußten und dem nationalen Interesse dienlichen Maßnahmen verschaffte sich die neue Weltmacht internationalen Respekt. In charakteristischer Unverblümtheit vertrat Roosevelt die Meinung, in der amerikanischen Außenpolitik komme es darauf an, »to speak softly and carry a big stick«.

2. *Der Erste Weltkrieg und der Kampf um den Frieden*

Während der Präsidentschaft William H. Tafts spielten die Vereinigten Staaten in der Weltpolitik außerhalb der westlichen Hemisphäre eine weniger bedeutende Rolle als unter Theodore Roosevelt. Dagegen wurden die amerikanischen Interessen und Investitionen sowohl im karibischen Raum als auch im Fernen Osten eifrig weitergefördert. Wo es notwendig erschien, geschah dies auch weiterhin durch den Einsatz militärischer Druckmittel. (Interventionen in Nicaragua und Haiti, 1910 bzw. 1915.) Die sogenannte »Dollar Diplomacy« wurde in den USA selbst mitunter kritisiert und war keineswegs immer erfolgreich. Woodrow Wilson wollte eine liberalere und weniger aggressive Außenpolitik betreiben, hielt sich aber wie Theodore Roosevelt für berechtigt, auf die Gestaltung der Regierungsform lateinamerikanischer Staaten direkten Einfluß zu nehmen. Dies brachte ihn zur Zeit der Militärdiktatur Victoriano Huertas in einen direkten Konflikt mit Mexiko, der wiederum in einer militärischen Intervention endete.
Im übrigen hielt Wilson an der »Politik der Offenen Tür« fest, an jenem handelspolitischen Prinzip, das von McKinley und Hay gegenüber China begründet und von Roosevelt dann auch auf andere Marktgebiete übertragen worden war. Wie seine Vorgänger war auch Wilson bestrebt, den Außenhandel der Vereinigten Staaten auszudehnen. Da sich gerade seit der Zeit seines Amtsantritts (1913) eine beunruhigende wirtschaftliche Rezession ausbreitete, war dieses Anliegen besonders dringend geworden. Andererseits wünschte Wilson, daß sich die amerikanische Nation unter seiner Führung mit dem ganzen Gewicht ihres Ansehens für Weltfrieden, Rüstungsbeschränkung und schiedsgerichtliche Lösung politischer Konflikte einsetzte. Er war indessen vor allem mit innenpolitischen Problemen beschäftigt, als 1914 der *Erste Weltkrieg* ausbrach.
Während zweieinhalb Jahren unternahm Wilson alles, um den Vereinigten Staaten die *Neutralität* zu erhalten, aber schließlich erwies

sich dies als unmöglich. Die amerikanische Industrie stellte sich sehr rasch auf den Kriegsbedarf Englands und Frankreichs ein; sie lieferte Kriegsmaterial und Nahrungsmittel in stetig zunehmenden Mengen. Dieser Exportaufschwung (der von einem gleichzeitigen Rückgang des Handelsverkehrs mit den Mittelmächten begleitet war) trug entscheidend zur Überwindung der Wirtschaftsrezession von 1913 bei. Unter dem Einfluß des Außenministers Bryan mußte in der Kreditgewährung für die Finanzierung alliierter Kriegsaufträge anfänglich eine gewisse Zurückhaltung geübt werden. Diese wurde aber von 1915 an zunehmend verringert, und bis zum Frühjahr 1917 hatten die amerikanischen Banken den Alliierten bereits 2,3 Milliarden Dollar an Krediten gewährt. Von da an war an ein Zurückgehen fast nicht mehr zu denken, wenn man nicht die Gefahr einer neuen ökonomischen Depression heraufbeschwören wollte.

Das *Problem des amerikanischen Kriegseintritts* darf jedoch nicht nur von den ökonomischen Gesichtspunkten her betrachtet und beurteilt werden: die politischen und moralischen Faktoren spielten ebenfalls eine bedeutende Rolle. Seit dem Ausbruch der Feindseligkeiten hatte das amerikanische Volk leidenschaftlichen Anteil an den europäischen Vorgängen genommen; seine große Mehrheit hoffte auf den Sieg der Alliierten. Die geistige und kulturelle Verwandtschaft mit England wurde gerade jetzt besonders stark empfunden; Mitgefühl mit dem schweren Los Belgiens und Frankreichs war weit verbreitet. Das rücksichtslose Vorgehen der deutschen Heeresleitung und die Überheblichkeit der deutschen Politiker ließen einen möglichen Sieg der Mittelmächte als Gefahr für die nationale Sicherheit der USA erscheinen. Eine Welle des Schreckens und der Empörung wurde durch die Versenkung der »Lusitania« im Frühjahr 1915 ausgelöst. Die Mehrheit der Bevölkerung war aber immer noch gegen einen direkten Kriegseintritt. Wilson verfocht nach wie vor die strikte Aufrechterhaltung der selbstdefinierten amerikanischen Neutralitätsrechte nicht nur gegenüber Deutschland, sondern auch gegenüber England. Im Interesse der freien amerikanischen Schiffahrt wandte er sich ebenso scharf gegen die englischen Blockademaßnahmen wie gegen die deutschen U-Boot-Angriffe auf Handelsschiffe. Dabei beschränkte er sich allerdings gegenüber England stets auf eine rechtliche Begründung der amerikanischen Proteste, während er gegenüber Deutschland moralische und humanitäre Argumente geltend machte. Die engsten Berater Wilsons vertraten fast ausschließlich pro-englische Standpunkte. Dies trifft namentlich für Edward M. House zu, aber auch für den seit 1915 amtierenden Außenminister Robert Lansing und für Walter H. Page, den amerikanischen Botschafter in London. Die britische Regierung war, wie man heute weiß, stets dazu entschlossen, einen Bruch mit den USA zu vermeiden.

Obwohl nicht zu bezweifeln ist, daß Wilson zwischen den Kriegsparteien neutral bleiben wollte und daß er es mit seinen verschiedenen Vermittlungsbemühungen ernst meinte, war die von ihm in Anspruch genommene Handlungsfreiheit tatsächlich viel begrenzter als er selbst nach außen immer wieder behauptete. Als Deutschland den uneingeschränkten U-Boot-Krieg zu Beginn des Jahres 1917 wieder aufnahm und damit die mit den USA getroffenen Abmachungen vom 4. Mai 1916 desavouierte, blieb ihm praktisch gar nichts anderes übrig als die Kriegserklärung. Die Versenkung amerikanischer Schiffe und die Affäre um die Zimmermann-Note (Versuch der deutschen Regierung, Mexiko zum Kriegseintritt gegen die USA zu bewegen) wirkten als auslösende Faktoren: Sie festigten in Regierung und Öffentlichkeit die allgemeine Überzeugung, daß der endgültige Bruch mit Deutschland nicht mehr zu vermeiden sei. Nachdem das Kabinett der Kriegserklärung am 21. März zugestimmt hatte, richtete Wilson am 2. April seine Kriegsbotschaft an den Kongreß, der die Kriegserklärung vier Tage darauf offiziell erließ.[2]

Die *Auswirkungen der amerikanischen Intervention auf den Verlauf des Ersten Weltkriegs* können hier nicht im einzelnen erörtert werden. Sicher ist, daß die Alliierten durch den Kriegseintritt der USA zunächst einen entscheidenden moralischen Rückhalt gewannen, der ihnen half, die Krisen und Rückschläge des Jahres 1917 zu überwinden. Ihre volle Bedeutung für die alliierte Kriegführung erreichte die amerikanische Hilfsexpedition jedoch erst im Laufe des folgenden Jahres. Im ganzen standen ca. 2 Millionen Mann unter dem Kommando des Generals John J. Pershing. Sie kämpften tapfer, waren aber für die moderne Kriegführung ungenügend ausgebildet. Daher ergaben sich trotz der Kürze des Einsatzes und der zahlenmäßigen Überlegenheit relativ hohe Verlustzahlen.

Die *Auswirkungen des Krieges auf die USA* selbst wurden vor allem im wirtschaftlichen Leben spürbar. Die Blockademaßnahmen der kriegführenden Mächte hatten den amerikanischen Seehandel zunächst schwer benachteiligt, die Intensivierung der Wirtschaftsbeziehungen zu den Alliierten hatte jedoch der amerikanischen Industrie einen neuen Aufschwung ermöglicht. Ihre Rolle als »arsenal of democracy« war vergleichbar mit derjenigen, welche sie im Jahre 1940 noch einmal spielen sollte. Von 1914 bis 1917 war die Umstellung der Industrie auf die Kriegsproduktion weitgehend unkoordiniert vor sich gegangen. Um diese Entwicklung zu steuern, hatte

2 Erich Angermann: Die Vereinigten Staaten von Amerika, München 1966 (= dtv-Weltgeschichte des 20. Jahrhunderts, Bd. 7), S. 24f.

Wilson im August 1916 einen »Council of National Defence« ernannt, der von Industrie- und Gewerkschaftsführern beraten wurde. Die Aktivität dieser Behörde führte jedoch nicht zu der erwarteten Koordination der industriellen Produktion.
Die unklare Situation besserte sich erst, als Bernard Baruch zum Vorsitzenden des kurz nach dem Kriegseintritt geschaffenen »War Industries Board« ernannt wurde (März 1918). Der erfahrene Finanzmann erhielt sehr weitgehende Vollmachten und beförderte mit großem Erfolg die Festlegung der Prioritäten, die Verteilung der Rohmaterialien, die Zusammenarbeit der verschiedenen Industriezweige und damit den allgemeinen Anstieg der Produktion. Wesentliche Zunahmen waren auch in der Kohlenförderung und in der landwirtschaftlichen Produktion zu verzeichnen. Alle Bereiche der Wirtschaft wurden von der Bundesregierung streng kontrolliert. Als Leiter der »Food Administration« war Herbert Hoover für die Koordination der Lebensmittelproduktion verantwortlich. Der allgemeine Produktionsanstieg konnte jedoch nur dann von Nutzen sein, wenn die Verteilung durch ein zuverlässiges Transportsystem gesichert war. Zu diesem Zwecke unterstellte Wilson im Dezember 1917 sämtliche Eisenbahngesellschaften der »Railroad Administration«. Gleichzeitig wurde – hauptsächlich durch Kauf und Requisition – eine große Transportflotte geschaffen. Der Schiffbau erfuhr ebenfalls energische Förderung; die Resultate dieser Anstrengung wurden jedoch im Krieg selbst nicht mehr spürbar. Dasselbe gilt für die Herstellung von schweren Waffen und Flugzeugen.
Die staatliche Aufsicht erstreckte sich nicht nur auf Produzenten und Arbeitgeber, sondern auch auf die Arbeitnehmer. Unter der Leitung von Felix Frankfurter wurde die »National War Labor Policies Board« geschaffen, eine Behörde, die durch ihre Vermittlungsvollmacht größere Arbeitskonflikte verhindern konnte. Sie wurde von der »American Federation of Labor« loyal unterstützt und vermochte die Widerstände radikaler Organisationen auszuschalten.
Die kriegsbedingte Mobilisierung der ökonomischen Kräfte führte zu einem allgemeinen Aufschwung, der mit Recht als die *zweite industrielle bzw. landwirtschaftliche Revolution Amerikas* bezeichnet worden ist.[3] Diese Entwicklung ergab sich zur Hauptsache aus der enormen Finanzkraft der Vereinigten Staaten. Durch Anleihen und Steuern wurden von 1917 bis 1920 mehr als 30 Milliarden Dollar zur Finanzierung des Kriegseinsatzes aufgebracht.
Die riesige kollektive Kraftanstrengung hatte mehr als nur materielle

3 D. K. Adams: America in the 20th Century, A Study of the United States since 1917, Cambridge 1967, S. 35.

Konsequenzen. Sie stärkte das Zusammengehörigkeitsbewußtsein des amerikanischen Volkes in nachhaltiger Weise und vermittelte ihm die Erfahrung einer durch die Regierung geplanten und geleiteten Wirtschaft. Obwohl das »Laissez faire«-Prinzip nach dem Krieg zunächst wieder siegte, ist es nicht zu verwundern, daß sich viele Amerikaner in der Krise der frühen 30er Jahre an diese Erfahrung erinnerten und auf sie zurückgriffen.

Andererseits darf aber nicht übersehen werden, daß das durch Krieg und Kriegsdienst intensivierte nationale Selbstbewußtsein auch durchaus *negative Folgen* zeitigte. Es förderte die Entstehung und Verbreitung einer allgemeinen *Kriegshysterie*, die zahlreiche Verletzungen der im amerikanischen demokratischen System verankerten Menschen- und Bürgerrechte zuließ. Wirkliche und vermeintliche Gegner der offiziellen Kriegspolitik wurden mit großem Eifer und oft übertriebener Strenge bekämpft. Das Spionagegesetz vom 17. Juni 1917 ermöglichte es der Regierung, nicht nur eigentliche Spionage, sondern auch jede Art von Wehrkraftzersetzung und Kritik an der offiziellen Politik mit unnachsichtiger Schärfe zu bestrafen. Der Postminister wurde zu strengen Zensurmaßnahmen ermächtigt, und mit besonderen Gesetzen (»Sabotage und Sedition Acts«, 20. April/16. Mai 1918) wurden pazifistische Aktivitäten zu unterdrücken versucht. In der Folge kam es zu zahlreichen Verdächtigungen, Verhaftungen und Verurteilungen. Zu den Opfern gehörten prominente Sozialistenführer, aber auch Hochschullehrer und nonkonformistische Journalisten. Eine besonders auffallende Erscheinung war die rasche Verbreitung einer allgemeinen Abneigung gegen alles Deutsche. Sie äußerte sich in der persönlichen Diskriminierung deutsch-amerikanischer Bürger, daneben aber auch in allerlei skurrilen »Abwehrmaßnahmen«: In vielen Schulen wurde der Deutschunterricht verboten, deutsche Bücher wurden aus öffentlichen Bibliotheken entfernt usw. Es kam sogar vor, daß deutsche Lehnwörter in der Umgangssprache durch »aktualisierende« englische Bildungen erstetzt wurden (z.B. »Sauerkraut« durch »liberty cabbage«, »Frankfurter« durch »liberty sausages«). So lächerlich derartige Äußerungen des Deutschenhasses anmuten, sind sie doch charakteristisch für die Atmosphäre des Mißtrauens und der Unsicherheit, die durch die kriegsbedingte Steigerung der emotionalen Leidenschaften entstanden war.

Opposition gegen die Administration Wilsons kam nicht nur aus den Kreisen der Deutschamerikaner und aus linksgerichteten Minderheitsgruppen. Sie wurde vor und nach dem Kriegseintritt auch von *der Republikanischen Partei* immer wieder – wenn auch in relativ gemäßigter Form – zum Ausdruck gebracht. In den Präsidentschaftswahlen von 1916 hatten die Republikaner nur eine knappe Niederlage erlitten. Die Unzufriedenheit über die Inflation, die als Folge der allgemeinen Produktionssteigerung entstanden war, die Besorgnis über die unaufhaltsame Nordwanderung schwarzer Arbeitskräfte aus den Südstaaten und die allgemeine Kriegshysterie waren Faktoren, die zur Stärkung der »Grand Old Party« während der Kriegsjahre spürbar beitrugen. Vor den Kongreßwahlen von 1918 beging Wilson den schwerwiegenden Fehler, die Wähler in öffentlichem Aufruf zu ermahnen, ihr Einverständnis mit seiner Politik durch die Unterstützung der Demokratischen Partei zu bekunden. Damit gab er seine überparteiliche Autoritätsposition (die er selber beansprucht hatte) preis und erweckte den Eindruck, als ob er der Republikanischen Partei mangelnde Loyalität vorwerfe. Diese Unvorsichtigkeit trug zwar nicht entscheidend dazu bei, daß die Republikaner in beiden Häusern des Kongresses die Mehrheit erringen konnten, untergrub aber sein nationales Ansehen doch in verhängnisvoller Weise.

Der republikanische Wahlsieg war ein schlechtes Vorzeichen für die Verwirklichungschancen der Wilsonschen *Friedenspolitik*. Im Laufe des Jahres 1917 war die Notwendigkeit einer klaren Definition der amerikanischen Kriegs- und Friedensziele immer dringender geworden. In einer Ansprache an den Kongreß vom 8. Januar 1918 verkündete Wilson erstmals sein berühmtes Programm der *Vierzehn Punkte.* Dieses Programm befürwortete einen »Frieden ohne Sieg« auf der Grundlage offener (d.h. nicht geheimer) Diplomatie sowie die Grundsätze der territorialen und nationalen Selbstbestimmung. Die wichtigste Forderung bezog sich auf eine zu errichtende »general association of nations ... for the purpose of affording mutual guarantees of political independence and territorial integrity to great and small states alike«.

Wilson war sich darüber im klaren, daß seine Friedenskonzeption mit derjenigen der Alliierten nicht übereinstimmte. Aber er ging der offenen Konfrontation doch aus dem Weg und hoffte vielmehr, es werde ihm gelingen, die durch die Schrecken des Krieges erschütterte Weltöffentlichkeit gegen die partikularen Interessen der einzelnen Regierungen zu mobilisieren. Ferner hoffte er, die nationalistischen Ambitionen der europäischen Mächte überwinden zu können und ein allgemeines Einverständnis über die Notwendigkeit internationaler Zusammenarbeit in der schiedsgerichtlichen Beilegung territorialer Konflikte zu erreichen.

Wie sehr die Ideen von den Zielsetzungen der europäischen Alliierten abwichen, wurde erstmals bei den Verhandlungen über das deutsche Waffenstillstandsgesuch im Herbst 1918 deutlich. Der amerikanische Präsident vermied den offenen Bruch mit den Verbündeten, indem er durch seinen Abgesandten House einem Kompromiß zustimmen ließ, der die englischen Vorbehalte gegen das Prinzip der Freiheit der Schiffahrt gelten ließ und dem Wunsche Frankreichs entsprechend die Wiedergutmachung der durch Deutschland verursachten nichtmilitärischen Schäden und Verluste forderte. Damit hatte Wilson seine bisherige Ablehnung des Reparationsprinzips aufgegeben. Durch diese Nachgiebigkeit sollte jedoch seine Stellung in den *Pariser Friedensverhandlungen* nachhaltig geschwächt werden.

Am Konferenztisch erwies sich Wilson in vielen Punkten als überaus wohlinformierter Verhandlungspartner, legte aber einen an intransigenter Härte zunehmenden Formalismus an den Tag, der auf die anderen Staatsmänner und sogar auf einige seiner eigenen Mitarbeiter irritierend wirkte. Als besonders bedenkliche Schwäche erwies sich der Mangel an Einsicht und Sachverstand in wirtschaftspolitischen Fragen. Fast alle seine Pläne und Ideen wurden abgelehnt; durchsetzen konnte er sich jedoch mit seinem wichtigsten Anliegen, dem *Völkerbund.* Für die Aufnahme der Völkerbundsakte in alle abzuschließenden Friedensverträge hatte er sich mit größtem Nachdruck eingesetzt. Als der *Vertrag von Versailles* am 10. Januar 1920 als erster in Kraft trat, begann damit auch die Existenz der »League of Nations«. Im übrigen war dem Vertrag aber nicht viel vom Geist der Vierzehn Punkte anzumerken. Er wurde der deutschen Regierung auferlegt, ohne daß sie zu den Verhandlungen zugezogen worden wäre. Der transatlantische Idealismus, der sich im Konzept des »peace without victory« geäußert hatte, war an der harten Realität der europäischen Machtverhältnisse und Sicherheitsbedürfnisse gescheitert.

Als Wilson das Versailler Vertragswerk zur Ratifikation in die Vereinigten Staaten zurückbrachte, wurde er mit mancherlei Widerständen konfrontiert, die sich sowohl gegen die Friedensabmachungen mit Deutschland als auch gegen den Völkerbund richteten. Sie entstammten zum Teil einem wiedererwachten allgemeinen Mißtrauen gegenüber Europa, waren aber in einigen Fällen auch durch das Verhalten des Präsidenten selbst provoziert worden. Die parteipolitische Stellungnahme im Wahlkampf von 1918 war ihm weithin übelgenommen worden. Daß er sich entschlossen hatte, die amerikanische Delegation bei den Pariser Friedensverhandlungen persönlich anzuführen, kann ihm im Nachhinein kaum als taktischer Fehler angekreidet werden; viele amerikanische Zeitgenossen waren jedoch der Auffassung, daß die Würde der Präsidentschaft dadurch verletzt worden sei. Verhängnisvoller wirkte sich die Tatsache aus, daß Wil-

son weder einen prominenten Republikaner noch ein Mitglied des Senats nach Paris mitgenommen hatte. Dadurch vertiefte er einerseits die Kluft zwischen den beiden großen Parteien und brüskierte andererseits die Körperschaft, die den Friedensvertrag zu ratifizieren hatte. Die Spannungen wurden weiter verschärft, als der Präsident zu erkennen gab, er erwarte vom Senat die Annahme des Vertrages ohne Modifikationen. Seiner Intransigenz war kein Gegenargument gewachsen, und es schien, als ob er, der in Paris so manchen Kompromiß hatte eingehen müssen, in dieser Konfrontation nun jeden politischen Instinkt verloren habe.
Der Senat war in drei Gruppen aufgespalten. Die meisten demokratischen Mitglieder waren bereit, den Wünschen Wilsons zu folgen. Bei den Republikanern gab es eine Gruppe von »Unversöhnlichen« (»Irreconcilables«), die den Völkerbund rundweg ablehnten. Zu diesen Isolationisten im eigentlichen Sinne gehörten einige alte Reformpolitiker, die schon gegen den Kriegseintritt gewesen waren (Robert M. La Follette, Hiram W. Johnson, William E. Borah). In der Mitte stand die ebenfalls vornehmlich aus Republikanern zusammengesetzte Gruppe der »Reservationisten«, die einem Beitritt zum Völkerbund nur unter mehr oder weniger weitgehenden Vorbehalten zustimmen wollten. Ihr Anführer war der erklärte Wilson-Gegner Henry Cabot Lodge. Die Zahl der »Unversöhnlichen« war anfänglich sehr klein, und ein Eingehen auf die Modifikationswünsche der Mittelgruppe hätte Wilson den ersehnten Erfolg ohne allzu viele Zugeständnisse einbringen können. Seine Starrköpfigkeit drängte jedoch die »Reservationisten« immer mehr auf die Seite der »Unversöhnlichen«. Als er einsah, daß die Ratifikation gefährdet war, wandte er sich über die Köpfe der Politiker hinweg noch einmal an das Volk. Auf einer Vortragsreise, die sich sehr erfolgreich anließ, erlitt er jedoch am 2. Oktober 1919 einen Zusammenbruch, dem wenige Tage darauf ein Gehirnschlag folgte. Halb gelähmt mußte er sich für längere Zeit aus dem politischen Leben zurückziehen, und bis zum Ende seiner Amtszeit sollte er sich nie mehr ganz erholen. Durch diesen Unglücksfall wurde das Schicksal der Ratifikationsfrage im Grunde bereits entschieden. Die Krankheit machte Wilson noch unnachgiebiger als er zuvor gewesen war, sein Anhang im Senat schmolz immer mehr zusammen, und so kam es am 19. März 1920 zu jener denkwürdigen Abstimmung, in welcher die Ratifikation des Versailler Vertrags und damit auch der Beitritt der USA zum Völkerbund abgelehnt wurde. Separate Verträge mit Deutschland, Österreich und Ungarn beendeten den Kriegszustand offiziell erst im Sommer und Herbst 1921.
Die Senatsabstimmung vom 19. März 1920 bedeutete das Ende des

von Wilson für Demokratie und Freiheit geführten Kreuzzuges. Durch seinen Starrsinn hatte er die Niederlage im wesentlichen selbst verschuldet. Die dramatische Auseinandersetzung um den Versailler Vertrag und den Beitritt zum Völkerbund darf jedoch nicht einfach als ein Kampf zwischen Internationalismus und Isolationismus gesehen werden. Es handelte sich vielmehr um einen Konflikt verschiedenartiger internationalistischer Auffassungen, in welchem die Isolationisten trotz ihrer zahlenmäßigen Schwäche schließlich den Ausschlag geben konnten.

Wenn die Vereinigten Staaten sich nun wieder auf sich selbst zurückzogen und in den 1920er Jahren eine Periode des Isolationismus durchlebten, so war dies doch keine endgültige Wendung ihrer Geschichte. Eine wirkliche Abkapselung von der übrigen Welt konnte die amerikanische Großmacht auf die Dauer gar nicht mehr aufrechterhalten. Indessen kann nicht verneint werden, daß der Völkerbund durch das Fernbleiben der USA zum Scheitern verurteilt wurde und daß sich die amerikanische Nation selbst der Möglichkeit beraubt hatte, aktiv an der Errichtung einer stabilen Weltfriedensordnung mitzuwirken.

3. *Wirtschaft und Gesellschaft in den Jahren der Reaktion*

Auch abgesehen von der Kontroverse um den Friedensvertrag und den Völkerbund gab es in den Vereinigten Staaten unmittelbar nach dem Abschluß des Ersten Weltkriegs zahlreiche *innere Spannungen.* Allgemein war erwartet worden, daß die Stillegung der Kriegsproduktion und die gleichzeitige Demobilisation zu weitverbreiteter Arbeitslosigkeit führen würden. Diese Befürchtung erwies sich jedoch als unbegründet. Eine starke Zunahme öffentlicher und privater Investitionstätigkeit sowie das weiterhin blühende Exportgeschäft bewahrten die Wirtschaft vorerst vor einem allgemeinen Rückschlag, aber die Inflation, die während der Kriegsjahre eingesetzt hatte, ging im Jahre 1919 noch unaufhaltsam weiter. Obwohl die Löhne wenigstens in der Privatwirtschaft ebenfalls anstiegen, wurden sie von den Preisen immer wieder überholt, und so kam es in fast allen Sektoren der Industrie zu größeren Streikbewegungen. Die wahren Gründe der ökonomischen Instabilität wurden von den meisten Zeitgenossen nicht erkannt. Dieser Mangel an Einsicht steigerte die allgemeine Unsicherheit und Existenzangst und förderte dadurch die Verbreitung von *Fremdenhaß* und *Intoleranz gegenüber Minoritäten.* Parallel dazu intensivierte sich das Bedürfnis, Sündenböcke aufzufinden, die man für die Widerwärtigkeiten der Zeit verantwortlich machen konnte.

Solche Entwicklungen hatte es in den USA schon früher gegeben, und sie sollten auch später wieder festzustellen sein. In den Jahren 1919/20 konnte sich die allgemeine Intoleranz jedoch in besonders verhängnisvoller Weise auswirken, weil sie von einzelnen Behörden und Regierungsstellen aktiv unterstützt wurde.

Die Malaise hatte sich, wie bereits erwähnt, schon in den Kriegsjahren auszubreiten begonnen. Der Nationalismus und die eifrige, im angelsächsischen Traditionsstolz verwurzelte Berufung auf die »amerikanischen Tugenden« hatte nicht nur die Diskriminierung der Deutschamerikaner ermöglicht, sondern u. a. auch die Wiederbelebung des Ku-Klux-Klan (1915). Der plötzliche Erfolg der Prohibitionsbewegung, der in der Ratifikation des 18. Amendment zur Bundesverfassung gipfelte, muß ebenfalls vor diesem Hintergrund gesehen werden.

Die *nationalistische und nativistische Strömung* ging zur Hauptsache von ländlichen und kleinstädtischen Bevölkerungskreisen protestantischer Konfession und angelsächsischer Abstammung aus. Im Jahre 1919 – es war das Jahr der Dritten Internationale – wandte sie sich mit zunehmender Gehässigkeit gegen den *politischen Radikalismus.* Dieser wurde in erster Linie durch die 1901 gegründete »Socialist Party of America« und durch die vier Jahre später entstandene Gewerkschaft der »Industrial Workers of the World« repräsentiert. Als Sezessionsbewegungen aus der »Socialist Party of America« waren in neuester Zeit die vornehmlich aus Einwanderern bestehende »Communist Labor Party« und kurz darauf die »Communist Party of America« entstanden (August 1919). Es handelte sich dabei um zahlenmäßig kleine Gruppen, die aber eine sehr lautstarke Aktivität entwickelten. Die zahlreichen Streiks sowie eine Reihe von Gewaltakten erhöhten das allgemeine Mißtrauen gegenüber den Arbeiterorganisationen und verbreiteten eine hektische Furcht vor einem kommunistischen Umsturz nach russischem Vorbild. Es fiel den Arbeitgebern nicht schwer, den *»Red Scare«* durch ihre antigewerkschaftliche Propaganda zu schüren. Sie genossen dabei die tatkräftige Unterstützung des Justizministers A. Mitchell Palmer, der sich im Kampf gegen die Radikalen politische Lorbeeren und vielleicht gar die demokratische Präsidentschaftskandidatur zu holen hoffte. Unter seiner Leitung kam es zu einer regelrechten Verfolgungswelle gegen alle »verdächtigen Elemente«, d. h. in erster Linie gegen streikende Arbeiter, Gewerkschaftsführer, Ausländer und Einwanderer, denen man kommunistische Umtriebe und Subversionsabsichten vorwarf. Die sogenannten »Palmer Raids« führten zu zahlreichen willkürlichen Verhaftungen, Untersuchungen und Deportationen, denen viele Unschuldige zum Opfer fielen. Als ein von Palmer auf den 1. Mai 1920 vorausgesagter großer Aufstand ausblieb, brach die Verfolgungsaktion zusammen, und das öffentliche Interesse an den Sensationsnachrichten über revolutionäre Aktivitäten ließ rasch nach. Die allgemeine Abneigung gegenüber fremdstämmigen Minderheiten blieb jedoch bestehen, und zwar auch dort, wo man ihren Angehörigen keinerlei subversive Tätigkeit vorwerfen konnte. Die Ernüchterung brachte keine Lösung der Spannungen; sie manifestierte sich in einer weit um sich greifenden, durch Mißmut und Enttäuschung gekennzeichneten Ablehnung der innen- und außenpolitischen Ideen Wilsons. Man hatte jetzt genug von Reformen und Kreuzzügen, deren Konsequenzen nicht abzusehen waren. Man ersehnte die Rückkehr Amerikas zu Ruhe und Ordnung, zum einfacheren Leben der Vorkriegszeit, zu dem, was man mit dem höchst vagen, aber deshalb nicht weniger populären Begriff Normalität (»normalcy«) bezeichnete.

Das Schlagwort *»Back to Normalcy«* stand im Zentrum der republikanischen Wahlkampagne des Jahres 1920. Es führte den unbedeutenden Parteipolitiker Warren Harding aus Marion (Ohio) zum überwältigenden Sieg über die unter sich zerstrittenen Demokraten.

Harding hatte kein Programm und verfolgte keinen eindeutigen politischen Kurs. Seine kurze Regierungszeit ist vor allem durch eine Anzahl übelster Korruptionsfälle und Skandale gekennzeichnet, in die auch einige seiner nächsten Parteifreunde und Mitarbeiter verwickelt waren. Der berühmteste dieser Vorfälle war der sogenannte Teapot Dome-Skandal. Die Affäre wurde 1924 aufgedeckt und brachte den bereits im Vorjahr zurückgetretenen Innenminister Albert B. Fall ins Gefängnis, weil er die für die Flotte reservierten Ölgebiete von Teapot Dome (Wyoming) und Elk Hills (California) gegen große finanzielle Zuwendungen an zwei private Ölgesellschaften verpachtet hatte. Andere Kabinettsmitglieder bereicherten sich skrupellos auf Kosten der Steuerzahler oder trieben schwungvolle Geschäfte, indem sie u.a. Verstöße gegen die Prohibitionsgesetze deckten und sich dafür bezahlen ließen. Harding selbst wurde nicht kompromittiert. Wenn er sich mit den Skandalen nicht persönlich auseinanderzusetzen brauchte, hatte er dies allerdings nur seinem frühen und unerwarteten Tod (1923) zu verdanken.

Im Präsidentenamt folgte ihm der Vizepräsident Calvin Coolidge. Dieser wortkarge und moralisch integre Neuengländer erschien der großen Mehrheit des Volkes als idealer Vertreter der traditionellen amerikanischen Tugenden und als der geeignete Mann, um mit der

Korruption aufzuräumen. William Allen White, der berühmte Journalist aus Emporia (Kansas) bezeichnete ihn als »Puritaner in Babylon«. Wie sehr Coolidge den allgemeinen Wunschvorstellungen entsprach, zeigte sein eindrucksvoller Sieg in den Präsidentschaftswahlen von 1924. Die Skandale der Harding-Jahre hatten die Machtposition der Republikaner nicht ernsthaft zu erschüttern vermocht. Ebenso wichtig aber war die Tatsache, daß sich die innere Spaltung der Demokratischen Partei fortlaufend vertiefte und daß die von Robert M. La Follette angeführte neue progressivistische Bewegung die Zersplitterung der anti-republikanischen Kräfte mindestens temporär weiterförderte. Als Staatsmann war Coolidge jedoch ebenso unbedeutend wie Harding. Den »big problems« trachtete er stets aus dem Wege zu gehen, und wenn er die Überzeugung äußerte, daß die Regierung möglichst wenig in das Leben des Staates eingreifen sollte, so bewies er damit nicht nur seinen Respekt vor dem »Laissez faire«-Prinzip, sondern auch seine Einfallslosigkeit.

Den Interessen der Geschäftswelt, die das wirtschaftliche und soziale Gefüge der Vereinigten Staaten in jener Zeit immer stärker dominierten, kam eine solche Haltung des Präsidenten natürlich sehr gelegen. Schon seit 1921 war der »Big Business« wieder zu vermehrtem Einfluß auf die Regierung gekommen; dieser Einfluß sollte bis zum Ende der republikanischen Ära nicht mehr zurückgehen. Es ist gewiß kein Zufall, daß sich ein Bankmagnat und Multimillionär wie Andrew W. Mellon vom Amtsantritt Hardings bis zum Jahre 1932 ununterbrochen an der Spitze des Finanzministeriums halten und besonders unter Coolidge eine eigentliche Führerposition im Kabinett einnehmen konnte.

Die *wirtschaftliche Entwicklung* der USA ist nach der kurzen Rezession von 1920/21 mindestens im industriellen Sektor durch eine anhaltende Prosperität charakterisiert, die erst von 1927 an langsam zurückzugehen begann. Die aufeinanderfolgenden republikanischen Administrationen begünstigten das Wachstum großer Firmen und die Konzentrationstendenzen vornehmlich in der Maschinen- und Versorgungsindustrie, im Bankwesen und im Einzelhandel (Corporations, Chains, Chain-Stores). Die technologische Umwälzung, die in jenen Jahren vor sich ging, wird äußerlich u. a. symbolisiert durch die unaufhaltsam zunehmende Massenproduktion von Automobilen, die Anfänge des kommerziellen Flugwesens, die Verbreitung des Radios und die Entwicklung der Filmindustrie. Überall war ein deutlicher Trend zur Preisbindung und Preiskontrolle festzustellen. Die Unternehmerverbände schlossen Preisabkommen ab und reduzierten die Konkurrenz auf die Qualitätserhöhung und auf

die Werbung. In der Durchführung solcher Maßnahmen wurden sie seitens der Regierung durch den Handelsminister Herbert Hoover (1921–1928) unterstützt. Die Steuerpolitik Mellons war durch Einsparungstendenzen gekennzeichnet und tendierte zur Begünstigung der Großverdiener. Daß hier die Kritik der Demokraten und Neo-Progressivisten immer wieder einhakte, ist nicht verwunderlich. Noch eifriger aber richtete sie sich gegen die Zollpolitik, die ebenfalls vor allem das Großkapital begünstigte. Die scharfen Zollgesetze von 1921, 1922 und 1930 waren in der Tat deutliche Manifestationen des traditionell-republikanischen Protektionismus. Besonders im »Fordney-McCumber Tariff« von 1922 reflektierten sich die nativistischen Triebkräfte der konservativen und isolationistischen Wirtschaftspolitik.
Die passive Haltung der Regierung im wirtschaftlichen Bereich nützte der Industrie, wirkte sich aber andererseits zum Nachteil der Landwirtschaft aus. Wohl verfügten die Farmer über verschiedene Lobbies in Washington und mit dem sogenannten »Farm Bloc« auch über eine gut organisierte Interessenvertretung im Kongreß, aber die Lösung ihrer Existenzprobleme scheiterte fast durchweg am hinhaltenden Widerstand der Regierung. Während des Ersten Weltkrieges hatte die Landwirtschaft ihre Produktionskapazität überaus stark erweitert und hohe Verschuldung auf sich genommen. Die protektionistische Zollpolitik war von ihr anfänglich unterstützt worden; sie hatte aber zur Abschnürung von den Auslandsmärkten geführt und die Absatzmöglichkeiten erheblich eingeschränkt. Die durch diese Faktoren hervorgerufene Krisensituation – die ja in der Geschichte der amerikanischen Landwirtschaft keineswegs neuartig war – konnte von den Farmern ohne tatkräftige Mithilfe der Regierung nicht behoben werden. Daß die Landwirtschaft von der allgemeinen Konjunktur nichts oder jedenfalls nur sehr wenig spürte, war nicht zu verneinen. Tatsächlich sank ihr Anteil am Sozialprodukt im Laufe der 20er Jahre von 16 auf 8,8%. Da die Preise für landwirtschaftliche Erzeugnisse durchweg zurückgingen und die Löhne sowie die Kosten für industrielle Produkte gleichzeitig anstiegen, verringerte sich der Gesamtwert der landwirtschaftlichen Produktion von 1919 bis 1929 um ca. 10 Milliarden Dollar, und zwar trotz ihrer absoluten quantitativen Zunahme um 12%.
Während die Kapitalerträge und Unternehmergewinne zwischen 1923 und 1929 um 60–65% zunahmen, stieg das Einkommen der Arbeiter und Angestellten nur um durchschnittlich 11% an. Dasjenige der Farmer aber stagnierte völlig und hatte um 1929 erst wieder knapp 90% des Vorkriegsstandes erreicht. Das Hauptproblem war – wie früher schon und später immer wieder – der landwirtschaftliche

Produktionsüberschuß. Die durch die »McNary-Haugen Bill« von 1924 eingebrachten Vorschläge zu seiner Verringerung wollten die Regierung zu finanziellen Hilfs- und Sicherungsmaßnahmen verpflichten. Solche Pläne, die in der Zeit des »New Deal« wieder aufgenommen werden sollten, scheiterten aber vorerst noch am präsidialen Veto.
Wenn die Regierung unter Coolidge den Wünschen der Farmer nicht entgegenkam und weitgehend passiv blieb, so unterstützte sie andererseits alle Aktionen der Geschäftswelt gegen die in den Kriegsjahren erstarkten Arbeiterorganisationen. So wurde ein beträchtlicher Teil der Wilsonschen Sozialgesetzgebung rückgängig gemacht, und die Gerichte tendierten dazu, die Antikartellgesetze einseitig zugunsten der großen Korporationen und gegen die Gewerkschaften auszulegen. Diese verloren denn in den 20er Jahren auch viel von ihrem Einfluß und mußten einen empfindlichen Mitgliederschwund hinnehmen. Im ganzen kann gesagt werden, daß die Arbeiterschaft am wirtschaftlichen Aufschwung der 20er Jahre ebenso ungenügend beteiligt wurde wie die Farmer.
Für die Gesamtgesellschaft aber war der 1922 einsetzende Boom das beherrschende Faktum der Zeit. Die Prosperität beruhte im wesentlichen auf einer gewaltigen Produktionssteigerung, die bis 1929 zur Verdoppelung der Industrieproduktion von 1922 führte. Zu den Voraussetzungen dieser Entwicklung gehörten u. a. die Rationalisierung der Massengüterfabrikation, die Anwendung der von Frederick W. Taylor entwickelten betriebswirtschaftlichen Theorie, die Einführung der Fließbandmethode und die weitgehende Elektrifizierung der industriellen Betriebe. Weitere Faktoren waren die Entstehung einer neuen Kunststoff- und Aluminiumindustrie und eine riesige Expansion der Bauindustrie, die bis zu 6% der gesamten amerikanischen Arbeiterbevölkerung beschäftigte.
Die Massenproduktion immer billiger werdender Konsumgüter übte einen kaum zu überschätzenden Einfluß auf das *soziale und kulturelle Leben* der amerikanischen Gesellschaft aus. Der Durchschnittsamerikaner genoß einen nie zuvor erreichten Lebensstandard. Vor allem die Motorisierung wirkte revolutionierend auf die täglichen Lebensgewohnheiten. Um 1923 gab es in den USA bereits ca. 15 Millionen Automobile; sechs Jahre später war ihre Zahl auf 26 Millionen angestiegen, d.h. auf fünf Einwohner kam ein Auto. Es war keineswegs so, daß nur die Reichen sich einen Wagen leisten konnten. Ein Ford »Model T« (seit 1908 produziert) kostete um 1924 nur noch 290 Dollar: Das war etwas mehr als ein Zehntel des offiziell festgestellten minimalen Jahreseinkommens einer Familie. Der große Aufschwung der Automobilherstellung wirkte sich zu-

nächst natürlich stimulierend auf zahlreiche Zulieferungsindustrien und auf den Straßenbau aus. Noch bedeutungsvoller aber war die gleichzeitig hervorgerufene Steigerung der Mobilität des einzelnen, und zwar der Mobilität sowohl im räumlichen als auch im sozialen Sinne. Neue Möglichkeiten der Lebensgestaltung waren dadurch gegeben, aber auch neue Möglichkeiten zur Überwindung von Provinzialismus und Regionalismus und zur Stärkung des nationalen Einheitsbewußtseins.
Zusammen mit der fortschreitenden Entwicklung der elektrischen Kollektivtransportsysteme veränderte die Motorisierung direkt und indirekt auch das Bild der Städte. Sie ermöglichte u.a. die Entstehung der »Suburbs«, förderte aber damit auch das räumliche Überborden und das Zusammenwachsen einzelner Städte zu riesigen Agglomerationen, die ihren Bewohnern ihrerseits wieder zahlreiche soziale, technologische und ökonomische Probleme stellten. Die Abwanderung der höheren Einkommensgruppen in die vorstädtischen Wohnquartiere hatte zur Folge, daß Farbige und andere sozial Benachteiligte in die Stadtzentren einströmten und sich dort niederließen. Zahlreiche innerstädtische Viertel wurden aber von Bewohnern praktisch fast ganz entleert und dienten nur noch als Zentren des Geschäftslebens und der Verwaltung. Die hohen Bodenpreise, der Wettbewerbsgeist und das Bedürfnis nach aufwendiger Selbstdarstellung förderten hier die Entstehung der für die 20er Jahre charakteristischen Wolkenkratzer. In allen größeren Städten wurde die »Skyline« von New York nachgeahmt. In New York selber endete das Wettbauen um 1931 vorerst mit der Fertigstellung des 371 m hohen Empire State Building.
Auto, Vorstadtvillen und Wolkenkratzer repräsentierten indessen nur einige wenige Aspekte des neuen amerikanischen Lebensstils der 20er Jahre. Die Umgestaltung des Alltags wurde durch eine ganze Reihe weiterer neuer Massenkonsumgüter mitbestimmt, so z.B. durch elektrisch angetriebene Haushaltgeräte wie Staubsauger und Kühlschränke, durch elektrisches Licht, Telephon, Radio usw. Infolge der verbesserten Transportmöglichkeiten veränderten sich auch die Ernährungsgewohnheiten: Man konsumierte mehr frisches Fleisch, Obst und Gemüse, aber auch mehr Konserven. Wenn die Massengüter mit der Zeit immer mehr auch den ärmeren Bevölkerungsschichten zugänglich wurden, so war dies einerseits die Folge ihrer fortschreitenden Verbilligung, andererseits aber ebensosehr der um sich greifenden Abzahlungsgeschäfte, die (in gleicher Weise wie die immer raffinierter gewordene Werbung) gerade die weniger wohlhabenden Konsumenten besonders gefährdeten.
Obwohl nicht alle Amerikaner in gleicher Weise an der Konjunktur

teilhatten, waren sie doch in ihrer übergroßen Mehrheit von der Prosperität der Zeit geblendet und teilten mit den Wirtschaftsführern und politischen Machthabern den optimistischen Glauben, daß ihre Nation auf dem besten Wege sei, die Armut endgültig zum Verschwinden zu bringen. Es schien, als ob jeder, der arbeitete, schließlich zu Wohlstand und gar zu Reichtum gelangen könne. Daß Armut sowohl in den Städten als auch auf dem Lande immer noch existierte, daß der Reichtum sehr einseitig verteilt war und daß zahlreiche soziale Probleme nach wie vor ihrer Lösung harrten, wurde angesichts der dauernd zunehmenden industriellen Produktion weithin übersehen. »The business of America is business«, sagte Präsident Coolidge und drückte mit dieser Platitüde eine Grundüberzeugung seines Volkes aus.

Man kann wohl sagen, daß die Amerikaner der 20er Jahre den »Business« recht eigentlich zur nationalen Religion erhoben und den erfolgreichen »Businessman« als Propheten des Himmels auf Erden verehrten. Solche Propheten gab es viele; der größte von allen war zweifelsohne Henry Ford. Der Automobilfabrikant aus Detroit personifizierte die Idealvorstellung vom »Self-made man«. Er erfüllte den Traum einer auf Erwerb ausgerichteten Gesellschaft, die sich dem materiellen Erfolg und den durch ihn zugänglich gemachten Annehmlichkeiten des Lebens voll und ganz verschrieben hatte. Henry Ford hatte das Automobil auch für den kleinen Mann erschwinglich gemacht; als Mechaniker hatte er das menschliche Leben revolutioniert. Er war der Hohepriester der Massenproduktion, die zur Überwindung der Armut wirksamer erschien als jede ideologische Doktrin. Sein Unternehmen war ein Familienbetrieb; er hatte das Ideal der hohen Löhne und niedrigen Preise verwirklicht und damit das moralische Dilemma der puritanisch-kapitalistischen Leistungsgesellschaft scheinbar gelöst. Henry Ford hatte den materiellen Erfolg erreicht, ohne seine sittliche Unschuld zu verlieren. Wenn man ihn verehrte und nachahmte, konnte man ein gutes Gewissen haben. Da er als idealer »Good Businessman« galt, besaßen auch seine Anschauungen die Autorität von Leitbildern: Er enthielt sich des Rauchens, glaubte an die Seelenwanderung und haßte Juden, Katholiken, Ärzte und Bankiers.[4]

Der alte soziale, kulturelle und wirtschaftliche *Konflikt zwischen dem ländlichen und dem städtischen Amerika,* der seit dem Ende des Bürgerkriegs an Intensität fortlaufend zugenommen hatte, wurde in den 20er Jahren auf der Ebene der gesamtnationalen Innenpolitik ausgetragen. In der Institutionalisierung der *Prohibition* hatte das

4 William E. Leuchtenburg: The Perils of Prosperity, 1914–32, Chicago 1958, S. 186ff.

ländliche Amerika einen Sieg errungen, der aber von Anfang an das Zeichen der Niederlage in sich trug. Die Städte kapitulierten nicht, sondern setzten sich zur Wehr, und selbst auf dem Lande starb die Tradition der privaten Herstellung alkoholischer Getränke in der Hausbrennerei nicht aus. Die Durchsetzung des 18. Amendment, das am 16. Januar 1920 in Kraft getreten war, wurde zwar mit großer Energie an die Hand genommen, aber trotz energischer Kontroll- und Strafmaßnahmen nahm der Alkoholkonsum nicht ab, sondern zu. Man verschaffte sich die Getränke auf allen möglichen illegalen Wegen. Große Mengen wurden aus Kanada eingeschmuggelt, die Schwarzbrennerei (»Moonshining«) blühte allenthalben, ja die Herstellung von »Bathtub Liquor« wurde zur weitverbreiteten Freizeitbeschäftigung der Familie. Geheime Lieferanten (»Bootleggers«) versorgten Hotels, Restaurants und private Kunden. Zum Zentrum des Alkoholgenusses jedoch wurde die getarnte Kneipe, das »Speak-easy«. In New York allein gab es um 1929 ca. 32 000 derartige Lokale. Ihre Existenz war ein offenes Geheimnis, ihre Zahl war doppelt so hoch wie diejenige der vor 1920 zugelassenen »Saloons«.

Lange vor der Aufhebung des 18. Amendment (die 1933 erfolgen sollte) war allgemein klargeworden, daß die Prohibition nicht durchführbar war. Das Gesetz wurde hemmungslos mißachtet, und der »Bootlegger« wurde nicht nur ein unentbehrliches, sondern sogar beinahe ein geachtetes Glied der Gesellschaft. Seine Verdienstmöglichkeiten waren unbegrenzt; war er geschäftstüchtig und brutal genug, konnte er in kurzer Zeit zu unermeßlichen Reichtümern gelangen. Diese Einsicht hatten viele Gesetzesverächter, und so entstand eine neue Klasse von Millionen-Verbrechern. »Gangs«, d.h. Banden von Kriminellen, hatte es schon vor der Prohibition gegeben, aber die enormen Profite aus dem illegalen Alkoholhandel gaben den »Bootlegger«-Organisationen nun die vorher nie dagewesenen Möglichkeiten, ganze Städte und kommunale Verwaltungsorganisationen unter ihre Kontrolle zu bringen und ihren Forderungen durch Terror oder Anwendung physischer Gewalt Achtung zu verschaffen. Unter der Führung geschickter und kaltblütiger Bandenführer korrumpierte das Gangsterunwesen sowohl die Verwaltung als auch die Polizei und die Politik in manchen Städten und Staaten vornehmlich des Nordens. Der legendäre Al Capone aus Chicago befehligte eine eigene Untergrundarmee von 700–1000 Gangstern und verdiente in seiner »besten« Zeit allein aus dem illegalen Bierverkauf jährlich zwischen 60 und 100 Millionen Dollar. Die Konkurrenz wurde mit der Zeit immer schärfer, so daß es immer wieder zu regelrechten Bandenkriegen und in deren Verlauf zu brutalsten

Massakern kam. In diesen Vorgängen, die in mancherlei Hinsicht auch den Charakter eines Boom besitzen, wird die Kehrseite der Wirtschaftsblüte der 20er Jahre sichtbar. Sie brachten dem amerikanischen Leben viele Gefahren, Bedrohungen und Unannehmlichkeiten, sie lieferten ihm auch eine Reihe von Anti-Helden, die wie die Heroen des »Business« in die Geschichte eingegangen sind.

Die durch die Prohibition hervorgerufenen oder wenigstens geförderten sozialen Mißstände gediehen in einer Gesellschaft, die sich in ihren Lebensformen von denjenigen der Vorkriegszeit radikal unterschied. Eine der bedeutungsvollsten Veränderungen betraf die *Stellung der Frauen:* Die amerikanischen Frauen hatten in der Kriegsindustrie und im allgemeinen wirtschaftlichen Einsatz während des Ersten Weltkrieges an der Seite der Männer gestanden. Sie hatten um 1917 die langen Röcke der Jahrhundertwende mit dem Überkleid vertauscht. Nach dem Waffenstillstand konnten sie die Überkleider wieder ablegen, und von da an symbolisierten die Veränderungen der Mode das Bewußtsein ihrer neuen Freiheit und gesellschaftlichen Gleichberechtigung. Die politische Gleichstellung mit den Männern erreichten sie durch das im 19. Amendment (1920) eingeführte Frauenstimm- und -wahlrecht.

Das *gesellschaftliche Leben der städtischen Mittel- und Oberschicht* spielte sich in den 20er Jahren in ausgesprochener Ungebundenheit ab. Die sexuellen Verhaltensnormen wurden allmählich aufgelokkert, der Alkohol- und Nikotingenuß war nicht nur unter Männern, sondern auch unter Frauen verbreitet. Man pflegte und genoß die neue gesellschaftliche Erfindung der »Cocktail Party«, man frequentierte das »Speak-easy« ohne Hemmungen, man begeisterte sich an neuen Tanzformen (Shimmy, Charleston, Black Bottom usw.) sowie an den Melodien der großen Jazzmusiker. Unterhaltung gab es in ununterbrochener Folge auch im Kino, wo man die ersten großen Hollywood-Stars wie Rudolph Valentino, Clara Bow, Mary Pickford und Charlie Chaplin bewunderte. Vielbejubelte Helden des Tages waren Sportgrößen wie der Boxer Jack Dempsey und der Baseballspieler Babe Ruth; die größten Begeisterungsstürme zog aber doch wohl Charles A. Lindbergh auf sich, der im Frühjahr 1927 als erster im Alleinflug den Atlantik überquerte.

Die neuen Lebensformen repräsentierten in ihrer Freizügigkeit den Triumph der Stadt und der Maschine über die konservativen Ideale und Überzeugungen, die im *ländlichen Amerika* (das sich stets für das »echte« Amerika hielt) noch vorherrschten. Wie lebendig diese Kräfte noch waren, läßt sich aus mehreren Beispielen ersehen:

Seit 1921 waren hauptsächlich die Südstaaten durch die fundamentalistische *Anti-Evolutionsbewegung* erfaßt worden. Die Mitglieder

dieser Bewegung bekämpften mit großem Eifer die Verbreitung der Darwinschen Evolutionstheorie. An ihrer Spitze stand der alte William Jennings Bryan, der hier seine frühere Rolle als Wortführer des ländlichen Amerika noch einmal aufgenommen hatte. Die Bewegung fand besonders aktive Unterstützung im Staate Tennessee, wo es 1925 zu dem berühmten Prozeß gegen den Biologielehrer John Scopes kam, der in seinem Unterricht den Evolutionismus vertreten hatte. Bryan fungierte als Ankläger und erreichte auch die Verurteilung des Angeklagten, obwohl er sich mit seinen naiven Äußerungen über den Ursprung der Welt vor dem Verteidiger Clarence Darrow (und damit auch vor dem zeitunglesenden Publikum außerhalb der Südstaaten) aufs peinlichste blamierte.
Im gleichen Jahre 1925 erreichte auch die noch viel bedenklichere Wirksamkeit des *Ku-Klux-Klan* ihren Höhepunkt. Diese nativistische, weiße und protestantische Organisation – die drei Adjektive bildeten ihren offiziellen Slogan – war in den frühen 20er Jahren sehr rasch angewachsen und zählte um 1925 schätzungsweise 5 Millionen Mitglieder. Sie dominierte die gesetzgebenden Behörden in mindestens fünf Staaten. Wie die städtischen Verbrecherbanden erweiterte auch der Ku-Klux-Klan seinen Einflußbereich durch Terror und Gewaltanwendung. Mit besonderem Ingrimm verfolgte und drangsalierte er die Schwarzen, aber er kämpfte auch gegen Juden, Katholiken, Pazifisten, Internationalisten, Evolutionisten und Anti-Prohibitionisten. Seine Umtriebe spielten sich hauptsächlich in den Südstaaten, daneben aber auch im Mittleren Westen ab. Die Widerstandskräfte sammelten sich nur langsam; sie kamen erst zum Durchbruch, als der »Grand Dragon« des Staates Indiana im Jahre 1925 eines Mordes überführt wurde. Von da an ging die Wirksamkeit des Ku-Klux-Klan rasch zurück. Der Nativismus allerdings, der ja keineswegs nur in dieser ultrakonservativen Terrororganisation genährt worden war, trieb weiterhin seine Früchte.
Zu diesen gehörten auch die neuen *Restriktionsmaßnahmen der Bundesregierung gegen die Einwanderung.* Seit dem späten 18. Jahrhundert war die Immigration immer wieder reguliert worden, und die an der Ostküste liegenden Staaten hatten oftmals ihre Polizeikräfte eingesetzt, um mittellose, kriminelle oder von Krankheiten befallene Einwanderer zurückzuweisen. Durch ein Bundesgesetz war chinesischen Arbeitern um 1882 die Einreise in die USA verboten worden, und um 1907 hatte Präsident Theodore Roosevelt ein Gentleman's Agreement mit der japanischen Regierung abgeschlossen, das die Einwanderung aus diesem Lande eindämmen sollte. California und andere Staaten des Westens hatten solchen Bestrebungen mehrmals nachzuhelfen versucht, indem sie den asiatischen

Einwanderern u.a. den Landerwerb verboten. Das Einwanderungsgesetz von 1917 schrieb Prüfungen der Lese- und Schreibkenntnisse vor und schloß die Immigration aus Asien generell aus. Ein neues Gesetz aus dem Jahre 1921 begrenzte die Immigration aus den grundsätzlich zugelassenen Ländern auf 3% der im Jahre 1919 in den USA niedergelassenen Angehörigen dieser Nationen. Damit sollte vor allem die Einwanderung aus Süd- und Südosteuropa aufgehalten werden. Das Gesetz stieß aber wegen zu großer Liberalität auf Kritik und wurde 1924 durch eine schärfere und bis auf weiteres endgültige Neufassung ersetzt. Sie reduzierte die Quoten auf 2% und bezeichnete als Basis den Zensus von 1890. Dies bedeutete eine weitere und sehr deutliche Bevorzugung der west- und nordeuropäischen Länder.

In diesem Zusammenhang muß der berühmte Fall der beiden italienischen Einwanderer Nicola Sacco und Bartolomeo Vanzetti erwähnt werden. Sie waren um 1920 in Massachusetts in einem zweifelhaften Verfahren wegen eines angeblichen Raubmordes zum Tode verurteilt worden. Dieses Urteil rief leidenschaftliche Kritik hervor und provozierte u.a. den Vorwurf gegenüber dem Gericht, es habe die Angeklagten mit unverdienter Strenge behandelt, weil sie anarchistische Anschauungen geäußert hätten und weil sie Immigranten seien. Namhafte Schriftsteller setzten sich für die beiden Angeklagten ein, zahlreiche Massendemonstrationen fanden in vielen Städten der USA, aber auch in Europa und in Südamerika statt. Als die Hinrichtung nach mehreren Aufschüben im August 1927 dann schließlich doch vollzogen wurde, erschien sie nicht nur als ein neuerlicher Sieg des amerikanischen Nativismus, sondern auch als ein Akt der Klassenjustiz. Die Sacco-Vanzetti-Affäre rief in den Vereinigten Staaten ganz allgemein große Erregung hervor. Sie endete zwar mit einem Sieg der konservativen Kräfte, erweckte aber doch in manchen sozialreformerischen und intellektuellen Kreisen ein neues politisches Verantwortungsbewußtsein und einen *neuen Widerstandswillen gegen die herrschenden Mächte.*

Die Befürchtung, daß die amerikanische Nation ihre historische Tradition der Toleranz aufgegeben habe und zu einer voll und ganz auf materiellen Erwerb eingestellten Gesellschaft geworden sei, war in diesen Kreisen schon oftmals ausgesprochen worden. *Kritik am Zerfall der geistigen Werte* hatte es schon im »Gilded Age« der 1880er und 1890er Jahre gegeben, und an Versuchen, diesen Zerfall wenigstens in begrenzten Bereichen aufzuhalten, hatte es seither nicht gefehlt.

Der Kulturpessimismus und das Bewußtsein der Entfremdung von der Heimat läßt sich schon bei führenden Intellektuellen der Jahr-

hundertwende beobachten, besonders deutlich etwa bei Henry und Brooks Adams. Schon zu dieser Zeit hatte sich die Kritik gegen die »puritanische« Gesellschaftsmoral und gegen die durch sie hervorgerufene geistige Austrocknung der modernen amerikanischen Zivilisation gerichtet. Sie wurde zu Beginn des 20. Jahrhunderts in gleicher Richtung weitergeführt, u.a. durch Van Wyck Brooks (»*The Wine of the Puritans*«, 1909) und T. S. Eliot (»*Waste Land*«, 1917/22). In sehr viel radikalerer Form erscheint dasselbe Thema dann wiederum in den literarischen Werken der »Lost Generation«, die durch das Erlebnis des Krieges und des darauffolgenden Sieges der reaktionären Kräfte in ihrer völligen Illusionslosigkeit geprägt war. Ihr gehörten u.a. die Schriftsteller Sherwood Anderson, Sinclair Lewis, F. Scott Fitzgerald, Thomas Wolfe und der junge Ernest Hemingway an. Die Enttäuschung über die geistig-kulturelle Situation ihres Landes trieb viele kritische Amerikaner ins selbstgewählte (aber meist nur temporäre) europäische Exil. Sie gelangten früher oder später fast alle nach Paris und bildeten dort, um Gertrude Stein und James Joyce geschart, so etwas wie eine intellektuelle Emigrantengemeinde, die sich mit großer Hingabe um die Auffindung einer neuen Identität und eines gültigen Wertsystems bemühte (vgl. darüber z. B. Hemingway: »*The Sun Also Rises*«, 1926). In ihrer skeptischen Haltung gegenüber den »amerikanischen Traditionen« lehnten sie nicht nur den Konservativismus des »Big Business«, sondern auch den fundamentalistischen Nationalismus des ländlichen Amerika und den reformerischen Progressivismus ab. Ihre Kritik richtete sich immer wieder gegen den »Boobus Americanus«, d.h. gegen den konformistischen, antiintellektualistischen Mittelklasse-Amerikaner des »Age of Normalcy«.
Der auf die puritanische Ethik zurückgeführte Geist des Materialismus wurde aber auch in Amerika selbst von zahlreichen und teilweise sehr einflußreichen Zeitkritikern mit ätzender Schärfe abgelehnt. Besondere Bedeutung errang namentlich H. L. Mencken als Herausgeber der Zeitschrift »*American Mercury*« (1924–1933). Mencken, der übrigens auch den Begriff »Boobus Americanus« geprägt hatte, repräsentiert mit seinem vor nichts zurückschreckenden, teilweise auch destruktiven Zynismus wie wenige andere Literaten und Publizisten die geistige Atmosphäre seiner Zeit.
Der kritische Geist, der die amerikanische Gegenwart durchleuchtete, machte natürlich auch vor der Vergangenheit nicht halt. Die progressivistische Geschichtsschreibung hatte schon vor dem Ersten Weltkrieg ernüchternde Einsichten vorgebracht und damit bei den Anhängern eines nationalistischen Geschichtsbildes Ärgernis hervorgerufen. In den 20er Jahren erreichte sie ihre wirkungsvollsten

und bedeutendsten Leistungen u. a. in den Werken Charles A. und Mary R. Beards (»*The Rise of American Civilization*«, 1927) und Vernon L. Parringtons (»*Main Currents in American Thought*«, 1927). Daß auch sie bei allen Verdiensten von Einseitigkeiten nicht frei waren, wurde allerdings bald erkannt. Besonders die Schilderungen des Puritanismus und seiner Konsequenzen für die Geschichte der amerikanischen Nation riefen nach Korrekturen und belebten die wissenschaftliche Diskussion bis in die Zeit nach dem Zweiten Weltkrieg.[5]

4. Amerikanische Außenpolitik in der Zwischenkriegszeit

Durch die Verweigerung des Beitritts zum Völkerbund hatten es die Vereinigten Staaten stillschweigend abgelehnt, in Friedenszeiten die führende Rolle in der Welt zu übernehmen. Obwohl das amerikanische Volk nie Gelegenheit erhielt, sich gesamthaft und direkt zu dieser Frage zu äußern, konnte sich die Senatsmehrheit im März 1920 doch auf einen großen Sektor der öffentlichen Meinung berufen. In den 20er Jahren wurden nicht allzu viele Klagen über die Niederlage des Völkerbundsgedankens laut, und noch um 1937, als ein neuer Weltkrieg bereits vor der Tür stand, ergab eine Umfrage, daß 70% der Antwortenden die Beteiligung der USA am Ersten Weltkrieg als einen Fehler bezeichneten. Sehr weit war nach 1920 die Meinung verbreitet, Amerika sei durch die britische Propaganda, durch die Banken und durch die Lobbies der Waffen- und Munitionsfabrikanten in den Krieg hineingezogen worden. Revisionistische Historiker versuchten zu beweisen, daß nicht nur der Erste Weltkrieg, sondern auch der Bürgerkrieg und sogar die Amerikanische Revolution vermeidbar gewesen wären und daß sie letztlich alle auf die Konflikte wirtschaftlicher Interessen zurückgeführt werden konnten. Hier sprach u. a. auch der bereits genannte Charles A. Beard ein gewichtiges Wort mit, während als revisionistischer Interpret des Kriegsausbruchs von 1914 und der amerikanischen Intervention namentlich Harry Elmer Barnes in den Vordergrund trat und begreiflicherweise in Deutschland viel begeisterte Zustimmung fand.

Wenn man feststellt, daß durch die Niederlage Wilsons das außenpolitische Prinzip des *Internationalismus* durch dasjenige des *Isolationismus* abgelöst worden sei, ist dies zwar durchaus richtig, aber man muß dieser Feststellung dennoch einige Differenzierungen an-

5 Vgl. hierzu die Charakterisierung der genannten Historiker durch Richard Hofstadter: The Progressive Historians: Turner, Beard, Parrington, New York 1968.

fügen. Die Alternative war nämlich lange nicht so einfach und die Fixierung der neuen Richtung nicht so leicht, wie es nach außen den Anschein erwecken mochte. Die Erörterung der beiden Prinzipien kann auch aus der historischen Distanz nur sinnvoll sein, wenn sie von klaren Definitionen der Begriffe ausgeht.

Der Internationalismus basierte auf der Überzeugung, daß dem nationalen Interesse und der Sicherheit der Vereinigten Staaten durch aktive internationale Kooperation am besten gedient werden könne, d.h. durch den Anschluß an multilaterale Verträge und Allianzen. In den 20er Jahren war die Völkerbundsmitgliedschaft das Hauptanliegen der Internationalisten. Im folgenden Jahrzehnt wurde dieses Thema jedoch immer mehr an den Rand der Diskussion gedrängt; an seine Stelle trat die Doktrin der Dringlichkeit und Notwendigkeit individueller Verträge mit anderen demokratischen Nationen. Die Kontinuität der internationalistischen Argumentation läßt sich für die ganze Zwischenkriegszeit in der immer wieder dokumentierten Auffassung beobachten, daß ein außenpolitischer Alleingang der USA überhaupt nicht mehr möglich sei und daß ihre Sicherheit letztlich von denselben Voraussetzungen abhängig sei wie diejenige der anderen Nationen.

Eine eindeutige Definition des Isolationismus ist bedeutend schwieriger zu formulieren. Der Begriff ist meist mit der Ablehnung der Völkerbundsmitgliedschaft gleichgesetzt und dann auf alle Anti-Internationalisten der Zwischenkriegszeit ausgedehnt worden. Obwohl eine gewisse Konsistenz der Anschauungen beobachtet werden kann, läßt sich aber doch kaum von einer einheitlichen Kontinuität der isolationistischen Argumentation sprechen. Die Isolationisten der 20er Jahre waren Traditionalisten, die am Grundsatz der Vermeidung von »entangling alliances« festhielten, an jenem Grundsatz, der sowohl von Washington als auch von Jefferson vertreten worden war und somit eine besondere historische Autorität besaß. Sie setzten sich andererseits aber auch für die Fortführung einer expansiven Außenwirtschaftspolitik im Rahmen der wesentlich jüngeren Tradition der »Offenen Tür« ein. Die extremen Isolationisten der 30er Jahre hingegen waren jene Politiker, die im Interesse der Bewahrung der USA vor einem künftigen Krieg bereit waren, bedeutende Elemente der amerikanischen Außenpolitik preiszugeben. Sie postulierten den völligen Abbau der Beziehungen zu kriegführenden Staaten, selbst wenn dies den Verzicht auf die Ausübung traditioneller Neutralitätsrechte (z.B. freie Schiffahrt auf allen Meeren) bedeutete. Dieser radikale Isolationismus spielte eine wichtige Rolle in den Neutralitätsdiskussionen der Aera Franklin D. Roosevelt und bezog viele seiner Argumente aus der Popularisierung der revisionistischen Analyse des amerikanischen Kriegseintritts von 1917. Er kam aber erst relativ spät zum Durchbruch, und es wäre daher irreführend, den republikanischen Sieg von 1920 ohne weiteres als Beweis für eine totale Ablehnung der Wilsonschen Außenpolitik im Lager der Republikaner und in der amerikanischen Öffentlichkeit zu interpretieren.

In den 20er Jahren beschäftigte sich die amerikanische Regierung in ihren Beziehungen zu anderen Staaten vornehmlich mit Problemen, die der Krieg hinterlassen hatte. Die Vereinigten Staaten waren seit 1914 *von einer Schuldner- zu einer Gläubigernation* geworden. Washington hatte den Alliierten über 10 Milliarden Dollar geliehen, und sobald der Krieg beendet war, forderten die verschuldeten Länder die Streichung oder doch die Herabsetzung der Summe und der Zinsen. Das Hauptargument lautete von Europa her gesehen überzeugend: Der größte Teil des Geldes sei zum Einkauf amerikanischen Kriegsmaterials verwendet worden und habe die USA überhaupt nie verlassen. Außerdem wurde geltend gemacht, die europäischen Staaten hätten weit größere Opfer an Menschen und Eigentum bringen müssen als die Vereinigten Staaten. Nicht zu bezweifeln war die Tatsache, daß die hohen amerikanischen Schutzzölle eine Begleichung der Schulden auf dem Handelswege verunmöglichten und daß eine Bezahlung in Gold die europäischen Währungen zugrunde gerichtet hätte. Überdies konnten die Alliierten ihren Verpflichtungen nur dann nachkommen, wenn sie die deutschen Reparationszahlungen erhielten. Diese Interdependenz war offensichtlich, und in den beiden Ausgleichsplänen von 1924 und 1929 (Dawes- und Young-Plan) wurde ihr auch durchaus Rechnung getragen.

In den amerikanischen »Business«-Kreisen bestand aber wenig Verständnis für die Komplikationen der internationalen Finanzpolitik und keine Bereitschaft, auf die wirtschaftlichen Schwierigkeiten der europäischen Staaten Rücksicht zu nehmen. Der Streit um die Kriegsschulden weckte auf beiden Seiten Groll und Verbitterung. In Europa sprach man verärgert von Onkel Sam, der zum Onkel Shylock geworden sei, in Amerika bezichtigte man die ehemaligen Kriegsverbündeten der Unredlichkeit und der Treulosigkeit. Die um 1922/23 erreichten Finanzverträge vermochten die Spannungen nicht wirklich zu lösen. Sie führten zu verstärktem Druck auf Deutschland und in der Folge dann zum französisch-belgischen Einmarsch ins Ruhrgebiet. Das von Präsident Hoover um 1931 verkündete Kriegsschulden-Moratorium hatte ebenfalls keine große Wirkung. Im folgenden Jahre stellten sechs Schuldnerländer ihre Zahlungen ein, um 1934 folgten alle weiteren mit Ausnahme Finn-

lands ihrem Beispiel. All dies bewirkte, daß in den USA die Verärgerung über die ehemaligen Verbündeten fortlaufend zunahm und daß sich der radikale Isolationismus immer mehr Gehör verschaffen konnte.
Trotzdem darf man nicht übersehen, daß die Republikaner, die den Völkerbundsgedanken zu Fall gebracht hatten, vor allem unter Harding und Coolidge bedeutende Anstrengungen zur Verbesserung der internationalen Zusammenarbeit, zur *Abrüstung* und *Friedenssicherung* unternahmen. Durch die Einberufung der Konferenz von Washington (November 1921 – Februar 1922) hoffte Harding, dem wilden Wettrüsten zur See zwischen Großbritannien, Japan und den USA ein Ende bereiten zu können. Außenminister Charles Evans Hughes legte einen Abrüstungsplan vor, der große allseitige Überraschung hervorrief, dann aber in seinen wesentlichen Punkten doch akzeptiert und in einem Fünfmächtepakt (USA, Großbritannien, Japan, Frankreich, Italien) verwirklicht wurde. Die gleiche Konferenz ebnete den Weg zu einem Vierervertrag, der den Frieden im Pazifik sichern sollte (USA, Großbritannien, Frankreich, Japan), und zu einem Neunmächtevertrag, der die Unabhängigkeit und die territoriale Integrität Chinas anerkannte und das Prinzip der »Offenen Tür« bestätigte (USA, Großbritannien, Belgien, China, Frankreich, Italien, Japan, Niederlande, Portugal). Eine weitere Konferenz, die von Coolidge im Jahre 1927 vorgeschlagen wurde und die den Abrüstungsvertrag von Washington in einigen Punkten ergänzen sollte, scheiterte dann allerdings am Widerstand Frankreichs und vor allem Italiens, das in der Zwischenzeit zum Faschismus übergegangen war.
Als der Plan auftauchte, unter der Aegide des Völkerbundes einen ständigen Internationalen Gerichtshof zu schaffen, war die republikanische Parteiführung bereit, die Mitarbeit der USA zu unterstützen. Coolidge stimmte zu, und 1925 faßte das Repräsentantenhaus einen entsprechenden Entschluß. Im Senat erhob sich jedoch Widerstand, und nach langwieriger Debatte wurde der Beitrittsbeschluß durch eine Reihe kleinlicher Vorbehalte verwässert. Die Diskussion zog sich fruchtlos über weitere Jahre dahin, bis sie um 1935 ohne Ergebnis abgebrochen wurde. Während dieser ganzen Zeit hatte jedoch die amerikanische Regierung die Zusammenarbeit mit dem Völkerbund gefördert. Sie schickte Beobachter und Berater zu den »unpolitischen« Konferenzen und verfügte um 1930 bereits über fünf ständige Vertreter in Genf.
Die zunehmende Aktivität der pazifistischen Bewegung in Amerika und das französische Sicherheitsbedürfnis bewirkten in parallel verlaufenden Anstrengungen um 1928 das Zustandekommen des von 62

Ländern unterzeichneten *Briand-Kellogg-Paktes* zur Ächtung des Krieges. Frank B. Kellogg, der Außenminister Coolidges, war der Sache allerdings skeptisch gegenübergestanden, und auch der französische Außenminister Aristide Briand hätte lieber ein bilaterales Abkommen mit konkreten amerikanischen Zusagen gesehen. Der Vertrag erweckte in der amerikanischen Öffentlichkeit große Begeisterung; nüchterne Beobacher wiesen allerdings darauf hin, daß in ihm keine Maßnahmen vorgesehen waren, durch die seine Durchführung auch wirklich erzwungen werden konnte. Gerade diese Tatsache erleichterte natürlich dem Senat die Ratifikation. Daß das ehrenwerte Unternehmen völlig wirkungslos war, erwies sich bereits im Jahre 1931, als Japan in die Mandschurei einfiel. Keine andere Macht konnte und wollte dieser kriegerischen Aggression entgegentreten. Die amerikanischen Proteste und Warnungen fruchteten nichts, und als der Völkerbund Einspruch erhob, reagierte Japan lediglich mit der Aufgabe seiner Mitgliedschaft.

Herbert Hoover, der dritte Präsident der republikanischen Aera, war ein Staatsmann mit bedeutender internationaler Erfahrung. Er setzte die Außenpolitik Coolidges fort und unterstützte als Quäker alle Bemühungen um die Sicherung des Friedens mit besonderer Energie. Die Verhinderung des amerikanischen Beitritts zum Weltgerichtshof durch die radikalen Isolationisten war ihm eine große Enttäuschung. Auf seinen Vorschlag berief der britische Premierminister Ramsay MacDonald 1930 eine Flottenkonferenz nach London ein, und obwohl das hieraus resultierende Abkommen nur einen Teilsieg des Abrüstungsgedankens bedeutete, wurde es im Senat ohne abschwächende Vorbehalte genehmigt. Auf der Genfer Weltabrüstungskonferenz von 1932 machte Hoover den Vorschlag, alle bestehenden Rüstungen um ein Drittel herabzusetzen. Der Gedanke wurde zwar enthusiastisch aufgenommen, dann aber in langen Diskussionen zerredet, bis nichts mehr davon übrig war. Hoovers Plan war zweifelsohne aufrichtig gemeint und zeugte von staatsmännischem Weitblick, aber er paßte nicht mehr in eine Welt, die bereits wieder dem globalen Konflikt zutrieb.

Wenn die amerikanische Europa- und Ostasienpolitik der 20er und der ersten 30er Jahre auch wenig positive Ergebnisse zeitigte, so kündigte sich in den Beziehungen zu *Lateinamerika* eine bedeutsame Neuorientierung an, die bis in die Zeit vor dem Zweiten Weltkrieg wirksam bleiben sollte. Sie bestand, kurz gesagt, in der Aufgabe der durch Theodore Roosevelt inaugurierten Politik des »big stick«. Charles Evans Hughes versuchte nach 1920 ein Programm gegenseitiger Sicherung und Interessenförderung zu verwirklichen, das dazu angetan war, das latente Mißtrauen der lateinamerikanischen Staaten gegenüber den USA zu besänftigen. Die amerikanische Geschäftswelt stand mehrheitlich hinter der Regierung. Insbesondere die Erdölgesellschaften waren an einer Verbesserung der Beziehungen zu Lateinamerika interessiert; sie hofften, dabei die britische Konkurrenz aus dem Felde schlagen zu können, was ihnen schließlich auch gelang. Die von Hughes begonnene Politik des Ausgleichs erlitt unter Kellogg allerdings einige ernste Rückschläge (u.a. Intervention in Nicaragua 1926), aber andererseits gelang es dem geschickten Diplomaten Dwight G. Morrow, das gespannte Verhältnis zu Mexiko zu normalisieren und den amerikanischen Erdölgesellschaften ihre dort früher erworbenen Rechte zu sichern. Der neue Trend wurde nach 1928 noch verstärkt. Nach seiner Wahl, aber noch vor seinem Amtsantritt unternahm Herbert Hoover eine Reise durch Lateinamerika, die ganz der Pflege der »Public Relations« und der Entspannung galt. Um 1930 publizierte er ein bereits zwei Jahre zuvor durch den Unterstaatssekretär J. Reuben Clark formuliertes Memorandum, das den Roosevelt-Zusatz zur Monroe-Doktrin verwarf und damit den Anspruch der USA auf eine Polizeifunktion in den lateinamerikanischen Republiken widerrief. Obwohl die letzten amerikanischen Truppen erst 1933/34 aus Nicaragua und Haiti abgezogen wurden und trotz der Tatsache, daß gewisse Interventionsverträge erst 1936 abliefen, kann man doch feststellen, daß die »Good Neighbor Policy« bereits unter Hoover in Gang kam. Das Programm wurde nicht erst von Franklin D. Roosevelt entwickelt, aber es war Roosevelt, der ihm den klingenden Namen gab. In seiner Inaugurationsrede vom 4. März 1933 betonte er, daß die USA in ihren Außenbeziehungen fortan die »Politik der guten Nachbarschaft« verfolgen würden. Das bedeutete in erster Linie den Verzicht auf militärische Interventionen, administrative Kontrollfunktionen und auf jede Einschränkung der politischen Unabhängigkeit in den Staaten der westlichen Hemisphäre. Im weiteren Sinne – und nicht nur auf Lateinamerika bezogen – beinhaltete das Programm aber auch wirtschaftspolitische Maßnahmen wie den Abschluß von Handelsabkommen und die Lockerung der Schutzzollpolitik. Die Verwirklichung dieser Postulate war im wesentlichen der Initiative des Außenministers Cordell Hull zu verdanken. Daß die amerikanische Regierung bestrebt war, das Vertrauen Lateinamerikas zu gewinnen, zeigten die interamerikanischen Konferenzen von Montevideo (1933), Buenos Aires (1936) und Lima (1938). Sie resultierten in einer Reihe von Vereinbarungen und Proklamationen, die sich zum Prinzip der Nichtintervention bekannten, gegenseitige Sicherheitsgarantien abgaben und Verteidigungsberatungen bei der Gefahr eines Angriffs von dritter Seite vorsahen.

Die von den Republikanern Charles Evans Hughes, Herbert Hoover und Henry L. Stimson eingeleitete und von den Demokraten Franklin D. Roosevelt, Cordell Hull und Sumner Welles weitergeführte Politik der »Guten Nachbarschaft« gegenüber Lateinamerika war im Grunde nichts anderes als eine Fortsetzung der Politik der »Offenen Tür«, wenn auch mit sanfteren Mitteln. Das Ziel war nach wie vor durch den wirtschaftlichen und kommerziellen Expansionsdrang der USA bestimmt: Es bestand in der Verbesserung der Absatzmöglichkeiten für amerikanische Exportprodukte und in der Sicherung der Rohstoffzufuhr.
Trotzdem gelang es Roosevelt und seinen Mitarbeitern, in Lateinamerika viel Mißtrauen abzubauen und das Gefühl allamerikanischer Solidarität zu stärken. Dies sollte sich besonders im Zweiten Weltkrieg für alle Betroffenen positiv auswirken. Andererseits kann man nicht übersehen, daß die Politik der »Guten Nachbarschaft« in den lateinamerikanischen Republiken fast durchweg zur Festigung überholter sozialer und wirtschaftlicher Verhältnisse beitrug und daß sie diese Staaten daran hinderte, aus der Rolle relativ unterentwickelter und wirtschaftlich stets unterlegener Rohstofflieferanten und Fertigwarenabnehmer herauszuwachsen. Das war ein verhängnisvoller Fehler, dessen Konsequenzen bis in die zweite Hälfte des 20. Jahrhunderts hinein spürbar bleiben sollten.
Roosevelt war immer schon ein überzeugter Internationalist gewesen. Als demokratischer Kandidat für die Vizepräsidentschaft hatte er sich um 1920 auch für den amerikanischen Beitritt zum Völkerbund ausgesprochen. Im Laufe der 20er Jahre war sein Glaube an die Wirkungsmöglichkeiten dieser Institution allerdings dahingeschwunden, aber die Überzeugung, daß die USA in der internationalen Politik eine positive Rolle spielen müssen, hatte ihn nie verlassen. Eine genaue Definition dieser Rolle hat Roosevelt bis zum Ausbruch des Zweiten Weltkriegs freilich nie geliefert, und seine Außenpolitik der 30er Jahre war denn auch nicht frei von Unklarheiten und Widersprüchen. Als er in seiner ersten Inaugurationsrede die Konzeption der »Guten Nachbarschaft« darlegte, dachte er nicht nur an die amerikanische Hemisphäre, sondern an die ganze Welt. Die globale Verwirklichung des Programms mußte indessen bei der weitverbreiteten isolationistischen Stimmung in den Vereinigten Staaten früher oder später auf harten Widerstand stoßen. Diese Erfahrung machte Roosevelt im Jahr 1935, als er den Beitritt der USA zum Ständigen Internationalen Gerichtshof in Den Haag befürwortete. Er löste damit eine heftige isolationistische Reaktion aus, die nicht nur zur erneuten Ablehnung des Beitritts führte, sondern auch den Hintergrund für die leidenschaftliche Diskussion um die *Neu-*

tralitätsgesetze abgab. Bei der nunmehr sehr lautstark einsetzenden radikal-isolationistischen Propaganda handelte es sich um einen eigentlichen Kreuzzug, dessen Führer stets mit einem beifallsfreudigen Publikum rechnen konnten, wenn sie über das traditionelle und immer wieder wirksame Thema der notwendigen Abkehr der USA von der verderbten Umwelt predigten.
Gesetzesentwürfe zur Festlegung und Umschreibung der amerikanischen Neutralität in überseeischen Kriegen waren dem Kongreß seit dem Beginn des 20. Jahrhunderts immer wieder vorgelegt worden. Die Vorschläge, mit denen er sich vom März 1933 an konfrontiert sah, unterschieden sich wohl in einzelnen Bestimmungen voneinander, aber sie gingen alle vom selben Grundgedanken aus, indem sie für die USA den Verzicht auf die traditionellen Rechte der Neutralen postulierten. In der Ablehnung des Krieges als Instrument zur Lösung internationaler Konflikte und im Wunsche, das Land aus solchen Konflikten herauszuhalten, stimmte die Regierung mit den isolationistischen Vorschlägen überein, aber ihre Neutralitätskonzeption war anders motiviert. Während die Isolationisten die totale Separation der amerikanischen Nation von fremden Kriegen gesetzlich festzulegen wünschten, wollte Roosevelt die neutrale Position der USA so gestalten, daß von ihr aus Konflikte zwischen anderen Nationen geschlichtet und die Opfer aggressionistischer Aktionen beschützt werden konnten. So wünschte er eine gesetzliche Grundlage für Blockademaßnahmen gegen Aggressoren, aber er wollte sich die Möglichkeit, angegriffenen Nationen durch wirtschaftliche Unterstützungsmaßnahmen beizustehen, nicht einschränken lassen. Er glaubte, daß die USA auf diese Weise aus künftigen Kriegen herausgehalten werden könnten und dennoch in der Lage wären, ihr wirtschaftliches Potential zum Schutze demokratischer Staaten einzusetzen. Dies war nicht das Raisonnement eines Isolationisten, sondern eines Staatsmannes, der zwar den Krieg verabscheute, aber gleichzeitig davon überzeugt war, daß die Vereinigten Staaten in künftigen Weltkonflikten nicht mehr abseits stehen und Aggressionen nicht ungestraft vor sich gehen lassen konnten.
Die allgemeine isolationistische Stimmung versagte jedoch solchen Ideen die Breitenwirkung. Sie wurde durch verschiedene Faktoren angeheizt und warmgehalten: Ein Senatsausschuß unter Gerald P. Nye aus North Dakota (»Nye Committee«), der die Kriegsgewinne der Munitionsindustrie zu untersuchen hatte, legte Ergebnisse vor, die die Auffassung erhärteten, daß der amerikanische Kriegseintritt so gut wie ausschließlich durch Banken und Rüstungsindustrie diktiert worden sei. Eine ganze Reihe von politischen Streitschriften

und wissenschaftlichen Untersuchungen bestätigten das von H.E. Barnes vorgezeichnete revisionistische Geschichtsbild derselben Vorgänge. Seine weitreichende Popularisierung verdankte es jedoch zu einem guten Teil auch den Zeitungen William Randolph Hearsts und den überaus publikumswirksamen Radiokommentaren des katholischen Priesters Charles Coughlin.
Das Neutralitätsgesetz, das 1935 durch den Kongreß verabschiedet wurde, bedeutete für Roosevelt insofern eine Niederlage, als es ein automatisches Embargo gegenüber kriegführenden Staaten vorsah und nicht zwischen Aggressoren und Opfern der Aggression unterschied. Da es sich nur auf Waffen bezog, war es nicht besonders wirksam: Italien konnte Schiffsladungen wertvoller und kriegswichtiger Güter aus Amerika noch einführen, nachdem es in Äthiopien bereits einmarschiert war (1935). Trotzdem bekräftigte der Kongreß das Gesetz kurz darauf in seiner bisherigen Form, und erst 1937 gelang es Roosevelt, wenigstens die Aufnahme der bis zum 1. Mai 1939 befristeten »Cash-and-carry«-Klausel durchzusetzen. Diese Bestimmung ermöglichte die Belieferung kriegführender Staaten mit kriegswichtigen Waren (aber nicht mit Waffen und Munition) unter der Bedingung, daß sie bar bezahlt und auf nichtamerikanischen Schiffen transportiert wurden. Dadurch schien die Gefahr einer direkten Verwicklung der USA in fremde Konflikte gebannt, und andererseits brauchte der »Business« auf lukrative Absatzgeschäfte in Kriegszeiten nicht zu verzichten. Noch Anfang 1939 widersetzte sich jedoch der Senat ein weiteres Mal der Forderung Roosevelts nach einer grundsätzlichen Revision der Neutralitätsgesetze.
In ihren Einsichten über die dem Weltfrieden drohenden Gefahren waren Roosevelt, Cordell Hull und ihre Berater der amerikanischen öffentlichen Meinung weit voraus. Sie waren bemüht, den aufstrebenden faschistischen Mächten einen funktionierenden Apparat kollektiver Sicherheit entgegenzustellen. Der Präsident erinnerte die Nation immer wieder daran, daß die Sicherheit der USA aufs engste mit der weltpolitischen Gesamtsituation zusammenhing. Aber die berühmte »Quarantäne«-Rede, die er am 5. Oktober 1937 in Chicago, der Hochburg des mittelwestlichen Isolationismus, hielt, trug ihm so heftige Vorwürfe der Kriegshetzerei ein, daß er seine Warnungen von da an nur noch in gedämpftem Tone aussprach. Erst in seiner Jahresbotschaft an den Kongreß vom Januar 1939 wagte er es wieder, den Isolationismus direkt anzugreifen: In der Zwischenzeit war Hitler in Österreich einmarschiert, und das Münchner Abkommen hatte die Zerstückelung der Tschechoslowakei sanktioniert.
In der praktischen Gestaltung seiner Außenpolitik wurde Roosevelt

vor allem durch zwei Faktoren behindert: einerseits durch mannigfache Spielarten der reaktionären und isolationistischen Opposition in den USA selber und andererseits durch die Appeasement-Politik der europäischen Mächte gegenüber dem Hegemonialstreben des nationalsozialistischen Deutschland. Die amerikanische Regierung konnte gegen den Widerstand der Isolationisten keine konkreten militärischen Hilfsabkommen mit fremden Mächten abschließen, und die westeuropäischen Nationen waren ohne konkrete amerikanische Unterstützung erst recht nicht bereit (und auch nicht in der Lage), aus ihrer Appeasement-Haltung herauszutreten. So war die aktive Außenpolitik, die Roosevelt in der Zwischenkriegszeit anstrebte und die zur Sicherung des Weltfriedens nach seiner Überzeugung Wesentliches hätte beitragen können, sozusagen von innen und außen her zum Scheitern verurteilt.
Der allgemeine Meinungsumschwung, der sich vom Herbst 1939 an in der amerikanischen Öffentlichkeit abzeichnete und der Regierung neue außenpolitische Initiativen ermöglichte, gehört bereits in den Zusammenhang einer neuen Phase der Geschichte der USA.

5. *Wirtschaftskrise und »New Deal«*

Als Herbert Hoover im Jahre 1928 gegen den katholischen New Yorker Demokraten Al Smith zum Präsidenten gewählt wurde, genoß er die Sympathien einer breiten Öffentlichkeit. Seine administrative Erfahrung und idealistische Gesinnung wurden von niemand in Zweifel gezogen. Er wurde als großer Organisator gerühmt, seine Leistungen als Vorsitzender der Hilfskommission für Belgien und als Leiter des amerikanischen Lebensmittelamtes hatten seinen Namen während des Krieges und in der Nachkriegszeit international bekannt gemacht. Da er als Handelsminister in den Kabinetten Hardings und Coolidges das Geschäftsleben so ausgezeichnet gefördert hatte, erschien seine Wahl vielen Amerikanern als eine beinahe ideale Lösung. Hoover war vernünftig und gutwillig, aber er war – wie sich bald zeigte – doch zu sehr der Gefangene veralteter oder ihrem Ende entgegengehender Wirtschaftstheorien, um im Moment der Gefahr kühne und originelle Entschlüsse zu fassen und sie dann auch zu verwirklichen. Zu sehr auch verließ er sich auf die Initiative einzelner Personen, wo eine Mobilisierung aller zur Verfügung stehenden Kräfte zur Zusammenarbeit unter inspirierender Führung vonnöten gewesen wäre. Gleich zu Beginn seiner Amtszeit beging er einen schwerwiegenden Fehler: Er stimmte den exorbitanten Zollsätzen des Smoot-Hawley-Gesetzes zu, die fast 7% höher lagen als diejenigen des Fordney-McCumber Tariff aus dem Jahre 1922. Zahlreiche amerikanische Volkswirtschaftler liefen dagegen Sturm, und eine ausländische Regierung nach der andern legte scharfen Protest ein. Mit der Unterstützung dieser unklugen Manifestation des wirtschaftlichen Nationalismus versetzte Hoover dem internationalen Handel einen schweren Schlag, und dies zu einem höchst gefährlichen Zeitpunkt.

Auf welche Weise der dritte Präsident der republikanischen Aera seine Wirtschaftspolitik fortgesetzt hätte, läßt sich nicht ermitteln, denn im Herbst 1929 brach die Hochkonjunktur mit lautem Getöse in sich zusammen. Immerhin aber läßt sich heute feststellen, daß der amerikanischen Nation die Katastrophe von 1929 weitgehend hätte erspart werden können, wenn die Früchte des wirtschaftlichen Fortschritts gerechter verteilt worden wären und wenn man die Gesundung leidender Wirtschaftszweige wie der Textil- und Kohlenindustrie und vor allem der Landwirtschaft energischer gefördert hätte. All dies war aber im Zeitalter des »Laissez faire« nicht geschehen, und so stürzte das Land nun in einen der tiefsten Abgründe seiner Geschichte. Mit dem Elend und der materiellen Not verbreitete sich im amerikanischen Volke auch eine schwere Krise des nationalen Selbstverständnisses, denn das soziale und wirtschaftliche System, das hier zusammenbrach, hatte seit langer Zeit als die beste aller denkbaren Gesellschaftsordnungen gegolten.

Völlig überraschend war die Krise indessen nicht hereingebrochen. Manche Beobachter hatten den Konjunkturverlauf der 20er Jahre mit Skepsis verfolgt, aber ihre Warnungen waren nicht gehört worden. Der anhaltenden Überproduktion hochwertiger Konsumgüter stand eine ungünstige Entwicklung der Einkommensstruktur bei den mittleren und kleineren Verbraucherschichten gegenüber. Die Flut der Abzahlungsgeschäfte ließ ein falsches Bild von der Kaufkraft des Durchschnittskonsumenten entstehen. Die Expansion der Außenwirtschaft wurde durch die begrenzte Aufnahmefähigkeit der auswärtigen Märkte und vor allem durch die rigorose Schutzzollpolitik der amerikanischen Regierung aufgehalten. Schon seit 1926 hatte sich ein Rückgang der Hochkonjunktur abgezeichnet. Er wurde jedoch durch das Spekulationsfieber des »Big Bull Market«, das im Frühjahr 1928 ausbrach, verschleiert. Das hektische Hinauftreiben der Aktienkurse erreichte seinen Gipfelpunkt im Sommer 1929. Zahlreiche neue Firmen wurden gegründet, Investment Trusts schossen überall aus dem Boden, und auf diese Weise entstand ein gefährlich aufgeblähtes Kreditgebäude, dessen voraussehbarer Einsturz die gesamte amerikanische Wirtschaft zu gefährden drohte.

Aber weder die Regierung noch die Federal Reserve Bank wagten es, dem Spekulationsrausch durch restriktive Maßnahmen Einhalt zu gebieten, und so kam es am 24. Oktober 1929 zum *Zusammenbruch der Börsenkurse.* Die Industriewerte, deren Indexdurchschnitt Anfang September bei 452 gelegen hatte, stürzten bis Mitte November auf 224 und bis zum 8. Juli 1932, dem absoluten Tiefpunkt der Krise, auf 58. Diesem Rückgang entsprach eine Verminderung des Gesamtwertes von ca. 90 auf 60 bzw. 15 Milliarden Dollar. Die Industrieproduktion schrumpfte bis 1932 auf 54%, das Sozialprodukt sogar auf 43,5% der Ausmaße von 1929 zusammen. Die allgemeine Hoffnung auf eine rasche Überwindung der Krise hatte sich nicht erfüllt. Im Herbst 1930 gab es bereits 4 Millionen Arbeitslose; ihre Zahl stieg bis zum Frühjahr 1933 auf 14 – 15 Millionen, d.h. auf ungefähr einen Drittel aller Berufstätigen an. Besonders hart wurde wiederum die *Landwirtschaft* betroffen. Der rapide Preiszerfall der Agrarprodukte führte zu einer völligen Desintegration des Hypothekarmarktes und des ländlichen Kreditwesens. Zahlreiche Banken schlossen ihre Tore und machten Konkurs.

Die Regierung Hoover blieb in dieser Katastrophensituation keineswegs untätig. Ihre Maßnahmen stützten sich jedoch allzu sehr auf den guten Willen der Geschäftsleute. Sie kamen im ganzen gesehen zu spät und blieben weitgehend wirkungslos. Die Ausweitung der Krise auf die übrige Welt führte zum *Zusammenbruch des internationalen Zahlungsverkehrs,* der auch durch das von Hoover am 20. Juni 1931 verkündete Moratorium nicht mehr aufgehalten werden konnte. Dieser Schlag leitete die *zweite Phase der Depression* ein. Hoover sah sich in seiner Hoffnung auf die Hilfsbereitschaft der Geschäftswelt enttäuscht. Die Großbanken verweigerten gemeinsame Sanierungsaktionen, und die führenden Industrieunternehmer lehnten es ab, durch freiwillige Steuerleistungen auf lokaler Basis zur Lösung des Arbeitslosenproblems beizutragen.

Erst im Jahre 1932 erklärten sich Präsident und Kongreß bereit, den Staaten und Gemeinden die für öffentliche Notstandsarbeiten nötigen Mittel zur Verfügung zu stellen. Gleichzeitig wurde beschlossen, mit öffentlichen Geldern die Rettung und Stabilisierung privater Unternehmungen in die Hand zu nehmen. Die zu diesem Zwecke gegründete »Reconstruction Finance Corporation« (RFC) erhielt die Kompetenz, 2 Milliarden Dollar an notleidende Eisenbahngesellschaften, Banken, Versicherungs- und Kreditinstitute und andere Unternehmen auszugeben, aber alles nur in Form von Darlehen. Direkte Maßnahmen zur Linderung der Armut und der Arbeitslosigkeit lehnte Hoover auch jetzt noch ab, da er überzeugt war, die Lösung dieser Probleme liege nicht im Aufgabenbereich der

Bundesregierung. Die Lage verschlechterte sich weiter. Die materielle Not betraf nicht nur Arbeiterschaft, Bauern und Kleingewerbe, sondern ebensosehr den wohlhabenderen Mittelstand und die Angehörigen der akademischen Berufsgruppen. Manche Beobachter befürchteten den Ausbruch von Gewalttätigkeiten. Es kam aber nur zu ganz vereinzelten Ausbrüchen der Verzweiflung, wie etwa zu den Washingtoner Demonstrationen einiger Tausend arbeitsloser Kriegsveteranen (»Bonus Army«) im Sommer 1932, die durch einen Truppeneinsatz unter General Douglas MacArthur brutal auseinandergejagt wurden. Diese Aktion versetzte dem Prestige der republikanischen Regierung einen Schlag, von dem sie sich nicht mehr erholen sollte. Daß die sozialen Unruhen im Herbst 1932 keine größeren Ausmaße annahmen, war ohne Zweifel auch der neuen Präsidentenwahl zuzuschreiben, die den aufgestauten Emotionen ein willkommenes Ventil bot.

Hoover wurde durch Franklin D. Roosevelt in 42 von 48 Staaten geschlagen. Der überwältigende Sieg, der die Demokratische Partei nach zwölf Jahren wieder an die Macht brachte, war Ausdruck einer allgemeinen Unzufriedenheit mit den bestehenden Zuständen und insofern mit den Wahlsiegen Jeffersons und Jacksons zu vergleichen. Er bedeutete aber auch das Vertrauensvotum einer zutiefst verunsicherten Nation für einen Mann, der zu wissen schien, was zur Überwindung ihrer Krise zu tun sei.

Dieser Eindruck hatte sich schon während der Wahlkampagne verbreitet. Nach seiner Nomination hatte Roosevelt vor dem Parteikonvent in Chicago die Durchführung energischer Reformmaßnahmen versprochen und für sein Aktionsprogramm das aus dem Kartenspiel übernommene Schlagwort *»New Deal«* geprägt. Ähnlich geschickte, wirkungssichere und anfeuernde Formulierungen fand er auch in seiner Inaugurationsrede vom 4. März 1933, so u. a. den berühmten Satz »....the only thing we have to fear is fear itself«.

Der Neubeginn unter Roosevelts Führung war für die amerikanische Nation tatsächlich ein Aufbruch in eine neue Epoche. Der Staatsmann, der aus eigener Kraft sein schweres körperliches Handicap überwunden hatte (er war 1921 an spinaler Kinderlähmung erkrankt und seither von den Hüften abwärts gelähmt), strahlte eine Tatkraft und eine optimistische Selbstsicherheit aus, die ihm das Vertrauen weitester Kreise sicherten. Daß sein Programm auf keiner umfassenden theoretischen Grundlage basierte, fiel in der bedrängten Situation des Augenblicks nicht ins Gewicht. Kaum hatte er sein Amt angetreten, begann der Pragmatiker Roosevelt mit der Verwirklichung seines Gesetzgebungs- und Reformwerks. Es vollzog

sich zur Hauptsache in zwei Phasen. Die erste galt vor allem der finanziellen Sicherung, der Linderung unmittelbarer Not und der generellen Erneuerung des Wirtschaftsgefüges. Die zweite war von 1935 an vornehmlich den sozialen Reformen gewidmet.
Vom März bis Juni 1933, in den berühmten »Hundert Tagen«, gelang es Roosevelt, die wichtigsten Maßnahmen zur Bekämpfung der Krise in erstaunlichem Tempo durch den Kongreß zu bringen. Er begann mit der Proklamation von vier für das ganze Land geltenden Bankfeiertagen, die ihm die Möglichkeit gaben, alle Transaktionen zu sistieren und einen Gesetzentwurf zur Reorganisation der erschöpften Banken des »Federal Reserve System« verabschieden zu lassen. Das Bankennotgesetz (»Emergency Banking Act«) lockerte die Kreditbestimmungen und vergrößerte die in Umlauf gesetzte Geldmenge. Der Goldstandard wurde aufgegeben, ein Embargo über die Gold- und Silberausfuhr verhängt und der Goldgehalt des Dollars herabgesetzt. Eine Kreditversicherungsanstalt sowie eine Reihe staatlicher Institutionen zur Krediterweiterung wurden geschaffen; ein Jahr später trat das Börsengesetz (»Securities Exchange Act«) in Kraft, das das Gebaren der Effektenbörse zu überwachen hatte.
Zur *Unterstützung der Farmer* verabschiedete der Kongreß am 12. Mai die »Agricultural Adjustment Act«. Dieses Gesetz sollte die landwirtschaftliche Produktion, die Preise und die Überschüsse regulieren. Es etablierte die »Agricultural Adjustment Administration« (AAA), d.h. eine Behörde, die den Farmern, sofern sie ihre Produktion beschränkten, finanzielle Zuwendungen ausrichtete. Das hierfür benötigte Geld wurde durch die Besteuerung der Weiterverarbeiter (Mühlenbetriebe, Konservenfabriken etc.) eingebracht. Um die Not der arbeitslosen Jugend zu lindern, wurde das »Civilian Conservation Corps« (CCC) und später die »National Youth Administration« geschaffen. Das Nothilfegesetz vom Mai 1933 (»Federal Emergency Relief Act«) gewährte den Einzelstaaten und den Gemeinden Subventionen, um auf diese Weise Notstandsarbeiten zu ermöglichen. Die bereits unter Hoover eingesetzte »Reconstruction Finance Corporation« vermittelte auch weiterhin Darlehen an die Privatwirtschaft; durch die »Farm Credit Act« wurden Hypothekardarlehen erneuert und Bodenkredite erleichtert.
Für die *Wiederbelebung der Industrie* wurde die gesetzliche Grundlage im Juni 1933 durch die »National Industrial Recovery Act« (NIRA) gelegt. Dieses Gesetz verfolgte den Zweck, die Produktion zu stabilisieren, das Lohnniveau aufrechtzuerhalten, die Arbeitszeit und die Arbeitsbedingungen zu regeln und unlautere Handels- und Arbeitsmethoden zu verhindern. Damit sollten die Interessen von Arbeit, Kapital und Konsumenten gleichermaßen gewahrt bleiben.

Das Ganze wurde von der Hoffnung getragen, die verschiedenen Interessengruppen würden unter der schützenden Hand der Regierung ein wirksames System wirtschaftlicher Selbstverwaltung einrichten. Als Zentralbehörde zur Durchführung des Gesetzes wurde die »National Recovery Administration« (NRA) unter der Leitung des Generals Hugh S. Johnson ins Leben gerufen. Ein Experiment von ganz besonderer Bedeutung war die kurz zuvor geschaffene »Tennessee Valley Authority« (TVA; Leitung: David E. Lilienthal). Hier übernahm die Bundesregierung den Aufbau und den Betrieb eines gigantischen Energieversorgungsnetzes, das sich mit seinen zahlreichen Kraftwerken, Stauseen und anderen Anlagen im ganzen Tennesseetal auf dem Territorium von insgesamt sieben Staaten ausdehnte.

Hatte sich Roosevelt schon während der Wahlkampagne mit einer Reihe begabter Helfer und Planer zu umgeben verstanden (»Brain Trust«), so gelang ihm dies auch als Präsident ausgezeichnet. Zu seinen bedeutendsten Mitarbeitern gehörten neben dem bereits genannten Außenminister Cordell Hull auch der Innenminister Harold L. Ickes, ferner der Finanzminister William Woodin, der Landwirtschaftsminister Henry A. Wallace und die aus der Sozialfürsorge hervorgegangene Arbeitsministerin Frances Perkins. Unter den zahlreichen Administratoren einzelner Behörden und Reformpläne trat vor allem Harry L. Hopkins als treuer Gefolgsmann und unermüdlicher Praktiker des »New Deal« hervor. Dem Einsatz dieser Persönlichkeiten hatte Roosevelt seine Erfolge – hauptsächlich die Stabilisierung des Finanzwesens und die Verminderung der Arbeitslosigkeit – in wesentlichem Maße zu verdanken.

Zur Verbreitung seiner Ideen setzte er sich aber auch ganz persönlich ein, indem er die Möglichkeiten des Radios auf geschickte Weise ausnützte. Seine »Plaudereien am Kaminfeuer« (»Fireside Chats«) wurden zur berühmten nationalen Institution. Sie orientierten den Durchschnittsbürger, erklärten ihm die Pläne der Regierung und gaben ihm das beruhigende Gefühl, daß man sich im Weißen Haus auch um ihn und um seine Probleme kümmere.

Dem »New Deal« waren in seiner ersten Phase indessen keineswegs nur Erfolge beschieden: Die drei wichtigsten Einrichtungen, die Roosevelt zur wirtschaftlichen Gesundung des Landes ins Leben gerufen hatte, waren die »National Recovery Administration«, die »Agricultural Adjustment Administration« und der durch das »Civilian Conservation Corps« ermöglichte freiwillige Arbeitsdienst. Diese Institutionen bildeten die Grundlage für wirksame Notmaßnahmen, aber auf die Dauer erwiesen sie sich als ungeeignet. Nach einigen vorübergehenden Fortschritten fiel die Landwirtschaft wiederum der Krise anheim. Die Festlegung von Verkaufsquoten ließ wohl einige Preise ansteigen, aber die Trockenperioden von 1934, 1935 und 1936 machten die Hoffnungen auf dauerhafte Entspannung der Lage zunichte. Auf lange Sicht erwies es sich als unmöglich, die landwirtschaftliche Überproduktion zu verringern und den Farmer für das zu prämieren, was er nicht produzierte. Bald stellte sich heraus, daß die großen Landwirtschaftsunternehmer höhere Unterstützungsgelder bezogen als sie benötigten und daß die kleinen Farmer und Pächter zu kurz kamen. Die Institutionen der öffentlichen Arbeitsbeschaffung erzielten anfangs nur relativ geringe Erfolge. Dies wurde erst anders, als Roosevelt im Frühjahr 1935 die »Works Progress Administration« (WPA) einsetzte und Harry Hopkins zu ihrem Leiter ernannte. Bis zu ihrer offiziellen Aufhebung im Jahre 1943 versorgte diese Behörde ca. 8,5 Millionen Menschen mit vorübergehender Arbeit.

Das größte Aufsehen erregte der Mißerfolg der Maßnahmen zum Wiederaufbau der Industrie. Obgleich mit großem Aufwand an Publizität begründet, wurde die »National Recovery Administration« bald zur Zielscheibe scharfer Kritik. Führende Industrielle warfen ihr Einmischung in die Angelegenheiten der privaten Betriebsführung und Begünstigung der Interessen der Arbeiterschaft vor. Aber auch weniger konservative Kritiker erhoben ihre Stimmen und wiesen darauf hin, daß die NRA den Antitrust-Gesetzen entgegenwirke, die Interessen der kleineren Unternehmen vernachlässige und ganz allgemein ein enormes bürokratisches Durcheinander anrichte. Im Frühjahr 1935 erklärte der Oberste Gerichtshof neben verschiedenen anderen »New Deal«-Gesetzen die »National Industrial Recovery Act« für verfassungswidrig und setzte sie außer Kraft. Das war eine erfolgreiche Manifestation der konservativen Oppositionskräfte, die sich allmählich zusammengefunden hatten. Die Regierung Roosevelt wurde durch den Rückschlag indessen nicht in Verwirrung gebracht, sondern vielmehr zur Ausarbeitung neuer und besser durchdachter Reformmaßnahmen veranlaßt. In den »Zweiten Hundert Tagen« vom Sommer 1935 erfolgte eine Wendung des »New Deal« von der Zusammenarbeit mit der großen Geschäftswelt zu stärkerer Regulierung und Verkleinerung der wirtschaftlichen Machtblöcke.

Das Ziel des *Zweiten »New Deal«* bestand nun deutlich in der Stärkung der sozialen Position der Farmer und Arbeiter. Neben die »Works Progress Administration« war schon kurz vor der Gegenaktion des Obersten Gerichtshofes die »Resettlement Administration« (RA) getreten. Dieser Behörde wurde die Aufgabe übertragen, verarmte Farmer auf rentables Land umzusiedeln, mit modernen Anbaumethoden bekanntzumachen und finanziell zu unterstützen. Sie ging 1937 in der »Farm Security Administration« (FSA) auf, die nicht nur Umsiedlungsdarlehen vergab, sondern auch qualifizierten Pächtern und Landarbeitern den Erwerb von Farmen ermöglichte, für Saisonarbeiter menschenwürdige Unterkünfte errichtete und die Organisation landwirtschaftlicher Produktionsgesellschaften unterstützte.

Bedeutungsvoller als diese nach wie vor nicht sehr erfolgreichen Maßnahmen zur Landwirtschaftsreform waren jedoch die Gesetze, die die *Beziehungen zwischen Arbeitgebern und Arbeitnehmern* regelten und die Grundlagen zur allgemeinen Sozialversicherung schufen. Durch die »National Labor Relations Act« (»Wagner Act«) wurde der »National Labor Relations Board« (NLRB) ins Leben gerufen. Das war eine Bundesbehörde, die als Schlichtungs- und Aufsichtsinstanz den ganzen Komplex der Arbeitsbeziehungen zu überwachen, die ungestörte gewerkschaftliche Organisation der Arbeiter zu ermöglichen und Repressionsversuche der Arbeitgeber zu verhindern hatte. Diese Neuerung gab der Gewerkschaftsbewegung starken Auftrieb. Um die Erfassung der bisher nicht organisierten Arbeitermassen (die »American Federation of Labor« hatte stets nur gelernte Arbeiter aufgenommen) bemühte sich vor allem das unter der Führung von John L. Lewis, Sidney Hillman und Philip Murray stehende »Committee for Industrial Organization«, das sich nach dem Ausschluß aus der »American Federation of Labor« als »Congress of Industrial Organizations« (CIO) konstituierte und den Arbeitskampf sowohl gegen die US Steel als auch gegen die großen Automobilfirmen anführte. Hier erfolgte 1937 denn auch der Durchbruch zur Anerkennung (General Motors); er war hauptsächlich durch das Mittel des Sitzstreiks erzwungen worden. Henry Ford, der in seinen Gegenaktionen keine Skrupel kannte, gab erst 1941 nach, aber inzwischen hatten die dem CIO angeschlossenen Gewerkschaften ihre Anerkennung in praktisch allen anderen Industriezweigen durchgesetzt.

Wenn Roosevelt den raschen Machtanstieg der Gewerkschaften auch mit Mißbehagen verfolgte, so stellte er sich vorbehaltlos hinter die Pläne einer *Sozialversicherung* auf Bundesebene, die in der im Sommer 1935 verabschiedeten »Social Security Act« ihre erste, wenn auch noch unvollkommene Verwirklichung fand. In den gleichen Zusammenhang gehören auch die zur selben Zeit ins Werk gesetzten Maßnahmen zur Förderung des sozialen Wohnungsbaus sowie die Steuergesetzgebung, die zwar keine radikale Umgestaltung der Besitzverhältnisse herbeiführte, aber doch immerhin die unteren Einkommensgruppen entlastete (»Wealth Tax Act«).

Daß die überwiegende Mehrheit der Bevölkerung das Reformwerk des »New Deal« unterstützte, hatte sich bereits im Resultat der Kongreßwahlen von 1934 gezeigt. Noch viel deutlicher aber wurde dieselbe Tatsache in den Präsidentschaftswahlen von 1936 sichtbar, die Roosevelt – diesmal gegen Alfred M. Landon – wiederum mit überwältigender Stimmenmehrheit gewann. Nur die beiden Neuenglandstaaten Maine und Vermont hatten sich für den republikanischen Kandidaten entschieden. Einen fast ebenso wichtigen Erfolg konnte Roosevelt verbuchen, als auch der Oberste Gerichtshof eine Wendung zu seinen Gunsten vollzog. Noch im Januar 1936 hatte er den »Agricultural Adjustment Act« für verfassungswidrig erklärt; ein Jahr später anerkannte er jedoch sowohl das Gesetz über die Arbeitsbeziehungen als auch dasjenige über die Sozialversicherung.
Oppositionelle Kräfte, die sich gegen den »New Deal« richteten, waren seit 1934 in verschiedenen Gruppierungen spürbar geworden. Keine von ihnen vermochte indessen dem Rooseveltschen Reformprogramm eine grundsätzliche Richtungsänderung aufzuzwingen. Sie bewirkten im ganzen nicht mehr als temporäre Verzögerungen und Behinderungen. Dies gilt einerseits von der konservativen »Liberty League«, die sowohl republikanische als auch demokratische Gegner des »New Deal« in sich vereinigte, und andererseits auch von einer Anzahl radikaler Strömungen, denen die sozial-reformerischen Maßnahmen der Regierung zu wenig weit gingen. Unter diesen letzteren ist die »Share Our Wealth«-Bewegung zu nennen, die unter Huey Long, dem demagogischen und erratischen Senator von Louisiana, um 1934 einen gewissen Erfolg errang, aber schon im folgenden Jahre nach der Ermordung ihres Anführers rasch zusammenbrach. In California bestanden kleinere radikale Gruppen, die sich vor allem für eine sehr weitgehende Altersversorgung und für die Verstaatlichung landwirtschaftlicher und gewerblicher Produktionsstätten einsetzten. Sie scharten sich um den Arzt Francis Townsend und um den Schriftsteller Upton Sinclair.
Die Hauptwirkung dieser Oppositionsbewegungen bestand darin, daß sie die Thematik der politischen Debatten erweiterten und den Kongreß auf dem Gebiet der Sozialgesetzgebung aktivierten. Direkte Einflüsse ihrer Agitation auf die Entscheidungen Roosevelts und seiner Mitarbeiter lassen sich nicht nachweisen.
Das *Ende der »New Deal«-Aera* wurde durch andere Faktoren herbeigeführt. In den Jahren 1937 und 1938 beging Roosevelt zwei schwerwiegende taktische Fehler: Zunächst versuchte er, eine personelle Erweiterung des Obersten Gerichtshofes durchzusetzen. Die hierzu vorgebrachten Argumente vermochten jedoch den Eindruck nicht zu verwischen, daß sich der Präsident hier unzulässige

Einwirkungsmöglichkeiten verschaffen wollte. Damit bewirkte er auch in den Reihen seiner Anhänger beträchtliche Irritation. Die Reaktion des Chief Justice Charles Evans Hughes wirkte in ihrer korrekten Zurückhaltung sehr geschickt, und als das Gericht im Frühjahr 1937 seine bereits erwähnte Kursänderung vollzog, zeigte es sich, daß der Angriff des Präsidenten ins Leere gestoßen hatte. Der zweite Fehler Roosevelts bestand in der Bemühung, die Demokratische Partei von ihrem konservativen und »New Deal«-feindlichen Flügel zu befreien. Hierzu sollten die Kongreßwahlen von 1938 ausgenützt werden, aber der Plan mißlang; die Opposition innerhalb der Partei blieb bestehen, und die Gegnerschaft im Kongreß verstärkte sich. Außerdem brachten die Jahre 1937 und 1938 wirtschaftliche Rezessionen, und es wurde deutlich, daß auch der »New Deal« gegen derartige Rückschläge nicht gefeit war. Gleichzeitig begann sich ein Konflikt zwischen der Regierung und dem in seiner neuen Machtposition immer anspruchsvoller auftretenden CIO abzuzeichnen. Unter diesen mannigfachen Pressionen geriet Roosevelts innenpolitische Aktivität ins Stocken, unter seinen Mitarbeitern breitete sich eine Stimmung der Ernüchterung aus, und die reformerische Energie der Verwaltungsbehörden begann zu erlahmen.
Als im September 1939 der Zweite Weltkrieg ausbrach, erhielt das gesamte politische Leben in den USA eine völlig neue Präokkupation. Für Roosevelt ergab sich eine neue Führungsaufgabe, die noch größer und verantwortungsvoller werden sollte als diejenige, die er bis dahin erfüllt hatte.
Wenn man versuchen will, die historische Bedeutung des »New Deal« zu charakterisieren, so darf man zunächst einmal nicht an der Tatsache vorbeisehen, daß sich die amerikanische Nation um 1939 von der Wirtschaftskrise der Jahre 1929–1933 noch keineswegs völlig erholt hatte. Viele Reformen waren auf halbem Wege steckengeblieben oder ganz mißlungen. Die Erfolge waren mit enormen Anstrengungen errungen worden, aber eigentlich überwältigend waren sie nicht. Vor allem war es nicht gelungen, den Zentralisationsprozeß des amerikanischen Wirtschaftslebens aufzuhalten. Wohl gab es in den Vereinigten Staaten nicht mehr so viel konzentrierten Reichtum und protzigen Luxus wie in den 20er Jahren, aber es gab – und zwar nicht nur in den ländlichen Gegenden – noch immer viel Armut und Angst vor neuen Krisen. (Die Zahl der Arbeitslosen betrug 1941 immer noch 6 Millionen).
Andererseits darf aber die Beurteilung des »New Deal« nicht nur auf seine materiellen Errungenschaften abstellen. Ebenso wichtig waren die psychologischen Wirkungen, die von den zahlreichen Reformmaßnahmen ausgingen. Roosevelt konnte zwar nicht alle Probleme

lösen, die ihm die Situation seines Landes um 1933 zu lösen aufgab, aber er vermochte sie in ihrem wahren Wesen zu erkennen und daraus die Bedürfnisse des Volkes abzuleiten.

Wenn er auch manche Ideen aus früheren Reformbewegungen übernahm, so erscheint der »New Deal« doch in mehrfacher Hinsicht als neuartiges sozialgeschichtliches Phänomen. Er entwickelte eine Gesellschaftskonzeption, die nicht mehr auf dem Glauben an die absolute Gültigkeit des Systems freier Konkurrenz basierte, sondern auf der Überzeugung, daß Planung und Lenkung des wirtschaftlichen Lebens durch die Regierung notwendig sei, wenn die Krise der Nation überwunden werden sollte. Dabei spielten die praktischen Erfahrungen des Ersten Weltkriegs eine nicht unwesentliche Rolle. Ein bedeutsames Charakteristikum des »New Deal« ist ferner seine besonders in der zweiten Phase hervortretende Bereitschaft zur Unterstützung gewerkschaftlicher Interessen. Im Zusammenhang damit muß seine Ausrichtung auf eine ihrem Wesen nach städtische und industrielle Massengesellschaft gesehen werden. Zwar betrafen die ersten großen Reformmaßnahmen die Landwirtschaft, aber sie waren im ganzen weniger wirksam und folgenreich als diejenigen, die zur Lösung der spezifisch städtischen und industriellen Probleme ins Werk gesetzt wurden. Der »New Deal«verhalf der Arbeiterschaft und den »White Collar Workers« zu einer sozialen Anerkennung, die sie vorher noch nie genossen hatten. Im weiteren ist der »New Deal« durch die Tendenz gekennzeichnet, ethnische, rassische und religiöse Minderheiten als vollwertige Glieder der amerikanischen Gesellschaft zu behandeln und den weiß-angelsächsisch-protestantischen Nativismus der vorangegangenen Jahrzehnte zu überwinden.

Schließlich bewirkte der »New Deal« auch eine gewisse Verschiebung der Machtverhältnisse innerhalb der amerikanischen Gesellschaft. Neben »Business« und Landwirtschaft trat als dritter bestimmender Faktor des wirtschaftlichen und sozialen Lebens die organisierte Arbeiterschaft. Über diesen drei Potenzen stand die regulierende Macht der Bundesregierung. Da die kritische Situation des Landes eine starke Führung erforderte und Roosevelt diesem Erfordernis in hohem Maße entsprach, war es nur natürlich, daß die Exekutive einen immer stärkeren direkten Einfluß auf die Gesamtheit der politischen Planungs- und Entscheidungsprozesse ausübte. Parallel dazu entwickelte sich der Kongreß mehr und mehr zu einem Gremium, das die Vorschläge der Regierung entgegennahm und über sie beriet, aber selber wenig gesetzgeberische Initiative an den Tag legte.

Die Bundesregierung beschäftigte sich mit zahlreichen Problemen, die von den Behörden der Einzelstaaten nicht oder nicht mehr gelöst werden konnten. Dadurch wurde ihre Existenz und Aktivität dem Durchschnittsbürger viel deutlicher zum Bewußtsein gebracht als dies früher jemals der Fall gewesen war. Die Stimme des Präsidenten erreichte das ganze Volk in allen Teilen des Landes regelmäßig durch das Radio. Sein Bild, Nachrichten über seine Tätigkeit und über diejenige seiner Mitarbeiter erschienen fast jeden Tag in allen Zeitungen. Die Radiohörer und Zeitungsleser fühlten sich durch ihre Regierung in Washington angesprochen, informiert und ernst genommen. Der »Staat« war für die Amerikaner nicht mehr vornehmlich im Einzelstaat, sondern im Bundesstaat verkörpert. Die Reformen des »New Deal« betrafen die gesamte Nation und wurden daher durchaus als »national experience« empfunden.

Das innenpolitische Programm Roosevelts brachte dem Land manche tiefgreifende Neuerung, es veränderte bei vielen Zeitgenossen die traditionellen Grundlagen des politischen Denkens, aber es bewirkte keine grundlegende Veränderung der Gesellschaftsstruktur. In diesem Sinne kann der »New Deal« – das haben seine radikalen Kritiker immer wieder hervorgehoben – nicht als eine Revolution bezeichnet werden. Eine solche war von Roosevelt auch keineswegs beabsichtigt. Er besaß keine revolutionäre Theorie und wollte das kapitalistische System der freien Marktwirtschaft nicht abschaffen. Hingegen wollte er es kontrollieren, um es den Zwecken der Allgemeinheit besser dienstbar zu machen, als dies bis dahin möglich gewesen war.

Der »New Deal« dauerte insgesamt nur fünf Jahre. Er war nicht durchweg erfolgreich und ließ manche Probleme ungelöst. Trotzdem gehörte er zu den bedeutendsten Episoden der neueren amerikanischen Geschichte, denn er verwirklichte »den Übergang der amerikanischen Nation vom ›Laissez faire‹-Staat des klassischen Liberalismus zum modernen demokratischen Sozialstaat«.[6]

Die Krise von 1929 und der darauf folgende Prozeß der nationalen Konsolidierung übten auch auf das *geistige Leben der USA* nachhaltige Einflüsse aus. Zunächst wurde der Glaube an den Pragmatismus schwer erschüttert und namentlich in den Bereichen des religiösen und philosophischen Denkens sowie im Erziehungswesen harter Kritik unterzogen. Der Jurist Thurman Arnold wandte sich gegen den »pragmatischen Realismus« im amerikanischen Wirtschaftsdenken, der Pädagoge Robert Hutchins polemisierte gegen die positivistischen Zielsetzungen, die dem Schul- und Universitätssystem zugrunde lagen. Katholische und protestantische Theologen (unter den letzteren vor allem Reinhold Niebuhr) warnten vor den Aus-

6 Angermann, S. 169.

wirkungen ausschließlich »praktischer« und »sozialisierter« Religionsauffassung und predigten die Rückkehr zu orthodoxen Positionen. Trotzdem blieben im kirchlichen Leben die sozialen Tendenzen bestehen und mit ihnen auch die Forderung, daß die Kirche gerade in der wirtschaftlichen Krise noch intensiveren Anteil an den sozialen Nöten der Menschen nehmen müsse. Während die großen Denominationen fast durchweg unter Mitgliederschwund litten, blühten die Sektenbewegungen auf. Die »Zeugen Jehovas« gewannen zahlreiche neue Anhänger, die theosophisch-spiritistische »I am«-Bewegung breitete sich insbesondere um die Mitte der 30er Jahre aus, und unter den Schwarzen hatte vor allem die »Friedensmission« des »Father Divine« großen Erfolg. Als Weltanschauungsbewegung, die an keine besondere Denomination gebunden war, erlebte die von Dr. Frank Buchman gegründete »Oxford Group« (seit 1938 »Moralische Aufrüstung«) einen bedeutenden Aufschwung.
In den Jahren der Wirtschaftskrise beeindruckten die Lehren des Marxismus zahlreiche amerikanische Intellektuelle. Obwohl ihr Einfluß nicht so umfassend war, wie in späteren Untersuchungen ausgeführt wurde, trug das Interesse an den marxistischen Anschauungen doch dazu bei, daß die zeitgenössischen Probleme der Klassenbeziehungen, der Wirtschaft und der Politik in kritisch-progressiven Kreisen zur Kenntnis genommen und eifrig diskutiert wurden. Im ganzen gesehen berührte aber der Marxismus die amerikanischen Gebildeten in den 30er Jahren weniger stark als der Aufstieg des Faschismus. Die Zahl der Mitglieder faschistischer oder dem Faschismus zuneigender Organisationen (»German-American Bund«, »Silver Shirts« etc.) war zwar nicht groß, aber gerade in der Zeit des Konflikts zwischen Roosevelt und dem Obersten Gerichtshof und der großen Streikbewegungen gab es doch nicht wenige und durchaus patriotisch gesinnte Amerikaner, die die Möglichkeit einer totalitären Staatsform als Erlösung aus den innenpolitischen Unsicherheiten nicht von vornherein ablehnten. Faschistische Züge waren sowohl in der von Huey Long angeführten Bewegung als auch in den Aufrufen des bereits erwähnten Radiopriesters Charles Coughlin evident. Daß die Gefahr einer faschistischen Machtübernahme in den USA nicht durchweg von der Hand gewiesen wurde, zeigte der berühmte Roman von Sinclair Lewis: *»It can't happen here«* (1935). Gegenüber der tatsächlichen Ausbreitung des Faschismus in Italien und Deutschland verhielt sich die amerikanische Öffentlichkeit jedoch meist ruhig und sogar gleichgültig.
Das Erlebnis des wirtschaftlichen Zusammenbruchs veranlasste zahlreiche amerikanische Sozialkritiker, Schriftsteller und auch Historiker zur Überprüfung der Ideale und Traditionen, die die ameri-

kanische Nation geformt hatten. In den späten 20er und frühen 30er Jahren wurde besonders der Roman zum beliebten Instrument der Gesellschaftskritik und des sozialen Protestes (John Dos Passos, James T. Farrell, John Steinbeck, William Faulkner, Erskine Caldwell u.a.). Die durch den »New Deal« hervorgerufene innere Erstarkung der USA und die in Europa zur gleichen Zeit anwachsende Gefahr des Faschismus brachten jedoch den Negativismus und die »debunking«-Tendenz allmählich zum Verschwinden. Zahlreiche emigrierte Literaten der »Verlorenen Generation« kehrten in die Heimat zurück und entdeckten in den »amerikanischen Traditionen« vorher unterschätzte Werte, die Schutz und Pflege zu verdienen schienen. Dichter wie Stephen Vincent Benét, Archibald MacLeish und Carl Sandburg schlugen ungehemmt patriotische Töne an, aber auch Romanschriftsteller wie Ernest Hemingway, Thomas Wolfe und John Dos Passos bekannten sich zu den Grundströmungen und Wertmaßstäben der geschichtlich gewachsenen amerikanischen Mentalität.

Sehr bedeutend und wirksam waren die Anstrengungen, die von der Regierung Roosevelt zur Förderung des kulturellen Lebens und der Wissenschaft unternommen wurden. Schulen und Colleges erhielten finanzielle Unterstützung, das Stipendienwesen wurde auf nationaler Ebene organisiert, Gelehrte und Künstler aller Disziplinen erfuhren großzügige Förderung.

Schließlich erhielt das geistige Leben Amerikas schon in den 30er Jahren zahlreiche Impulse durch die Einwanderung vieler Künstler und Wissenschaftler, die von den faschistischen Regimen in Deutschland und Italien aus politischen und rassischen Gründen verfolgt und verjagt worden waren. Die 1932 in New York gegründete »University in Exile«, die später in die »New School of Social Research« integriert wurde, bot zahlreichen Emigranten einen neuen Wirkungskreis. Dasselbe gilt für das »Institute for Advanced Study« in Princeton, für die großen Universitäten, aber auch für zahlreiche kleinere Colleges im ganzen Lande, die die »Refugee Scholars« aufnahmen, ihnen Lehraufträge erteilten und bei der Überwindung der teilweise erheblichen Assimilationsschwierigkeiten behilflich waren. (Interessant erscheint in diesem Zusammenhang indessen die Tatsache, daß führende Universitäten wie Harvard, Yale und Columbia in den Jahren 1936 und 1937 noch offiziell an den Jubiläumsfeierlichkeiten der Universitäten von Heidelberg und Göttingen teilnahmen). Die tatsächliche geistige Ausstrahlung der europäischen Künstler- und Gelehrtenemigration sollte indes erst während des Zweiten Weltkriegs und in der Nachkriegszeit zu voller Wirksamkeit gelangen.

Wir haben bereits erwähnt, daß Roosevelt danach strebte, die faschistischen Diktaturen durch den Ausbau eines internationalen Systems kollektiver Sicherheit vom Übergang zur offenen Aggression abzuschrecken. Die deutsche Besetzung Prags im März 1939 und die kurz darauf erfolgte Invasion Albaniens durch italienische Streitkräfte bestärkten seine Überzeugung, daß die demokratischen Nationen Europas in ihrer Existenz direkt bedroht seien.
Aber erst der *deutsche Einfall in Polen* und die darauffolgenden Kriegserklärungen Großbritanniens und Frankreichs bewirkten in den Vereinigten Staaten den allgemeinen Meinungsumschwung, der es dem Präsidenten ermöglichte, eine aktivere Außenpolitik zu betreiben. Obwohl die meisten Amerikaner hofften, daß eine direkte Beteiligung ihrer Nation an den kriegerischen Auseinandersetzungen zu vermeiden sein werde, lagen die Sympathien doch eindeutig auf seiten der Westmächte. Der zu einer Sondersession einberufene Kongreß bewilligte am 4. November ein neues Neutralitätsgesetz, das das Kriegsmaterialembargo aufhob und die Lieferung von Waffen und Munition an die Alliierten auf der »Cash-and-carry«-Basis ermöglichte. Zu Beginn des Jahres 1940 unternahm der stellvertretende Außenminister Sumner Welles eine Europareise, von welcher er pessimistischen Bericht zurückbrachte. Er hatte feststellen müssen, daß die Kriegsvorbereitungen in England und Frankreich mangelhaft organisiert waren und nur langsam vorangetrieben wurden.
Als schwerer Schock wirkte sich in den USA die *Niederlage Frankreichs* aus. Im Frühjahr und Sommer 1940 wurde plötzlich allgemein bekannt, wie gewaltig das Machtpotential der faschistischen Diktaturen tatsächlich war. Niemand konnte überdies bezweifeln, daß der am 27. September zwischen Deutschland, Italien und Japan abgeschlossene *Dreimächtepakt* direkt gegen die USA gerichtet war.
In dieser Situation gelang es Roosevelt, eine rasche Aufrüstung, eine überparteiliche Außenpolitik und eine nachhaltige Unterstützung Großbritanniens in die Wege zu leiten. Der Kongreß bewilligte die nötigen finanziellen Mittel zur Verstärkung von Heer, Flotte und Luftwaffe und hieß am 16. September das erste begrenzte Wehrpflichtgesetz gut. Um seiner Außenpolitik die Unterstützung der beiden großen Parteien zu sichern, berief Roosevelt zwei Republikaner in sein Kabinett, nämlich Henry L. Stimson als Kriegs- und Frank Knox als Flottenminister. Durch eine besondere Präsidialverfügung wurden der hart bedrängten britischen Flotte 50 »veraltete« Zerstörer im Austausch gegen eine Reihe von Stützpunkten auf Neufundland, den Bermudas und im Karibischen Meer überlassen.

Die Tatsache, daß dieser »Destroyer deal« unter Umgehung des Kongresses abgeschlossen worden war, sollte die Auseinandersetzung um Neutralismus und Interventionismus jedoch aufs neue entzünden.

Die *Präsidentschaftswahlen* des Jahres *1940* spielten sich in einer Atmosphäre der Ungewißheit und Unsicherheit ab. Die Situation Westeuropas war durch die militärischen Erfolge Deutschlands gekennzeichnet; England erlitt durch die deutschen Luftangriffe schwerste Zerstörungen und Menschenverluste; im pazifischen Raum trat Japan immer drohender auf. Die Parteikonvente und der Wahlkampf standen begreiflicherweise ganz im Zeichen des Krieges. Die Republikaner waren unter sich durch schwere Zerwürfnisse gespalten; mit der Nomination Wendell Willkies als Präsidentschaftskandidat manifestierte sich der Sieg des interventionistischen Parteiflügels über die Isolationisten. Die Demokraten nominierten Roosevelt zum drittenmal und durchbrachen damit eine seit der Entstehung der USA etablierte Tradition. Da beide Kandidaten im Hinblick auf die Außenpolitik praktisch die gleichen Ziele verfochten, ergab sich kein wirklicher Gegensatz ihrer Standpunkte. Roosevelt siegte in 39 Staaten, aber Willkie konnte dennoch mehr Stimmen auf sich vereinigen als seine republikanischen Vorgänger in den Wahlen von 1932 und 1936.

Roosevelts dritte Amtsperiode begann mit einer allgemeinen Verschärfung des *Konflikts zwischen Interventionisten und Isolationisten*. Der Präsident selbst war davon überzeugt, daß sich die USA auf die Dauer nicht aus dem Krieg heraushalten konnten und daß es ihre Pflicht sei, den Westmächten jede mögliche Unterstützung zu gewähren. Diese Meinung teilten nicht nur die meisten demokratischen Politiker, sondern auch führende Republikaner wie Stimson, Knox und Willkie. Einflußreiche Kreise der Industrie und der Geschäftswelt waren jedoch eisern entschlossen, jede direkte Kriegsbeteiligung der Vereinigten Staaten zu verhindern. Sie warfen Roosevelt vor, er wolle die Verfassung stürzen und scheue nicht davor zurück, das Land in den Krieg hineinzutreiben. Nach der Ansicht vieler Isolationisten waren England und Frankreich ohnehin verloren, und daher erschien jede materielle Unterstützung durch die USA nutzlos. Herbert Hoover meinte, es werde für die amerikanische Nation »nicht angenehm, aber möglich« sein, in einer vom Faschismus beherrschten Welt zu leben. Im Kongreß standen die Senatoren Robert Taft (Ohio) und Burton Wheeler (Montana) an der Spitze der isolationistischen Opposition; außerhalb des Parlaments wurden die Zielsetzungen des Isolationismus namentlich durch den immer noch sehr populären Charles A. Lindbergh und durch Robert McCormick, den Herausgeber der »*Chicago Tribune*«, mit großem Nachdruck propagiert.

Trotz dieser Widerstände hielt Roosevelt unbeirrbar an seinem Hilfsprogramm für die Alliierten fest. Zu Beginn des Jahres 1941 schlug er dem Kongreß vor, das »Cash-and-carry«-System durch ein *Leih- und Pachtgesetz* zu ersetzen, das dem Präsidenten die Kompetenz verleihen würde, die Unterstützung fremder Mächte mit Waffen und Kriegsmaterial nach eigenem Gutdünken zu organisieren. Der Vorschlag wurde von den Isolationisten äußerst heftig bekämpft, aber nach zweimonatigen Kongreßdebatten und Hearings konnte Roosevelt die »Lend-Lease Act« am 11. März 1941 unterschreiben. Das Gesetz war nicht nur eine Geste altruistischer Generosität, sondern es reflektierte Roosevelts Überzeugung, daß ein deutscher Sieg über die Westmächte dem Nationalsozialismus den Weg nach Indien, Afrika und Lateinamerika eröffnen würde und daß daraus schließlich eine direkte militärische Bedrohung der USA entstehen könnte. Dem deutschen Streben nach Weltherrschaft konnte nur durch den Einsatz noch stärkeren militärischen Potentials wirksam begegnet werden. Die Unterstützung der Westmächte und ganz besonders Englands lag daher für Roosevelt im ureigensten Interesse der Vereinigten Staaten. Dazu kam das Argument, daß die USA den Alliierten in ihrem Kampf gegen den Faschismus beistehen müßten, um der Nachkriegswelt die »vier Freiheiten« (d.h. Redefreiheit, Glaubensfreiheit, Freiheit von Not und Freiheit von Furcht) zu gewährleisten. Diese Idee fand ihren eloquentesten Ausdruck in Roosevelts berühmter Kongreßrede vom 6. Januar 1941. Unter dem Leih- und Pachtgesetz konnte den Westmächten zwar wirksame Hilfe geleistet werden, aber die deutschen Angriffe auf Rußland und die Balkanländer konnten damit ebensowenig aufgehalten werden wie Rommels Feldzug in Nordafrika. Im Mai und Juni 1941 ließ die amerikanische Regierung die deutschen und italienischen Vermögenswerte »einfrieren« und die konsularischen Vertretungen der Achsenmächte schließen. Die Ausdehnung des Leih- und Pachtgesetzes auf die *Sowjetunion* löste neuen Widerstand von isolationistischer Seite aus, aber der Kongreß stimmte der Maßnahme schließlich doch zu.

Von Juni bis Dezember 1941 unternahm Roosevelt eine ganze Reihe außenpolitischer Schritte, die die USA immer enger mit den kriegführenden Westmächten verbanden. Im August traf er sich mit Premierminister Churchill auf einem Kriegsschiff vor der Küste Neufundlands zur Unterzeichnung der sogenannten *Atlantik-Charta.* Dieses Dokument sollte die Grundlage eines kollektiven Sicherheitssystems für die Nachkriegszeit bilden. Durch die Unterschrift ihres Präsidenten wurden die USA hier in die einzigartige Lage eines theoretisch neutralen Landes versetzt, das zusammen mit einer kriegführenden Nation Kriegsziele festlegte und ein Friedensprogramm proklamierte. Im Herbst 1941 ereigneten sich im Nordatlantik mehrere kriegerische Zwischenfälle, in die sowohl deutsche U-Boote als auch amerikanische Kriegs- und Handelsschiffe verwickelt waren. Nach dem ersten dieser Vorfälle ordnete Roosevelt an, daß deutsche U-Boote künftig »auf Sicht« beschossen werden sollten. Nachdem in weiteren Zusammenstößen zwei Zerstörer verloren gegangen waren, revidierte der Kongreß das Neutralitätsgesetz von 1939 und verfügte namentlich die Bewaffnung der Handelsschiffe.

Obwohl der Präsident und die Mitglieder seiner Regierung immer wieder betonten, daß alle offenen Feindseligkeiten vermieden werden müßten, befanden sich die Vereinigten Staaten mindestens seit dem Sommer 1941 de facto im Kriegszustand mit Deutschland. Die formelle Einbeziehung der USA in den Zweiten Weltkrieg sollte jedoch schließlich nicht von den Achsenmächten ausgehen, sondern von *Japan*.

Obwohl sich die USA in dem seit 1937 andauernden chinesisch-japanischen Krieg offiziell neutral verhielten, betrachteten die meisten Amerikaner die Chinesen doch als unschuldige Opfer des aggressiven japanischen Militarismus. Die Regierung von Washington blieb auch dann noch zurückhaltend, als Japan im Jahre 1938 den Grundsatz der »Offenen Tür« in aller Form verwarf und die Absicht bekundete, China zu einem Vasallenstaat innerhalb eines von Tokio aus beherrschten ostasiatischen Großreiches herabzudrücken. Erst von 1939 an gingen Roosevelt und Cordell Hull zu einer sich zusehends verhärtenden Politik der wirtschaftlichen Sanktionen über, die bis zur Sperrung der Öl-, Eisen- und Stahlexporte reichte.

Der Kriegsausbruch in Europa hatte in den USA von Anfang an begründete Befürchtungen über eine zu erwartende Verbindung zwischen Deutschland und Japan genährt. Die Niederlage Frankreichs und die deutsche Besetzung der Niederlande schufen im Fernen Osten ein Machtvakuum und eröffneten Japan die Möglichkeit, in die Kolonien dieser Länder einzufallen. Der bereits erwähnte Dreimächtepakt wurde daher auch ganz folgerichtig als eine gegen die USA gerichtete Allianz aufgefaßt.

Das Jahr 1941 schien zunächst eine friedliche Beilegung der japanisch-amerikanischen Differenzen zu bringen. Die *diplomatischen Verhandlungen* nahmen einen guten Anfang, aber bald zeigte sich, daß keine der beiden Seiten zu wirklichen Kompromissen bereit war. Die Japaner verneinten zwar den offensiven Charakter des

Dreimächtepaktes und erweckten den Anschein, als ob sie gewillt wären, sich aus den im September 1940 besetzten Gebieten Französisch-Indochinas zurückzuziehen. In der chinesischen Frage jedoch blieben sie hart. Sie wollten die Vorherrschaft über die Republik China um jeden Preis behalten und waren nicht bereit, auf die in vierjährigem Kampf gewonnene Position zu verzichten. Nationales Prestigedenken verband sich hier ganz offensichtlich mit der Überlegung, daß ein japanischer Rückzug aus China in erster Linie den Expansionsgelüsten der sowjetrussischen Konkurrenzmacht entgegenkommen würde. Diese russischen Absichten waren durch den japanisch-russischen Nichtangriffspakt vom 13. April 1941 keineswegs für alle Zeiten aus der Welt geschafft. Die amerikanische Regierung machte jedoch gerade den japanischen Rückzug aus China zu ihrer Hauptforderung. An diesem Punkt gerieten die Verhandlungen in eine Sackgasse. Japan fühlte sich in einem Dilemma, aus dem kein anderer Ausweg zu bestehen schien als der Krieg. So beschloß der Kronrat am 2. Juli, das weitere Vordringen nach Südostasien fortzusetzen und den offenen militärischen Konflikt mit den USA und Großbritannien zu riskieren. Die Kriegsvorbereitungen wurden weiter intensiviert, als General Hideki Tojo im Oktober die Ministerpräsidentschaft übernahm und damit die Militärpartei an die Macht brachte. Während die Verhandlungen zwischen den Regierungen von Tokio und Washington noch liefen, wurde der erste Schlag gegen die USA minutiös geplant. Am 7. Dezember 1941 erfolgte der Überraschungsangriff japanischer See- und Luftstreitkräfte auf die amerikanische Militärbasis von *Pearl Harbor* (Hawaii). Dabei wurden 19 amerikanische Schiffe versenkt oder zerstört, 150 Flugzeuge vernichtet und über 2300 Soldaten und Matrosen getötet. Gleichzeitig erfolgte ein Angriff auf die Philippinen, der die dort unter dem Kommando von General MacArthur bereitstehenden Streitkräfte lahmlegte. Drei Tage später verlor England im Südchinesischen Meer zwei Schlachtschiffe. Damit war für Japan der Weg nach Südostasien und Ostindien offen. Die USA gaben sich jedoch keineswegs geschlagen. Am Tage nach dem Angriff auf Pearl Harbor erklärten sie Japan den Krieg. Der Kongreß und das ganze amerikanische Volk stellten sich in seltener Einmütigkeit hinter den Präsidenten. Die Regierungen Deutschlands und Italiens hielten sich an ihre vorangegangenen Abmachungen mit Japan und erließen ihre an die Vereinigten Staaten gerichteten Kriegserklärungen am 11. Dezember. Damit waren die Konflikte Europas und Ostasiens »zum Weltkrieg zusammengewachsen« (Angermann), die USA waren endgültig darin verwickelt und mußten den Kampf fortan stets auf zwei oder mehr Kriegsschauplätzen gleichzeitig führen.

Es ist nicht zu bezweifeln, daß der japanische Angriff auf Pearl Harbor den amerikanischen Präsidenten und seine Regierung aus einer in mancher Hinsicht widerspruchsvollen und innenpolitisch auf die Dauer unhaltbaren Lage befreite. Diese Tatsache hat Roosevelt von isolationistischer Seite den Vorwurf eingebracht, er habe den Überfall absichtlich provoziert, um dadurch den Kriegseintritt der Vereinigten Staaten zu ermöglichen. Derselbe Vorwurf ist nach 1945 von verschiedenen »revisionistischen« Historikern wieder aufgenommen worden und hat zu einer großen Kontroverse geführt, die allerdings zu keinem endgültigen Resultat gelangt ist. (An der Spitze der »Revisionisten« standen wiederum Charles A. Beard und H.E. Barnes).[7]
Mit einiger Sicherheit läßt sich heute sagen, daß die Katastrophe von Pearl Harbor auf ein fatales Zusammenwirken zahlreicher Nachlässigkeiten und fehlerhafter Lagebeurteilungen zurückgeführt werden muß. An Warnzeichen hatte es nicht gefehlt, aber diese waren nicht ernst genug genommen worden. Schwieriger zu beantworten ist die Frage nach den *allgemeinen und grundlegenden Voraussetzungen des amerikanischen Kriegseintritts.* Deutschland war daran mit Sicherheit wenig interessiert, und auch Japan hat das Risiko der bewaffneten Auseinandersetzung mit den USA erst im Sommer 1941 auf sich genommen. Der amerikanischen Regierung mußte es darum gehen, den Krieg mit Japan möglichst lange hinauszuschieben. Ein Sieg war hier nach der Niederwerfung Deutschlands und Italiens leichter zu erringen als vorher. Daß die Aufschiebung nicht gelang, ist einerseits den Japanern selbst zuzuschreiben, die zur gleichen Einsicht gelangt waren, andererseits aber auch der generellen amerikanischen Fehleinschätzung der inneren Lage Chinas und der im ganzen ungeschickten Härte der amerikanischen Japan-Politik seit 1940.
Der Verlauf des gesamten amerikanischen Kriegseinsatzes von 1941 bis 1945 kann hier nur ganz kursorisch skizziert werden: Im *Pazifik* war die Lage bis zum Sommer 1942 äußerst kritisch. Die Japaner drangen auf allen Fronten vor. Sie zwangen MacArthur, seine Verteidigungsstellung auf den Philippinen (Bataan-Halbinsel) aufzugeben und sich nach Australien zurückzuziehen. Darauf überrannten sie Niederländisch-Indien, Thailand und Malaya und setzten sich in

7 Die wichtigste Literatur ist zusammengefaßt bei Angermann, S. 275 Anm. 29. Vgl. dazu ferner Fritz Wagner: Geschichte und Zeitgeschichte, Pearl Harbor im Kreuzfeuer der Forschung, in: Historische Zeitschrift 183 (1957), S. 306–326; Eugene C. Murdock: Zum Eintritt der Vereinigten Staaten in den Zweiten Weltkrieg, in: Vierteljahreshefte für Zeitgeschichte 4 (1956), S. 93–114.

Burma fest, wo sie den Nachschubweg nach China blockierten. Kurz darauf gelang ihnen auch die Eroberung zweier Aleuten-Inseln. Den ersten Rückschlag erlebten sie im Mai 1942 in der Schlacht im Korallenmeer. Als hierauf die schwere Niederlage bei den Midway-Inseln folgte (3. – 6. Juni) und die Invasion von Hawaii sich als unmöglich erwies, war der Wendepunkt erreicht. Es wurde offensichtlich, daß sich die USA von Pearl Harbor erholt hatten; ihre technologische Überlegenheit begann sich auszuwirken. Nun folgte der lange und aufreibende Kampf, der die Japaner aus einer Position nach der anderen verdrängte und vom Sommer 1942 bis zum Frühjahr 1945 dauerte. Die Rückeroberung der Philippinen durch MacArthur nahm ein halbes Jahr in Anspruch (Juni 1944 – Februar 1945). Nach der Einnahme von Okinawa (21. Juni 1945) waren die amerikanischen Streitkräfte noch ca. 600 km von Japan entfernt. Ihre Verluste waren äußerst hoch: Allein die Okinawa-Aktion hatte 11260 Tote und 33769 Verwundete gefordert.
Die ersten amerikanischen Einsätze im *europäisch-nordafrikanischen Raum* hatten der Sicherung der atlantischen Nachschublinien gegolten. Vom Sommer 1942 an gelang die immer wirksamere Bekämpfung der deutschen U-Boote, und gleichzeitig begann die amerikanische Luftwaffe, an den Bombardierungen der deutschen Industrie- und Nachschubzentren mitzuwirken. Obwohl die Sowjetunion auf die Errichtung einer »Zweiten Front« drängte, erfolgte die alliierte Hauptaktion zunächst in Nordafrika. Im November 1942 landete eine anglo-amerikanische Streitmacht unter dem Kommando von General Dwight D. Eisenhower in Casablanca, Oran und Algier. Zwischen ihr und der unter General B.L. Montgomery aus Ägypten vordringenden britischen 8. Armee geriet das deutsche Afrikakorps in schwere Bedrängnis und mußte am 13. Mai 1943 kapitulieren. Schon im Juli setzten sich die Alliierten auf Sizilien fest, und im September erfolgten die ersten Landungen in Süditalien. Mussolini war zu diesem Zeitpunkt bereits gestürzt, und die neue italienische Regierung unter Marschall Badoglio knüpfte Kapitulationsverhandlungen mit den Alliierten an. In diesem Moment übernahm jedoch die deutsche Regierung und Heeresleitung die gesamte Kontrolle über Italien, und der Krieg ging weiter. In mühsamen und verlustreichen Kämpfen gelangten die Alliierten bis zum August 1943 auf die Höhe von Florenz, der Einbruch in die Po-Ebene wurde jedoch infolge des zähen deutschen Widerstandes bis zum Jahre 1945 verzögert.
Seit dem Erfolg ihrer Winteroffensive von 1942/43 (Stalingrad) hatten die russischen Armeen ihren Vormarsch nach Westen angetreten, der abgesehen von einigen temporären Verzögerungen nie mehr

wirklich aufgehalten werden konnte. Im Sommer und Herbst 1943 wirkten sich nun auch die amerikanischen Kriegsmateriallieferungen aus, die Rußland hauptsächlich über den Hafen von Archangelsk erreichten. Die entscheidende Erleichterung ergab sich der russischen Führung jedoch erst, als durch die *alliierte Landung in der Normandie* (6. Juni 1944) die schon lange geforderte »Zweite Front« entstand. Das Oberkommando führte wiederum General Eisenhower; seine wichtigsten Unterführer waren Montgomery und Omar N. Bradley. Die »Invasion« war das größte amphibische Unternehmen der ganzen bisherigen Kriegsgeschichte. Innerhalb eines Monats befanden sich bereits über 1 Million Soldaten im rasch erweiterten Brückenkopf. Trotz schlechten Wetters und harter deutscher Gegenwehr drangen die alliierten Truppen unaufhaltsam nach Osten und Nordosten vor. Am 25. August wurde Paris befreit, bis zum 11. September waren auch Brüssel, Antwerpen und Luxemburg in der Hand der Alliierten. Obwohl die deutsche Ardennenoffensive ihren Vormarsch im Dezember noch einmal aufhielt und besonders die amerikanischen Truppen schwer dezimierte (8000 Gefallene, 48000 Verwundete, 21000 Vermißte), war am Ausgang des Krieges nicht mehr zu zweifeln. Die Russen lösten ihre Generaloffensive in Polen am 12. Januar 1945 aus, nahmen wenige Tage darauf Warschau ein und standen am 23. Januar an der Oder. Amerikanische Streitkräfte überquerten den Rhein am 7. März und erreichten am 11. April die Elbe. Hier blieben sie auf Befehl Eisenhowers (und trotz der Bedenken Churchills) stehen und ermöglichten auf diese Weise den Russen die Einnahme Berlins. Am 30. April beging Hitler Selbstmord, Berlin fiel am 2. Mai, die deutsche Heeresleitung kapitulierte bedingungslos vor den alliierten Siegern, und am 8. Mai wurden die Feindseligkeiten formell abgebrochen.
Im *Fernen Osten* war der Krieg hingegen noch nicht zu Ende. Die amerikanische Führung rechnete mit der Notwendigkeit, die Taktik des »Froschhüpfens« von Insel zu Insel noch lange und mit großen Verlusten an Menschen und Material fortsetzen zu müssen. Die Möglichkeit eines entscheidenden Vernichtungsschlages und damit einer raschen Beendigung des Krieges war jedoch gegeben, und zwar durch die inzwischen entwickelte *Atombombe.* Obwohl einige Wissenschaftler die bloße Demonstration für ausreichend hielten, um die Kapitulation Japans zu erreichen, glaubte Roosevelts Nachfolger Harry S. Truman auf ihren kriegsmäßigen Einsatz nicht verzichten zu können, zumal das weitere Andauern der Feindseligkeiten die Wahrscheinlichkeit einer (jetzt nicht mehr erwünschten) russischen Intervention in Ostasien vergrößerte.
Am 6. August 1945 wurde die erste Atombombe über der Stadt Hi-

roshima abgeworfen, drei Tage später fiel eine zweite auf Nagasaki. Beide Städte wurden völlig zerstört und hatten insgesamt mehr als 200000 Tote und Verletzte zu beklagen. Am 10. August bat die japanische Regierung um Frieden, und bereits am darauffolgenden Tag übermittelte der amerikanische Außenminister im Namen der Alliierten die Kapitulationsbedingungen. Bevor der Waffenstillstand am 14. August abgeschlossen wurde, konnte Rußland noch die Mandschurei und den nördlichen Teil Koreas besetzen. Die formelle Unterzeichnung der japanischen Kapitulation fand am 2. September auf dem amerikanischen Schlachtschiff »Missouri« statt.
Damit war der militärische Sieg auch auf dem fernöstlichen Kriegsschauplatz errungen. Der Einsatz der Atombombe hatte ein großes strategisches Problem gelöst, aber er schuf – wie noch zu zeigen sein wird – eine Unzahl neuer Konflikte und Schwierigkeiten, die die Beziehungen zwischen den Großmächten auf Jahrzehnte hinaus belasten und bestimmen sollten.
Vom Dezember 1941 bis zum August 1945 hatten insgesamt ungefähr 12 Millionen Amerikaner als Angehörige des Heeres, der Luftwaffe, der Flotte und des Marinekorps am Krieg teilgenommen. Die Gesamtzahl der im Kampf Gefallenen überstieg 300000; die der Verwundeten und Vermißten betrug ca. 800000. Die USA hatten der Kriegspartei der Alliierten jedoch nicht nur mit ihrem enormen Aufgebot an Menschen, Waffen und Kriegsmaterial zum Sieg verholfen. Daß die Achsenmächte in einem koordinierten und einheitlich ausgerichteten Kräfteeinsatz überwunden werden konnten, war ebenfalls zu einem guten Teil der *zivilen Staatsführung* und der *Diplomatie* zuzuschreiben. Auch hier wurde von amerikanischer Seite ein wesentlicher Beitrag geleistet.
Die Erfordernisse des globalen Krieges ließen eine neue Form des internationalen diplomatischen Verkehrs entstehen, die vor allem dadurch charakterisiert war, daß die gemeinsamen Probleme in mehr oder weniger regelmäßigen Zusammenkünften von den Regierungschefs und ihren wichtigsten Mitarbeitern persönlich diskutiert wurden. Für die Vereinigten Staaten spielte sich diese Konferenzdiplomatie zur Hauptsache in zwei Bereichen ab. Im ersten Bereich lagen die immer wieder notwendigen Gespräche mit den Regierungen der lateinamerikanischen Staaten und Kanadas, die der Festlegung der Solidaritätsgrundsätze und der gemeinsamen Verteidigungsmaßnahmen dienten (wobei Chile und besonders Argentinien erst relativ spät und unter beträchtlichem Druck Washingtons in die allgemeine Front einschwenkten). Der zweite und viel bedeutsamere Bereich umfaßte die Konferenzen mit den führenden Staatsmännern Großbritanniens und später auch Rußlands und Chinas. Auf diesen Zu-

sammenkünften wurden nicht nur die Probleme des militärischen Einsatzes, sondern auch die Grundlinien der Nachkriegspolitik besprochen.
In manchen Fällen machten sich hier schon während des Krieges jene Divergenzen der Interessen und Zielsetzungen bemerkbar, die die weltpolitische Lage nach 1945 dominieren sollten. Die Reihe der Konferenzen war bereits durch das Zusammentreffen Roosevelts mit Churchill im August 1941 eröffnet worden, aus dem die Atlantik-Charta hervorging. Kurz nach dem Überfall auf Pearl Harbor war Churchill zu Gesprächen nach Washington gereist, die u. a. in der Errichtung des gemeinsamen Generalstabes, der anglo-amerikanischen Rohstoffbehörde und des anglo-amerikanischen Kriegsrates resultierten. Die Einigung mit Rußland über die Priorität des Krieges gegen Deutschland war leicht zu erzielen. Auf ihrer Grundlage wurde schon am 1. Januar 1942 von 26 Nationen die UNO-Deklaration unterzeichnet. Eine Reihe weiterer Führungsgespräche in verschiedener personeller Zusammensetzung war sodann dem viel schwierigeren Problem der »Zweiten Front« gewidmet. Auf der Konferenz von *Casablanca* (14. – 24. Januar 1943) kamen Roosevelt und Churchill überein, daß der Krieg bis zur *bedingungslosen Kapitulation* der Achsenmächte geführt werden müsse. In der Frage der »Zweiten Front« wurde der Kompromiß gefunden, der die Landung der Alliierten in Sizilien und Italien vorsah. Die britisch-amerikanischen Konferenzen von Washington und Quebec (Mai und August 1943) waren in erster Linie der Planung der Invasion Frankreichs gewidmet. Auf der Moskauer Außenministertagung (19. Oktober – 1. November) konnte der sowjetrussischen Führung die Errichtung der »Zweiten Front« endgültig zugesagt werden, wofür Stalin die Beteiligung Rußlands am Krieg gegen Japan nach der Niederwerfung Deutschlands versprach. In Kairo wurde im November und Dezember 1943 die Zusammenarbeit der Alliierten mit dem China Tschiang Kai-scheks und der Türkei geregelt; gleichzeitig erfolgte in *Teheran* das erste Zusammentreffen Churchills und Roosevelts mit Stalin (28. November – 1. Dezember). Während hier in erster Linie die gegen Deutschland vorgesehenen Kriegsoperationen koordiniert wurden, traten in den späteren Konferenzen von Quebec und Moskau (September und Oktober 1944) die mit der Planung der Nachkriegspolitik verbundenen Probleme immer mehr in den Vordergrund.
Meinungsverschiedenheiten wurden bei allen diesen Verhandlungen nicht nur zwischen der anglo-amerikanischen Führung und den sowjetrussischen Staatsmännern sichtbar, sondern von Anfang an auch zwischen Roosevelt und Churchill. Ein grundsätzlicher Konflikt er-

gab sich aus der unterschiedlichen Interpretation des in der Atlantik-Charta proklamierten *Selbstbestimmungsrechts der Völker.* Während Churchill dieses nur den Opfern kriegerischer Aggression zubilligen wollte, galt es nach Roosevelts Meinung auch für Völker, die unter kolonialer Herrschaft lebten. Diese Diskrepanz der Auffassungen wurde zwar immer wieder notdürftig übertüncht, aber Roosevelts Antikolonialismus blieb für die britische Regierung und für Churchill persönlich – bei aller Freundschaft und Einigkeit in anderen Problembereichen – doch stets ein Stein des Anstoßes. Roosevelts Mißtrauen gegenüber der traditionellen britischen Empire-Politik erschwerte immer wieder die gemeinsame Erörterung von Problemen globaler Strategie. Außerhalb der westlichen Hemisphäre lehnte Roosevelt nicht nur den Kolonialismus ab, sondern auch die Konzeption der politischen und ökonomischen Einflußsphären. Er verdächtigte England, eine solche Einflußsphäre auf dem Balkan aufbauen zu wollen und verweigerte daher dem Plan Churchills, in diesem Gebiet eine »Zweite Front« zu errichten, seine Zustimmung. Ähnlich motivierte Vorbehalte beeinflußten die amerikanische Haltung gegenüber der Niederwerfung und Besetzung Deutschlands. Während die britische Führung ein möglichst weites Vordringen der anglo-amerikanischen Streitkräfte befürwortete, setzte die Regierung von Washington jene Zurückhaltung durch, die den Russen die Besetzung Berlins und Prags ermöglichte. Roosevelt und seine engsten Berater standen den tatsächlichen und vermeintlichen Ambitionen Großbritanniens stets skeptisch gegenüber, während sie in ihrem immer noch lebendigen Glauben an das Prinzip der »Offenen Tür« den guten Willen und die Kooperationsbereitschaft der Sowjetunion zu überschätzen tendierten. Hier erschien die amerikanische Außenpolitik wiederum von der an Wilson gemahnenden Grundüberzeugung bestimmt, wonach in der Nachkriegswelt die machtpolitischen Intentionen und die nationalen Interessen keine dominante Rolle mehr spielen würden. Aus diesem Grund setzte die amerikanische Regierung größte Hoffnungen in die Organisation der Vereinten Nationen, deren Charta auf der Konferenz von *Dumbarton Oaks* im Herbst 1944 entworfen worden war.

Wie schwierig die Regelung der Nachkriegsordnung sich aber tatsächlich gestaltete, wurde auf der Konferenz von *Jalta* klar, wo Roosevelt, Churchill und Stalin im Februar 1945 noch einmal zu gemeinsamen Beratungen zusammenkamen. Die meisten Beschlüsse waren geheim und wurden erst nach Kriegsende allgemein bekannt. Sie schufen die Grundlage für die Ausdehnung des sowjetrussischen Einflußbereichs in Ostasien und Europa. Die Konzessionen der USA und Großbritanniens wurden als Gegenleistung für den versprochenen russischen Kriegseintritt gegen Japan deklariert, d.h. für den Kriegseintritt, der dann keineswegs mehr erwünscht war, als er erfolgte. Auch die *polnische Frage* wurde in einem für Rußland günstigen Sinne geregelt. Für die abzutretenden Ostgebiete sollte Polen im Westen durch deutsche Territorien entschädigt werden. Daß Stalin sich demgegenüber bereit erklärte, in die Regierung von Lublin auch Mitglieder der polnischen Exilregierung in London aufnehmen zu lassen, bedeutete nicht allzuviel, denn praktisch übte die Rote Armee um diese Zeit bereits die Herrschaft über ganz Polen aus. Entscheidend war, daß Roosevelt in Jalta das Prinzip der Selbstbestimmung der Völker, an dem er bisher stets festgehalten hatte, angesichts der sowjetrussischen Ansprüche und Widerstände preisgab und daß er sich auch der Bildung von Einflußsphären nicht mehr widersetzte.

Die Konferenz von Jalta beschloß außerdem die Einberufung der *UNO-Gründungsversammlung* nach San Francisco auf den 25. April 1945. Sie befaßte sich schließlich und sehr eingehend auch mit *Deutschland.* Neben den Kapitulationsbedingungen wurden die Grundlinien der Besatzungspolitik festgelegt und die Einteilung des Landes in vier Besatzungszonen unter einem gemeinsamen Kontrollrat beschlossen.

Wie in den übrigen westlichen Ländern wurden die Beschlüsse von Jalta auch in den USA zunächst positiv beurteilt. Erst als man erkannte, daß sie direkt oder indirekt die Entstehung der kommunistischen Vorherrschaft in Osteuropa und China ermöglicht hatten, setzte die Kritik an Roosevelts Nachgiebigkeit ein, und man stellte fest, daß er an der Ausarbeitung dieser Nachkriegsordnung ebenso wie seinerzeit Wilson in Versailles ohne gebührende Berücksichtigung des Kongresses mitgewirkt hatte.

Die Konferenz von Jalta war nicht die letzte Kriegskonferenz der alliierten Regierungschefs. Aber sie war die letzte dieser Zusammenkünfte, die noch im Geiste der durch den Krieg diktierten Kooperationsnotwendigkeit abgehalten wurde. Kurz nach ihrem Ende zeigten die militärischen Erfolge, daß die totale Niederlage Deutschlands in greifbare Nähe gerückt war. Damit begann das Ringen um die Positionen im Nachkriegseuropa, und die Beziehungen zwischen der Sowjetunion und ihren westlichen Kriegsverbündeten verschlechterten sich sehr rasch. Kurz vor seinem Tode stellte Roosevelt mit größter Besorgnis fest, daß die russischen Versprechungen über eine demokratische Regelung der Verhältnisse in Polen nicht eingehalten wurden, und Churchill sprach zum erstenmal vom Niedergehen des »Eisernen Vorhangs« an der russischen Front.

Die Konferenz von *Potsdam* (17. Juli – 2. August 1945), an der die

USA bereits durch Präsident Truman vertreten wurden, befaßte sich nicht mehr mit Grundsatzentscheiden, sondern in erster Linie mit Einzelfragen. Sie forderte Japan vergeblich zur Kapitulation auf, bestätigte die detaillierten Verordnungen bezüglich der Entmilitarisierung, Demokratisierung und Dezentralisierung Deutschlands und bereitete die Kriegsverbrecherprozesse vor. Ferner stimmte sie der Ausweisung von 6½ Millionen deutscher Einwohner aus Ungarn, Polen und der Tschechoslowakei zu und setzte fest, daß die endgültige Fixierung der polnischen Westgrenze erst in einem Friedensvertrag vorgenommen werden sollte. Truman nahm gegenüber Stalin bereits zu dieser Zeit eine viel skeptischere und reserviertere Haltung ein als Roosevelt sie in Jalta an den Tag gelegt hatte. Die Konsolidierung der sowjetrussischen Machtposition in Osteuropa war jedoch nicht mehr aufzuhalten, geschweige denn rückgängig zu machen.
Im Juni 1945 war die permanente *Organisation der Vereinten Nationen* in San Francisco vollendet worden, und zwar unter tatkräftigem Beistand der USA. Daß die Sowjetunion nach anfänglichem Widerstand schließlich doch zur Mitarbeit gewonnen wurde, war in hohem Maße ebenfalls der Beharrlichkeit und dem Geschick der amerikanischen Regierung zuzuschreiben. Als der Senat im Juli den UNO-Vertrag mit überwältigender Mehrheit ratifizierte, hatte die amerikanische Außenpolitik ihren langen und beschwerlichen Weg zum Internationalismus vollendet. Aber das erhoffte Zeitalter friedlicher internationaler Zusammenarbeit trat nicht ein. Die Konferenz von Potsdam hatte vielmehr den Beginn des sogenannten »Kalten Krieges« angekündigt.
Bevor wir uns diesem Thema zuwenden, müssen wir jedoch noch einen Blick auf die *inneren Verhältnisse der USA* während des Zweiten Weltkriegs werfen.
Zum Zeitpunkt des Kriegseintritts befand sich das Land im Zustand einer bereits weit fortgeschrittenen *Mobilisation.* Die Militärausgaben hatten einen monatlichen Durchschnittsbetrag von beinahe 2 Milliarden Dollar erreicht; seit dem Beginn des Jahres 1941 war allein die Munitionsproduktion um 225% angestiegen. Unmittelbar nach dem Überfall auf Pearl Harbor legte Roosevelt noch nie dagewesene Produktionsziele fest, die die gesamte Wirtschaft auf die Bedürfnisse der Kriegführung umstellten und im zivilen Bereich scharfe Einschränkungen und Stillegungen mit sich brachten (z. B. in der Automobilfabrikation). Diese Anspannung der Kräfte hielt bis zum Kriegsende unvermindert an und führte – ähnlich wie im Ersten Weltkrieg – zu einer gewaltigen allgemeinen Produktionssteigerung. Dabei erhielt der Staat Rechte und Vollmachten, die denjenigen in den totalitären Diktaturen sehr nahe kamen. Die Regierung

baute riesige Werke zur Herstellung von Flugzeugen (1942: 45000; 1944: 94000), Panzern und Transportfahrzeugen aller Art (1941 bis 1944: ca. 100000 Panzer und Lastwagen, 24000 Landungsfahrzeuge). In der gleichen Zeit verfünffachte sich der Bestand der Handelsflotte, und 749 Kriegsschiffe wurden vom Stapel gelassen. Rückgänge und Ausfälle in der Rohstoffversorgung führten zur Entstehung ganz neuer Industriezweige, so z.B. auf dem Gebiet der Kunststoffe (synthetischer Gummi u. a.). Das bedeutendste wissenschaftlich-technologische Projekt war die bereits erwähnte Entwicklung der Atombombe unter der Leitung von J. Robert Oppenheimer. Sie erreichte ihren Abschluß am 16. Juli 1945 mit der erfolgreichen Versuchsexplosion von Alamogordo (New Mexico). Schon ein Jahr zuvor hatte die Kriegsproduktion der USA zusammen mit der des Britischen Empire diejenige der Achsenmächte um das Vierfache übertroffen. Die amerikanischen Rüstungsausgaben stiegen von 4,5 Milliarden Dollar im Jahre 1941 auf 42 Milliarden um 1944; die gesamten Kriegskosten beliefen sich auf ca. 370 Milliarden Dollar.
Eine so weitgehende Intensivierung und Konzentration des Wirtschaftslebens konnte natürlich nur unter straffer Zentralleitung verwirklicht werden. Eine große Zahl von Planungs- und Verwaltungsbehörden wurde geschaffen, an ihrer Spitze die »War Production Board« (WPB), die als Führungsorgan der wirtschaftlichen Mobilisation funktionierte. Obwohl im Laufe der Zeit unzählige Organisationsschwierigkeiten auftauchten und sich viele Koordinationsmaßnahmen als ungeschickt und wenig wirksam erwiesen, gelang es der Regierung im ganzen gesehen doch, alle Gruppen der Bevölkerung zur Mitarbeit im kriegswirtschaftlichen Einsatz zu gewinnen, so daß sich das Sozialprodukt von 1940 bis 1945 mehr als verdoppelte. Die gewaltige Zunahme der öffentlichen Ausgaben führte naturgemäß zu einer wachsenden Verschuldung des Staates und beschwor die Gefahr der Inflation herauf. Das im Januar 1942 begründete »Office of Price Administration« (OPA) bekämpfte jedoch mit immerhin bemerkenswertem Erfolg den Anstieg der Verbraucherpreise; dieser ging denn auch bis Kriegsende nur etwa halb so weit wie in den Jahren 1917/18. Zu ernsthaften sozialen Spannungen und Konflikten kam es nur mit dem CIO-Flügel der organisierten Arbeiterschaft. Obwohl sich die Gewerkschaftsverbände bei Kriegsbeginn zur Streikenthaltung verpflichtet hatten, rief der CIO-Führer John L. Lewis die »United Mine Workers« anläßlich eines allgemeinen Lohn- und Preisstops im Jahre 1943 zu einem Streik auf, der die Regierung zur temporären Übernahme der Kohlengruben zwang. Das intransigente Auftreten der Gewerkschaften löste in der Öffentlich-

keit vorwiegend negative Reaktionen aus und führte – trotz Roosevelts Veto – zur Verabschiedung der »War Labor Disputes Act« (25. Juni 1943), die dem Präsidenten sehr weitgehende Vollmachten zur Produktionssicherung kriegswichtiger Industrien in die Hand gab. Die kriegswirtschaftliche Anstrengung hatte sowohl negative als auch positive *Konsequenzen.* Zu den negativen gehörten die unvermeidliche Aufblähung der Regierungsbürokratie und das Zusammenströmen immer größerer Menschenmassen in den großstädtischen Industriezentren. Andererseits ergaben sich manche Auswirkungen, die die sozialreformerischen Errungenschaften des »New Deal« ergänzten oder vollendeten. Obwohl durch mancherlei kriegsbedingte Sorgen und durch fehlende Konsummöglichkeiten beeinträchtigt, kehrte die in den Vorkriegsjahren vergeblich ersehnte Prosperität zurück. Die Arbeitslosigkeit verschwand und machte einem allgemeinen Mangel an Arbeitskräften Platz. Als Folge dieser Entwicklung konnte die Integration der Frauen in das Erwerbsleben weiter voranschreiten. Auch die Streitkräfte rekrutierten Frauen in großer Zahl für nonkombattante Funktionen. Der überall vorhandene Bedarf an Arbeitskräften wirkte sich schließlich auch für die Schwarzen vorteilhaft aus. Ihre Führer identifizierten sich voll und ganz mit dem Kampf der Nation gegen die faschistischen Diktaturen, aber sie setzten sich ebenso nachdrücklich für Chancengleichheit im Berufs- und Erwerbsleben ein. Als sie ihre Forderungen im Frühjahr 1941 durch die Ankündigung einer Massendemonstration in Washington verschärften, erließ Roosevelt eine Präsidialverfügung (»Executive Order 8802«), die jede Rassendiskriminierung in der Kriegsindustrie und in der öffentlichen Verwaltung verbot und als Kontrollorgan eine »Fair Employment Practices Commission« (FEPC) ins Leben rief. Diese Behörde bemühte sich gegen harte Widerstände redlich um die wirtschaftliche und soziale Besserstellung der Schwarzen. Während in den Streitkräften eine weitgehende Zurückdämmung der Segregation gelang, konnte jedoch im Zivilleben kein vergleichbarer Erfolg erreicht werden.

Ganz allgemein stimulierten die Erfordernisse der Kriegswirtschaft trotz der zahlreichen Kontrollmaßnahmen die unternehmerische Initiative und das privatwirtschaftliche System. Das Ergebnis der gemeinsamen Anstrengungen von Regierung und Geschäftswelt war eine gegenüber dem Ersten Weltkrieg wesentlich besser funktionierende Versorgung sowohl im militärischen als auch im zivilen Bereich. Aber nicht nur die materiellen Probleme wurden mit größerem Geschick gelöst; auch die psychische Stimmung der Bevölkerung war besser als in den Jahren 1917/18. Es gab kaum mehr größere Einwanderergruppen, die noch nicht assimiliert waren und an

deren Loyalität gezweifelt werden konnte. Seit dem deutschen Angriff auf Rußland machten auch die extrem linksgerichteten Kreise keine Opposition mehr gegen den Krieg. Die Angst vor dem »inneren Feind« manifestierte sich denn auch nicht mehr in der Form, die sie während und nach dem Ersten Weltkrieg angenommen hatte. Es kam zwar zu gelegentlichen Polizeimaßnahmen im Dienste der nationalen Sicherheit (so etwa zu Verhaftungen deutscher Saboteure im Sommer 1942), aber nicht zu systematischer Verfolgung fremdstämmiger oder politisch »verdächtiger« Bürger. Die einzige – allerdings überaus bedenkliche – Ausnahme bestand in der brutalen Umsiedlung (»Relocation«) von 110000 Einwohnern und Bürgern japanischer Abstammung, die ab Frühjahr 1942 ins Landesinnere deportiert und zum Teil in Internierungslagern gefangengehalten wurden.
Die allgemeine innenpolitische Atmosphäre wurde während der Kriegsjahre durch einen deutlichen *Trend nach rechts* charakterisiert. In den Kongreßwahlen von 1942 konnten die Republikaner beträchtliche Gewinne erringen, die ihren Grund mindestens zum Teil in einer unter den Farmern und Industrieunternehmern weitverbreiteten Unzufriedenheit mit den restriktiven Maßnahmen des »Office of Price Administration« hatten. Die konservative Koalition aus Republikanern und südstaatlichen Demokraten unterstützte Roosevelt in allen Belangen der Außenpolitik und der Kriegführung, aber in ihrer innenpolitischen Aktivität ging sie darauf aus, die Institutionen des »New Deal« unwirksam zu machen oder ganz zu zerstören.
Für die Präsidentschaftswahlen von 1944 stellten die Republikaner Thomas E. Dewey auf, der kurz zuvor Gouverneur des Staates New York geworden war. Die Demokraten nominierten Roosevelt zum viertenmal und einigten sich nicht ohne Mühe auf Senator Harry S. Truman aus Missouri als Kandidaten für die Vizepräsidentschaft. Der Sieg Roosevelts fiel diesmal knapper aus als in den früheren Jahren, aber er stellte doch noch einmal einen deutlichen Vertrauensbeweis für den Staatsmann dar, von dem man erhoffen konnte, daß er das Land nun wieder in den Frieden zurückführen werde. Diese Leistung allerdings blieb Roosevelt versagt. Er starb am 12. April 1945, und der bis dahin noch relativ wenig profilierte Truman mußte das schwere Erbe antreten, ohne wirklich darauf vorbereitet zu sein.

7. Die Epoche des Kalten Krieges I

Der Begriff »Kalter Krieg« kam um 1947 in den USA auf und wurde seit 1949 allgemein gebräuchlich. Er bezeichnet die mit nichtmilitärischen Mitteln durchgeführten internationalen Auseinandersetzungen, bei denen der Gegner durch diplomatischen, wirtschaftlichen und propagandistischen Druck, insbesondere durch die verhüllte oder offene Bedrohung mit dem eigentlichen Krieg zum Einlenken gezwungen werden soll. Der Ausdruck »Kalter Krieg« wird vor allem für die gegenseitigen Maßnahmen der beteiligten Mächte im Ost-West-Konflikt seit dem Zweiten Weltkrieg angewandt, während vorher im ähnlichen Sinn von Nerven-Krieg gesprochen wurde.

Die Konfliktlage des Kalten Krieges wurde, wie bereits erwähnt, auf der Potsdamer Konferenz evident. Sie hatte sich jedoch schon seit dem Frühjahr 1945 abgezeichnet und weitete sich bis zum Erlaß der sogenannten Truman-Doktrin im März 1947 unaufhaltsam aus. Die Geschichte des Kalten Krieges identifizierte sich im Verlauf immer eindeutiger mit der Geschichte der Beziehungen der USA zu Sowjetrußland und zum kommunistischen China bzw. zu deren Satellitenstaaten. Die wichtigsten Einzelkonflikte betrafen die Machtverhältnisse in Mitteleuropa, in Ostasien, im Nahen Osten und in Kuba. Besonders deutlich sichtbar wurden die Auseinandersetzungen in der politisch-ideologischen Propaganda (Radio- und Fernsehkrieg), in der Prestigepolitik, der Aufrüstung, den übernationalen Militärbündnissen, in technologischer und wirtschaftlicher Rivalität sowie in der den Völkern der Dritten Welt angebotenen Entwicklungshilfe.

Zweimal veranlaßte der Kalte Krieg die USA zu »heißen« Kriegseinsätzen, und zwar geschah dies beide Male in Ostasien. Entspannungsphasen stellten sich seit 1959 mehrfach ein, wurden aber von neuen Verschärfungen der Lage immer wieder abgelöst. Daß die Spannungen des Kalten Krieges auch die innere Entwicklung der Vereinigten Staaten entscheidend mitgestaltet haben, ist nicht zu bezweifeln. Andererseits kann man nicht übersehen, daß die amerikanische Außenpolitik der Nachkriegszeit in mancher Beziehung von innenpolitischen Vorausetzungen geleitet oder sogar diktiert wurde.

Die *historiographische Beurteilung* des amerikanischen Engagements im Kalten Krieg befindet sich gegenwärtig noch im Fluß. Viele Historiker haben Präsident Truman und die Errungenschaften seiner Administrationen positiv beurteilt und ihn als Fortsetzer der »New Deal«-Ideen sowie als kämpferischen Gegner des russischen Expansionismus gepriesen. Dabei wurde stets und in weitgehender Einmütigkeit vorausgesetzt, daß die Sowjets an der Entstehung des Kalten Krieges die alleinige Schuld getragen hätten. In den späteren 40er und frühen 50er Jahren begannen sich einige Publizisten und

Politikwissenschaftler von dieser Sicht zu distanzieren, indem sie der Regierung Trumans verspätete und unentschlossene Reaktion auf die sowjetische Bedrohung vorwarfen. Andere Kritiker wie etwa Walter Lippmann und George F. Kennan beklagten die Unbeweglichkeit und den Legalismus der amerikanischen Außenpolitiker der Nachkriegszeit und vor allem ihre Unfähigkeit, die vorhandenen Spannungen auf traditionell-diplomatischem Wege zu lockern. Unter dem weithin wirkenden Einfluß des Historikers William Appleman Williams hat sich in den späten 50er und in den 60er Jahren eine *revisionistische Betrachtungsweise* verbreitet, die die Verantwortung am Kalten Krieg nicht mehr ausschließlich der Sowjetunion zuschiebt, sondern mit Nachdruck auf das Wiederaufleben der amerikanischen Machtideologie weist, deren Wurzeln im Expansionismus des späten 19. Jahrhunderts lokalisiert werden. Nicht die »Innocence« der amerikanischen Staatsmänner, sondern ihre expansionistische Konzeption des nationalen Interesses erscheint in dieser Sicht als wichtige Voraussetzung für die Entstehung des Kalten Krieges. In seinen beiden Büchern *»American-Russian Relations, 1781 – 1947«* (1952) und *»The Tragedy of American Diplomacy«* (1959, rev. ed. 1962) betonte Williams, daß die amerikanischen Außenpolitiker in der unmittelbaren Nachkriegszeit danach gestrebt hätten, der Welt ihren eigenen Plan zur Verwirklichung von Frieden und Prosperität aufzuzwingen. Im Zusammenhang mit dieser Feststellung vertrat Williams die These, daß die Wiederaufnahme der Politik der Offenen Tür die Sicherheit Sowjetrußlands bedrohte und daß die amerikanischen Bemühungen um Zurückdrängung des russischen Einflusses nicht als Verteidigungsmaßnahmen, sondern als Elemente einer offensiven Strategie verstanden werden müssen. Das Ziel dieser Strategie bestand für Williams in der Verwirklichung einer globalen Machtverteilung, die der amerikanischen Wirtschaft nicht nur das Überleben, sondern die Dominanz ermöglichen sollte. Dieses Geschichtsbild ist von mehreren jüngeren Historikern besonders unter dem Eindruck des Vietnamkrieges und seiner Auswirkung auf die amerikanische Nation in den letzten Jahren weiter ausgestaltet und vertieft worden, ohne daß es allerdings bis heute völlig unumstrittene Gültigkeit erlangt hätte.[8]

8 Vgl. hierzu vor allem den von William A. Williams herausgegebenen Sammelband From Colony to Empire: Essays in the History of American Foreign Relations, New York 1972. Die revisionistische Interpretation der Rolle Amerikas im Kalten Krieg hat neuerdings eine sehr scharfe und auf methodische Unzulänglichkeiten weisende Kritik erfahren durch Robert James Maddox: The New Left and the Origins of the Cold War, Princeton, N.J., 1973.

Bevor wir uns den Hauptproblemen des Kalten Krieges zuwenden, sei indessen noch ein kurzer Blick auf die *innere Situation der USA* in den Nachkriegsjahren geworfen.
Die Umstellung der Kriegs- auf die Friedenswirtschaft und die Wiedereingliederung der ca. 10 Millionen demobilisierter Soldaten führte wohl zu einigen kurzen Störungen und Spannungen, aber es entstand keine allgemeine wirtschaftliche Depression. Da sich während des Krieges beträchtliche Kaufkraftreserven angesammelt hatten, entstanden auf verschiedenen Gebieten temporäre Versorgungsschwierigkeiten, die eine inflationäre Entwicklung auslösten. Trotz gelegentlicher Rezessionen stieg der materielle Lebensstandard breiter Bevölkerungsschichten stetig an und erreichte in den 50er Jahren eine vorher noch nie dagewesene Höhe. Zwischen 1950 und 1960 vermehrte sich das Bruttosozialprodukt um nahezu 77%. Diese positive Entwicklung wirkte sich jedoch nicht auf alle Gruppen der Bevölkerung gleichmäßig aus. Die starke Bevölkerungsvermehrung sowie die Erfordernisse der militärischen Rüstung, der Auslandshilfe, der Sozialfürsorge und später auch der Raumforschung entzogen einen beträchtlichen Teil des Sozialprodukts dem unmittelbaren persönlichen Verbrauch. Der durch die großen öffentlichen Ausgaben stets wachgehaltene Inflationstrend verteuerte die Lebenshaltung ganz allgemein. Zwar nahm das durchschnittliche Familieneinkommen bis 1960 um 83,5% zu, aber der reale Zuwachs betrug angesichts der Teuerung doch nur 48%. Dabei darf nicht übersehen werden, daß sich die unteren Einkommensgruppen wesentlich langsamer verbesserten als die mittleren und oberen. Um 1960 verdienten 13% der amerikanischen Familien noch weniger als 2000 Dollar jährlich; das Einkommen der sozial benachteiligten Farbigen betrug durchschnittlich nur etwas mehr als die Hälfte desjenigen der Weißen.
Die im ganzen aufstrebende Wirtschaftsentwicklung beruhte hauptsächlich auf einer durch *Automation* und *Rationalisierung* bedingten Steigerung der allgemeinen Produktivität. Diese aber erforderte eine stetig zunehmende Zahl ausgebildeter Arbeitskräfte. Hier war der Regierung durch den Erlaß der sogenannten »G.I. Bill of Rights« von 1944 eine überaus geschickte Lösung gelungen. Dieses Gesetz (»Servicemen's Readjustment Act«) ermöglichte den zurückgekehrten Angehörigen der Streitkräfte durch mannigfaltige Ausbildungsbeihilfen und Studienstipendien nicht nur die Reintegration in das wirtschaftliche und soziale Leben, sondern auch den beruflichen Aufstieg und damit die materielle Besserstellung. Aber auch hier profitierten hauptsächlich die Angehörigen der handwerklichen, technischen, kaufmännischen und akademischen Berufskategorien.

Die ungelernten Arbeiter – und das hieß wiederum die große Mehrheit der Farbigen – hatten auch an der durch die »G.I. Bill of Rights« ermöglichten Aufwärtsentwicklung keinen oder nur ungenügenden Anteil.

Wenn die innere Entwicklung der Vereinigten Staaten nach 1945 auch nicht mit derjenigen der »Roaring Twenties« verglichen werden kann, so läßt sich doch in manchen Bereichen des sozialen Lebens eine Fortsetzung damals begonnener Entwicklungen beobachten. Dies betrifft u. a. die Integration der Frauen in das Berufsleben, die Abwanderung der wohlhabenden Bevölkerungsgruppen aus den Städten in die »Suburbs«, den unaufhaltsamen Zug der Schwarzen aus dem Süden in die Großstädte des Nordens und Westens und die dadurch stets bedrückender werdende Problematik der Lebensbedingungen in den städtischen Agglomerationen mit ihren Armenquartieren und »ausgetrockneten« Geschäftszentren. Das »andere Amerika« der Slums, des materiellen Elends und der Kriminalität wurde zwar dem allgemeinen Bewußtsein zuweilen etwas entrückt, aber es wurde als Komplex sozialer Mißstände in den Nachkriegsjahren keineswegs überwunden. Die Enttäuschung und Verbitterung, die sich unter den benachteiligten Bevölkerungsgruppen angesichts der steigenden Prosperität der Mittel- und Oberschichten ausbreitete, sollte jedoch erst in der Krise der 60er Jahre in ihrem ganzen Umfang zum dramatischen Durchbruch gelangen.

Ein weiteres Phänomen der 20er Jahre, das nach 1945 zu neuem Leben erwachte, war der in vielen Bereichen des wirtschaftlichen und sozialen Lebens vorherrschende Trend zur *Riesenhaftigkeit* und *Machtballung*, der seine Wurzeln im ungehemmten positivistischen Erfolgs- und Fortschrittskult hatte. Ganze Wirtschaftszweige gerieten mit der Zeit unter die Kontrolle weniger Unternehmen und kleiner Gruppen von Managern, deren Einfluß von »unten«, d.h. von Seiten der Aktionäre und Besitzer, kaum mehr einzudämmen war. Aber auch die Gewerkschaften konnten ihre in der Zeit des »New Deal« gewonnenen und während des Krieges gefestigten Machtpositionen weiter ausbauen. Ein bedeutungsvoller Höhepunkt war 1955 mit der Wiedervereinigung der AFL und des CIO erreicht. Diese Organisationen repräsentierten zusammen etwa 25% der amerikanischen Arbeitnehmer.

Die ökonomisch-sozialen Spannungen der unmittelbaren Nachkriegszeit lösten in den Jahren 1946/47 eine Reihe von *Streikbewegungen* aus, die das gesamte amerikanische Wirtschaftsleben gefährdeten und die Regierung zu scharfen Gegenmaßnahmen herausforderten. Präsident Truman stellte 1946 sowohl die Kohlengruben als auch die Eisenbahnen unter Regierungskontrolle und zwang die Ta-

rifpartner durch harte Drohungen zur Einigung. Als die Schwierigkeiten der Umstellung von der Kriegs- auf die Friedenswirtschaft allmählich abebbten und einige allseits befriedigende Lösungen der Arbeitskonflikte gefunden werden konnten, verschwanden jedoch auch die Streikbewegungen.
In der amerikanischen Öffentlichkeit verbreitete sich zu jener Zeit eine zunehmend *feindselige Haltung gegenüber den Gewerkschaften,* deren kämpferisches und bisweilen äußerst arrogantes Verhalten viel böses Blut geschaffen hatte. Die Kongreßwahlen von 1946 markierten einen allgemeinen Rechtsruck und brachten den Republikanern erstmals seit 1928 in beiden Häusern wieder eine Mehrheit. Die dominierende Gestalt des 80. Kongresses war der reaktionär-isolationistische Senator Robert A. Taft aus Ohio. Ihm gelang es, gegen das Veto Trumans im Juni 1947 ein Gesetz zur Eindämmung der Macht der Gewerkschaften durchzubringen. Die »Taft-Hartley Act« schaffte u.a. den »Closed Shop« ab (d.h. die Vorschrift, wonach Unternehmer nur Gewerkschaftsmitglieder anstellen dürfen), erlaubte den Arbeitgebern, die Gewerkschaften wegen Vertragsbruchs gerichtlich zu belangen, verbot den Gewerkschaften die Unterstützung politischer Parteien und gab dem Präsidenten die Möglichkeit, bei Streikbeschlüssen einen Aufschub von 60 Tagen (eine sogenannte »Cooling Off Period«) zu befehlen. Außerdem wurden von den Gewerkschaftsführern eidesstattliche Erklärungen verlangt, daß sie nicht der Kommunistischen Partei angehörten. Die Arbeitnehmerorganisationen protestierten heftig gegen das Gesetz, das nach Trumans Worten den Keim unabsehbarer neuer Konflikte in sich trug. Im ganzen gesehen aber ging die Macht der Gewerkschaften keineswegs zurück. Unter der Ägide neuer Männer wie Walter Reuther (CIO) und George Meany (AFL) gewannen die Führungsspitzen zusehends an Autorität und sicherten sich auch von seiten der Arbeitgeberverbände die Anerkennung als ebenbürtige Verhandlungspartner.
Der Isolationismus erlebte zwar keinen neuen Aufschwung, und die überwiegende Mehrheit der Amerikaner sah ein, daß die durch den »New Deal« herbeigeführte Wandlung vom liberalen zum sozialen Staatswesen nicht mehr rückgängig gemacht werden konnte. Dennoch verbreitete sich eine allgemeine Skepsis gegenüber dem Ideal der demokratischen Mission Amerikas in der Welt, und die Innenpolitik Trumans erschien manchen – auch demokratischen – Beobachtern inkonsequent und wenig wirksam. So gelang den Republikanern der bereits erwähnte Sieg in den Kongreßwahlen von 1946. Sie konnten ihn aber nicht voll ausnützen, da die Probleme der Außenpolitik immer komplexer und schwerwiegender wurden und

nicht mehr anders als in überparteilicher Zusammenarbeit gelöst werden konnten. Diese Zusammenarbeit gelang trotz der innenpolitischen Meinungsverschiedenheiten erstaunlich gut.

Im Wahljahr 1948 nahm Truman den *Kampf gegen den widerspenstigen Kongreß* äußerst energisch und geschickt auf. Er legte ihm eine große Zahl bildungs- und sozialpolitischer Gesetzentwürfe vor und bekannte sich in seiner denkwürdigen Kongreßbotschaft vom 2. Februar 1948 zu einem kompromißlosen Programm der Verwirklichung der »Civil Rights«, indem er in zwingender Eloquenz auf die Diskrepanz zwischen den in der Unabhängigkeitserklärung und in der Verfassung niedergelegten Grundsätzen und der tatsächlichen Situation bezüglich der Rassendiskriminierung hinwies. Die eindeutige Stellungnahme bewirkte leidenschaftliche Diskussionen, hatte aber keine direkten gesetzgeberischen Konsequenzen. Nachdem der Kongreß die Reformvorschläge Trumans nicht aufgenommen hatte und daher von den Anhängern des Präsidenten und von diesem selbst aufs schärfste kritisiert worden war, sah es im Frühjahr und Sommer 1948 ganz so aus, als ob die Republikaner die Präsidentschaftswahlen gewinnen würden. Seit 1946 befand sich die Demokratische Partei in einer schweren inneren Krise. Die konservativen Südstaatler formierten sich im Juli 1948 zu einer »States' Rights Democratic Party« (»Dixiecrats«), während auf dem linken Flügel eine neue »Progressive Party« unter Henry A. Wallace mit eigenem Programm in den Wahlkampf zog. Zur großen allgemeinen Überraschung gelang Truman dennoch der klare Sieg über den republikanischen Gegenkandidaten Thomas E. Dewey, der damit bereits zum zweitenmal eine Präsidentschaftswahl verlor.

Truman betrachtete seinen Erfolg als ein Mandat für die Fortsetzung einer liberalen und sozialreformerischen Innenpolitik. Sie erhielt nunmehr die Bezeichnung »Fair Deal«, womit die Bindung an den »New Deal« Roosevelts auch äußerlich manifestiert war. Auf große Programme und pathetische Proklamationen wurde allerdings verzichtet; der Nachdruck lag auf den praktischen Bemühungen um die Verminderung sozialer Ungerechtigkeiten und Mißstände. Von besonderer Bedeutung waren die nach 1950 verwirklichten Verbesserungen im Sozialversicherungswesen und die Maßnahmen zur völligen Abschaffung der Rassensegregation im Militär und in der öffentlichen Verwaltung. Im ganzen gesehen aber blieben Trumans innenpolitische Erfolge gering. Auch der neue Kongreß setzte seinen zahlreichen Vorschlägen immer stärkeren Widerstand entgegen. Dabei handelte es sich im Grunde um nichts anderes als um das Bestreben, das durch Roosevelt etablierte Übergewicht der Exekutive über die Legislative wieder abzubauen. Dem Kongreß kam dabei zustatten, daß in seinen Reihen die traditionell gegen den »New Deal« eingestellten Kräfte zunehmend an Einfluß gewannen und der »liberale« Flügel der Demokraten allmählich immer lahmer wurde. Viele alte »New Dealers« hatten das Kabinett und den Beraterstab Trumans verlassen; gleichzeitig geriet die Partei immer stärker unter den Einfluß konservativer Südstaatler, die als Mitglieder oder Vorsitzende einflußreicher Kommissionen im Kongreß entscheidende Schlüsselstellungen besetzten. Auch in der Republikanischen Partei lag die Führung beim »rechten« Flügel. Allgemein kann man feststellen, daß die Opposition des Kongresses gegen Trumans Innenpolitik auch nach 1948 ihre Hauptkräfte aus einer *Koalition der konservativen Kräfte beider Parteien* bezog. Nun verhielt sich Truman selbst dieser Opposition gegenüber keineswegs nachgiebig. Er war nicht gewillt, die Führungsautorität des Präsidentenamtes im geringsten antasten zu lassen, denn er glaubte in fester Überzeugung daran, daß der Staats- und Regierungschef die Verantwortung für die gesamte Nation und für alle Teile ihrer Gesellschaft zu tragen habe. Stets war ihm klar, daß ein Präsident aus der Demokratischen Partei auf die Loyalität der Farmer, der städtischen Mittel- und Unterschichten und der sozial benachteiligten Minderheiten angewiesen war. Die Koalition dieser Kräfte hatte sich schon in den 20er Jahren gebildet und war in der Zeit des »New Deal« entscheidend gefestigt worden. Daß Truman zum Befürworter einer sozialreformerischen Innenpolitik werden und mit den konservativen Elementen der Legislative in Konflikt geraten mußte, war unter diesen Umständen nur logisch. Es gehört zu seiner staatsmännischen Größe, diesem Konflikt nicht ausgewichen zu sein. Wenn Truman als Innenpolitiker auch nicht sehr erfolgreich war, so hat er mit seiner Konzeption von der Führungsaufgabe des Präsidenten doch die von Roosevelt begründete Tradition weitergeführt und den Grund gelegt, auf dem die späteren demokratischen Präsidenten Kennedy und Johnson weiterbauen konnten. Manche seiner Reformideen wurden auch von seinem republikanischen Nachfolger Eisenhower verwirklicht. Daß Truman selbst vieles nicht erreichen konnte, was er anstrebte, ist schließlich auch der stets fühlbaren Dominanz der außenpolitischen Probleme zuzuschreiben.[9]

Das *Engagement der USA im Kalten Krieg* begann kurz nach der Konferenz von Potsdam. Grundlage war einerseits die Einsicht Trumans und seiner Berater, daß eine vertrauensvolle Zusammenar-

9 Das kritisch-revisionistische Geschichtsbild der Truman-Administration läßt sich besonders anschaulich in dem von Barton J. Bernstein herausgegebenen Sammelband Politics and Policies of the Truman Administration, Chicago ²1972, beobachten.

beit mit der Regierung der Sowjetunion auf die Dauer nicht möglich sei, und andererseits das (nur bedingt berechtigte) Bewußtsein militärischer Überlegenheit, das auf dem Alleinbesitz der Atombombe beruhte. Mißtrauen und mangelndes Verständnis für die Lebensprobleme der Gegenseite herrschten sowohl in den amerikanischen als auch in den russischen Führungskreisen vor. Die Expansion der sowjetischen Vorherrschaft in den osteuropäischen Ländern und auf dem Balkan wurde in den USA mit steigender Unruhe verfolgt und führte zu einer raschen Verhärtung der amerikanischen Außenpolitik. Für Präsident Truman, dessen kämpferisches Temperament auch vor der Gefahr der Simplifikation nie zurückschreckte, stellte sich die Sachlage verhältnismäßig einfach dar: Daß die Sowjets nach der Weltherrschaft strebten, bezweifelte er ebensowenig wie den demokratischen Weltmissionsauftrag Amerikas. Vor allem war er fest entschlossen, die Fehler der britischen Appeasement-Politik gegenüber dem nationalsozialistischen Deutschland nicht zu wiederholen. Der Angriff erschien ihm stets als die beste Verteidigung, und von einmal gewonnenen Einsichten pflegte er nicht mehr abzuweichen.

Die an sich geringen Erfolge der Außenministerkonferenzen von London, Moskau, New York und Paris (1946) sowie auch die Einigkeit über Berechtigung und Durchführung der Kriegsverbrecherprozesse von Tokio und Nürnberg sind Indizien dafür, daß keine der beiden Parteien des Kalten Krieges mit Absicht auf eine Eskalation des Konfliktes ausging. Andererseits aber ist nicht zu übersehen, daß die Friedensverträge des Jahres 1946 weder eine Interessenharmonie der Vereinten Nationen noch einen Erfolg der amerikanischen Bemühung um Garantie des Selbstbestimmungsrechts, sondern vielmehr die harten machtpolitischen Realitäten und das traditionelle Konzept der Einflußsphären reflektierten. Die Verträge mit Finnland, Ungarn, Bulgarien und Rumänien begünstigten die sowjetischen Interessen, während sich in demjenigen mit Iran der Durchbruch westlicher Einflüsse manifestierte. Aber die Hauptprobleme – Deutschland, Österreich und Korea – blieben ungelöst. Die Situation Berlins begann sich zum notorischen Konfliktgegenstand auszuwachsen. Wohl war die ehemalige Reichshauptstadt in vier alliierte Besatzungszonen aufgeteilt worden, aber die Sowjets hatten die permanente Öffnung der Zufahrtswege aus dem Westen nie formell garantiert.

Die endgültige Absage des Westens an das Konzept der »Einen Welt« erfolgte in der berühmten Rede, die Churchill am 5. März 1946 in Fulton (Missouri) hielt. Zum erstenmal sprach der ehemalige britische Premierminister hier öffentlich (und in Anwesenheit Trumans) vom *»Eisernen Vorhang«*, der von Stettin an der Ostsee bis Triest an der Adria niedergegangen sei, und er warnte die westlichen Länder vor der russischen Gefahr, der man nur mit der Demonstration militärischer Stärke wirksam entgegentreten könne. Diese Äußerung wirkte auf die russische Führung ebenso provokativ wie die im Sommer 1945 erfolgte Einstellung der Lend-Lease-Lieferungen und die plötzliche Sperrung der in Potsdam vereinbarten Reparationsleistungen aus Westdeutschland. Diese Maßnahme wurde im Mai 1946 durch den amerikanischen Militärgouverneur Lucius D. Clay angeordnet. Sie bewirkte die erste große sowjetische Propagandakampagne gegen die amerikanische Außenpolitik. Eine besonders harte Belastung der russisch-amerikanischen Beziehungen ergab sich zur gleichen Zeit aus der Unmöglichkeit, in der Frage der *internationalen Kontrolle der Atomenergie* eine Einigung zu finden. Das Scheitern der Verhandlungen über diesen Punkt führte einerseits zur Entstehung der nationalen »Atomic Energy Commission« (unter David E. Lilienthal, dem ehemaligen Leiter des TVA-Projekts) und andererseits zum Beginn des unheilvollen *atomaren Wettrüstens,* dessen Konsequenzen vorerst nicht abzusehen waren.

Der Zusammenbruch der großen Partnerschaft des Zweiten Weltkrieges konfrontierte die amerikanische Staatsführung mit der Aufgabe, ein neues strategisches Konzept gegen die neue Bedrohung des Weltfriedens zu entwickeln. Die erste und richtungweisende theoretische Auseinandersetzung mit diesem Problem lieferte der bedeutende Rußlandkenner und Diplomat George F. Kennan in einem anonym veröffentlichten Aufsatz der Zeitschrift »Foreign Affairs« (Juli 1947). Aus seinen Reflexionen ist vor allem der Begriff *»Containment«* in das diplomatische Vokabular Amerikas und in die internationale politische Fachsprache eingegangen. Kennan akzeptierte grundsätzlich den Status quo der sowjetischen Machtexpansion, empfahl aber, keine weiteren Ausdehnungsversuche mehr hinzunehmen, sondern diesen mit einer Politik der »Eindämmung« zu begegnen. Hierunter verstand er aktive amerikanische Hilfeleistung zur politischen, wirtschaftlichen und sozialen Stabilisierung in jenen Ländern, die auch zur Selbsthilfe entschlossen und in der Lage waren. Dabei sollte allerdings das Prinzip der Offenen Tür stets gewahrt bleiben.

Truman war in seinen Anschauungen weniger differenziert und vor allem wesentlich aggressiver als Kennan, aber er hatte dessen »Containment«-Politik der Sache nach bereits praktiziert, als er am 12. März 1947 den Kongreß um die Bewilligung einer Wirtschafts- und Militärhilfe in Höhe von 400 Millionen Dollar für Griechenland und die Türkei ersuchte. Nachdem die britische Regierung offiziell erklärt hatte, sie sei zur Unterstützung dieser Länder gegen den inneren und äußeren kommunistischen Druck nicht mehr in der Lage, war es für Truman klar, daß die USA diese Aufgabe übernehmen mußten. Seine Auffassung wurde in der amerikanischen Öffentlichkeit weithin geteilt und vor allem auch von vielen Republikanern unterstützt. In seiner Kongreßbotschaft erklärte er, die Politik der Vereinigten Staaten müsse darin bestehen, alle freien Völker zu unterstützen, die sich den Unterwerfungsversuchen bewaffneter Minderheiten oder auswärtigem Druck widersetzten. Dieses Programm wurde als *»Truman-Doktrin«* bekannt. Der Kongreß stimmte ihm zu, und es gehörte bald zu den wichtigsten Grundlagen der amerikanischen Außenpolitik des Kalten Krieges.

Aus diesen Anfängen erwuchs das System der amerikanischen Auslandhilfe- und Bündnispolitik. Im Juni 1947 legte Außenminister George C. Marshall in einer Rede zur Jahresschlußfeier an der Harvard Universität einen Plan vor, der ein Programm der Wirtschaftshilfe für ganz Europa enthielt. Er basierte auf der Überzeugung, daß rasche wirtschaftliche Erholung die demokratischen Institutionen erhalten und stärken werde. Der *»Marshall-Plan«* wurde von Großbritannien und Frankreich lebhaft begrüßt, vom sowjetischen Außenminister Molotow jedoch als »imperialistisch« abgelehnt. Die Ostblockstaaten blieben dem ganzen Unternehmen denn auch von Anfang an fern. An der Marshall-Plan-Konferenz von Paris (12. Juli bis 22. September 1947) arbeiteten Vertreter von 16 europäischen Staaten ein »European Recovery Program« für vier Jahre aus, das Truman am 19. Dezember dem Kongreß vorlegte. Als führender Befürworter des Planes trat der republikanische Senator Arthur H. Vandenberg hervor. Im März 1948 wurde die »Foreign Assistance Act« von beiden Häusern mit überwältigender Mehrheit gutgeheißen. Bis Ende 1951 betrug die amerikanische Wirtschaftshilfe für Europa bereits ca. 12 Milliarden Dollar. Sie bewirkte, daß das Bruttosozialprodukt in den unterstützten Ländern um durchschnittlich 25% zunahm. Daß der Marshall-Plan eine realpolitische Maßnahme war, die den Interessen der USA dienen und die Machtausdehnung der Sowjetunion eindämmen sollte, läßt sich keineswegs bezweifeln. Dennoch muß man feststellen, daß es sich dabei auch um einen in Friedenszeiten bisher beispiellosen Akt der Generosität handelte. Die Hilfsaktion war ein großer Erfolg, sowohl wirtschaftlich als auch politisch. Er veranlaßte Truman, das amerikanische Unterstützungsprogramm auch auf die außereuropäischen Entwicklungsländer auszudehnen, um auch dort der kommunistischen Propaganda wirksam entgegenzutreten. Diese Idee entwickelte er erstmals in dem berühmten *»Punkt 4«* (»Point Four«) seiner Inaugurationsrede vom 20. Januar 1949. Sie basierte ebenso wie die Truman-Doktrin und der Marshall-Plan auf dem »Peace and Prosperity«-Konzept. Ihre Verwirklichung führte zu finanziellen Einsätzen, die bis Ende 1959 die Summe von insgesamt 72,5 Milliarden Dollar erreichten. Der Marshall-Plan hatte die sowjetischen Hoffnungen, wonach die ökonomische Desintegration dem Kommunismus in den westeuropäischen Ländern zum Durchbruch verhelfen würde, vorerst zunichte gemacht. Moskau traf Gegenmaßnahmen; sie bestanden einerseits in der Begründung einer Koordinationsinstanz für die politischen Aktionen der kommunistischen Parteien (Kominform, 1947) und andererseits in der Schaffung einer Organisation für gegenseitige Wirtschaftshilfe innerhalb des Ostblocks (Comecon, 1949). Vor allem aber versteifte sich die russische Haltung gegenüber dem Westen nun im Hinblick auf den *Wiederaufbau Deutschlands.* Die amerikanische Regierung hatte ihr Hilfsprogramm von Anfang an auch als einen Beitrag zur wirtschaftlichen und politischen Einigung Europas verstanden. Daß in diesem Europa auch Deutschland einen Platz haben mußte und daß man es vom allgemeinen wirtschaftlichen Konsolidierungsprozeß nicht ausschließen konnte, wurde seit der Ablehnung des Morgenthau-Planes (1944) kaum mehr bezweifelt. Man sah ein, daß ein zwangsweise darniedergehaltenes oder nur auf Agrarwirtschaft beschränktes Deutschland früher oder später wieder zum Gefahrenherd für den Westen werden konnte. Diesem Raisonnement schlossen sich die westeuropäischen Staaten verhältnismäßig rasch an, aber Rußland und seine Satelliten ließen sich nicht gewinnen. Die noch sehr lebendige Erinnerung an die Kriegs- und Vorkriegszeit hatte ein starkes Sicherheitsbedürfnis entstehen lassen, dessen Motivationen im Westen oft nicht ganz begriffen wurden. Dieses Sicherheitsbedürfnis äußerte sich in schwersten Bedenken gegenüber einem wiedervereinigten und erstarkenden Deutschland. In der sowjetischen Besatzungszone war die sozialistische Wirtschafts- und Gesellschaftsordnung schon seit 1946 aufgebaut worden. Andererseits hatten auch die westlichen Alliierten ihre Besatzungszonen schrittweise zu einem gemeinsamen Wirtschafts- und Verwaltungsgebiet integriert, das eine organisatorische Vorstufe zur Bundesrepublik von 1949 bildete. Die Spaltung in ein westliches und ein östliches Deutschland wurde durch die *Währungsreform* der westlichen Militärregierungen praktisch vollzogen. Ihr folgte sogleich eine entsprechende Reform in der Sowjetzone, die auch auf Berlin ausgedehnt wurde. Als nun die westlichen Kommandanten in den ihnen unterstellten Sektoren der Stadt den Anschluß an die westliche Währungsreform durchführten, war die *Berlin-Krise* zur Tatsache geworden.

Nachdem der Interzonenverkehr im Frühjahr 1948 schon mehrfach behindert worden war, verhängte die Sowjetunion am 24. Juni 1948 die Sperrung sämtlicher Zufahrtswege nach Berlin. Das Ziel der Aktion bestand eindeutig darin, die westlichen Alliierten aus der Stadt zu vertreiben. Zusammen mit ihren Verbündeten befand sich die Regierung der USA in einem schweren Dilemma; jetzt mußte sich die praktische Durchführbarkeit der »Containment«-Politik erweisen. Präsident Truman war fest entschlossen, Berlin nicht aufzugeben, aber er lehnte einen gewaltsamen Durchbruch westlicher Truppen durch die Sowjetzone ab, weil dies das Risiko einer direkten Konfrontation amerikanischer und sowjetrussischer Streitkräfte mit sich gebracht hätte. Das Problem der Versorgung und Behauptung Westberlins wurde schließlich durch die Errichtung der »Luftbrükke« gelöst. Während eines knappen Jahres brachten amerikanische und britische Flugzeuge täglich bis zu 4500 Tonnen Nahrungsmittel und andere lebensnotwendige Versorgungsgüter in die eingeschlossene Stadt. Das Unternehmen war kostspielig und keineswegs gefahrlos, aber die unnachgiebige Haltung gegenüber der sowjetischen Herausforderung erreichte schließlich ihren Zweck. Im Mai 1949 lenkte Stalin ein und hob die Blockade Berlins wieder auf.

Damit hatten die Vereinigten Staaten einen bedeutenden taktischen Sieg errungen. Die Berliner Luftbrücke und Westberlin selbst wurden zu Symbolen des westlichen Widerstandswillens gegen den sowjetischen Expansionismus in Europa. Die erfolgreiche Verteidigungsaktion bildete eine wichtige Voraussetzung für die Entstehung der Bundesrepublik und für deren Einbeziehung in den Marshall-Plan (1949/50).

Die Berlin-Krise war kaum ein halbes Jahr nach dem kommunistischen Umsturz in der Tschechoslowakei (Februar 1948) ausgebrochen. Hatten jene Vorfälle im amerikanischen Kongreß die Verabschiedung der »Foreign Assistance Act« vorangetrieben, so beförderte die erfolgreiche Beilegung des Konflikts um Berlin den Abschluß des *Nordatlantikpaktes* (4. April 1949). Auf seiner Grundlage entstand unter dem Namen »North Atlantic Treaty Organization« (NATO) das internationale Verteidigungssystem der westlichen Länder, das Europa vor jedem weiteren Vordringen des Ostblocks sichern sollte. Neben den USA und Kanada gehörten dem Bündnis die bereits im Brüsseler Vertrag vom 18. März 1948 zusammengeschlossenen Länder an, d.h. Großbritannien, Frankreich, die Niederlande, Belgien und Luxemburg; zu ihnen gesellten sich ferner Dänemark, Norwegen, Island, Italien und Portugal (Griechenland und die Türkei wurden 1952 aufgenommen, drei Jahre später auch die Bundesrepublik Deutschland; Frankreich zog

seine Truppen 1966 aus der NATO zurück, blieb aber Mitglied des Nordatlantikpaktes).
In den Kongreßdebatten, die der Ratifizierung des Vertrages (21. Juli 1949) vorausgegangen waren, hatten sich noch einmal die Stimmen des Isolationismus erhoben. Ihre Warnungen vor der »Entangling Alliance« hatten zwar die Sache, um die es ging, durchaus richtig charakterisiert, aber sie vermochten dennoch nichts mehr dagegen auszurichten.
Der Beitritt der USA zum Nordatlantikpakt war bereits im Juni 1948 durch die sogenannte »Vandenberg Resolution« vorbereitet worden. Er bedeutete in der Tat die Preisgabe einer in der amerikanischen Außenpolitik seit langer Zeit bestehenden Tradition: Wie alle anderen Kontrahenten waren auch die Vereinigten Staaten zu unverzüglicher militärischer Hilfeleistung verpflichtet. Was also die beiden Weltkriege nicht bewirkt hatten, vermochten die Bedrohungen des Kalten Krieges zu bewirken.
Das neue Engagement erschien besonders gerechtfertigt, als im September 1949 bekannt wurde, daß die Sowjets kurz zuvor ihre erste Atombombe zur Explosion gebracht und damit das amerikanische Kernwaffenmonopol durchbrochen hatten. Im Laufe des Jahres 1951 formierte sich die internationale NATO-Streitmacht unter dem Kommando von General Eisenhower, und es war deutlich zu erkennen, daß die USA die Sicherheit Westeuropas als ein Hauptelement ihrer globalen Strategie betrachteten.
Wenn die USA auf dem europäischen Schauplatz des Kalten Krieges bis 1950 recht erfolgreich waren, so erbrachte ihre Politik in *Ostasien* sehr zweischneidige und problematische Resultate. Der Erfolg in Japan wurde von schwerem Mißerfolg in China begleitet.
Nach der Kapitulation der japanischen Reichsregierung im August 1945 blieben amerikanische Truppen bis zum Ende des Jahrzehnts in Japan stationiert. Truman wies die russische Forderung nach Beteiligung an der Okkupation zurück und erteilte General MacArthur als seinem persönlichen Vertreter den Auftrag, die *Entmilitarisierung und Demokratisierung Japans* durchzuführen. Nominell der »Far Eastern Commission« in Washington und einem Viermächterat in Tokio unterstellt, waltete der General, der das Land im Kriege besiegt hatte, nun als allmächtiger Oberherr über dessen friedlicher Rehabilitation. Seine außerordentliche Arroganz wurde durch das unstreitige Geschick, mit dem er sein Mandat ausübte, einigermaßen ausgeglichen. MacArthur erkannte, daß die Autorität des Kaisers beibehalten werden mußte, wenn die Stabilität von Staat und Gesellschaft nicht gefährdet werden sollte. Deshalb änderte er nichts an der monarchischen Struktur des Regierungssystems, wirkte aber den-

noch auf eine generelle Stärkung der repräsentativen Institutionen hin. Die Verantwortung für die innere Ordnung übertrug er schrittweise den japanischen Behörden. Alle der Kriegsindustrie dienenden Anlagen und Fabriken wurden demontiert, aber die industrielle Produktion wurde nicht grundsätzlich verunmöglicht, und MacArthur versuchte nicht, das Land auf einen rein agrarischen Wirtschaftsstatus zurückzuzwingen. So konnten unter seiner Leitung und Führung die Grundlagen entstehen, auf denen sich Japan in den 50er und 60er Jahren zur wirtschaftlichen Großmacht Ostasiens entwickeln sollte.

Im Gegensatz zu Japan war *China* der Schauplatz einer schweren Niederlage der amerikanischen Ostasienpolitik. Unmittelbar nach Kriegsende gehörte die Unterstützung Tschiang Kai-scheks zu den wichtigsten und eindeutigsten Intentionen der USA. Verschiedene Versuche, die Kuomintang zu stärken und ihr auch vermehrtes äußeres Ansehen zu verleihen, führten jedoch nicht zu den erwarteten Ergebnissen. Der Bürgerkrieg, der während des Krieges gegen Japan eingedämmt gewesen war, flammte wieder auf, und es zeigte sich, daß die unfähige und korrupte Regierung Tschiang Kai-scheks nicht in der Lage war, sich gegen die Kommunisten siegreich durchzusetzen. Die amerikanischen Vermittlungsmissionen (Patrick J. Hurley, George C. Marshall) blieben erfolglos, weil weder die Kuomintang noch die Kommunisten zur Bildung einer Koalitionsregierung bereit waren. Als im Sommer 1947 auch ein dritter Vermittlungsversuch (Albert C. Wedemeyer) scheiterte, wurde die amerikanische Militärhilfe stark eingeschränkt. Die von Mao Tse-tung angeführten Kommunisten konnten nun rasch vordringen und erkämpften bis Ende 1949 die Kontrolle über das gesamte Festland, während Tschiang Kai-schek mit seiner Regierung nach Formosa (Taiwan) fliehen mußte.

Die Entstehung der kommunistischen Chinesischen Volksrepublik war für das amerikanische Prestige in Ostasien ein überaus harter Schlag. Sie löste auch innerhalb der Vereinigten Staaten scharfe Reaktionen aus und rief alle Kritiker auf den Plan, die die Chinapolitik der Regierung schon seit 1941 abgelehnt hatten. Die »China Lobby«, die in den späten 40er Jahren in Washington aktiv wurde, war keine isolationistische Aktionsgruppe. Die Gegner Trumans und seines neuen Außenministers Dean Acheson wünschten keineswegs, daß sich die USA aus dem Fernen Osten zurückzogen; sie forderten im Gegenteil eine aktivere Bekämpfung der kommunistischen Expansion und warfen der Regierung vor, Tschiang Kai-schek verraten und damit die Verantwortung für den Zusammenbruch Nationalchinas auf sich geladen zu haben. Diese emotionalen Reaktionen

standen in auffallendem Kontrast zu der viel realistischeren Haltung der Regierung. Sowohl Truman als auch Marshall und Acheson hatten genau erkannt, daß eine großangelegte Intervention der USA im chinesischen Bürgerkrieg weder politisch möglich noch militärisch aussichtsreich gewesen wäre. In die antikommunistischen Unzufriedenheitsäußerungen mischte sich der schwerwiegende Vorwurf, Marshall habe nicht nur Tschiang Kai-schek, sondern auch die Interessen der USA verraten. Darüber hinaus setzte sich in den Köpfen mancher konservativer Regierungsgegner die Überzeugung fest, eine internationale Verschwörung sei daran, dem Kommunismus zum politischen und wirtschaftlichen Nachteil Amerikas die Macht über ganz Asien zuzuspielen. Die für diese Entwicklung Verantwortlichen suchte man vorwiegend unter den Beamten des State Department, und – was viel schlimmer war – man glaubte sie dort auch zu finden. Daß sich solche Verdächtigungen, Anklagen und Verfolgungen auf die innere Situation der USA in fataler Weise auswirken sollten, wird noch näher zu erörtern sein. Sie vermochten aber die Regierung Truman dennoch nicht von ihrem außenpolitischen Kurs abzubringen. Die Grundkonzeptionen des Internationalismus und des »Containment« wurden nicht erschüttert. Der wichtigste Auffassungsunterschied zwischen der Regierung und ihren Kritikern lag in der Definition der Grenzen der »Freien Welt«, hinter die man vor dem Kommunismus auf keinen Fall zurückzuweichen bereit war. Dieser Punkt wurde besonders aktuell, als Acheson im Januar 1950 eine offizielle Erklärung abgab, aus der hervorging, daß sowohl Formosa als auch Korea außerhalb des amerikanischen Verteidigungskreises im Westpazifik lagen. Gerade auf der letztgenannten Halbinsel sollte jedoch der Kalte Krieg bald darauf zum »heißen« Krieg werden und die Welt einmal mehr an den Rand der totalen Katastrophe bringen.
Die Betrachtung des *Koreakrieges* und der Rolle, die die USA darin spielten, erfordert noch einmal einen kurzen Rückblick auf das Jahr 1945.
Wie Berlin war auch Korea nach dem Ende des Zweiten Weltkrieges sogleich zum sichtbaren Symbol der geteilten Welt geworden. Als die Sowjetunion im August 1945 auf Grund der Jalta-Abmachungen in Ostasien aktiv wurde, marschierten russische Truppen auch in Korea ein und trafen am 38. Breitengrad mit den von Süden kommenden amerikanischen Vorhuten zusammen. Die Halbinsel hatte seit 1910 unter japanischer Herrschaft gestanden und sollte nun alliierten Abmachungen gemäß als unabhängiger Staat restauriert werden. Die Schaffung einer provisorischen Regierung unter russisch-amerikanischer Aufsicht gelang jedoch nicht; an ihrer Stelle

entstand im nördlichen Teil eine kommunistische Volksrepublik, die von Anfang an eine Armee von ca. 150000 Mann unterhielt. Die amerikanische Reaktion bestand in der Bildung einer Interimsregierung für Südkorea und in der Anrufung des UNO-Sicherheitsrates. Einer UNO-Kommission, die die Durchführung freier Wahlen in ganz Korea überwachen und die Wiedervereinigung vorantreiben sollte, wurde der Zutritt in die nördliche Region verweigert. Sie mußte sich mit der Beaufsichtigung der Wahlen in Südkorea allein begnügen. Eine Verfassung wurde angenommen; zum ersten Präsidenten der Republik Korea wurde Syngman Rhee gewählt. Die USA und die Vereinten Nationen anerkannten seine Regierung als einzige rechtmäßige Regierung Koreas; im Frühsommer verließen die letzten amerikanischen Besatzungstruppen das Land. Die politische Situation in der südkoreanischen Republik erweckte in Washington jedoch schon bald Besorgnisse. Es zeigte sich, daß Rhee nicht wirklich populär war und daß seine Regierung von einer kleinen Gruppe reicher Landbesitzer und hoher Militärs beherrscht wurde. Die USA schränkten in der Folge ihre Wirtschaftshilfe ein. Diese Tatsache und die erwähnte Erklärung Achesons vom Januar 1950 mögen die unheilvolle weitere Entwicklung der Dinge mitbestimmt haben. In Nordkorea (und in Moskau) war offensichtlich der Eindruck entstanden, man könne gegen die Regierung Südkoreas nunmehr einen Vernichtungsschlag führen, ohne eine weitere Einmischung der USA befürchten zu müssen.

Am 25. Juni 1950 überschritten nordkoreanische Truppen den 38. Breitengrad und begann die Invasion Südkoreas. Washington reagierte unverzüglich. Truman erkannte genau, was auf dem Spiele stand und erwies sich einmal mehr als überaus geschickter politischer Taktiker. Er ließ die Angelegenheit vor den Sicherheitsrat bringen, der die Invasion sogleich verurteilte und den Rückzug der nordkoreanischen Streitkräfte forderte. Diese rasche Beschlußfassung war möglich, weil der sowjetische Delegierte Jakob Malik nicht anwesend war. Er boykottierte die Sitzungen des Sicherheitsrates seit Anfang des Jahres wegen der Nichtaufnahme Rotchinas in die UNO. Das Problem aber gehörte tatsächlich vor die UNO, denn unter ihrer Mitwirkung war die Republik Südkorea entstanden. Der nordkoreanische Angriff wurde denn auch offiziell als »Krieg gegen die Vereinten Nationen« gebrandmarkt. Der Sicherheitsrat begnügte sich jedoch nicht mit Deklamationen. Auf amerikanischen Antrag rief er alle Mitglieder der Vereinten Nationen zur Unterstützung des heimgesuchten Landes auf. Ein UNO-Kommando unter General MacArthur wurde organisiert, und insgesamt 15 Länder stellten Hilfskontingente zur Verfügung. Die Hauptlast des Feldzu-

ges, der als Polizeiaktion der Vereinten Nationen verstanden und durchgeführt wurde, lag aber auf den USA. Schon vor dem entscheidenden UNO-Beschluß hatte Truman den Einsatz amerikanischer See- und Luftstreitkräfte zur Unterstützung Südkoreas befohlen. Seine Entschiedenheit im kritischen Moment machte in der westlichen Welt einen äußerst positiven Eindruck. Sie stärkte das allgemeine Vertrauen in die USA und erhöhte die Glaubwürdigkeit ihrer Führungsbereitschaft im Kampf gegen die Expansion des Kommunismus vor allem bei ihren NATO-Partnern.
Der Krieg gestaltete sich für die UNO-Streitkräfte schon gleich zu Beginn sehr mühevoll. Bald nach ihrem Eintreffen auf der Halbinsel wurden sie auf den im Südosten gelegenen Brückenkopf Pusan zurückgeworfen und dort festgehalten. Erst nach dem Eintreffen massiver Verstärkungen gelang MacArthur der Ausbruch. Die Situation veränderte sich vollends zu seinen Gunsten nach den erfolgreich durchgeführten Landungsoperationen von Inchon, die der Rückeroberung der Halbinsel bis zum 38. Breitengrad den Weg bereiteten. Am 1. Oktober waren alle im Laufe des Sommers verlorengegangenen Gebiete wieder in der Hand der UNO-Streitkräfte. Die Eroberung Nordkoreas und die Vereinigung des ganzen Landes erschien möglich. MacArthur befürwortete ein solches Vorgehen vor allem aus militärischen Gründen. Anläßlich einer Zusammenkunft auf Wake Island versicherte er Truman, daß die Gefahr einer chinesischen Intervention minimal sei. Der Präsident erlaubte trotz deutlich hörbaren Warnungen aus Peking den weiteren Vormarsch. Das war nicht nur eine Abweichung von der »Containment«-Politik, sondern auch ein verhängnisvoller strategischer und politischer Fehler, dessen Folgen nicht lange auf sich warten ließen.
Als Nordkorea bereits fast ganz eingenommen war und die UNO-Streitkräfte sich der koreanisch-chinesischen Grenze am Yalu-Fluß näherten, wurden sie plötzlich von einer großangelegten Gegenoffensive überrascht, an welcher eine ganze Armee chinesischer »Freiwilliger« beteiligt war. Dieser Gegenstoß zwang die UNO-Truppen zum Rückzug, der erst wieder am 38. Breitengrad zum Stehen kam. MacArthur war nach wie vor davon überzeugt, daß der Krieg bis zum totalen Sieg geführt werden müsse und schlug nun vor, die chinesischen Nachschubbasen in der Mandschurei zu bombardieren. Als seine Lage besonders prekär war, forderte er die amerikanische Regierung zu direkten militärischen Maßnahmen gegen China auf. Diesmal ging Truman auf das strategische Raisonnement seines Generals jedoch nicht mehr ein, denn er sah die Gefahr, daß sich die UNO-Aktion zum Weltkrieg ausweiten konnte. Spät, aber noch nicht zu spät, kehrte er wieder zum »Containment« zurück.

Auch die Vereinten Nationen hatten das Ziel der Wiedervereinigung Koreas aufgegeben, und sowohl in Washington als auch in New York setzte sich das Konzept eines »limited war for limited objectives« durch. Die »begrenzte Zielsetzung« bestand in der Erhaltung der Unabhängigkeit Südkoreas und in der Behauptung der Grenze am 38. Breitengrad. Damit aber konnte sich MacArthur nicht abfinden. Er beharrte auf seinen Forderungen und erklärte in einem für die Öffentlichkeit bestimmten Brief an den republikanischen Fraktionsführer im Repräsentantenhaus, es gebe keinen Ersatz für den Sieg (»no substitute for victory«), und der Krieg in Korea werde geführt, um den Kommunismus im Fernen Osten zu besiegen. Diese offene Herausforderung seiner Autorität als Präsident konnte Truman nicht ignorieren: Am 11. April 1951 enthob er MacArthur des Oberkommandos in Korea und ersetzte ihn durch General Matthew B. Ridgway.

Seit Januar 1951 waren die Kämpfe im Gebiet des 38. Breitengrades zum Stellungskrieg erstarrt. Im Juli begannen die Friedensverhandlungen, die aber erst zwei Jahre später durch einen Waffenstillstand abgeschlossen werden konnten. Die Ergebnisse des Krieges waren, am Aufwand gemessen, äußerst gering. Sie bestanden zur Hauptsache in Bewahrung des Status quo ante in Korea und in der Bestätigung der amerikanischen Machtposition im Westpazifik. Die amerikanischen Verluste beliefen sich auf über 33000 Gefallene und 100000 Verwundete.

Die Entlassung MacArthurs gehörte für die amerikanische Öffentlichkeit zu den spektakulärsten Ereignissen des im ganzen wenig populären Krieges. Sie zeugte nicht nur vom persönlichen Mut Trumans, sondern vor allem auch von seinem Verantwortungsbewußtsein gegenüber dem Prinzip der Unterordnung des Militärs unter die zivile Gewalt. Weite Kreise der Bevölkerung reagierten aber zunächst durchaus negativ auf die abrupte Maßnahme des Präsidenten. Die Affäre war in eine Zeit gefallen, da die Ostasienpolitik der Regierung Trumans und auch ihr Engagement in Europa ohnehin schon aufs heftigste diskutiert und kritisiert wurden. Zu den bittersten Kritikern gehörten einige konservative Republikaner um Senator Taft, hinter denen auch Ex-Präsident Hoover stand. Die Entlassung des Generals führte die Kampagne dieser »Neo-Isolationisten« auf ihren Höhepunkt und umgab sie – wenigstens für kurze Zeit – mit einem willkommenen Hintergrund allgemeiner Empörung. Dem heimgekehrten Feldherrn wurden triumphale Empfänge zuteil, und er erhielt sogar die Gelegenheit, vor dem versammelten Kongreß zu sprechen. Die Militärkommission des Senats führte daraufhin Hearings über die Umstände der Entlassung durch. Diese

verhalfen aber doch der allgemeinen Einsicht zum Durchbruch, daß der Entschluß des Präsidenten begründet gewesen sei und die USA wahrscheinlich vor dem Krieg mit China bewahrt habe.
In der zweiten Amtsperiode Trumans wurde die amerikanische Nation keineswegs nur durch den Koreakrieg belastet. Zahlreiche andere Probleme, Konflikte und Schwierigkeiten, die mit dem Kalten Krieg zusammenhingen, halfen mit, unter der Bevölkerung eine *allgemeine Unruhe und Desorientierung* entstehen zu lassen, die von manchen Politikern kräftig geschürt und den eigenen Interessen dienstbar gemacht wurde.
Mehr noch als der »Verlust Chinas« bewirkte die Nachricht von der russischen Atombombe ein bisher unbekanntes Gefühl der Bedrohung von außen. Dieses Gefühl erhitzte sich zu einer regelrechten Angstpsychose, als eine Reihe von *Spionageprozessen* die Evidenz kommunistischer Infiltration sowohl des Außenministeriums als auch einiger militärischer Anlagen und Verteidigungsprojekte zu erweisen schienen. Einer der wichtigsten unter diesen Prozessen führte 1953 zur heftig umstrittenen Hinrichtung des Ehepaars Julius und Ethel Rosenberg. Schon vor dem Koreakrieg hatte jedoch der Prozeß gegen Alger Hiss besonders viel Aufmerksamkeit auf sich gezogen. Ein früherer Beamter des State Department, der dem russischen Geheimdienst in den 30er Jahren Informationen geliefert hatte und sich nun gegenüber Denunziation und Anklage in ein peinliches und höchst ungeschicktes Meineidverfahren verstrickte, wurde für die Verteidiger des »echten« Amerika zum Inbegriff und Repräsentanten jener kommunistisch angehauchten intellektuellen »Fellow Travellers«, die das Land in der Zeit des »New Deal« dem unamerikanischen Sozialismus hatten ausliefern wollen. Obwohl die Vergehen von Hiss weit zurücklagen und keine nennenswerten politischen Konsequenzen gehabt hatten, lieferten sie dennoch willkommenes Propagandamaterial. Der Prozeß rehabilitierte u.a. die lange in Mißkredit gestandene Kommission des Repräsentantenhauses für unamerikanische Aktivitäten (»House Un-American Activities Committee«) und resultierte in schwerwiegender Kompromittierung der Administrationen Roosevelts und Trumans: Den demokratischen Präsidenten wurde generell vorgeworfen, sie hätten die Gefahr kommunistischer Subversion in leichtsinniger Weise ignoriert. Die von Truman selbst angeordneten und von 1947 bis 1951 im gesamten Verwaltungsapparat durchgeführten Loyalitätsuntersuchungen konnten am Zustandekommen und an der Verbreitung dieses Image nichts ändern.
Der gleichzeitige Anfall äußerer Gefährdung und innerer Spannungen resultierte in der fortwährenden Vertiefung der allgemeinen Un-

sicherheit. Dem politischen und sozialen Blickfeld des Durchschnittsbürgers taten sich Widersprüche auf, die ihn aufs höchste irritierten. Die demokratische Tradition, der hohe Lebensstandard, der technologische Fortschritt und das modern ausgebaute Erziehungssystem schienen die zerstörerischen Gegenkräfte nicht mehr aufhalten zu können. Die USA bemühten sich überall um die Verwirklichung von »Peace and Prosperity«, und dennoch drohte der Dritte Weltkrieg auszubrechen. Der »American Dream« von der Freiheit in der Demokratie schien sich als Illusion zu entpuppen. Ganz natürlich entstand aus derartiger Bedrückung das Bedürfnis, die Schuldigen zu erkennen und für den angerichteten Schaden zur Verantwortung zu ziehen. Der allgemeine Unwille richtete sich mit der Zeit nicht nur gegen das Außenministerium, sondern gegen die ganze Regierung und gegen die hinter ihr stehende Demokratische Partei. In den dieser Partei angehörenden oder nahestehenden Intellektuellen, Journalisten und Wissenschaftler sah man immer deutlicher die Unheilstifter, die den Vormarsch des Kommunismus in Amerika unterstützt anstatt bekämpft hatten.
Das Unglück wollte es, daß diese Wahnidee ihren demagogischen Propheten fand, der sie im ganzen Land mit fanatischem Eifer verbreitete. Joseph McCarthy, der Senator aus Wisconsin, sollte den »Second Red Scare« zu bisher unerreichten Höhepunkten treiben. Erstaunlich ist im historischen Rückblick nicht nur die Skrupellosigkeit seines Vorgehens, sondern vor allem auch sein Erfolg.
In der durch Konfusion, Mißtrauen und weitverbreitete Desillusionierung charakterisierten Stimmung der letzten beiden Regierungsjahre Trumans konnten die Republikaner zunehmend politischen Boden gewinnen. Für die Präsidentschaftswahlen von 1952 stellten sie nicht Senator Taft, sondern General Eisenhower auf, der als Held des Zweiten Weltkriegs große allgemeine Verehrung genoß. Der demokratische Kandidat war Adlai E. Stevenson, Gouverneur von Illinois, ein Politiker von hohem intellektuellem Niveau und persönlicher Integrität, der aber die Emotionen der großen Wählermassen weniger ansprach als der leutselige und gewinnende Eisenhower. Der General, über dessen politische Fähigkeiten man wenig wußte, siegte mit deutlichem Vorsprung und brachte die Republikanische Partei nach 20 Jahren wieder an die Regierung. Schon bald zeigte sich indessen, daß er nicht die Dynamik besaß, die man von ihm erhofft hatte, und daß es ihm nicht gegeben war, das amerikanische Volk aus seiner Unrast und Unsicherheit herauszuführen. Er übte sein Amt mit absichtlicher Zurückhaltung aus und bemühte sich, als ausgleichender Koordinator über den politischen Kräften und Interessengruppen zu stehen. Seine Vorstellung von der Präsidentschaft

glich dem republikanischen Ideal der 20er Jahre. So kam es, daß die konservativen Republikaner im Kongreß zu beherrschendem Einfluß gelangten.
Damit erhielt McCarthy für sein fatales Wirken freie Bahn. Im Wahlkampf von 1952 hatte er der Republikanischen Partei nützliche Dienste erwiesen und besonders im Mittelwesten eine große und vor allem sehr finanzstarke Anhängerschaft um sich geschart. Eisenhower verabscheute zwar seine Methoden, wollte und konnte aber aus Rücksichtnahme auf andere konservative Republikaner keine abrupten Maßnahmen gegen ihn ergreifen. Dasselbe galt für den neuen Außenminister John Foster Dulles. Als Vorsitzender des Ständigen Untersuchungsausschusses im Senat setzte McCarthy nun eine regelrechte nationale Terrorkampagne ins Werk und rief in den einzelnen Staaten ganze Scharen kleiner Nachahmer auf den Plan. Wahllos verunglimpfte er ihm nicht genehme Leute als Kommunisten oder Parteigänger des Kommunismus. Dabei kreierte er jeweils ein so dichtes Gewebe von Lügen, übertriebenen Behauptungen und Anklagen, daß Widerlegung durch Beweise und logische Argumente kaum möglich war. Verweigerte ein Angegriffener auf Grund des fünften Verfassungszusatzes die Aussage, wurde er sofort als »Fifth Amendment Communist« verschrien.
Neben den von McCarthy durchgeführten Untersuchungen liefen noch eine ganze Reihe ähnlich gerichteter »Loyality probes«, die vom Justizministerium und anderen Institutionen aus dirigiert wurden. Sie richteten sich vor allem gegen Wissenschaftler, und zwar mehrfach gegen solche, die mit Rüstungsaufgaben, Nuklearforschung oder mit der seit 1950 aufgenommenen Entwicklung der Wasserstoffbombe zu tun hatten. Besonderes Aufsehen erregte das Vorgehen der »Atomic Energy Commission« gegen den Physiker J. Robert Oppenheimer, der während des Krieges die zur Herstellung der Atombombe führenden Forschungen geleitet hatte und nunmehr dem »Institute for Advanced Study« in Princeton vorstand. Er hatte sich als Gegner der Wasserstoffbombe bekannt und seine Sympathien für politischen Nonkonformismus nicht geleugnet. Obwohl er seine Loyalität gegenüber der amerikanischen Regierung einwandfrei beweisen konnte, wurde er 1953 als »Security risk« vom Zugang zu geheimen Informationen und Forschungsdaten ausgeschlossen. Der Fall bewirkte weitverbreitete Entrüstung in Wissenschafts- und Universitätskreisen. Bemerkenswert bleibt die Tatsache, daß zur Zeit der Untersuchung kein einziger prominenter Politiker seine Stimme zur Verteidigung Oppenheimers erhob und daß seine öffentliche Rehabilitierung erst 1963 erfolgte.
Das Treiben McCarthys wurde natürlich auch im Ausland zur

Kenntnis genommen. Mit der Zeit begann der Begriff »McCarthyismus« als Symbol eines drohenden Faschismus amerikanischer Prägung zu gelten. Viele Amerikaner befürchteten, die durch den demagogischen Psychopathen entfesselte Hysterie werde dem internationalen Ansehen der Nation ebenso irreparablen Schaden zufügen wie ihrer Tradition von Recht und Rechtsprechung. Als McCarthy seine Angriffe zu Beginn des Jahres 1954 auch gegen die amerikanische Armee richtete, setzte endlich der Widerstand ein. Eine gegen ihn selbst gerichtete Untersuchung wurde im Fernsehen übertragen und entlarvte die Arroganz und Brutalität seiner Diffamierungskampagne in so anschaulicher Weise vor einem Millionenpublikum, daß eine allgemeine Ernüchterung eintrat und der Nimbus des Kommunistenjägers rasch in sich zusammenfiel. Im Dezember 1954 beschloß der Senat in richtiger Einschätzung der sich wandelnden öffentlichen Meinung, das Verhalten des Senators offiziell zu verurteilen. Das war das Ende der unrühmlichen Episode. McCarthy starb bereits 1957; er hinterließ der amerikanischen Nation nicht nur eine höchst unangenehme Erinnerung, sondern auch eine beschämende Prestigeeinbuße nach außen.

Das allmähliche Abebben der Kommunistenfurcht war das Zeichen einer allgemeinen Beruhigung der äußeren und inneren Lage der USA.

Dabei entsprachen die Entspannungstendenzen, wie sie sich in den ersten zwei Jahren der Eisenhower-Ära abzeichneten, eigentlich nicht den Erwartungen der neuen Führung. Die *»republikanische Außenpolitik«* wurde von 1953 bis 1959 durch John Foster Dulles geleitet. Kaum ein anderer amerikanischer »Secretary of State« des 20. Jahrhunderts war auf sein Amt so gut vorbereitet wie dieser Jurist und Diplomat, der schon seit 1917 an manchen internationalen Konferenzen teilgenommen hatte. Nach dem Zweiten Weltkrieg war er Berater mehrerer Außenminister demokratischer Administrationen gewesen und hatte u. a. auch bei der Ausarbeitung des Friedensvertrages mit Japan (1951) führend mitgewirkt. Dulles war ein eigensinniger, schlauer und illusionsloser Außenpolitiker. Mit einer großen Begabung für juristische Debatten vereinigte er die Neigung zu rechthaberischem Moralismus. Die Kombination dieser Eigenschaften erwarb ihm das absolute Vertrauen Eisenhowers, der ihm in der Führung der Geschäfte größere Freiheit ließ als sie ein amerikanischer Außenminister jemals besessen hatte. Da im Jahre 1952 die bisherige Außenpolitik eine heiß umstrittene Wahlfrage gewesen war, fühlte sich Dulles verpflichtet, hier eine neue Richtung zu verkünden und einzuschlagen. Trumans Konzept des »Containment« lehnte er als negativ, wirkungslos und amoralisch ab. An seiner Stelle versprach er die Strategie des *»Roll back«*, d.h. der Zurückdämmung kommunistischer Macht und der Befreiung unterdrückter Völker. Er erklärte sich bereit, ein gewisses Risiko auf sich zu nehmen und wenn nötig bis an den Rand des Krieges (»on the brink of war«) zu gehen. Für diesen Grundsatz prägte Dulles in einem Interview mit der Zeitschrift *»Life«* (1956) die Bezeichnung »Brinkmanship«, die seinen Intentionen aber doch wiederum ein simplifizierendes und einseitiges Image verlieh. Dulles war überzeugt, daß er mit selbstbewußtem und furchtlosem Auftreten gegenüber dem Ostblock den Kalten Krieg beenden könne. Die Schwäche des Konzepts bestand darin, daß es sich zu ausschließlich auf die Abschreckungswirkung des nuklearen Waffenpotentials stützte. Zur Propagierung seiner Grundsätze, von denen er zutiefst durchdrungen war, unternahm Dulles zahlreiche Reisen durch die ganze Welt. Er war nicht nur einer der mächtigsten und autoritärsten, sondern auch einer der initiativsten Außenminister in der Geschichte der USA. Tatsächlich hat er aber die Strategie des »Roll back« nie wirklich praktiziert und nie ernsthaft versucht, den Status quo der globalen Machtverteilung zu verändern. Daher führten seine Bemühungen im Endeffekt kaum zu bedeutenderen Ergebnissen als diejenigen seines Vorgängers Acheson.

Nach Stalins Tod (5. März 1953) konnte die neue amerikanische Regierung die etwas konziliantere Haltung der sowjetischen Machthaber ausnützen und den Abschluß des Waffenstillstandes in Korea vorantreiben, der dann am 27. Juli 1953 auch zustandekam. Neue Krisen im Fernen Osten zeigten aber sehr bald, welch enge Grenzen auch der Außenpolitik Dulles' gesetzt waren.

In *Indochina* befanden sich die Franzosen trotz beträchtlicher amerikanischer Unterstützung auf dem Rückzug vor den Streitkräften des kommunistisch-nationalen Vietminh. Im März 1954 wurde deutlich, daß nur eine massive militärische Intervention der USA die verzweifelte Situation retten konnte. Sowohl Dulles als auch Vizepräsident Richard M. Nixon unterstützten den Plan eines solchen Vorgehens. Gegen die Aussendung amerikanischer Truppen erhob sich jedoch heftige Opposition, die u. a. von General Ridgway und von den demokratischen Senatoren John F. Kennedy und Lyndon B. Johnson angeführt wurde. Eisenhower kam zur Ansicht, daß ein amerikanisches Eingreifen doch zu riskant sei; er erkannte vor allem die Gefahr, in einen neuen Koreakrieg verwickelt zu werden. Nach dem Fall der Festung Dien Bien Phu gab die französische Regierung den Kampf auf und erklärte sich mit der Teilung des Landes entlang dem 17. Breitengrad einverstanden (Genfer Konferenz, Frühjahr/Sommer 1954).

Für Dulles war diese Entwicklung der Dinge ein unbestreitbarer Mißerfolg, aber die amerikanische Außenpolitik wurde in der einmal eingeschlagenen Richtung trotzdem weitergeführt. Sie richtete sich immer ausschließlicher auf militärische Ziele und bemühte sich in erster Linie darum, die Sowjetunion mit einem System von Stützpunkten zu umschließen, von denen aus mit Raketen oder Langstreckenbombern der atomare Vernichtungsschlag möglich war. Im Dienste dieses Programms der *»Massive Retaliation«* verbanden sich die USA mit einer ganzen Reihe von Mächten (darunter auch mit ehemaligen Kriegsgegnern), die sich ebenfalls von der kommunistischen Machtausbreitung bedroht fühlten. So entstand die Südostasiatische Verteidigungsorganisation SEATO, die ihren Schutzbereich auch auf Südvietnam, Laos und Kambodscha ausdehnte. Sie bildete jedoch ein wenig wirksames und im Grunde unrealistisches Allianzsystem, weil ihr wichtige Staaten wie Indien, Burma und Indonesien fernblieben und weil sie über keine gemeinsamen Streitkräfte verfügte. Gleichzeitig mit der Entstehung der SEATO erfolgte auch die erneute Annäherung der USA an das Nationalchina Tschiang Kai-scheks. Sie gipfelte im Abschluß des Verteidigungspaktes vom 2. Dezember 1954, der jedoch vor allem den Nachteil hatte, jede Möglichkeit einer Verbesserung der amerikanischen Beziehungen zur Chinesischen Volksrepublik von vornherein zu verbarrikadieren.

Dulles' unermüdliche Initiative betraf aber nicht nur den Fernen Osten. Schon im Herbst 1953 war mit Spanien ein Vertrag über die Errichtung militärischer Stützpunkte abgeschlossen worden. Das Jahr 1955 brachte mit der Aufnahme der Bundesrepublik Deutschland in die NATO auch deren militärische Integration in das westliche Bündnissystem. Überdies wurden auch die Beziehungen zu Jugoslawien intensiviert, das seit dem Bruch mit Moskau amerikanische Wirtschaftshilfe und von 1957 an auch Militärhilfe erhielt.

In *Europa* hatte sich von 1954 an eine gewisse Entspannung der Lage abgezeichnet. Sie fand ihren sichtbaren Ausdruck im folgenden Jahre, und zwar sowohl im Abschluß des österreichischen Staatsvertrags als auch in der Genfer Gipfelkonferenz. Auf dieser Zusammenkunft wurde zwar nicht viel Konkretes erreicht, aber sie markierte immerhin den Beginn der Abrüstungsgespräche und der Verhandlungen über die Einstellung der Atombombenversuche.

Dulles blieb skeptisch. In der von Chruschtschow eingeleiteten *Koexistenzpolitik* vermochte er nichts anderes zu sehen als ein schlaues Täuschungsmanöver. Er verkannte völlig ihre tatsächlichen Motivationen und begriff nicht, daß sie aus den mannigfachen Spannungen innerhalb des nachstalinistischen Sowjetreiches hervorgegangen war. Das war der erste Hauptirrtum seiner Beurteilung der internationalen Lage um die Mitte der 50er Jahre. Der zweite bestand in seiner starren Ablehnung der »Neutralismus«-Bewegung, die unter der Führung von Nehru, Tito und Gamal Abd el Nasser um dieselbe Zeit in Erscheinung trat und seit der Bandung-Konferenz (April 1955) eine starke Wirkung in der afro-asiatischen »Dritten Welt« ausübte. Dulles' Haltung war die der meisten konservativen Politiker der USA: Man sah zwar die Notwendigkeit ein, für diese Völker Entwicklungshilfe aufzubringen, aber man war nicht bereit, dies zu tun, solange sie sich nicht eindeutig zur »freien Welt« des Westens bekannten. Diese Unfähigkeit, die Welt anders als unter dem alles beherrschenden Aspekt der Ost-West-Dualität zu sehen, war der wichtigste Grund für eine ganze Reihe von Rückschlägen, die die amerikanische Außenpolitik in den folgenden Jahren einstekken mußte und die ihrerseits eine gefährliche Führungskrise unter den westlichen Verbündeten heraufbeschwor.

Seine vielleicht schwerste Niederlage erlitt Dulles in *Ägypten.* Als Nasser sich trotz des amerikanischen Hilfsangebots für die Finanzierung des Assuan-Dammes dem Ostblock annäherte und aus der Tschechoslowakei und Rußland Waffen importierte, veranlaßte Dulles am 19. Juli 1956 die Zurückziehung der Assuan-Offerte. Diese unerwartete und abrupte Maßnahme bewirkte nicht nur die völlige Abwendung Ägyptens vom Westen; sie löste gleichzeitig die gefährlichste internationale Krise seit dem Koreakrieg aus. Nassers unverzügliche Reaktion bestand in der *Verstaatlichung des Suezkanals* (26. Juli). Er verfügte dies mit der Begründung, der Bau des Assuan-Dammes müsse nunmehr durch die Kanalgebühren finanziert werden. Der offene Konflikt setzte mit der israelischen Invasion der Sinai-Halbinsel ein und wurde durch die britisch-französische Kriegsintervention sofort entscheidend verschärft (29. – 31. Oktober).

In diesem Moment zeigte sich, daß den USA die Führung der westlichen Welt entglitten war. Das Vorgehen Israels, Großbritanniens und Frankreichs wurde von der amerikanischen Regierung zwar heftig kritisiert, aber es hatte nicht verhindert werden können. Dafür war die Sowjetunion in der Lage, die Rolle des starken Mannes zu spielen. Sie drohte mit der Entsendung von »Freiwilligen« zur Unterstützung Ägyptens und sogar mit dem Einsatz atomarer Langstreckenraketen gegen Westeuropa. Gleichzeitig konnte sie die allgemeine Aufregung ausnützen, um den Aufstand in Ungarn aufs brutalste zu unterdrücken und damit die auch im Ostblock ausgebrochene Führungskrise zu beseitigen. Auch hier konnten die USA nichts tun; an eine Unterstützung der ungarischen Aufständischen war nicht zu denken. Das einzige, was Dulles in der verzweifelten Situation noch unternehmen konnte, war die Ausübung eines starken diplomatischen Druckes auf seine Verbündeten mit dem Ziel einer möglichst raschen Beilegung der Suezkrise. Dies gelang ihm auch, aber nur zum Preis einer weiteren Belastung der ohnehin schon strapazierten Beziehungen der USA zu Großbritannien, Frankreich und Israel. Die unglückliche Episode endete mit der Entsendung einer UNO-Streitmacht auf die Sinai-Halbinsel und mit dem Rückzug der britischen, französischen und israelischen Truppen. Ihre Lehren waren eindeutig: Die militärische Stärke Israels war ebenso unmißverständlich demonstriert worden wie die Schwäche Ägyptens; die Kanonenbootdiplomatie der europäischen Mächte hatte sich als wirkungslos erwiesen, und es war klar geworden, daß unilaterale europäische Aktionen ohne amerikanische Unterstützung außerhalb Europas keine Aussicht auf Erfolg mehr hatten.

Das bedenklichste Ergebnis des Konflikts bestand in der Tatsache, daß sich der Westen trotz der unbestreitbaren Provokation durch Ägypten schwer ins Unrecht gesetzt und die antikolonialistischen Ressentiments in Asien und Afrika zu neuem Auflodern gebracht hatte. Obwohl die USA die militärischen Aktionen gegen den Staat Nassers ablehnten, war auch ihre Politik der Stärke als eine verhängnisvolle Illusion entlarvt worden. Die großen Versprechungen, die Dulles vor seinem Amtsantritt und zu Beginn seiner Amtszeit abgegeben hatte, waren nicht nur nicht erfüllt worden, sondern sie hatten sich auch als unerfüllbar erwiesen. Seitdem es neben den amerikanischen auch russische Thermonuklearwaffen gab, konnten die USA den großen Konflikt, in dem sich ihre atomare Überlegenheit hätte erweisen müssen, nicht mehr riskieren. Das stolze Konzept vom »Roll back«, von der »Liberation« und von der »Massive Retaliation« war im Grunde von Anfang an unrealistisch gewesen. Diese Tatsache führte in der Krise von 1956 zu seinem Zusammenbruch.

Bis kurz vor seinem Tode (24. Mai 1959) hielt Dulles seine rastlose Aktivität aufrecht. Er entwickelte aber keine neuen Ideen mehr, sondern schlug einen Kurs ein, den man als Fortsetzung der »Containment«-Politik bezeichnen kann. Hiervon wich auch die im März 1957 verkündete *»Eisenhower-Doktrin«* nicht ab, die den Willen der USA bekundete, im Nahen Osten zur Stabilisierung der wirtschaftlichen und politischen Verhältnisse beizutragen. In diesem Sinne erfolgten die militärischen Aktionen zur Unterstützung der nichtkommunistischen Regierungen in Jordanien und in Libanon (1957/58). Sie waren erfolgreich, vermochten aber das Mißtrauen,

das sich in der Dritten Welt gegenüber den USA zusehends verbreitete, nicht zu zerstreuen.
Nach Dulles' Rücktritt trat Präsident Eisenhower selber stärker in den Vordergrund der amerikanischen Außenpolitik. Er war 1956 mit sehr großer Mehrheit – und wiederum gegen Adlai E. Stevenson – für eine zweite Amtsperiode gewählt worden. Das war allerdings ein durchaus persönlicher Erfolg gewesen, denn gleichzeitig hatten sich die seit 1954 bestehenden demokratischen Mehrheiten im Kongreß halten können. Die Erwartungen, die man allgemein in den »Modern Republicanism« setzte, wurden jedoch arg enttäuscht. Eisenhower entwickelte nach wie vor weder eigene Initiative noch weiterführende Ideen. So konnte er auch in seinen letzten Amtsjahren die verfahrene Situation der amerikanischen Außenbeziehungen nicht mehr entscheidend verbessern, ja er mußte sogar noch weitere empfindliche Rückschläge hinnehmen.
In der durch Chruschtschows Ultimatum vom November 1958 ausgelösten *zweiten Berlin-Krise* gelang durch zögerndes Verhalten und die wachgehaltene Aussicht auf eine neue Gipfelkonferenz zwar die Bewahrung des Viermächtestatuts, aber die USA waren und blieben in der Defensive. Das Jahr 1959 brachte dann eine deutliche *Entspannung*, die zwar von der Sowjetunion ausging, sich aber mit den Intentionen Eisenhowers durchaus traf. Hinter der auf beiden Seiten anwachsenden Verhandlungs- und Kompromißbereitschaft stand in erster Linie das Bewußtsein der unaufhaltsam zunehmenden Gefahren, die von den nuklearen und thermonuklearen Waffen ausgingen und die Existenz der gesamten Menschheit bedrohten. Die Verständigungspolitik beider Seiten erreichte ihren Höhepunkt mit dem Amerika-Besuch Chruschtschows im Herbst 1959, der mit einem großen Aufwand an Publizität ablief und allen Beteiligten mindestens einen Propagandaerfolg brachte. Aus den politischen Gesprächen in Camp David resultierte jedoch nicht mehr als der Plan einer im Jahre 1960 abzuhaltenden Gipfelkonferenz. In der Berlin-Frage konnten die USA keine Zugeständnisse machen, wenn sie ihre Glaubwürdigkeit gegenüber den europäischen Verbündeten nicht erneut aufs Spiel setzen wollten. Dies sah auch Chruschtschow ein, und so benützte er die gerade in diesem Moment aufgeflogene Affäre um den Abschuß eines amerikanischen Aufklärungsflugzeugs (»U-2«) über sowjetischem Territorium (1. Mai 1960) denn auch dazu, die Pariser Gipfelkonferenz zum Platzen zu bringen, bevor sie begonnen hatte. Der ungeschickte amerikanische Verschleierungsversuch und das brutale Vorgehen des sowjetischen Partei- und Regierungschefs ließen den »Geist von Camp David« rasch verfliegen und setzten der Entspannungsentwicklung ein abruptes Ende. Ei-

senhower ging aus der Auseinandersetzung eindeutig als der gedemütigte Verlierer hervor, zumal Chruschtschow mit aller Deutlichkeit erklärte, daß er mit diesem amerikanischen Präsidenten keine Konferenz mehr abzuhalten wünsche. Bemerkenswert war indessen die Tatsache, daß er seine Drohung, Berlin zur »Freien Stadt« zu machen, nicht wiederholte.
Das Fiasko des »U-2«-Zwischenfalls und die daraus hervorgegangene peinliche Vielfalt von Lügen, Widersprüchen und selbstgerechten Stellungnahmen Washingtons beschleunigten den Niedergang des Ansehens der Vereinigten Staaten in der ganzen Welt. Dieser Niedergang wurde besonders deutlich sichtbar, als die japanische Regierung nach schweren antiamerikanischen Unruhen im Juni 1960 Präsident Eisenhower darum ersuchen mußte, auf seinen geplanten Staatsbesuch zu verzichten.
Schon seit einiger Zeit hatten sich überdies auch die Beziehungen der USA zu *Lateinamerika* in besorgniserregender Weise verschlechtert. Seit dem Ende des Zweiten Weltkriegs war die von Roosevelt inaugurierte Politik der »Guten Nachbarschaft« immer mehr vernachlässigt worden. Die andauernde Inanspruchnahme durch die Probleme Europas und Asiens hatte dazu geführt, daß die amerikanische Regierung den Entwicklungen in Mittel- und Südamerika während längerer Zeit wenig Aufmerksamkeit schenkte.
In den 40er Jahren waren fast alle lateinamerikanischen Staaten von sozialer und politischer Gärung erfaßt worden. Die hieraus resultierenden Revolutionen führten sowohl zu autoritären als auch zu demokratischen Neuordnungen. Von 1947 an setzte eine reaktionäre Gegenbewegung ein, und um 1954 standen 14 lateinamerikanische Republiken unter der Herrschaft von Militärregierungen. In dieser Zeit begann sich eine Welle des sozialen Protests auszubreiten, die sich gegen diktatorische Regime in verschiedenen Ländern richtete. Sie führte u. a. zum Sturz Peróns in Argentinien (1955), Pérez Jiménez' in Venezuela (1958), Batistas in Kuba (1959) und Trujillos in der Dominikanischen Republik (1961).
Die Lateinamerikaspezialisten in Washington waren stets bemüht, diese politischen Veränderungen im Rahmen des Kalten Krieges zu sehen und zu interpretieren. Die Regierung Truman lancierte ein Programm interamerikanischer, hauptsächlich militärischer Zusammenarbeit (Vertrag von Rio de Janeiro, 1947; »Organization of American States«, OAS, 1948), das von der Eisenhower-Administration ausgebaut wurde. Wirtschaftliche Unterstützung wurde meist mit dem Schwergewicht auf der privaten Auslandsinvestition durchgeführt, was naturgemäß zur Favorisierung der autoritären Regierungen führte. So erhielt Perón amerikanische Finanzhilfe,

und im Jahre 1955 pries Vizepräsident Nixon in Kuba die »Kompetenz und Stabilität« des Batista-Regimes. Schon im Jahre zuvor hatte Eisenhower die Diktatoren Pérez Jiménez von Venezuela und Manuel Odría von Peru mit offiziellen Auszeichnungen bedacht. Als Nixon diese beiden Länder nach dem Sturz der beiden Machthaber im Mai 1958 besuchte, wurde er mit heftigen antiamerikanischen Demonstrationen konfrontiert.

Noch ominöser als diese Vorkommnisse gestaltete sich die *kubanische Revolution.* In der ganzen Hemisphäre wurde die Niederwerfung Batistas durch den Aufstand Fidel Castros lebhaft begrüßt. Die Regierung von Washington nahm anfänglich eine abwartende und keineswegs unfreundliche Haltung ein, aber die Wirtschafts- und Bodenreformen Castros gerieten sehr bald in Konflikt mit den amerikanischen Interessen. Die prononciert antiamerikanische Haltung des neuen Machthabers und seine unverkennbare Tendenz, in Kuba eine kommunistische Staats- und Gesellschaftsordnung zu errichten, irritierten die amerikanische Regierung darüber hinaus in zunehmendem Maße. Ihr wirtschaftlicher und politischer Druck führte aber auch in diesem Falle dazu, daß das ursprünglich durchaus nationalrevolutionäre Regime schließlich ganz ins kommunistische Lager getrieben wurde. Im Januar 1961 brach Eisenhower die diplomatischen Beziehungen zu Kuba ab und hinterließ damit seinem Amtsnachfolger einen höchst unberechenbaren und unheilversprechenden Krisenherd.

Die Präsidentschaft Eisenhowers endete, außenpolitisch gesehen, in einer äußerst schwierigen Situation. Noch nie zuvor in ihrer Geschichte hatten die Vereinigten Staaten einen größeren internationalen Prestigeverlust erlebt. Krisenherde, ungelöste Probleme und gestörte Beziehungen waren nicht nur in bezug auf Lateinamerika, Rußland und den Nahen Osten vorhanden. Auch in Südostasien, hauptsächlich in Kambodscha, Laos und Südvietnam zeichneten sich neue Schwierigkeiten ab, indem die Kämpfe zwischen Kommunisten und mehr oder weniger eindeutigen Anhängern des Westens wieder aufflammten. Was sich hier vorbereitete, sollte die USA in den kommenden Jahren noch aufs allerschwerste belasten. Der Kalte Krieg war noch keineswegs zu Ende.

8. Die Epoche des Kalten Krieges II

John F. Kennedy hatte die Präsidentschaftswahlen vom Herbst 1960 gegen Richard M. Nixon mit nur sehr knapper Mehrheit gewonnen. Er war sich von Anfang an darüber im klaren, daß politische Richtungsänderungen in dieser Situation nur mit Vorsicht und Geduld unternommen werden konnten. Seine außenpolitischen Zielsetzungen waren eindeutig definiert und wichen von denjenigen seiner Vorgänger im Grunde nicht sehr stark ab. Kennedy war davon überzeugt, daß der totale Atomkrieg das Ende der Menschheit bedeuten würde, und er bemühte sich daher, für die USA eine Verteidigungsstrategie zu entwickeln, die im Moment der Krise noch andere Möglichkeiten offenließ als den Rückgriff auf die Nuklearwaffen. An die Stelle der Doktrin von der »Massive Retaliation« trat diejenige der *»Flexible Response«*, nach welcher der Grad der Abschreckung in jedem Krisenfall dem Grad der effektiven Bedrohung angepaßt werden sollte. Kennedy war keineswegs bestrebt, den Konfrontationen auszuweichen, aber er hoffte, mit der Sowjetunion auf diplomatischem Wege ein Stillhalteabkommen zu erreichen und die allgemeine Abrüstung voranzutreiben. In dieser Erwartung gab er sich allerdings keinen Illusionen hin. Schon die Erfahrungen seiner Jugend hatten ihn gelehrt, daß demokratische Nationen oft zu langsam auf totalitäre Aggression reagierten. Solche Einsicht hatte er vor allem in Großbritannien gewonnen, wo sein Vater in den späten 30er Jahren als amerikanischer Botschafter tätig gewesen war. Sie fand ihren Niederschlag in dem Buch *»Why England Slept«* (1940), das während seiner Studienzeit an der Harvard Universität entstanden war und weite Verbreitung gefunden hatte. Kennedys tiefes Mißtrauen gegen totalitäre Systeme und deren Expansionstendenzen wurde auch später immer wieder deutlich. Als junger Senator von Massachusetts hatte er jedoch die Verantwortung der USA gegenüber den besonderen Problemen und Bedürfnissen der Nationen der Dritten Welt immer klarer erkannt, und er betonte mehrfach, daß der Fortbestand von Freiheit und Demokratie in der Welt sehr weitgehend von einem aktiven Engagement der USA gerade in dieser Frage abhänge.

Die amerikanische Außenpolitik wurde aber auch unter Kennedy noch sehr stark von den *militärpolitischen Komponenten* her mitbestimmt. In seiner ersten Jahresbotschaft an den Kongreß (30. Januar 1961) setzte der neue Präsident die Prioritäten des amerikanischen Einsatzes im Konflikt zwischen »Freedom and Communism« fest und bemerkte, daß es für die USA nun in erster Linie darauf ankomme, ihr militärisches Potential zu verstärken. Dies geschah, und zwar auch wiederum im Bereich der konventionellen Waffen. Der Verteidigungsetat wurde 1961 gegenüber dem Vorjahr um 15 % erhöht, und das Pentagon erfuhr unter der Leitung von Robert S. McNamara eine tiefgreifende organisatorische Straffung und Zentralisierung. Im Ausbildungswesen wurde ein besonderer Nach-

druck auf die Schaffung von Spezialformationen für den Guerilla-Krieg gelegt.
Alle diese Anstrengungen erschienen begründet, denn die internationalen Probleme und Spannungen intensivierten sich auf der ganzen Linie und begannen die neue Administration schon kurz nach ihrem Amtsantritt aufs schwerste zu belasten.
Ganz besondere Aufmerksamkeit richtete Kennedy von Anfang an auf *Lateinamerika*. Teile des »Peace Corps« (einer im März 1961 ins Leben gerufenen Organisation jugendlicher Entwicklungshelfer) wurden dort sinnvoll eingesetzt, und durch die Schaffung der »Alliance for Progress« verpflichteten sich die USA im Rahmen eines Zehnjahresprogramms zur wirtschaftlichen und finanziellen Unterstützung der lateinamerikanischen Länder in einem noch nie zuvor erreichten Umfang. Die Ausführung des ambitiösen Planes stieß jedoch auf zahlreiche bürokratische Schwierigkeiten und wurde nicht zuletzt auch durch die vielen Umstürze und gewaltsamen Regierungswechsel in den betroffenen Ländern stark behindert. Der Hauptzweck der Allianz bestand in der Verhinderung revolutionärer Umwälzungen nach kubanischem Vorbild.
Das Regime Fidel Castros bildete nach wie vor das Hauptproblem der Washingtoner Lateinamerikapolitik. Im April 1961 bot die amerikanische Regierung ihre Hand zum Versuch, es gewaltsam zu stürzen, indem sie die Landungsoperation einer vom CIA ausgebildeten Freischar von Exilkubanern in der *Schweinebucht* (Bahia de Cochinas) unterstützte. Das Unternehmen mißlang, und das amerikanische Prestige in Lateinamerika erlitt einen neuen schweren Schlag. Castro konnte seine Machtposition konsolidieren und sogar zur Unterstützung von Guerillaunternehmungen in anderen lateinamerikanischen Ländern übergehen.
Präsident Kennedy hatte sich zu ausschließlich auf den Rat und die Informationen des CIA verlassen. Er nahm jedoch die volle Verantwortung für das mißglückte Unternehmen öffentlich auf sich und stand zu seinem Irrtum. Kurz nach dem Schweinebucht-Debakel unternahm er eine Reise nach Europa und traf in *Wien* mit Chruschtschow zusammen (3./4. Juni 1961). Die Gespräche bestärkten ihn in der Auffassung, daß die sowjetische Führung darauf ausgehe, gefährliche Spannungen zu schaffen und die »Befreiungskriege« prokommunistischer Elemente in den Ländern der Dritten Welt wo immer möglich zu unterstützen. Die größte Sorge aber bereitete ihm die Militanz des sowjetrussischen Regierungschefs in der *Berlin-Frage*. Chruschtschow drohte, mit der DDR noch vor dem Ende des Jahres einen Friedensvertrag abzuschließen und wiederholte seine Absicht, Berlin zur Freien Stadt erklären zu lassen.

Nach der Rückkehr in die USA bekannte sich Kennedy in aller Deutlichkeit zu den amerikanischen Verpflichtungen gegenüber West-Berlin und ordnete gleichzeitig eine neue Intensivierung der militärischen Rüstung an. Die amerikanisch-sowjetischen Beziehungen waren einmal mehr in einer Sackgasse angelangt, aus der kein Ausweg möglich schien. Die im August 1961 errichtete Berliner Mauer war auch hierfür ein Symbol.
Damit war aber die Reihe der außenpolitischen Schwierigkeiten, mit denen sich die Regierung Kennedy in den ersten Monaten ihrer Amtsführung konfrontiert sah, noch keineswegs abgeschlossen.
Amerikanisch-sowjetische Gespräche über die *Aufhebung der Atomwaffentests* waren schon im Frühjahr 1961 ergebnislos abgebrochen worden. Im Sommer verlautete aus dem amerikanischen Verteidigungsministerium, daß die Sowjets nur über wenige einsatzbereite Interkontinentalraketen verfügten. Die Washingtoner Experten fragten sich daher, ob in den russischen Aussagen über die eigene militärische Stärke nicht auch sonst noch einiges übertrieben sei. Solche öffentlich geäußerten Zweifel mußten für Chruschtschow äußerst unangenehm sein; seine Macht- und Führungsposition war seit dem endgültigen Bruch mit China Ende 1960 ohnehin nicht mehr völlig unbestritten. Zwei Wochen, nachdem der Bau der Berliner Mauer die Welt schockiert hatte, begann in Rußland eine Reihe neuer Atomtests. Sie erreichte ihren Höhepunkt im November mit der Explosion einer Bombe, deren Wirkung 3000mal stärker war als die der Bombe von Hiroshima. Auf diese Herausforderung antworteten die USA zuerst mit unterirdischen Experimenten. In der Überzeugung, daß das amerikanische Nuklearpotential immer noch bei weitem das stärkste der Welt sei, berief Kennedy die Genfer Abrüstungskonferenz ein, die seit 1958 periodisch getagt hatte. Frankreich verweigerte die Mitarbeit; nach der ersten erfolgreichen Explosion einer französischen Atombombe im September 1960 wollte sich Präsident de Gaulle sein Programm keinesfalls von außen einschränken lassen. Die Sowjets lehnten alle Vorschläge über Inspektion und internationale Kontrolle ab. So gab Kennedy am 25. April 1962 schließlich den Befehl zur Wiederaufnahme auch der amerikanischen (atmosphärischen) Atomtests.Die internationale Krisensituation zwang den Präsidenten der USA auch im *fernöstlichen Bereich* zu folgenschweren Entschlüssen. Sie betrafen vor allem Laos und Vietnam.
Schon lange hatte die amerikanische Regierung befürchtet, daß *Laos* unter kommunistische Kontrolle fallen und der Sowjetunion das Tor nach Südostasien öffnen könnte. Um dies zu verhindern, hatte sie

dem seit Ende 1953 unabhängigen Königreich besonders umfangreiche Wirtschafts- und Finanzhilfe angedeihen lassen. Eine Stabilisierung der inneren Verhältnisse war aber dennoch nicht gelungen, und seit 1959 rangen prowestliche, neutralistische und kommunistisch orientierte Kräftegruppen in offenen Kämpfen um die Herrschaft. Die Intensivierung des Bürgerkrieges und die latente Gefahr einer chinesischen Intervention ließen im Winter 1960/61 ein gemeinsames Eingreifen der Sowjetunion und der USA möglich erscheinen. Zu einer solchen Aktion kam es zwar nicht, aber die beiden Großmächte erreichten immerhin das Zusammentreffen der Genfer Laos-Konferenz, die vom Mai 1961 bis zum Juli 1962 tagte. Ihr Ergebnis war die Errichtung eines Dreiparteienregimes unter dem neutralistischen Prinzen Souvanna Phouma. Die inneren Spannungen konnten zwar nur vorübergehend eingedämmt werden, aber es hatte sich doch gezeigt, daß eine sowjetisch-amerikanische Kooperation durchaus imstande war, ein strategisch wichtiges Gebiet aus der Kampfzone des Kalten Krieges hinauszumanövrieren.
Völlig anders verhielt sich Kennedy jedoch gegenüber *Südvietnam*. Die von den USA unterstützte Regierung Ngo Dinh Diem war seit 1958 äußerst unpopulär geworden. Sie hatte die Wahlen von 1956 annulliert, die politische Opposition mundtot gemacht und die Macht auf eine kleine und autoritäre Clique beschränkt, der vor allem Diem selber, sein Bruder sowie dessen Frau, Madame Ngo Dinh Nhu, angehörten. Gegen dieses Regime richteten sich zahlreiche Aktionen von Guerillagruppen, die im Jahre 1960 zur »Nationalen Befreiungsfront« (FNL, Vietcong) zusammenwuchsen und nicht nur von Nordvietnam, sondern bald auch von China unterstützt wurden. Die südvietnamesische Armee vermochte dieses Gegners nicht Herr zu werden, und als sich die spannungsgeladene Situation nun auch hier zum Bürgerkrieg ausweitete, stand die amerikanische Regierung erneut vor der Frage, wie weit sie sich für das von ihr bisher unterstützte prowestliche Regime einsetzen sollte. Kennedy neigte anfänglich zur Zurückhaltung und zur Beförderung einer ähnlichen Lösung wie in Laos, änderte aber unter dem Einfluß von Beratern, die die Situation Südvietnams auf diplomatischen Missionen persönlich erkundet hatten, seine Meinung. Zu diesen Beratern gehörten neben Vizepräsident Johnson (der 1954 noch gegen eine direkte amerikanische Intervention in Indochina gewesen war) namentlich der General Maxwell Taylor und der im Außenministerium beschäftigte Politikwissenschaftler Walt W. Rostow. Johnson war der Meinung, daß in Vietnam die endgültige Entscheidung darüber fallen müsse, ob die USA bereit und in der Lage seien, die Ausdehnung der Macht des Kommunismus in Südostasien einzu-

dämmen. Taylor und Rostow empfahlen ebenfalls die Unterstützung Diems und vertraten die Ansicht, daß die USA gewisse Aufgaben der Kriegführung übernehmen und dem Vietcong mit einer wirksamen Antiguerillataktik entgegentreten müßten. Ferner schlugen sie eine Politik der »Graduated Retaliation« gegenüber Nordvietnam vor, was nichts anderes hieß als die Bombardierung nordvietnamesischer Nachschubbasen, aus denen der Vietcong versorgt wurde. Chruschtschows offen geäußerte Sympathie für alle »nationalen Befreiungskriege« in der Dritten Welt trug das ihrige dazu bei, daß Kennedy die Problematik Vietnams immer mehr unter dem Gesamtaspekt des globalen kommunistischen Expansionsstrebens sah und zu der Überzeugung gelangte, daß das politische Weltgleichgewicht gefährdet würde, wenn die USA dem Vormarsch des Vietcong weiterhin untätig zuschauten. So kehrte er zu den Grundprinzipien Eisenhowers und Dulles' zurück und übernahm auch die von ihnen oftmals entwickelte »Domino-Theorie«, die jeden Kompromiß mit antiwestlichen oder neutralistischen Kräften als einen Schritt auf dem Weg zur völligen Kapitulation vor dem Kommunismus kennzeichnete.

Die praktischen Konsequenzen dieses Wandels in Kennedys Beurteilung der Lage wurden im Laufe des Jahres 1962 sichtbar. Schon Ende 1961 hatte er der Errichtung eines amerikanischen Militärkommandos in Saigon zugestimmt und die Entsendung militärischer »Berater« für die südvietnamesische Armee gutgeheißen. Diesen »Beratern« wurde die Teilnahme an den Kriegshandlungen erlaubt, und sie wurden durch weitere Kampftruppen laufend verstärkt. Bis zum Herbst 1963 sollten die in Vietnam eingesetzten amerikanischen Streitkräfte bereits einen Bestand von ca. 16000 Mann erreichen. Kennedy hatte eine konzentrierte und großangelegte Militärintervention abgelehnt; seine Maßnahmen schufen jedoch die organisatorischen Grundlagen, auf denen eine solche Intervention aufgebaut werden konnte.

Die Politik der militärischen »Beratung« erschien im Jahre 1962 zunächst erfolgversprechend, aber sie erwies sich schon bald als eine Illusion. Einerseits konnte der Vietcong seinen Vormarsch fortsetzen, und andererseits interpretierte Präsident Diem die amerikanischen Hilfeleistungen und weiteren Hilfsversprechungen als Freipaß für die Fortsetzung und den Ausbau seiner autoritären Herrschaft. Die innere Instabilität und Unverläßlichkeit seines Regimes wurde einmal mehr evident, als er im Mai 1963 eine äußerst brutale Repressionskampagne gegen die Buddhisten auslöste. Zu spät erkannte die amerikanische Regierung, daß die Behebung der Krise in Vietnam nicht nur ein militärisches, sondern in erster Linie ein sozialpolitisches Problem war. Kennedys Ermahnungen an Diem, sich durch soziale Reformen eine breite Unterstützung im Volke zu sichern, fruchteten nichts mehr. Die Einschränkung der amerikanischen Wirtschaftshilfe bewirkte Unruhe und Erbitterung unter den südvietnamesischen Geschäftsleuten und weiteren Bevölkerungskreisen, die davon direkt profitiert hatten. Als die Opposition gegen die Regierung auch innerhalb der Armee überhandnahm, war Diem nicht mehr zu retten. Am 2. November 1963 wurde er durch eine militärische Verschwörung gestürzt und im Verlauf der turbulenten Ereignisse ermordet. Die Vorbereitung der Revolte war den amerikanischen Diplomaten und Militärs keineswegs unbekannt gewesen, und es gibt deutliche Indizien dafür, daß die Verschwörer in ihrem Vorhaben von amerikanischer Seite ermutigt und unterstützt wurden.

Die Ermordung Diems stürzte Südvietnam in eine neue Phase politischer Unruhe. Die erste Militärjunta unter Duong Van Minh mußte schon nach wenigen Wochen einer zweiten weichen, die von Nguyen Khanh angeführt wurde. Der energische General erklärte dem amerikanischen Botschafter Henry Cabot Lodge, daß nur eine Militärregierung das Land vor der Machtübernahme durch die Neutralisten bewahren könne. Lodge, der der Regierung Diems ablehnend gegenübergestanden hatte, versprach daraufhin dem neuen Machthaber die volle Unterstützung der USA. Die amerikanischen Militärexperten waren überzeugt, daß der Sieg über den Vietcong nunmehr in greifbarer Nähe liege, aber ihr Optimismus konnte nicht darüber hinwegtäuschen, daß die Guerillas immer neue Gebiete unter ihre Kontrolle brachten und in ihrer Kampfführung immer kühner wurden.

Wenn die Jahre 1962/63 für die amerikanische Außenpolitik einerseits durch die fortschreitende Verschärfung des Vietnamkonflikts charakterisiert waren, so wurde die Welt in dieser Zeit doch durch ein anderes Problem tatsächlich an den Rand der Katastrophe geführt, nämlich durch die *kubanische Raketenkrise.*

Ihre Wurzeln lagen in der für die Sowjetunion nach wie vor ungelösten Berlin-Frage. Obwohl es Chruschtschow im Jahre 1961 nicht gelungen war, die westlichen Alliierten aus der ehemaligen deutschen Hauptstadt zu verdrängen, war dies doch sein Ziel auf lange Sicht geblieben. Im Sommer 1962 ergriff er eine neue Initiative, und zwar versuchte er diesmal, die USA nicht in ihren europäischen Frontpositionen, sondern in ihrer karibischen Flanke zu treffen. Dies geschah durch die Entsendung von Raketenwaffen, Flugzeugen und Militärtechnikern nach Kuba. Erste Nachrichten über solche Unternehmungen veranlaßten Präsident Kennedy im September, die sowjetische Regierung nachdrücklich vor dem Ausbau einer gegen die USA gerichteten Angriffsbasis auf Kuba zu warnen. Moskau dementierte ein derartiges Vorhaben mehrfach, aber Mitte Oktober entdeckten und photographierten amerikanische Aufklärungsflieger erstmals Baustellen von Abschußrampen für Mittel- und Langstreckenraketen. Damit war die direkte Bedrohung der USA evident geworden. Die amerikanische Regierung mußte damit rechnen, daß Chruschtschow die Berlin-Frage sofort wieder aufrollen würde, wenn die kubanische Angriffsbasis fertiggestellt und als Druckmittel zu gebrauchen war.

Kennedy befand sich in einer äußerst heiklen Situation. Die Sicherheit der Nation erschien plötzlich in einem bisher noch nie erlebten Maße gefährdet, und außerdem standen die Kongreßwahlen vor der Tür. Mit einem speziell ausgewählten und aufgebotenen Krisenstab beriet der Präsident während einer Woche in ununterbrochener Sitzung die zu treffenden Gegenmaßnahmen. Nachdem er den Vorschlag eines Luftangriffes gegen die Raketenstellungen erwogen und abgelehnt hatte, entschloß er sich dazu, sämtliche Waffentransportschiffe, die nach Kuba unterwegs waren, aufhalten zu lassen und den sofortigen Abbruch der Abschußrampen sowie die Rückführung der Raketen nach Rußland zu fordern. In seiner offiziellen Verlautbarung vom 22. Oktober erklärte er ferner, die USA würden die Sowjetunion für jeden Einsatz nuklearer Waffen aus den kubanischen Stellungen verantwortlich machen und mit entsprechenden Mitteln zurückschlagen.

Seit dem Zweiten Weltkrieg hatten die USA nie mehr in einer derart akuten Spannungssituation gestanden wie in den Tagen unmittelbar nach dieser eindeutigen Stellungnahme Kennedys. Die sowjetische Regierung dementierte weiterhin die Existenz nuklearer Waffen in Kuba, bis der amerikanische UNO-Botschafter Adlai Stevenson seinen russischen Kollegen in einer Sitzung mit den entsprechenden photographischen Aufnahmen konfrontierte. Eine knappe Woche nach dem 22. Oktober war Kennedy im Besitze zweier Briefe Chruschtschows, die einander widersprechende Angebote über den Rückzug der Raketen enthielten. Der amerikanische Präsident akzeptierte in seiner Antwort das günstigere Angebot, worauf Chruschtschow ohne weiteren Kommentar sein Einverständnis gab.

Der Verlauf der kubanischen Raketenkrise schwächte die Position Chruschtschows in der Sowjetunion, stärkte aber natürlicherweise diejenige Kennedys in den USA und in der ganzen westlichen Welt. Ohne Zweifel hatten die Vereinigten Staaten einen bedeutenden diplomatischen Sieg errungen, auf dessen Grundlage nun die Politik der Entspannung weitergeführt werden konnte. In richtiger Einschätzung der zunehmenden Diversifikation der partikularen Interessen und Intentionen innerhalb des Ostblocks erneuerte Kennedy nunmehr seine Bemühungen um einen internationalen Vertrag über die Aufhebung der Atomwaffentests. Gegen den starken Widerstand militärischer Kreise und einiger Wissenschaftler brachte er seinen Plan erfolgreich durch den Senat, und die geschickten Verhandlungen des erfahrenen Diplomaten W. Averell Harriman führten am 25. Juli 1963 denn auch zum Abschluß des Moskauer *Teststopp-Abkommens* zwischen der Sowjetunion, den Vereinigten Staaten und Großbritannien, das alle weiteren Kernwaffenversuche in der Atmosphäre, im Weltraum und unter Wasser verbot. Die Ratifikation durch den Senat erfolgte im September; zwei Monate später waren bereits 104 Staaten dem Vertragswerk beigetreten. Obwohl sich Frankreich und die Volksrepublik China stets davon distanzierten, bildete das Moskauer Teststopp-Abkommen doch den wichtigsten Erfolg der internationalen Abrüstungsbemühungen seit dem Ende des Zweiten Weltkrieges. In den USA selbst wurde es mit großem Beifall aufgenommen und trug wesentlich zum Abbau vieler Klischees des Kalten Krieges bei.

Hier war Kennedy tatsächlich der Durchbruch in eine neue Epoche der internationalen Beziehungen der USA gelungen. Dieser Durchbruch konnte aber nur dann zu dauerhafter Entspannung führen, wenn er von der Behebung der anderen internationalen Konfliktsituationen und in erster Linie von der Lösung des Ostasien-Problems begleitet war. Es ist müßig, darüber zu meditieren, ob Kennedy diese Leistung schließlich auch hätte vollbringen können, wenn er am 22. November 1963 den Kugeln des Attentäters von Dallas entgangen wäre.

Jedenfalls galt für den neuen Präsidenten Lyndon B. Johnson bei seinem Amtsantritt das, was schon für Kennedy gegolten hatte: Er mußte ein Erbe schwerster außenpolitischer Probleme übernehmen, für deren Entstehung und bisherige Behandlung er keineswegs allein verantwortlich war. Von wenigen Ausnahmen abgesehen, konnte sich Johnson auf den eingearbeiteten Mitarbeiterstab Kennedys stützen, an dessen Spitze der Außenminister Dean Rusk und (bis Februar 1968) der Verteidigungsminister Robert S. McNamara standen. Bei der Neubesetzung von Führungs- und Beraterstellen tendierte Johnson von Anfang an zur Bevorzugung konservativer Kandidaten. Seine Außenpolitik paßte sich in vermehrtem Maße wiederum den Interessen des »Big Business« an und neigte generell zur Unterstützung konservativer Regierungen und Staatsordnungen. Dies zeigte sich in bezug auf Afrika (Kongo, Republik Südafrika), aber noch viel deutlicher im lateinamerikanischen Bereich.

Besonders charakteristisch war die Reaktion Johnsons auf den Bürgerkrieg in der *Dominikanischen Republik* im Frühjahr 1965. Anhänger des progressiv-demokratischen Parteiführers und vormaligen Präsidenten Juan Bosch rebellierten gegen das konservative Regime von Donald Reid Cabral, und in der allgemeinen Konfusion gelangte Johnson zu der äußerst fragwürdig dokumentierten Auffassung, es handle sich um einen kommunistischen Umsturzversuch. Ohne die OAS zu konsultieren, ordnete er die Landung eines Kontingents amerikanischer Marineinfanteristen an. Diese Interventionsstreitmacht erreichte in kurzer Zeit einen Bestand von über 22000 Mann. Als die Wiedereinsetzung der gestürzten Regierung Cabral nicht gelang, rückte Washington stillschweigend von der Theorie des kommunistischen Umsturzes ab und setzte sich für einen Kompromiß zwischen den Kampfparteien ein. Obwohl dieser zustandekam und allseitige Zustimmung fand, hatte die amerikanische Intervention doch in der ganzen lateinamerikanischen Welt Besorgnis und neues Mißtrauen erweckt. Aber auch in den USA selbst erhob sich Opposition und scharfe Kritik an der ungeschickten und in ihren allgemeinen Auswirkungen verhängnisvollen Aktion. Der von Johnson immer wieder beschworene politische »Consensus« der amerikanischen Öffentlichkeit, der schon unter Kennedy ernsthaft erschüttert worden war, begann hier endgültig auseinanderzubrechen.

Das komplizierteste und bedrückendste außenpolitische Problem war jedoch nach wie vor der Krieg in *Indochina.* Kennedy hatte sich über Vietnam nie ganz eindeutig geäußert. Obwohl er noch in den letzten Tagen seines Lebens davon gesprochen hatte, daß die Vietnamesen den Konflikt letztlich selbst lösen müßten, war die Entwicklung zu immer stärkerem Engagement der USA – d.h. zur »Amerikanisierung« des Krieges – gleichsam vorgezeichnet, seitdem Washington das Diem-Regime fallengelassen und den Willen bekundet hatte, seine »Verpflichtungen« im Kampf Südvietnams gegen den Kommunismus auch weiterhin zu erfüllen. Gelegentliche Reibungen zwischen den Präsidentenberatern des Weißen Hauses (McGeorge Bundy, W.W. Rostow u.a.) und dem Außenministerium änderten hieran nichts. Wenige Tage nach seiner Amtseinsetzung erklärte Johnson, daß er die bisherige Vietnam-Politik seines Vorgängers unverändert fortführen werde. Wie in der Innenpolitik empfand sich der ehrgeizige und energische Politiker aus Texas auch in der Außenpolitik als Vollender dessen, was Kennedy begonnen hatte. Wo sich Widersprüche ergaben, wurden sie – jedenfalls offiziell – nicht als solche akzentuiert.

In seinen Kongreßbotschaften von 1964 und 1965 erwähnte Johnson das Vietnam-Problem nur am Rande. Als der (erfolglose) republikanische Präsidentschaftskandidat Barry Goldwater im Sommer 1964 die Bombardierung Nordvietnams und den offenen amerikanischen Kriegseinsatz in Südvietnam forderte, sprach sich der Präsident dezidiert gegen einen solchen Plan aus. Trotzdem hatte er kurz zuvor die Südostasien-Resolution des Kongresses unterschrieben, die ihm die Vollmacht erteilte, alle nötigen Schritte zum Schutze Südvietnams gegen die kommunistische Aggression zu unternehmen. Den Anlaß zu dieser Resolution hatten nordvietnamesische Angriffe auf amerikanische Kriegsschiffe im Golf von Tongking (2./4. August 1964) gebildet.

Die erhoffte Stabilisierung der inneren Verhältnisse Südvietnams war 1964 ausgeblieben. Zu Beginn des Jahres 1965 herrschte in den amerikanischen Führungskreisen die Überzeugung vor, daß die südvietnamesische Armee vor dem Zusammenbruch stehe und trotz der Tätigkeit der amerikanischen Berater nicht mehr länger imstande sei, den Staat zu verteidigen. Etwas mußte geschehen, um die Situation zu retten, und ein äußerer Vorwand zur Aktivierung des amerikanischen Kriegspotentials stellte sich bald ein. Als bei einem Vietcong-Angriff auf den Stützpunkt Pleiku am 7. Februar 1965 eine Anzahl amerikanischer Militärberater ums Leben kamen, befahl Johnson die *Bombardierung nordvietnamesischer Ziele.* Dies war der Anfang einer systematischen Ausdehnung des Luftkrieges, die im April ergänzt wurde durch den *erstmaligen Offensiveinsatz amerikanischer Kampftruppen.*

Johnson hatte seine Einsatzbefehle erst nach langem Zögern und auf das Drängen seiner zivilen und militärischen Berater gegeben. Die Eskalation des Vietnamkrieges durch direkte amerikanische Intervention war jedoch schon seit dem Frühjahr 1964 geplant gewesen. Sie dauerte von 1965 bis 1967 sozusagen ununterbrochen an. Die Luftangriffe richteten sich anfänglich gegen militärische Ziele, wurden aber mit der Zeit auch auf zivile Einrichtungen ausgedehnt. Am Ende des Jahres 1965 belief sich das amerikanische Truppenkontingent in Vietnam bereits auf insgesamt 184000 Mann.

Der enorme Einsatz an Menschen und Material übertraf alle bisherigen Interventionen der USA im südostasiatischen Raum. Er entsprang einer strategisch-politischen Gesamtbeurteilung der Lage, die sich in Washington seit dem Beginn des Kalten Krieges unaufhaltsam vertieft und verhärtet hatte und ihre Grundlage in der Überzeugung besaß, wonach der asiatische Kommunismus eine einheitliche Bewegung sei, die die Existenz der »freien Welt« durch wohlgeplante und koordinierte Einzelaktionen gefährde. Der Vietcong und die nordvietnamesische Armee erschienen als Vorhutkräfte eines sehr viel größeren Expansionssystems, und Präsident Johnson glaubte mit seinen Beratern, daß die Vereinigten Staaten hierdurch in ihrer Existenz bedroht seien. Er übernahm die sozusagen »universalisierte« Dulles-Version der Truman-Doktrin ohne grundsätzliche Überprüfung und zweifelte nicht daran, daß ein Nachgeben nur weiterer Aggression Vorschub leisten und die unvermeidliche Konfrontation auf einen späteren Zeitpunkt verschieben würde. Der einzige Weg zur Zurückweisung des kommunistischen Expansionsstrebens und zum Abschluß eines ehrenhaften Friedens schien in der stetigen Intensivierung des militärischen Drucks gegen Nordvietnam zu liegen. Jeder neue Schritt in der Eskalation war von offiziellen Versicherungen begleitet, daß das Blatt des Kriegserfolges sich nun wenden würde.

Interessanterweise betrachtete Johnson das amerikanische Engagement in Vietnam nicht als einen Hinderungsgrund für die Fortsetzung der Entspannungspolitik gegenüber der Sowjetunion. Nach der Ablösung Chruschtschows durch Leonid Breschnew und Alexei Kossygin proklamierte er eine amerikanische Initiative des »Brükkenbaus« nach Osteuropa. Zusammen mit der Sowjetunion unterstützten die USA vor der UNO das Projekt eines Weltraumvertrags. 1967 entstand ein amerikanisch-sowjetisches Konsularabkommen, und Johnson empfing Kossygin zu einem kurzen Gesprächsbesuch in Glassboro (New Jersey). Das folgende Jahr brachte den Abschluß des *Atomwaffensperrvertrags,* dem 50 Nationen beitraten. Johnsons Hoffnung, selbst zu einem offiziellen Besuch in die Sowjetunion reisen zu können, zerschlug sich allerdings nach der russischen Invasion der Tschechoslowakei.

Die Verbesserung der Beziehungen zur Sowjetunion wog indessen leicht gegenüber der unaufhaltsam zunehmenden Belastung der amerikanischen Nation durch den *Vietnamkrieg.* Obwohl die militärische Führung von ihren optimistisch gehaltenen Lagebeurteilungen nie abrückte, war doch nicht zu leugnen, daß die Amerikanisierung des Krieges die erhofften Resultate nicht erbrachte. Was vor allem beunruhigend wirkte, war das stetig anwachsende Ausmaß des militärischen Einsatzes, der Verluste und der Zerstörungen. Der amerikanische Truppenbestand erhöhte sich von Ende 1966 bis Ende 1968 von ca. 385000 auf über 500000 Mann. Zum letztgenannten Zeitpunkt beliefen sich die amerikanischen Verluste bereits auf über 12500 Mann. Das Ausmaß der Bombardierungen übertraf bis 1967 die gesamten amerikanischen Einsätze des Zweiten Weltkrieges. Die vom Vietcong kontrollierten Dörfer und Gebiete wurden mit Napalm in nie zuvor verwendeten Mengen beschossen; durch den Einsatz von vegetationstötenden Spritzmitteln wurden Waffen-

stellungen freigelegt, aber auch ganze Landstriche kahlgeschlagen und unfruchtbar gemacht.
Trotzdem gelang es nicht, den Gegner zu bezwingen und seinen Kampfgeist zu brechen. Weder die Streitkräfte des Vietcong noch diejenigen Nordvietnams wurden jemals entscheidend geschlagen. Der riesige technologische Aufwand verpuffte in der brutalen Härte des Guerillakrieges. Das einzige Resultat der Bombardierungen bestand in der Stärkung des nordvietnamesischen Widerstandswillens. Im August 1967 erklärte McNamara in einer offiziellen Stellungnahme, daß die amerikanischen Luftkriegsaktionen den in sie gesetzten Erwartungen generell nicht entsprochen hätten. Der Vereinigte Generalstab verlangte nach weiterer Eskalation. Die Generäle wollten Hanoi und Haiphong bombardieren und mit neuen Streitkräften in Laos und Kambodscha einfallen. Präsident Johnson lehnte dies jedoch ab, weil er eine Einmischung Chinas befürchtete. So gelang ihm wenigstens die Behauptung der zivilen Regierungsautorität über das Militär. Im Kongreß und in der weiteren Öffentlichkeit wurde die Eskalation von den »Falken« begeistert begrüßt. Als sich aber die Siegeshoffnungen immer wieder zerschlugen und die Verluste und Verwüstungen immer unabsehbarer wurden, begannen die »Tauben« mit zunehmender Eindringlichkeit für den amerikanischen Rückzug und für die Aufnahme von Verhandlungen zu plädieren. Sie bezweifelten, daß die Aktionen des Vietcong und der nordvietnamesischen Armee Teil eines von China ausgehenden Aggressionsplanes seien. Sie sahen den Konflikt nicht als Kraftprobe zwischen den USA und China, sondern in erster Linie als Bürgerkrieg der Vietnamesen und waren davon überzeugt, daß das militärische Engagement der Vereinigten Staaten auch bei weiterer Eskalation nicht zum erhofften Ziele führen würde. Sie kritisierten vor allem die Tatsache, daß der Präsident und seine Berater starr daran festhielten, das politische Problem des Vietnamkonfliktes mit rein militärischen Mitteln zu lösen, und die Möglichkeiten seiner Beilegung auf diplomatischem Wege nicht genügend ausschöpften.
Obwohl Meinungsumfragen ergaben, daß die Vietnam-Politik der Regierung Johnson bis 1968 von einer beträchtlichen Mehrheit der amerikanischen Bevölkerung unterstützt wurde, nahm die *Protestbewegung* doch an Intensität unaufhaltsam zu. Sie hatte 1965 in den Universitäten begonnen und bis 1967/68 neben zahlreichen Intellektuellen auch viele Politiker erfaßt. Senator J. William Fulbright aus Arkansas, der Vorsitzende des Senatsausschusses für Außenpolitik (der die Südostasien-Resolution von 1965 noch gebilligt hatte), wurde nun zum Führer der Opposition im Kongress. Um ihn scharten sich viele einflußreiche Gesinnungsgenossen wie z. B. Robert F.

Kennedy, der ehemalige Justizminister im Kabinett seines Bruders und jetzige Senator von New York. Die Ausweitung des Krieges wurde auch von den Führern der schwarzen Minderheit verurteilt. Martin Luther King bezeichnete sie als Hauptgrund für das Nachlassen der Bürgerrechtsbewegung und deutete damit auf ein zentrales und grundsätzliches Problem: Die Absorption des amerikanischen Regierungsapparates und des gesamten öffentlichen Lebens durch den Vietnamkrieg führte zu einer generellen Vernachlässigung der großen innenpolitischen und sozialen Reformprogramme, die Johnson zu Beginn seiner Amtszeit ins Werk gesetzt hatte (s. u.). Daß sich besonders unter den Angehörigen der jüngeren Generation Unruhe und Mißtrauen gegenüber der Regierung verbreiteten, war nur zu begreiflich, denn hier bestand die ganz reale Bedrohung des Einberufungsbefehls zu einem Krieg, dessen Sinn immer weniger verstanden wurde. Führende Literaten wie Norman Mailer und Robert Lowell beteiligten sich aktiv an den Protestkundgebungen, und Walter Lippmann bezeichnete 1967 den Vietnamkrieg als den unpopulärsten Krieg in der gesamten Geschichte der USA.

Die republikanischen Erfolge in den Kongreßwahlen von 1966 hatten bereits eine weit entwickelte Polarisierung der Meinungen signalisiert. Der »Consensus« war längst ein Ding der Vergangenheit, und das Zerwürfnis im amerikanischen Volke vertiefte sich mehr und mehr (s. u.).

Die Regierung von Hanoi erkannte diese Krisenlage sehr genau und profitierte davon. Sie machte eventuelle Friedensverhandlungen von harten Bedingungen abhängig und forderte zunächst den totalen Rückzug der amerikanischen Streitkräfte aus Vietnam sowie den Abbruch der Bombardierungen. Darüber hinaus verlangte sie, daß die Angelegenheiten Südvietnams ausschließlich nach den Programmen und Plänen des Vietcong geregelt werden sollten und daß die Vereinigung der beiden vietnamesischen Staaten ohne jede fremde Einmischung vor sich zu gehen habe. Die Annahme dieser Bedingungen war für Präsident Johnson und seine Regierung unmöglich; sie hätte ein völliges Herumwerfen des außenpolitischen Steuers bedingt und dazu eine Desavouierung der seit Jahrzehnten hochgehaltenen Zielsetzungen mit sich gebracht.

Eine radikale Richtungsänderung hat Johnson nicht vorgenommen; im Februar 1968 war die Zeit indessen dennoch reif geworden für eine grundlegende Überprüfung der Lage Vietnams und des amerikanischen Engagements.

Den Anlaß hierzu bildete die *Tet-Offensive* des Vietcong und der nordvietnamesischen Armee. Sie hatte zwar nicht alle ihre Ziele erreicht, aber sie hatte die Krise Südvietnams aufs äußerste verschärft und vor allem gezeigt, daß die amerikanischen Streitkräfte der Lage nicht mehr Herr wurden. Bei den Kriegsgegnern in den USA selbst zerstörte sie den letzten Rest von Glaubwürdigkeit, den die Regierung Johnson in bezug auf Vietnam bis dahin noch besessen hatte. Noch im Januar 1968 hatte General Westmoreland, der amerikanische Oberkommandierende in Südvietnam, einmal mehr prophezeit, daß der Sieg vor der Tür stehe. Auf das Debakel der Tet-Offensive reagierte er mit der Forderung nach einem neuen Aufgebot von 206000 Mann. Dieser Aufruf zu weiterer Intensivierung des militärischen Engagements führte im Kreise der Berater Johnsons zur entscheidenden Kraftprobe. McNamara wollte dem Wunsch der militärischen Führung auf keinen Fall nachkommen und trat von seinem Amt zurück. Sein Nachfolger Clark M. Clifford war ebenfalls skeptisch und geriet alsbald in Konflikt mit den Vereinten Stabschefs und mit den Befürwortern des harten Kurses unter den zivilen Beratern des Präsidenten. In dieser Situation beauftragte Johnson den ehemaligen Außenminister Acheson mit der Abfassung eines Gutachtens über den amerikanischen Vietnam-Einsatz. Das Resultat der Untersuchung bestand in der Einsicht, daß die USA sich aus dem Krieg zurückziehen und die Lösung des Konflikts auf diplomatischem Wege suchen müßten.

Die Tet-Offensive hatte den Protest gegen den Krieg in den USA weiter verschärft, und die herannahenden Präsidentschaftswahlen konsolidierten im Laufe des Jahres 1968 die Opposition gegen Johnson auch innerhalb der Demokratischen Partei. Nachdem Robert Kennedy die definitive Stellungnahme gegen den Präsidenten abgelehnt hatte, scharten sich die Antikriegsaktivisten um den Senator Eugene McCarthy aus Minnesota, der im Kampf um die Präsidentschaftskandidatur alsbald bedeutende Erfolge errang. Zum totalen Mißerfolg der außenpolitischen Bemühungen kam für Johnson nun noch die Gefahr der innenpolitischen Niederlage, ja der Ablehnung durch die eigene Partei. In dieser doppelten Bedrängnis gab er schließlich das Rennen auf. Am 31. Mai 1968 proklamierte er die partielle Einstellung der Bombardierungen Nordvietnams. Gleichzeitig erklärte er, in den Präsidentschaftswahlen nicht mehr kandidieren zu wollen. Einige Wochen später begannen in Paris die amerikanisch-nordvietnamesischen Friedensverhandlungen.

Von dem Republikaner Richard M. Nixon war nicht zu erwarten, daß er die amerikanische Außenpolitik in eine völlig neue Richtung lenken würde. Unmittelbar nach der Übernahme des Präsidentenamtes machte er sich jedoch mit großer Energie daran, sie aus ihrer Zerfahrenheit und aus der Krise des Mißerfolgs herauszuführen. Es ist nicht zu bezweifeln, daß ihm hier einige beachtenswerte und auch innenpolitisch wirkungssichere Erfolge gelangen. Nixon hatte sich immer schon als Spezialist der Außenpolitik verstanden. Sein Außenminister William P. Rogers verfügte als ehemaliger Justizminister im Kabinett Eisenhower zwar über beträchtliche Regierungserfahrung, aber zum einflußreichsten außenpolitischen Mitarbeiter des neuen Präsidenten wurde nicht er, sondern Henry A. Kissinger, ein Politologe und Historiker, der sich als Professor an der Harvard Universität bereits großes Ansehen erworben hatte und dessen erstes wissenschaftliches Werk dem Wiener Kongreß und der politischen Leistung Metternichs gewidmet gewesen war. Als Sicherheitsberater des Präsidenten verstärkte Kissinger die direkte Einfluß- und Entscheidungsgewalt des Weißen Hauses über die Außenpolitik und setzte damit eine Entwicklung fort, die sich schon unter Kennedy und Johnson deutlich abgezeichnet hatte.

Nixon selbst hatte in früheren Jahren zu den überzeugten Befürwortern einer militanten Rolle der USA im Kalten Krieg gehört. Während seiner gesamten politischen Karriere war ihm das Bekenntnis zum dezidierten Antikommunismus immer leicht von den Lippen geflossen, und er hatte ihn auch oftmals mit großer Schärfe praktiziert. Als er nach vielen Rückschlägen und Niederlagen Präsident wurde, erwies er sich aber als Realist, der einsah, daß die internationale Machtverteilung seit dem Ende des Zweiten Weltkrieges mannigfache Verschiebungen und Differenzierungen erfahren hatte. Vor allem erkannte er, daß *die bipolare Welt des Kalten Krieges zu einer multipolaren Welt geworden* war und daß die Beziehungen der USA zu den kommunistischen Mächten auf Grund der neuen Gegebenheiten neu geregelt werden mußten. Eine solche Lagebeurteilung war durchaus korrekt. Sie basierte u. a. auch auf der Einsicht in die Bedeutung des wiedererwachenden Nationalismus, der sowohl den Ostblock als auch die westlichen Länder und die Dritte Welt erfaßt und fast überall eine sichtbare Verschärfung der Kritik an den USA hervorgerufen hatte. Dabei wurde nicht übersehen, daß die *Einheit des Ostblocks* infolge des russisch-chinesischen Konflikts *weitgehend zerfallen* war und daß daher die expansionistischen Intentionen und Aktionen einzelner kommunistischer Staaten nicht mehr ohne weiteres als Konsequenzen einer zentralen Gesamtplanung interpretiert werden konnten. Solche Erkenntnis war in den Vereinigten Staaten natürlich schon früher vorhanden gewesen, aber sie hatte sich in den Regierungskreisen noch nie offiziell durchgesetzt.

Nixon sah seine Aufgabe darin, die *amerikanische Außenpolitik den veränderten internationalen Gegebenheiten anzupassen* und gleichzeitig die Unruhe zu beschwichtigen, die in der amerikanischen Öffentlichkeit wegen des Vietnamkrieges ununterbrochen zunahm.

Als *Pragmatiker des nationalen Interesses* distanzierte er sich von den ideologischen Zwangsvorstellungen, die die amerikanische Außenpolitik seit John Foster Dulles stets mehr oder weniger direkt bestimmt hatten. Die Sicherheit der USA erforderte nicht mehr ein »Roll back« des internationalen Kommunismus, sondern vielmehr die Herstellung des klassischen *Gleichgewichts der Mächte.* Gerade in diesen Überlegungen wurde Nixon durch Kissinger besonders nachhaltig unterstützt. Die aus ihnen abgeleiteten Zielsetzungen bestimmten denn auch die praktischen Maßnahmen der neuen Regierung seit dem Frühjahr 1969.

Der aufsehenerregendste Schritt Nixons auf dem Weg zur Verwirklichung des internationalen Gleichgewichts war die Neuordnung des Verhältnisses der USA zur *Volksrepublik China.* Seit dem Koreakrieg waren die amerikanisch-chinesischen Beziehungen während langer Jahre total eingefroren gewesen. Immer wieder hatten sich die Vereinigten Staaten mit Nachdruck und Energie einer Aufnahme der Volksrepublik in die UNO widersetzt, und Peking selbst hatte es an Äußerungen schärfster Feindseligkeit nie fehlen lassen. Erst die Intensivierung des Konflikts mit der Sowjetunion scheint die chinesische Regierung auf einen »weicheren« Kurs gebracht zu haben; daß dabei auch die Sorge um eine gegen Peking gerichtete Annäherung zwischen Moskau und Washington eine Rolle spielte, ist kaum von der Hand zu weisen.

Auf erste Anzeichen einer chinesischen Gesprächsbereitschaft reagierte die amerikanische Regierung sofort. Im Juli 1971 stellte Kissinger die ersten persönlichen Kontakte zur chinesischen Führungsspitze her. Seinem Besuch folgte Ende Februar 1972 die offizielle Staatsvisite Nixons. Sie dauerte fast eine Woche und wurde so zum längsten offiziellen Besuch, den ein amerikanischer Präsident jemals der Regierung einer fremden Nation abgestattet hatte. Das wichtigste Ergebnis bestand in der Übereinkunft über die Wiederaufnahme der diplomatischen Beziehungen. Vor seiner Abreise aus Peking unterzeichnete Nixon eine Deklaration, in welcher er erklärte, daß Taiwan zu Festlandchina gehöre, daß die dort stationierten Truppen alsbald abgezogen würden und daß die Zukunft der Insel von den Chinesen selbst geregelt werden müsse. Damit war eine bedeutungsvolle Abwendung von der bisherigen amerikanischen Chinapolitik vollzogen. Der Weg in die UNO war der Chinesischen Volksrepublik mit amerikanischer Hilfe schon 1971 gebahnt worden; allerdings hatten die USA hier insofern einen diplomatischen Mißerfolg einstecken müssen, als es nicht gelungen war, die unschöne Ausbootung Taiwans zu vermeiden.

Obwohl eine grundsätzliche Richtungsänderung nicht notwendig erschien, drängten sich auch in den Beziehungen der USA zur *Sowjetunion* weitere Entspannungsmaßnahmen auf. Die vordringlichste Aufgabe bestand hier in der Beendigung des Rüstungswettlaufs. Dieser war um so sinnloser geworden, als gegen Ende der 60er Jahre beide Mächte über ein Arsenal strategischer Offensivwaffen verfügten, das die totale Zerstörung des potentiellen Gegners ermöglichte. Die Konstruktion überaus kostspieliger Raketenabwehrsysteme, deren Wirkungsmöglichkeiten letztlich doch zweifelhaft blieben, führte auf beiden Seiten zu erheblichen Finanzierungsschwierigkeiten, die ihrerseits die Bereitschaft zu Verhandlungen über eine *Rüstungsbeschränkung* stärkten. Diese Gespräche begannen 1969 und führten zum ersten SALT-Abkommen (SALT – Strategic Arms Limitation Talks), das von Präsident Nixon anläßlich des Moskauer Gipfeltreffens vom Mai 1972 unterzeichnet wurde. Dieser Vertrag schloß ein weiteres Wettrüsten zwar nicht gänzlich aus, verringerte aber dennoch die direkte und allgemeine Bedrohung der gesamten Menschheit, die aus dem Wettlauf der 60er Jahre entstanden war. Insofern stellt das erste SALT-Abkommen einen bedeutsamen Markstein auf dem Weg zum definitiven Abschluß des Kalten Krieges dar.

Hatte die Moskauer Konferenz hier zu einem unbestreitbaren Erfolg geführt, so blieb sie in bezug auf die *Mittelostpolitik* der beiden Großmächte ohne greifbares Ergebnis. In diesem Bereich verfolgte die sowjetische Regierung nach wie vor das Ziel der Stärkung ihrer Position im Mittelmeerraum und war daher von der Unterstützung der arabischen Staaten mit Waffen und Kriegsmaterial nicht abzubringen. Die USA hielten andererseits an ihrem traditionell positiven Verhältnis zu Israel fest, das seit dem Sechstagekrieg von 1967 zwar gelegentlich belastet, aber doch nie ernsthaft erschüttert worden war. So blieb der arabisch-israelische Konflikt für die amerikanisch-sowjetischen Beziehungen auch weiterhin ein Herd unberechenbarer Gefahren.

Lateinamerika konfrontierte die Regierung Nixon bis in die frühen 70er Jahre hinein vor allem mit dem aufsteigenden Nationalismus, der immer militantere Formen annahm. Die »Alliance for Progress« schien keine rechte Lebenskraft mehr zu besitzen, und Alternativen zu ihrem Programm waren nicht vorhanden. Terroristische Guerillaaktionen mit deutlich antiamerikanischer Zielrichtung kamen fast in allen Ländern periodisch vor. Nationalistisch gesinnte Politiker und Offiziere, die in Bolivien und Peru an die Macht gekommen waren, wandten sich mit ihren Verstaatlichungsmaßnahmen gegen amerikanische Konzerne und führten ganz allgemein rigorose Kontrollen über die ausländische Investitionstätigkeit ein. Von ganz besonderer Bedeutung waren natürlich die Vorgänge in Chile. Mit Salvador Allende war dort im Jahre 1970 erstmals ein erklärter Marxist auf Grund freier Wahlen an die Spitze eines lateinamerikanischen Staates getreten. Für die USA wurde er zum Problem, als er die amerikanischen Investitionen in der Kupferindustrie zu verstaatlichen begann, mit Castros Kuba diplomatische Beziehungen aufnahm und mit der Sowjetunion einen Handelsvertrag abschloß. Die amerikanische Regierung verhielt sich zurückhaltend und unternahm offiziell nichts gegen Allende, obwohl Nixon seine Annäherung an Kuba als eine Herausforderung empfand und auch als solche bezeichnete. Vergeltungsmaßnahmen erfolgten allerdings im wirtschaftlichen Bereich, indem die für Chile bestimmten Hilfsprogramme und Kredite drastisch gekürzt wurden.

Auch von seiten ihrer *NATO-Verbündeten* erwuchsen den Vereinigten Staaten nicht zu unterschätzende Schwierigkeiten. Frankreich hatte sich schon unter de Gaulle stets bemüht, innerhalb der atlantischen Bündnisgemeinschaft einen eigenen Weg zu gehen und sich vom amerikanischen Einfluß so weit als möglich freizuhalten. Die gleichen Intentionen charakterisierten auch die Außenpolitik Pompidous, der 1969 das Amt des Staatspräsidenten übernahm. Kanadas Premierminister Pierre E. Trudeau versuchte ebenfalls, den alles beherrschenden Einfluß der USA in seinem Lande zurückzudrängen und eine unabhängige Außenpolitik zu praktizieren. Schon in den späten 60er Jahren waren Handelsbeziehungen zur Volksrepublik China aufgenommen worden, und 1971 erfolgte auch eine deutliche Annäherung Kanadas an die Sowjetunion. All dies geschah zwar unter dem ausdrücklichen Vorbehalt der kanadischen NATO-Verpflichtungen, aber in Washington verbreitete sich trotzdem einiges Mißbehagen.

Ähnlich verhielt es sich mit der in den »Ostverträgen« resultierenden Außenpolitik der westdeutschen Regierung unter Bundeskanzler Willy Brandt. Offiziell wurde sie in Washington gutgeheißen, aber in gewissen Kreisen entstand doch für kurze Zeit das Schreckbild einer Erneuerung des deutsch-sowjetischen Freundschaftspaktes von 1939.

Nixon ermahnte die Bundesrepublik in einer offiziellen Stellungnahme, ihre Verbindungen zum Westen nicht zu lösen, sondern zu festigen. Damit schloß er sich den zwar inoffiziellen, aber doch immer noch gewichtigen Äußerungen des ehemaligen demokratischen Außenministers Dean Acheson an. Man befürchtete in den amerikanischen Regierungskreisen nicht, daß Brandt sein Land aus dem westlichen Bündnissystem herausführen könnte, aber man war besorgt über die Möglichkeit, daß sich ganz Westeuropa unter dem

Eindruck des französischen und des deutschen Beispiels mit der Zeit von den Vereinigten Staaten und ihren weltpolitischen Zielsetzungen distanzieren könnte. Als die EWG im Jahre 1968 alle Binnenzölle aufhob und den Willen bekundete, in ihrer Währungspolitik einen eigenen Kurs einzuschlagen, wurde sie als Wirtschaftsmacht ähnlich wie Japan zum potentiellen Rivalen der USA. Ihre Konkurrenzkraft verstärkte sich noch einmal nach dem Beitritt Großbritanniens, und nun konnten die Befürchtungen Nixons und Achesons wohl verständlich erscheinen.
Immerhin besaßen die USA noch zwei wichtige Trümpfe, mit denen sie dem unbegrenzten Wachstum des »europäischen Blocks« wenn nötig Einhalt gebieten konnten. Der eine bestand im politischen Gewicht der immer noch in Europa stationierten amerikanischen Streitkräfte, deren teilweiser Rückzug von einer unter dem Demokraten Mike Mansfield aus Montana stehenden Gruppe des Senats immer wieder verlangt wurde. Diese Forderung basierte sowohl auf wirtschaftlichen als auch auf rein machtpolitischen Erwägungen. Sie stand im Zusammenhang mit den immer wieder unternommenen Versuchen des Kongresses, die weitere Ausdehnung der direkten Befehls- und Vollziehungsgewalt des Präsidenten zu verhindern. Den zweiten Trumpf bildeten die multinationalen Wirtschaftsorganisationen, in welchen die USA eine führende Rolle spielten. Von hier aus konnten ebenfalls mannigfache Pressionen ausgeübt werden, deren Wirksamkeit gerade in den westeuropäischen Ländern kaum zu unterschätzen war.
Im ganzen gesehen wurde Nixons Außenpolitik von 1968 bis 1972 am entscheidendsten durch die Neuorientierungen gegenüber der Volksrepublik China und der Sowjetunion charakterisiert. Die amerikanische Öffentlichkeit beurteilte dieses »revirement« fast durchweg positiv. Das Jahr 1972 zeigte, daß die ideologischen Grundlagen des Kalten Krieges ihre politische Trag- und Wirkungskraft eingebüßt hatten; daß diese Entwicklung nicht nur auf der Annäherung der USA an China und Rußland beruhte, ist nicht zu übersehen. Die Herstellung eines globalen Mächtegleichgewichts schien die mannigfaltigen internationalen Verpflichtungen und Verwicklungen der USA mit der Zeit tatsächlich zu erleichtern. Dies verhieß Nixon selbst schon im Jahre 1969, und er leitete daraus die außenpolitische Maxime ab, die unter dem Namen *»Nixon-Doktrin«* bekannt geworden ist. Sie besagt, daß die USA nach wie vor gewillt sind, ihre internationalen Verpflichtungen einzuhalten, daß sie aber von ihren Vertragspartnern generell mehr eigene Initiative und größeren Einsatz der eigenen Mittel zur Lösung ihrer politischen und sozialen Probleme erwarten. Die Nixon-Doktrin hatte und hat einen durch-

aus konservativen Klang, aber sie ist widersprüchlich und letztlich unklar geblieben.
Dies hat sich vor allem im Hinblick auf den *Vietnamkrieg* gezeigt, der auch für die Nixon-Administration das schwerwiegendste außenpolitische Problem darstellte.
Im November 1968 hatte die Regierung von Hanoi erste Truppenrückzüge durchgeführt, die dann allerdings wiederum gestoppt wurden, als der Druck der amerikanischen und südvietnamesischen Streitkräfte nicht nachließ. Durch langwierige Streitigkeiten über Formfragen wurde die Teilnahme der südvietnamesischen und der Vietcong-Delegation an den Pariser Verhandlungen mehrfach verzögert. Die erste Plenarsitzung der *Vietnamkonferenz* fand am 25. Januar 1969 statt; ihr folgten dann in regelmäßigen Abständen zahlreiche weitere offizielle Zusammenkünfte.
Präsident Nixon war bestrebt, das Engagement der USA in Vietnam abzubauen und schließlich ganz aufzuheben. Sein immer wieder proklamiertes Ziel war die *»Vietnamisierung«* des Krieges. Dies bedeutete den allmählichen Abzug der amerikanischen Streitkräfte und die laufende Auffüllung der entstandenen Lücken durch südvietnamesische Kampfverbände bis zu dem Punkt, wo diese den gesamten Kriegseinsatz allein tragen konnten. Der Plan wurde mit beträchtlicher Beharrlichkeit durchgeführt, bis der Bestand der amerikanischen Truppen im September 1972 auf 60000 Mann herabgesunken war. Parallel dazu verringerte sich die Zahl der amerikanischen Angriffsaktionen und damit auch diejenige der Gefallenen und Verwundeten. Dies führte in den USA selbst zu einer Entschärfung der Vietnam-Debatte, obwohl nie ganz klar wurde, ob das Ziel der Vietnamisierungs-Politik in einem Verhandlungsfrieden bestand, oder ob die Regierung nicht insgeheim hoffte, auf irgendeinem – wenn auch indirekten Wege – doch noch einen militärischen Sieg zu erringen. Offizielle Stellungnahmen Nixons und seiner außenpolitischen und militärischen Berater ließen einen solchen Verdacht immer wieder aufsteigen.
Daß Washington auf alle Fälle an einer möglichst baldigen Beilegung des Konfliktes wirklich interessiert war, zeigte jedoch die äußerst energische diplomatische Tätigkeit Kissingers, der von 1969 bis 1971 dreizehnmal zu Geheimgesprächen nach Paris kam. Nordvietnam und der Vietcong waren jedoch an keinem Kompromiß interessiert, der zur Aufgabe ihres seit 30 Jahren verfolgten Zieles, nämlich der Beherrschung Südvietnams, geführt hätte. Der Tod Ho Tschi Minhs im September 1969 und der nach wie vor andauernde Krieg verhärteten die Haltung Hanois zusehends. Die amerikanischen Verhandlungsvorschläge liefen stets darauf hinaus, daß ein Waffenstillstand

die Voraussetzung der politischen Regelung bilden müsse und daß die Regierung Südvietnams unter Präsident Thieu im Amt bleibe. So unterstützte Washington diesen Politiker auch in den Wahlen von 1971, obwohl seine Stellung alles andere als unumstritten war und die Wahlkampagne durch die vorzeitige Aufgabe der Gegner zur offensichtlichen Farce wurde. Bald war nicht mehr zu leugnen, daß die amerikanische Regierung wiederum in einer Sackgasse steckte: Sollten die Verhandlungen mit Hanoi einen Erfolg bringen, mußte Thieu fallengelassen werden; sollte andererseits die Vietnamisierung des Krieges gelingen, so war dies nur durch weitere Unterstützung des Saigoner Regimes möglich.

In dieser Situation richtete Nixon seine Hoffnungen erneut auf die Möglichkeit eines militärischen Sieges, und zwar durch einen Schlag auf die nordvietnamesischen Basen und Aufmarschräume in dem offiziell neutralen *Kambodscha.* Schon seit der Mitte der 60er Jahre hatte Hanoi entlang der kambodschanisch-südvietnamesischen Grenze Truppen und Kriegsmaterial bereitgestellt. Als im März 1970 das neutralistische Regime des Prinzen Sihanouk durch den prowestlichen General Lon Nol gestürzt wurde, begannen die nordvietnamesischen Verbände ins Innere des Landes vorzustoßen. Auf Grund der Berichte und Vorschläge seiner militärischen Berater entschloß sich Nixon Ende April, amerikanische Streitkräfte ebenfalls in Kambodscha einmarschieren zu lassen. Sie sollten die dortigen »Schlupfwinkel« des Feindes ausräumen und damit dem nordvietnamesischen Druck auf Saigon entgegenwirken.

Im Laufe des Jahres 1969 hatte sich die *Antikriegsbewegung* in den USA einigermaßen beruhigt. Ihre Führer wollten dem Präsidenten offensichtlich eine Chance geben, den Krieg zu beendigen. Am 15. Oktober führte das Nationale Komitee für ein Vietnam-Moratorium in Washington eine große Friedensdemonstration durch, die jedoch in den höchsten Regierungskreisen nur auf verächtliche Ablehnung stieß. Die Invasion Kambodschas brachte dann die Protestbewegung zu neuem Auflodern, und zwar in einem bisher noch nie erlebten Ausmaße. Ausbrüche der Enttäuschung, des Zornes und des Mißtrauens gegenüber der Regierung Nixon führten in allen Teilen des Landes zu Unruhen. Der Protest wurde in erster Linie wiederum von den Studenten der Universitäten und Colleges artikuliert. Mancherorts kam es zu schweren Zusammenstößen mit den Ordnungskräften. Am 4. Mai 1970 verloren auf dem Campus der Kent State University im Staate Ohio bei einer gewaltsamen Konfrontation mit der Nationalgarde vier Studenten ihr Leben. Zehn Tage darauf erschossen Polizisten zwei schwarze Jugendliche auf dem Areal des Jackson State College in Mississippi.

Die Kambodscha-Aktion rief auch im *Kongreß* schärfste Reaktionen hervor. Hinter den Stellungnahmen zur neu aufgeflammten Krise erhob sich grundsätzliche Kritik an Nixons Amtsführung. Zahlreiche Abgeordnete waren aufs äußerste beunruhigt über die Tatsache, daß der Präsident ohne Befragung der Legislative und ohne in offensichtlicher Notsituation zu stehen den Befehl zur Invasion eines fremden Landes erteilt hatte. Er war durch keinerlei internationale Abmachungen zu einem solchen Vorgehen verpflichtet gewesen und mußte sich nun den Vorwurf gefallen lassen, seine verfassungsmäßigen Kompetenzen überschritten, ja sogar mißbraucht zu haben. Logischerweise begann der Kongreß die Möglichkeiten der Einschränkung der militärischen und außenpolitischen Befehlsgewalt des Präsidenten zu beraten und widerrief u. a. die Südostasien-Resolution aus dem Jahre 1964.
Ende Juni 1970 hatten sich die amerikanischen Streitkräfte wieder aus Kambodscha zurückgezogen. Die Invasion hatte ihr Ziel nicht erreicht, und die militärische Führung war bereits mit der Vorbereitung anderer Maßnahmen zur weiteren Bekämpfung des nordvietnamesischen Vormarsches beschäftigt. Nachdem der Kongreß die Gewährung der für einen Einmarsch in *Laos* notwendigen Finanzmittel abgelehnt hatte, befahl Nixon im Februar 1971 die amerikanische Luftunterstützung eines südvietnamesischen Angriffs auf dieses Land. Die Operation sollte den nordvietnamesischen Nachschub auf dem sogenannten Ho Tschi Minh-Pfad blockieren, was allerdings auch nicht gelang.
Als die Kampfkraft der amerikanischen Landstreitkräfte in Südvietnam immer mehr reduziert wurde, verstärkte Nixon den Einsatz der *Luftwaffe* und der *Flotte.* Die Bombardierungen von Zielen in Südvietnam, Laos und Kambodscha hatten in den ersten drei Jahren seiner Präsidentschaft bereits ein größeres Ausmaß erreicht als der entsprechende Kriegseinsatz während der gesamten Amtszeit Johnsons. Dennoch war der militärische Sieg auch damit noch keineswegs nähergerückt.
Eine neue und teilweise erfolgreiche Großoffensive Nordvietnams veranlaßte die amerikanische Führung im Frühjahr 1972 noch einmal zur Intensivierung der Vergeltungsaktionen. Nixon ordnete die Ausdehnung der Bombenangriffe auf Nordvietnam und außerdem die *Verminung der nordvietnamesischen Häfen* an. Zur Begründung dieser Maßnahmen führte er einmal mehr die Domino-Theorie ins Feld, und einmal mehr erklärte er, daß nun der Einsatz geleistet werden müsse, der den Krieg für die USA siegreich und ehrenvoll beendigen werde. Dies alles geschah kurz vor der Moskauer Gipfelkonferenz, die von der sowjetischen Regierung nicht etwa verscho-

ben oder gar abgesagt wurde. Die Sorge um eine mögliche Intensivierung der amerikanisch-chinesischen Beziehungen, die sich früher oder später zuungunsten der Sowjetunion auswirken konnte, überschattete bei weitem die Anteilnahme Moskaus am Schicksal der Volksrepublik Nordvietnam.

Der Protest gegen den Krieg war in den USA seit dem Frühjahr 1970 nicht mehr zu Ruhe gekommen. Er äußerte sich in mannigfachen Demonstrationen des Abscheus und der Bitterkeit gegenüber der Regierung, in gewaltsamen Gruppenaktionen, in der Zunahme von Kriegsdienstverweigerungen, Verbrennungen von Einberufungsbefehlen und in der Emigration von Kriegsdienstgegnern nach Kanada und Schweden. Im Zuge der sich unaufhaltsam verschärfenden Polarisierung kam es auch zu völlig irrationalen Handlungen einzelner, wie beispielsweise zum Versuch einer Entführung Kissingers durch den katholischen Priester Philip Berrigan und zwei Nonnen. Alle diese Vorkommnisse standen im Zusammenhang mit der allgemeinen geistigen und gesellschaftlichen Krise der Zeit (s. u.) und fanden ihre Entsprechung auch im außeramerikanischen Vietnamprotest und in dem auf der ganzen Welt zunehmenden Antiamerikanismus. Kriegsmüdigkeit, Zweifel an der Glaubwürdigkeit der militärischen und zivilen Führung sowie ein allgemeiner Zerfall der Disziplin machten sich seit 1970 selbst in den in Vietnam eingesetzten Streitkräften bemerkbar. Der *Drogenkonsum* verbreitete sich in beängstigendem Maße, und es kam zu zahlreichen Fällen von Befehlsverweigerung und Meuterei.

Die Erbitterung, Verwirrung und Unsicherheit, die in der amerikanischen Öffentlichkeit herrschte, wurde durch die Nachrichten über die in ihrem Ausmaß bisher unvorstellbaren Kriegszerstörungen laufend verstärkt. Ganz besonders schockierend wirkten die Enthüllungen über die barbarischen Grausamkeiten, die sich amerikanische Soldaten gegenüber der Zivilbevölkerung im März 1968 in der Ortschaft *My Lai* hatten zuschulden kommen lassen. Das Ergebnis der Untersuchung und die Durchführung des Prozesses vermochten keine Beruhigung zu bewirken; viele Amerikaner waren davon überzeugt, daß man die wahren Schuldigen nicht zur Verantwortung gezogen hatte. In gleicher Richtung wirkte sich die Veröffentlichung der sogenannten *»Pentagon Papers«* aus, die gegen den Willen der Regierung durch einen Entscheid des Obersten Gerichtshofes gebilligt wurde (30. Juni 1971).

Im Oktober 1972 konnte in den Geheimverhandlungen Kissingers mit dem nordvietnamesischen Politbüromitglied Le Duc Tho endlich eine Einigung über den Abschluß eines *Waffenstillstandsabkommens* erzielt werden. Präsident Nixon erklärte seine Bereitschaft zur Annahme, worauf Radio Hanoi das Abkommen veröffentlichte, obwohl es vom südvietnamesischen Präsidenten Thieu offiziell abgelehnt worden war. Am 26. Oktober erklärte Kissinger in einer Pressekonferenz, daß der Friede nunmehr in »greifbare Nähe« gerückt sei. Diese Äußerung wurde überall mit Erleichterung aufgenommen, aber bald zeigte es sich, daß sie einer viel zu optimistischen Beurteilung der Lage entsprungen war.

Nicht nur Saigon stemmte sich gegen das Waffenstillstandsabkommen, auch Hanoi machte Schwierigkeiten, als es um die Regelung der praktischen Durchführung ging. In zwei Verhandlungsrunden (November/Dezember 1972) bemühten sich Kissinger und Tho vergeblich um eine Einigung über die Anwendungsprotokolle des Abkommens. Die Gespräche wurden schließlich ohne Ergebnis abgebrochen, und es schien, als ob die Hoffnung auf den Frieden einmal mehr aufgegeben werden müßte. In den letzten zwei Wochen des Jahres 1972 wurden die amerikanischen *Bombenangriffe* erneut aufgenommen. Sie richteten sich nunmehr hauptsächlich gegen die Ballungszentren um Hanoi und Haiphong. Auf die nordvietnamesische Hauptstadt fielen nahezu 40000 Tonnen Bomben, die insgesamt über 2000 Menschenleben forderten. Der Widerstandswille Nordvietnams erschien zwar auch jetzt noch nicht gebrochen, aber die Regierung von Hanoi kehrte nach der Einstellung der Luftangriffe nördlich des 20. Breitengrades Anfang Januar 1973 doch wieder an den Pariser Verhandlungstisch zurück. In neuen Geheimgesprächen legten Kissinger und Tho nunmehr die Anwendungsprotokolle des Waffenstillstandsabkommens fest. Beide Seiten verpflichteten sich in den Pariser Abmachungen zur Einhaltung der Waffenruhe. Die USA versprachen den totalen Abzug ihrer Streitkräfte innerhalb einer Frist von 60 Tagen nach der Unterzeichnung des Abkommens; ferner erfolgte die Einigung über die gleichzeitige Rückgabe der Kriegsgefangenen. Die Zukunft Südvietnams wurde der Entscheidung des südvietnamesischen Volkes anheimgestellt; sie sollte in freien und demokratischen Wahlen unter internationaler Aufsicht erfolgen.

Am 15. Januar befahl Präsident Nixon die Einstellung aller amerikanischen Bombardierungs- und Verminungsaktionen und begründete diese Maßnahme mit den Fortschritten der Friedensverhandlungen. Nachdem schließlich auch die Regierung Südvietnams dem Abkommen zugestimmt hatte, wurde es am 23. Januar in Paris unterzeichnet. Damit waren die Feindseligkeiten offiziell beendet, aber die tatsächliche Einhaltung des Waffenstillstandes konnte damit noch lange nicht durchgesetzt werden. Eine aus Abgesandten Kanadas, Indonesiens, Polens und Ungarns bestehende Kontroll- und

Überwachungskommission nahm ihre Tätigkeit bereits am 27. Januar auf. Die Erfolge der Vermittlungsbemühungen waren jedoch so gering, daß die kanadische Regierung ihre Mitarbeit auf den 31. Juli 1973 kündigte.

Der Vietnamkrieg war nicht nur der längste Krieg in der Geschichte der Vereinigten Staaten. Er war nach Kosten und Verlusten an Menschen und Material einer der größten und grausamsten Kriege der Geschichte überhaupt. Die Gesamtsumme der amerikanischen Aufwendungen für die militärische Unterstützung Südvietnams belief sich auf 138 Milliarden Dollar; dazu kam noch die Wirtschaftshilfe, die insgesamt 8,5 Milliarden Dollar verschlang. Nach den offiziellen amerikanischen Statistiken hatten die USA vom 1. Januar 1961 bis zum 5. Januar 1973 insgesamt ca. 50000 Gefallene zu beklagen; weitere 10300 Amerikaner waren durch Unfälle und Krankheiten ums Leben gekommen. Die Zahl der Verwundeten überstieg 300000. Im gleichen Zeitraum verlor die südvietnamesische Armee ca. 180000 Soldaten. Die Opfer unter der Zivilbevölkerung Südvietnams werden mit 485000 Toten und rund zwei Millionen Verwundeten angegeben. Für die Gegenseite liegen keine genauen Zahlen vor: Die Verluste der nordvietnamesischen Armee und der Einheiten des Vietcong werden mit ca. 930000 Mann angegeben. Unter der Zivilbevölkerung Nordvietnams forderte der Krieg ca. 70000 Tote. Die Zahl der Flüchtlinge und Obdachlosen ging in den beiden Teilen Vietnams in die Millionen.

9. Die Krise des nationalen Selbstverständnisses

Die Tendenz zur Selbstprüfung läßt sich in der Geschichte der amerikanischen Nation durchweg beobachten. Sie tritt in einigen Perioden besonders scharf umrissen und dramatisch in den Vordergrund und wird in anderen durch vorherrschende Konsensus-Strömungen überschattet. Dennoch ist sie stets vorhanden. Sie äußert sich in unentwegter Bereitschaft zu Reformen, Verbesserungen und Neubelebungen demokratischer und humanitärer Ideale, in einem immer wieder aufbrechenden Fortschrittsoptimismus, in religiösem ebenso wie in politisch-sozialem Missionsbewußtsein, zuweilen aber auch in scharfer, erbarmungsloser und zerquälter Selbstkritik, die sich bis zur leidenschaftlichen Selbstanklage steigern kann.

Diese Entwicklung läßt sich ganz besonders deutlich in den späten 1960er und in der ersten Hälfte der 1970er Jahre verfolgen, wo aus der traditionellen Bereitschaft zur Selbstprüfung eine in dieser Intensität noch nie dagewesene Krise des Selbstverständnisses und des nationalen Bewußtseins entstand, die mit der Zeit in praktisch alle Gruppen und Schichten der amerikanischen Bevölkerung eindrang. Obwohl der *Vietnamkrieg* diese Krise in entscheidendem Maße geprägt hat, kann man nicht übersehen, daß ihre Wurzeln in eine frühere Zeit zurückgreifen. Unsere Darstellung hat diesem Zusammenhang zu folgen und muß daher ihrerseits zu einem Rückblick ausholen.

Erste Erschütterungen des nationalen Selbstvertrauens wurden bereits in den Jahren des McCarthyismus sichtbar, als es sich zeigte, daß die Basis des amerikanischen Identitätsbewußtseins nicht allein durch den Antikommunismus gebildet werden konnte. Eine weitere Verunsicherung, die vor allem das Vertrauen in die Exekutive der Bundesregierung untergrub, ergab sich aus dem »U-2«-Zwischenfall von 1960 und aus seinen für das internationale Prestige der USA überaus nachteiligen Konsequenzen. Von ganz besonderer Bedeutung aber waren die Vorfälle der mittleren 50er Jahre, die den Beginn der *»Black Revolution«* markierten.

War das Bürgerrechtsprogramm Trumans am Widerstand der Südstaaten noch weitgehend gescheitert, so errang die NAACP (»National Association for the Advancement of Colored People«) um 1954 doch ihren ersten großen und vielleicht bedeutendsten Sieg, als sich der unter dem Vorsitz von Earl Warren tagende Oberste Gerichtshof für die Aufhebung der Rassentrennung in den öffentlichen Schulen aussprach (Brown gegen Board of Education of Topeka). Damit war die Doktrin »Separate but equal« hinfällig geworden. Um 1957 verabschiedete der Kongreß die »Civil Rights Act« zum Schutze des Stimmrechts der Schwarzen; es war das erste derartige Gesetz, das seit 1875 in Kraft gesetzt wurde. Daß es der Bundesregierung mit der neuen Initiative ernst war, demonstrierte Präsident Eisenhower, als er im September 1957 Truppen nach Little Rock (Arkansas) entsandte, um den Zutritt farbiger Kinder zu den öffentlichen Schulen zu erzwingen. Während die Konflikte um die *Rassenintegration* im Schulwesen seit 1954 vielerorts die Gerichte beschäftigten, wurden im Kampf um die Durchsetzung der *Bürgerrechte* vor allem im Dienstleistungsbereich neuartige Taktiken angewandt. Obwohl Aufrufe zum gewaltsamen Vorgehen gelegentlich erschollen, entschieden sich die größten und wichtigsten Bürgerrechtsorganisationen unter dem Einfluß des zu nationaler Autorität aufsteigenden Baptistenpfarrers Martin Luther King dafür, den Kampf gegen Segregation und Diskriminierung mit legalen und *gewaltlosen Mitteln* zu führen. Zu ihren wichtigsten »Waffen« gehörten Boykotte, Streiks, Sit-ins, »Freedom Rides«, Demonstrationsmärsche und Massenversammlungen. Am Anfang dieser Widerstandsaktivität stand der Busboykott von Montgomery (Alabama) (1955/56); eine zweite Phase begann 1960 mit der Sit-in-Bewegung in North Carolina, und der Höhepunkt sollte 1963 mit dem Marsch auf Washington erreicht werden, an dem ca. 250000 Demonstranten, darunter 60000 Weiße, teilnahmen.

Die zurückhaltende *Innenpolitik* der Regierung Eisenhower war auf die Bewahrung von Sicherheit, Ruhe und Ordnung ausgerichtet und führte, abgesehen von den Fortschritten im Kampf um die Bürgerrechte der Schwarzen, zu keinen wirklich bedeutenden Ergebnissen. Den Problemen des Städtewachstums, der Umweltgefährdung und der sozialen Ungleichheit wurde zu einer Zeit, da sie noch relativ leicht zu bewältigen gewesen wären, die ihnen gebührende Aufmerksamkeit noch nicht geschenkt. Die meisten Amerikaner wollten sich ihren Herausforderungen nicht stellen, sondern strebten nach Komfort, Konsensus und Konformität im wachsenden allgemeinen Wohlstand. Immer mehr Menschen fristeten ihr ganzes Leben als Mitglieder von *Organisationen:* am Tag im Geschäft, am Abend in den Vereinen der suburbanen Wohnquartiere. »Corporation« und »Suburb« vereinheitlichten die Bedingungen, Abläufe und Zielsetzungen des Lebens in erstaunlichem Maße und bewirkten in großen Teilen der amerikanischen Gesellschaft eine allgemeine äußere und innere Homogenisierung. Dieser Prozeß wurde seit den späten 40er Jahren ganz besonders durch das Massenmedium des Fernsehens gefördert. Um 1960 besaßen bereits ca. 90% aller amerikanischen Familien Fernsehapparate und wurden in regionaler und nationaler Einheitlichkeit mit denselben Unterhaltungs- und Informationsprogrammen berieselt.

Die gleiche Zeit erlebte einen starken Interessezuwachs im *religiösen Bereich.* Die Zahlen der aktiven Kirchgänger stiegen in allen Denominationen erheblich an, neue Erweckungsbewegungen wie diejenige des Wanderpredigers Billy Graham verzeichneten Massenerfolge, und das öffentliche und offizielle Leben der Nation wurde durch zahlreiche Attribute religiöser Besinnung ausgeschmückt (z.B. Betkapellen auf Flugplätzen und in Fabriken, Einleitung von Regierungssitzungen durch Gebete). Das Interesse an der Religion blieb jedoch vielfach durchaus an der Oberfläche eines nach außen gerichteten gesellschaftlichen Identitätsstrebens. Zahlreiche populärtheologische Erbauungsschriften bestärkten ihre Leser in der Überzeugung, daß der Glaube zur Stütze des Selbstvertrauens und zum Garanten des materiellen Erfolgs werden könne und daß Gott die bestehende soziale Ordnung der amerikanischen Nation gegen alle äußeren Gefahren schütze. Solche Gedanken erfüllten u.a. die überaus populären Bücher des reformierten New Yorker Pfarrers

Norman Vincent Peale, der zum national berühmten Trost- und Mutspender der wohlhabenden Schichten wurde (z.B. *»The Power of Positive Thinking«*, 1952).

Die *Kritik* an der allgemeinen Selbstzufriedenheit war nicht sehr lautstark, aber sie regte sich sowohl in Werken der Literatur (Sloan Wilson u.a.) als auch in vielbeachteten soziologischen Analysen (Vance Packard: *«The Status Seekers«*, 1956; David Riesman: *»The Lonely Crowd«*, 1950) sowie in den wirtschaftstheoretischen Reflexionen von John K. Galbraith, der die »konventionelle Weisheit« der fortwährenden Steigerung des ökonomischen Wachstums in Frage stellte und hervorhob, daß es der amerikanischen Gesellschaft noch immer nicht gelungen sei, die Armut zu überwinden (*»The Affluent Society«*, 1958). Eine sichtbare Gegenströmung gegen den nach materiellem Wohlstand strebenden Konformismus war die Bewegung der »Beatniks«, die sich aus der Leistungsgesellschaft zurückzogen und in ihren Konventikeln u. a. dem Zen-Buddhismus huldigten. Als bedeutendster literarischer Exponent der »Beat Generation« galt Jack Kerouac, dessen Buch *»On the Road«* (1957) zahlreiche Leser faszinierte, obwohl der darin enthaltene soziale Protest undeutlich artikuliert wurde. Sehr viel konkretere Kritik erhob sich zur selben Zeit am *Schul- und Erziehungswesen,* dem sowohl allgemeine Ziellosigkeit als auch mangelnde intellektuelle Disziplin vorgeworfen wurde. Das Bewußtsein, daß hier Reformen notwendig seien, verbreitete sich vor allem im Jahre 1957, als die Russen ihren ersten Erdsatelliten »Sputnik I« starteten und damit einen entscheidenden technologischen Vorsprung gegenüber den USA demonstrierten.

In den letzten Jahren seiner Amtszeit geriet Präsident Eisenhower nicht nur im Bereich der Außenpolitik in zunehmende Bedrängnis (s.o.). Die Schwierigkeiten begannen sich auch im Innern zu häufen. Als die Regierung auf die wirtschaftliche Rezession von 1957/58 nur zögernd reagierte, verringerte sich in manchen Kreisen das ihr bis dahin entgegengebrachte Vertrauen. Schwerer Schaden erwuchs ihr überdies aus einer Reihe von Korruptionsfällen, in deren Folge um 1958 sogar der Präsidentenberater Sherman Adams von seinem Posten zurücktreten mußte. Die persönliche Integrität Eisenhowers wurde allerdings nie grundsätzlich in Zweifel gezogen. Als er das Weiße Haus verließ, richtete er eine unerwartet eindringliche und gehaltvolle »Farewell Address« an die Nation, in welcher er vor den Gefahren einer unbeschränkten Macht der »scientific-technological elite« und des »military-industrial complex« warnte. Obwohl es sich hier nicht um Probleme seiner eigenen Administration handelte,

bewies der scheidende Präsident doch eine bemerkenswerte realistische Sicht der Zukunft.[10]
In seiner vielbeachteten Inaugurationsrede vom 20. Januar 1961 appellierte John F. Kennedy mit großer Eloquenz an den Idealismus der Amerikaner. Er proklamierte einen neuen Aufbruch zu den alten Zielen der Nation, der von den Angehörigen seiner eigenen, im 20. Jahrhundert geborenen Generation getragen werden sollte. Daß neuen Kräften freie Bahn gegeben wurde, ließ sich nicht übersehen, weder bei der Zusammensetzung des Kabinetts noch bei derjenigen des großen persönlichen Beraterstabes, mit dem sich der Präsident umgab. Diesem neuen »Braintrust« gehörten einige der hervorragendsten Wirtschaftsexperten des Landes an, daneben aber auch zahlreiche bekannte Politologen, Historiker und Sozialwissenschaftler. Mit knapp 43 Jahren war Kennedy bei seinem Amtsantritt einer der jüngsten Präsidenten der amerikanischen Geschichte; er war aber auch der erste Katholik, der an die Spitze der Republik trat.
In seinen praktischen innenpolitischen Maßnahmen mußte er allerdings große Vorsicht walten lassen. Obwohl die Demokratische Partei in beiden Häusern des Kongresses über die Mehrheit verfügte, stand die neue Regierung einer mächtigen Koalition der Republikaner und der südstaatlichen Demokraten gegenüber, und Kennedys Programm der *»New Frontier«* kam zunächst nur sehr langsam voran. Mehrere Gesetzentwürfe, die an den »New Deal« erinnerten, wurden vom Kongreß abgelehnt; so konnte weder die Bundeshilfe für das Erziehungswesen noch die nationale Regelung der Krankenversicherung für Betagte realisiert werden. Andererseits gelang es Kennedy, die Stahlindustrie zur Rücknahme schon beschlossener Preiserhöhungen zu veranlassen und die landwirtschaftliche Überproduktion durch das Angebot von Abstandszahlungen wenigstens teilweise einzudämmen. Die Rezessionstendenzen der Jahre 1961 und 1962 konnten durch verschiedene finanzpolitische Hilfsmaßnahmen der Regierung aufgefangen werden. Mit der Inkraftsetzung der »Trade Expansion Act« von 1962 distanzierten sich die Vereinigten Staaten von der traditionellen Schutzzollpolitik und vervielfachten die wechselseitigen Handelsbeziehungen mit Europa.
Eine allgemeine konjunkturelle Aufwärtsbewegung setzte ein, die bis 1969 ununterbrochen anhalten sollte. Parallel zu dem wirtschaftlichen Aufschwung gingen (auch außerhalb der Atomforschung) beachtliche technologische Fortschritte einher. Mit dem ersten Welt-

10 Vgl. hierzu Richard Rovere: Eisenhower Revisited – A Political Genius? A Brilliant Man?, in: Barton J. Bernstein and Allen J. Matusow (eds.): Twentieth Century America: Recent Interpretations, New York ²1972, S. 436 – 454.

raumflug eines amerikanischen Astronauten (Februar 1962) stellten die USA den entsprechenden Bemühungen der Sowjetunion eine ernst zu nehmende Konkurrenz entgegen.
Trotz alledem blieben schwere *innenpolitische und soziale Probleme* bestehen. Hierzu gehörte die notorische *Armut* großer Bevölkerungsteile in gewissen unterentwickelten Gegenden (besonders der Appalachen) und in den nach wie vor anwachsenden Slumquartieren der Großstädte. Das Elend der »unsichtbaren Armen« wurde einem überraschten und unangenehm berührten Publikum vor allem durch Michael Harringtons Buch *»The Other America«* (1962) vor Augen geführt. Auch der *Rassenkonflikt* schwelte weiter. Kennedys Maßnahmen zum Schutze der Rechte der Schwarzen verrieten wohl Tatkraft und Entschlossenheit, aber sie vermochten den Elan der immer weiter um sich greifenden »Black Revolution« nicht mehr aufzuholen. In den Südstaaten verhärtete sich der Widerstand der konservativen Weißen. Im Laufe des Jahres 1963 kam es in Birmingham (Alabama) und im Staate Mississippi zu mehreren blutigen Zwischenfällen, die eine ganze Reihe von Todesopfern forderten. Der bereits erwähnte Marsch auf Washington gipfelte jedoch noch einmal in dem durch Martin Luther King ausgesprochenen Bekenntnis zur Gewaltlosigkeit.
Kennedys offene Kritik an den Übelständen der Nation und sein persönlicher Einsatz im Kampf gegen sie beeindruckten weite Kreise der Bevölkerung. Das zuversichtliche Selbstvertrauen, das von seiner Persönlichkeit ausging, verbreitete namentlich unter den Intellektuellen eine wahre Euphorie der Kooperationsbereitschaft. In den unteren Volksschichten und bei den ethnischen Minoritäten gewann Kennedy ebenfalls großes Ansehen. Als erster Präsident seit Franklin D. Roosevelt vermochte er auch die Jugend wiederum direkt anzusprechen. So schienen alle Zeichen darauf hinzudeuten, daß die sozialen Probleme gelöst werden konnten und daß die Krise des nationalen Selbstverständnisses mit der Zeit abebben werde.[11]
Der fatale Irrtum, der dieser weitverbreiteten Meinung zugrunde lag, wurde nach dem Schock des Attentates von Dallas nicht sogleich evident. Lyndon B. Johnson ging als alter »New Dealer« mit großer Energie an die Fortsetzung der durch Kennedy vorgezeichneten *Innen- und Sozialpolitik.* Seine außergewöhnliche parlamentarische Erfahrung sicherte ihm Autorität und Durchschlagskraft, und die südstaatliche Herkunft hinderte ihn in keiner Weise am energischen Einsatz für die Rechte der Schwarzen. Im Laufe des Jahres 1964

11 Dies wird mit besonderem Nachdruck hervorgehoben u. a. von Arthur M. Schlesinger, Jr.: Die tausend Tage Kennedys, 2 Bde., München und Zürich 1968.

brachte Johnson einige äußerst bedeutsame Gesetzesvorlagen durch den Kongreß, die schon unter Kennedy vorbereitet worden waren. Die »Tax Reduction Act« erleichterte die individuellen Einkommensteuern und verschärfte dafür die Belastung juristischer Personen. Die »Civil Rights Act« von 1964 verbot die Rassendiskriminierung im Dienstleistungswesen und in der Verwendung finanzieller Subventionen der Bundesregierung. Außerdem schuf sie eine »Equal Employment Opportunity Commission« zur Sicherung der beruflichen Chancengleichheit. Die »Economic Opportunity Act« bildete die Ausgangsbasis für den ebenfalls schon während der Kennedy-Administration geplanten »Krieg gegen die Armut«.

Mit dem wirkungssicheren Appell an das amerikanische Volk, ihn bei der Verwirklichung der *»Great Society«* zu unterstützen, stieg Johnson im Herbst 1964 in den Präsidentschaftswahlkampf, den er gegen den konservativen Republikaner Barry Goldwater klar gewann. Eine deutliche Mehrheit der Demokraten im Kongreß ermöglichte im folgenden Jahr eine bisher noch nie erreichte Intensivierung progressiver Gesetzgebungstätigkeit. Nach langer Verzögerung konnte die Vorlage über die medizinische Fürsorge für Betagte (»Medicare Bill«) endlich verabschiedet werden. Der Kongreß beschloß ferner die Errichtung eines neuen »Department of Housing and Urban Development«, dessen Vorsitzender Robert C. Weaver als erster Schwarzer Mitglied des Kabinetts wurde. Ein zweites Bürgerrechtsgesetz verbot jede Behinderung der Schwarzen bei der Ausübung ihrer Stimm- und Wahlrechte. Weitere Beschlüsse betrafen den sozialen Wohnungsbau und die Stadtplanung, die Reduktion der Plakatreklame an Autostraßen, die Bekämpfung der Gewässerverschmutzung, die Abschaffung der Quoten in den Einwanderungsbestimmungen und die Bundesunterstützung für künstlerische und kulturelle Unternehmungen aller Art.
Die auf dieser breiten legislatorischen Grundlage in Angriff genommenen Reformprogramme bewirkten eine starke Erhöhung der öffentlichen Ausgaben vor allem im Gesundheits-, Erziehungs- und Fürsorgewesen. Sie zeitigten anfänglich durchaus beachtenswerte Ergebnisse, mußten sich aber wegen der unaufhaltsam ansteigenden *Kosten des Vietnamkrieges* mit der Zeit immer rigorosere *Einschränkungen* gefallen lassen. Das Comeback der Republikaner in den Kongreßwahlen von 1966 trug ebenfalls nachhaltig dazu bei, daß die reformerische Initiative der Bundesregierung allmählich erlahmte und schließlich zum völligen Stillstand kam.
Die sozialen Spannungen und die *innere Unruhe* hatten in den USA seit 1963 ununterbrochen zugenommen. Das Evangelium der »New

Frontier« hatte besonders unter den Angehörigen der jungen Generation eine Welle idealistischer Tatenlust ausgelöst, die auf mannigfache Weise praktisch wirksam wurde (»Peace Corps«, Organisationen zum Kampf gegen die Armut, Einsatz für die Bürgerrechte etc.). Die durch Kennedys Charisma freigelegte moralische Energie hatte seine eigenen Zielsetzungen allerdings schon bald überholt und als zu wenig wirksam erscheinen lassen. Die Ermordung des Präsidenten schien den schlimmsten Befürchtungen über die Verderbtheit der amerikanischen Gesellschaft recht zu geben und beschleunigte bei vielen Jugendlichen die Tendenz zur radikalen Ablehnung der bestehenden Ordnung.

Der in bisher nie erlebter Heftigkeit aufbrechende *Generationenkonflikt,* der als soziologisches Phänomen keineswegs auf die USA beschränkt bleiben sollte, bezog seine Haupttriebkräfte aus den *Universitäten.* Diese hatten sich seit 1960 stark vermehrt und vergrößert; sie erschienen vielen kritischen Zeitgenossen immer mehr nur noch als unpersönliche Fließbandfabriken normierter und systemerhaltender Ausbildung. Wohl wurde die Frustration der Studierenden nur von einer kleinen Minderheit artikuliert, aber ihr Aktivismus sollte doch auf Jahre hinaus das Bild des Jugendprotestes prägen.

Der erste Aufruhr erfolgte 1964 an der Universität von California in Berkeley, als ein behördlicher Versuch, die außeruniversitären politischen Aktivitäten der Studenten einzudämmen, zur Entstehung des »Free Speech Movement« führte und indirekt auch die seit 1962 bestehende radikale Organisation der »Students for a Democratic Society« (SDS) stärkte.

Auch die »Black Revolution« nahm seit 1963 immer schärfere Formen an. Die Agitationszentren verschoben sich allmählich vom Süden nach Norden, d.h. in die großen Industriezentren. Die neuen Gesetze und Verordnungen zum Schutze der Bürgerrechte der Schwarzen betrafen hauptsächlich die Verhältnisse in den Südstaaten. Im Norden ging es nicht so sehr um die Behebung gesetzlicher und politischer Freiheitsbeschränkungen als vielmehr um die tatsächliche Verwirklichung der sozialen und ökonomischen Gleichberechtigung. Die Bereitschaft zur radikalen Aktion war hier weiter verbreitet als im Süden, der aufgestaute Haß gegen das weiße Establishment äußerte sich schärfer, und die Bindungen an die kirchlich-denominationalen Traditionen spielten eine im ganzen geringere Rolle. Die verzweifelte Stimmung in den großstädtischen Ghettos wirkte sich immer mehr als Herausforderung an die durch Martin Luther King und seine Anhänger vertretene Theorie der Gewaltlosigkeit und der Integration aus.

Im Zuge der allmählichen Radikalisierung des Bürgerrechtskampfes gewannen die Ideen eines schwarzen Separatismus, einer schwarzen Selbstdefinition und Selbstbestimmung, ja eines eigentlichen *»Black Nationalism«* immer mehr an Boden. Vorboten solcher Zielsetzung hatte es schon früher gegeben, so in der Bewegung der «Black Muslims«, deren eloquentester Sprecher Malcolm X im Februar 1965 ermordet wurde, nachdem er sich auf einen gemäßigteren Kurs festgelegt hatte. Die Tendenz zum »Black Nationalism« verstärkte sich um die Mitte der 60er Jahre zusehends. Zu dieser Zeit kam es in zahlreichen Großstädten zu äußerst blutigen Rassenunruhen. Die schlimmsten ereigneten sich 1965 im Stadtteil Watts von Los Angeles, 1966 in Chicago und Cleveland, 1967 u. a. in Atlanta, Detroit und Newark (New Jersey). Überall waren die Schwarzen selbst die Hauptleidtragenden der gewaltsamen Aktionen.
Wie weit sich die Führer der großstädtischen Aktionsgruppen von den ursprünglichen Zielen der Bürgerrechtsbewegung entfernt hatten, wurde im Sommer 1966 sichtbar, als Stokely Carmichael, der Präsident des »Student Nonviolent Coordinating Committee« (SNCC), die *»Black Power«* zum Kampfziel der Schwarzen erklärte. Der seit 1942 bestehende »Congress of Racial Equality« (CORE) unterstützte dieses Programm, während sich die NAACP und die von Martin Luther King angeführte »Southern Christian Leadership Conference« (SCLC) davon distanzierten.
»Black Power« wurde zum alarmierenden und beunruhigenden, in seiner eigentlichen Bedeutung aber letztlich unklaren Schlagwort. Es bezeichnete zunächst einmal die positive Einstellung zur »Blackness«, den Rassenstolz und den Willen, die katastrophalen Lebensbedingungen in den Ghettos der Großstädte so rasch wie möglich zu verbessern. In diesem Sinne wurde der Begriff auch von King akzeptiert. Carmichael und andere Radikale aber meinten damit noch mehr. »Black Power« bedeutete für sie revolutionäre Veränderung der gesellschaftlichen Verhältnisse, permanente Rassentrennung, Rache an den Weißen und Abkehr vom Prinzip der Gewaltlosigkeit. Als militanteste Gruppe der »Black Power«-Bewegung entstand nach den Unruhen von Watts die paramilitärisch organisierte »Black Panther Party« unter der Führung von Bobby Seale, Huey P. Newton und Eldridge Cleaver. Sie lieferte der Polizei immer wieder blutige Gefechte und wurde vom FBI-Chef J. Edgar Hoover als die gefährlichste Negerorganisation bezeichnet, die die innere Sicherheit der USA bedrohe.
Nach dem »heißen Sommer« von 1967, den Senator Robert F. Kennedy als die schwerste nationale Krise der USA seit dem Bürgerkrieg bezeichnete, wurde allgemein klar, daß die Gefahr eines totalen

Bruchs zwischen den Rassengruppen bestand. Die von Präsident Johnson eingesetzte »Commission of Civil Disorders« kam zu dem Schluß, daß energische Befriedungsmaßnahmen und eine weitere Bürgerrechtsgesetzgebung unverzüglich in die Hand genommen werden mußten (»Kerner-Report«, so genannt nach dem Vorsitzenden der Kommission, dem Gouverneur Otto Kerner von Illinois). Die allgemeine Unrast hatte aber inzwischen auch durch den Verlauf und die Auswirkungen des *Vietnamkrieges* immer neue Nahrung erhalten. Generationenkonflikt, Jugendprotest, Rassenkampf, soziale Spannungen aller Art und allgemeines Mißtrauen gegenüber der Bundesregierung verwickelten sich immer unentwirrbarer ineinander. Die innere Situation des Landes wurde immer unsicherer und gefährlicher. Sie spitzte sich besonders im Frühjahr 1968 zu, als kurz nacheinander sowohl Martin Luther King als auch Robert F. Kennedy ermordet wurden. Das Attentat auf den immer noch überaus populären Negerführer löste in mehr als 100 Städten schwerste Tumulte aus, in deren Verlauf insgesamt 43 Menschen ums Leben kamen und ca. 3500 verletzt wurden. Der gewaltsame Tod des zweiten Angehörigen der Familie Kennedy innerhalb von fünf Jahren wirkte ebenfalls als schwerer Schock. Der Bruder des ehemaligen Präsidenten hatte sich als brillanter und progressiver Politiker profiliert und ebenfalls das Vertrauen großer Teile der jüngeren Generation, der Schwarzen und anderer Minderheitsgruppen (mexikanische Amerikaner, Puertoricaner) erworben. Seine Nominierung zum demokratischen Präsidentschaftskandidaten hatte durchaus im Bereich der Möglichkeit gelegen. Der Parteikonvent von Chicago (26. – 29. August 1968), der sich dann auf Hubert Humphrey einigte, verlief in der Spannung neuer schwerer Unruhen, in deren Verlauf die Polizei mit besonderer Härte gegen demonstrierende Kriegsgegner vorging.

In den Jahren 1968/69 ließ sich unter den amerikanischen Jugendlichen eine starke *ideologische Radikalisierung* beobachten. Schon 1967 hatte ein führendes Mitglied der SDS zum Stadtguerillakampf nach südamerikanischem Muster aufgerufen. Die Propaganda der gesamten *»New Left«* wandte sich mit besonderem Haß gegen die »Liberalen«, die versuchten, die Verbesserung der sozialen Verhältnisse innerhalb des bestehenden Systems zu erreichen. Gewaltanwendung im Kampf gegen das Establishment wurde mit dem Hinweis auf das Vorgehen der amerikanischen Streitkräfte in Vietnam als kleineres Übel verteidigt. Als Prophet des Aufstandes genoß der Philosoph Herbert Marcuse (wie in Europa) für verhältnismäßig kurze Zeit großes Ansehen.

An vielen führenden Universitäten (u. a. auch in Berkeley, Colum-

bia und Harvard) kam es zu schweren und teilweise gewaltsamen Auseinandersetzungen. Nach einem vorübergehenden Rückgang der Demonstrationen und Unruhen begannen gegen Ende des Jahres 1969 die »Weathermen« als militante Extremgruppe der SDS mit mehreren Bombenanschlägen und Angriffen auf Polizisten das Leben in den Großstädten unsicher zu machen. Als die Studentenorganisation infolge innerer Streitigkeiten auseinanderbrach, verschwanden auch sie jedoch recht bald wieder von der Bildfläche. Das Establishment wehrte sich auf vielerlei Art und Weise gegen die Attacken der »New Left«, sowohl durch nachgiebiges Auffangen als auch durch harte Repression. Gegen verschiedene prominente Vertreter des »Dissent« wurden aufsehenerregende Prozesse geführt, so u. a. gegen die »Chicago Seven« als Rädelsführer der Tumulte anläßlich des demokratischen Parteikonvents, aber auch gegen verschiedene Führer der »Black Panther Party« und anderer militanter Negerorganisationen. In einem dieser Prozesse kam es während der Verhandlungen zu einer wilden Schießerei, in der u. a. auch ein Richter sein Leben verlor. Im Verlauf der nachfolgenden Untersuchungen wurde die schwarze Universitätsdozentin Angela Davis verhaftet, des illegalen Waffenbesitzes angeklagt, dann aber freigesprochen (1972). Sie wurde zu einer der bekanntesten Sprecherinnen der Negerrevolution neulinker Prägung und trat als solche u. a. auch in Ost-Berlin und Moskau auf.
Nicht alle »Dissenters«, die sich von der amerikanischen Gesellschaft und ihren Wertmaßstäben abwandten, betätigten sich als politische Aktivisten. Viele experimentierten als »Hippies« mit nonkonformistischen Lebensformen, bildeten Kommunen und suchten die Erfüllung ihrer Existenz in allerlei Manifestationen der *»Counterculture«*. Ein bedenkliches Merkmal dieser Bewegung bestand in ihrer Propagierung des *Drogenkonsums*, der – allerdings nicht nur von hier aus – zur schweren Gefährdung der amerikanischen Jugend wurde. Andererseits muß aber auch eingeräumt werden, daß das »Hippie Movement« im Kleinen wie im Großen manche eindrucksvollen Exempel harmonischen menschlichen Zusammenlebens statuierte.
Die republikanische Nixon-Administration behandelte die inneren Probleme der Nation von Anfang an als sekundären Aufgabenbereich. Richard Nixon selbst lehnte jede interventionistische Innenpolitik ab. Er war bestrebt, die Ausgaben der Bundesregierung zu beschränken und dem freien Unternehmertum möglichst weiten Aktionsraum zu gewähren. In der gesellschaftspolitischen Auseinandersetzung der Zeit gab er sich ganz bewußt als Repräsentant der *»Silent Majority«* der amerikanischen Bevölkerung zu erkennen, die

sich ihre Werte und Zielsetzungen nicht in Frage stellen oder gar zerstören lassen wollte. Als besonders eloquente und wirkungsvolle Befürworter des »Law and Order«-Prinzips traten Justizminister John Mitchell und Vizepräsident Spiro T. Agnew hervor. Sie kritisierten die um sich greifenden Mißstände der *»Permissive Society«*, wiesen auf die Zunahme der Kriminalität, des Drogenkonsums und der Pornographie hin und wurden nicht müde, die Schuld an diesen Erscheinungen den »liberalen« Intellektuellen, der protestierenden Jugend und vor allem den Massenmedien in die Schuhe zu schieben. Das Ziel solcher Propaganda war die Stärkung des potentiell konservativen *»Middle America«* im Westen und Süden sowie der Ausbau parteipolitischer Machtpositionen in diesen Regionen. Die Verschärfung der sozialen und sozialpolitischen Frontenbildung wurde dabei bewußt in Kauf genommen. In einer Rede des Jahres 1969 verstieg sich Agnew zu der Behauptung, für eine »positive Polarisierung« des amerikanischen Volkes sei die Zeit nunmehr reif geworden. Wo immer es ihm möglich war, bemühte sich auch Nixon um die Konsolidierung der konservativen Kräfte. Zwar mußte er es hinnehmen, daß zwei von ihm ernannte Kandidaten für den Supreme Court die Bestätigung des Senats nicht erhielten, aber bis 1972 gelang es ihm doch, die Zusammensetzung der obersten Justizbehörde im Sinne seiner politischen Intentionen zu beeinflussen. Die heftigen Antikriegsdemonstrationen des Jahres 1970 (Kent State-Vorfälle u. a.) veranlaßten den Präsidenten zu einer deutlichen Verhärtung seiner Position gegenüber den Protestierenden. Er war überzeugt, daß die »Silent Majority« von den anhaltenden Unruhen mehr als genug habe, sich nach Ruhe und Ordnung sehne und loyal hinter ihm und seiner Regierung stehe. Als Innenminister Walter J. Hickel ihn öffentlich vor der wachsenden Entfremdung zwischen der Regierung und der jungen Generation warnte, machte er keinerlei Anstalten einer Kursänderung, sondern entfernte den unliebsamen Kritiker wenig später aus dem Kabinett. In den Kongreßwahlen vom Herbst 1970 stellten die Republikaner ganz allgemein den Appell zum Kampf gegen die »Gesetzlosigkeit« (»Lawlessness«) in den Mittelpunkt ihrer Propaganda. Das Thema begann sich jedoch abzunützen, und der Erfolg war nur mäßig.
Zu den Problemen, die der Regierung Nixons zunehmende Schwierigkeiten bereiteten, gehörten auch diejenigen der *wirtschaftlichen Entwicklung.* Die durch den Vietnamkrieg bewirkte Inflation war ein ererbtes Übel; Nixon glaubte zunächst, daß es durch eine disziplinierte Währungspolitik und durch hohe Zinssätze aus der Welt geschafft werden könne. Was aber tatsächlich eintrat, war eine neue *Rezession,* eine Zunahme der Arbeitslosigkeit und ein Rückgang des

Bruttosozialproduktes. Von Januar 1969 bis August 1971 stiegen die Lebenskosten um 14,5%, während die Kaufkraft des Dollars sich um 8,5% verminderte. Im Jahre 1971 wiesen die Zahlungs- und Handelsbilanzen ungewöhnlich hohe und alarmierende Defizite aus. Führende Wirtschaftsfachleute wie John K. Galbraith u. a. hatten zur Bekämpfung der Inflation schon vorher intervenierende Maßnahmen gefordert und der Regierung vor allem die Einführung von Lohn- und Preiskontrollen empfohlen. Nixon wehrte sich gegen solche Ideen, vollzog aber im Sommer 1971 dennoch eine aufsehenerregende Kehrtwendung: Am 15. August proklamierte er einen totalen *Lohn- und Preisstopp* für 90 Tage, um dadurch der Regierung Zeit für die Vorbereitung weiterer stabilisierender Maßnahmen zu geben. Außerdem hob er die Goldkonvertibilität des Dollars auf und führte eine zehnprozentige Importsteuer ein. All dies bedeutete einen radikalen Bruch mit der republikanischen Tradition des Noninterventionismus. Auf internationaler Ebene bewirkten die Verordnungen eine schwere Erschütterung des 1944 in Bretton Woods vereinbarten Weltwährungssystems. Die formelle Abwertung des Dollars erfolgte im Dezember 1971; europäische Zentralbanken vermochten sich der einsetzenden »Dollarschwemme« nur durch zeitweilige Freigabe der Wechselkurse (»Floating«) zu erwehren. Die Rolle des Dollars als Leitwährung ist seit 1971 praktisch ausgespielt. Als die Präsidentschaftswahlen von 1972 in die Nähe rückten, dauerte der Vietnamkrieg noch an. Die Arbeitslosigkeit war noch nicht zurückgegangen, und die finanzpolitischen Stabilisierungsmaßnahmen hatten noch keine greifbaren Resultate erbracht. Durch das im Juni 1971 ratifizierte 26. Amendment wurde das Mindestalter für die Ausübung des Wahlrechts von 21 auf 18 Jahre herabgesetzt. Dadurch erfuhr die Opposition gegen Nixon eine beträchtliche potentielle Stärkung, zumal auch auf konservativer Seite die Kritik um sich griff (Preiskontrolle, Chinabesuch). Zahlreiche liberale Republikaner warfen dem Präsidenten außerdem mangelnde Tatkraft im Kampf gegen die sozialen Mißstände in den Großstädten und gegen die Rassendiskriminierung vor.

Dennoch behielt Nixon die Kontrolle über die politische Situation im Lande und insbesondere über seine eigene Partei fest in der Hand. Durch ein großes und straff organisiertes Team absolut ergebener persönlicher Mitarbeiter wurde er vor direkten Angriffen und unbequemen Fragestellern erfolgreich abgeschirmt. Daß er sich zur Wiederwahl stellen wollte und konnte, war überhaupt keine Frage. Die Demokraten nominierten nach längeren Auseinandersetzungen den Senator George McGovern aus South Dakota zum Gegenkandidaten, der wiederum große Teile der Jugend zu begeistern und für sich

zu mobilisieren vermochte. Er erwies sich als integrer, idealistischer und den Problemen der Zeit gegenüber aufgeschlossener Befürworter einer progressiven Politik, legte aber in der Hitze des Wahlkampfes einen fatalen Mangel an taktischem Geschick und nüchterner Urteilskraft an den Tag. Auf republikanischer Seite wurde mit äußerster Härte und Skrupellosigkeit gekämpft. Enthüllungen über parteipolitische Spionage, die das Weiße Haus selbst belasteten, vermochten Nixons Position jedoch nicht zu erschüttern. Sie wurde noch gestärkt, als sich der konservativ-demokratische und wegen seiner rassistischen Haltung seit langem berühmt-berüchtigte George C. Wallace aus Alabama infolge einer schweren Attentatsverletzung aus dem Rennen zurückzog. Das von John Mitchell als Wahlmanager mit großer Energie betriebene Werben um den Süden *(»Southern Strategy«)* zahlte sich nunmehr reichlich aus. Als es sich zeigte, daß der Waffenstillstand in Vietnam bald zu erreichen war, stand dem Erfolg Nixons kaum mehr etwas im Wege. Abgesehen von Massachusetts und vom District of Columbia siegte er in allen Staaten der Union. Allerdings gelang es den Demokraten, ihre Mehrheit in beiden Häusern des Kongresses zu erhalten.
Über die allgemeine Entwicklung der amerikanischen Gesellschaft in den Jahren 1969 – 1974 läßt sich noch nichts Zusammenfassendes sagen. Möglich sind vorerst nur einige wenige Einzelfeststellungen. Die Gesamtzahl der *Bevölkerung* der USA steht seit 1968 über der 200-Millionen-Grenze. Um 1970 hatte sie sich gegenüber 1920 beinahe verdoppelt und allein seit 1960 um 13,3 % zugenommen. In allerneuester Zeit zeichnet sich nun aber ein deutlicher, wenn auch langsamer Rückgang des Bevölkerungswachstums ab, für den sowohl medizinische als auch psychologische, soziologische und ökonomische Gründe ins Feld geführt werden können. Keineswegs nachgelassen hat die traditionelle Mobilität der Amerikaner. Die Hauptrichtungen der Binnenwanderung weisen von den nordöstlichen und mittelwestlichen Gebieten einerseits an die pazifische Küste und andererseits nach Süden. Im quantitativen Anteil an der Einwanderung standen um 1970 die Philippinen und Italien vor Kanada und Großbritannien an der Spitze.
Das *wirtschaftliche Leben* wird nach wir vor von den großen »Corporations« dominiert. Ihre Zahl wird immer kleiner, ihre Macht (und ihr Einfluß auf die Regierung) aber immer größer. Antitrust-Politik und Bemühungen um Konsumentenschutz vermochten zwar in den letzten Jahren hier und dort Eindämmungen zu bewirken, aber es scheint sich dabei doch um Einzelerfolge und nicht um Anzeichen einer grundlegenden Strukturveränderung zu handeln. In zahlreichen großen Firmen und Industrieunternehmungen zeigt sich

die Tendenz zur branchenmäßigen Diversifikation, ja sogar zur Ausdehnung auf den landwirtschaftlichen Produktionsbereich (»Agribusiness«).

Die enorme allgemeine Zunahme der Produktionskapazität ist in erster Linie den großen Fortschritten auf dem Gebiet der *Elektronik* und des Computerbaus zuzuschreiben. Hier erlebte der amerikanische Erfindergeist und technologische »Know-how« seine wohl größten Triumphe. Sie zeigten sich der Weltöffentlichkeit vor allem durch die Raumflugunternehmungen, die im Sommer 1969 zur ersten Landung von Menschen auf dem Mond führten.

In schärfstem Kontrast zu diesen Errungenschaften steht aber auch in den frühen und mittleren 70er Jahren nach wie vor der riesige Problemkomplex der *sozialen Ungleichheiten, Konflikte und Spannungen.* Mit der Rezession von 1969 verschlimmerte sich vor allem die notorische *»Krise der Großstadt«.* Hier wurden die Nöte der modernen industriellen Gesellschaft auch jetzt wieder in besonderer Schärfe evident. Armut, Spannungen zwischen Rassengruppen, schlechte Schulen, Wasser- und Luftverschmutzung, ungenügende hygienische Einrichtungen und Dienstleistungen, Überforderung der Fürsorgeinstitutionen, Slums und Wohnungsnot, Kriminalität – alle diese Faktoren trugen dazu bei, daß die Großstädte stets Hauptschauplätze der sozialen Konflikte waren und blieben. Hatte schon Präsident Johnson in den letzten Jahren seiner Amtsführung hier verhängnisvolle Inaktivität an den Tag gelegt, so hat sich die Nixon-Regierung der »Urban Crisis« überhaupt nie mit der nötigen Energie angenommen. Der Mythos der »Suburb« hat sich bis in die Gegenwart hinein unverändert erhalten, aber mit der Zeit sind auch die Wohnquartiere der wohlhabenderen Schichten von den Kalamitäten der Stadtzentren nicht mehr verschont geblieben.

Die Protestbewegung der 60er Jahre scheint seit 1970/71 ihre Energie und Stoßkraft weitgehend eingebüßt zu haben. Die Demonstrationen sind seltener geworden, die Universitäten haben sich wenigstens äußerlich beruhigt, und auch die Tumulte in den Großstädten sind entgegen oft geäußerter Erwartungen in den letzten Jahren weitgehend ausgeblieben. Ideologisch motivierte Systemkritiker von gestern haben sich immer mehr der pragmatischen und praktischen Reformarbeit zugewandt. Diese allgemein feststellbaren Entwicklungstendenzen lassen sich in verschiedenartiger Weise begründen: Von entscheidender Bedeutung war neben der weitverbreiteten psychischen und physischen Erschöpfung der Rückzug der USA aus dem Vietnamkrieg. Dazu kam die Tatsache, daß die ökonomische Rezession und die damit verbundenen öffentlichen und privaten Sparmaßnahmen auch die Absolventen der Universitäten mit dem Problem der Arbeitslosigkeit konfrontierten und die Konkurrenz bei der Stellensuche wesentlich verschärften. Nicht zu übersehen sind ferner die tatsächlichen und realen Erfolge der Protestbewegung: Die Soldaten kehrten aus Ostasien heim, den Farbigen wurde in politischer, wirtschaftlicher und erzieherischer Beziehung vermehrte Förderung zuteil, die Chancenungleichheit im Schulwesen wurde bekämpft, und in den Colleges fanden viele Reformwünsche der Studenten Gehör. Vor allem aber verbreitete sich in der gesamten amerikanischen Gesellschaft nicht nur das Bedürfnis nach Ruhe und Ordnung, sondern eine vorher nie dagewesene Toleranz gegenüber unkonventionellen, nonkonformistischen und experimentellen Lebens- und Verhaltensformen.

Die Suche nach einer neu definierten *Gruppenidentität* beschäftigte nicht nur die Schwarzen, sondern in vermehrtem Maße auch die spanischsprechenden mexikanischen Amerikaner, die Puertoricaner und die Indianer. Die Erfolge der schwarzen Bürgerrechtskämpfer und ihrer Organisationen bewirkten schließlich auch den Aufstieg einer neuen und militanten Frauenrechtsbewegung (»Women's Liberation«), deren Kampf gegen die Diskriminierung im Berufs- und Erwerbsleben beachtliche Erfolge zeitigte.

Trotz dieser Ansätze zu einer Befriedung und Humanisierung des Lebens ist es dem amerikanischen Volke aber nicht vergönnt gewesen, nach den Erschütterungen der 60er Jahre eine Epoche der inneren Genesung und der Rückkehr zum nüchternen Selbstvertrauen zu durchleben. Das Hindernis, das diesen Weg verbarrikadierte, war die *Watergate-Affäre,* auf die hier nur noch ganz kursorisch eingegangen werden kann. Sie begann am 17. Juni 1972 mit dem Einbruch einiger Saboteure in das im Washingtoner »Watergate Hotel« untergebrachte Hauptquartier der Demokratischen Partei. Das Unternehmen wurde von der Polizei entdeckt und vereitelt, und bald zeigte sich, daß direkte Verbindungslinien von den Tätern zu dem von John Mitchell angeführten »Committee for the Reelection of the President« (CRP) und bis in die persönliche Umgebung Nixons führten. An eiligen und beredten Unschuldsbeteuerungen auch von höchster Stelle fehlte es nicht. Obwohl recht viel Zeit verstrich, bis die Untersuchung der Angelegenheit wirklich in Gang kam, erwiesen sich die Vertuschungs- und Verzögerungsbemühungen der Betroffenen auf die Dauer als vergeblich.[12]

12 Aus der Flut der zum Thema »Watergate« bis Anfang 1974 erschienenen Publikationen sei hier nur der Bericht zweier »Washington Post«-Reporter erwähnt: Carl Bernstein & Bob Woodward: Die Watergate Affäre, München und Zürich 1974. Die Originalausgabe trägt den Titel All the President's Men, New York 1974.

Die Enthüllung der äußerst trüben Affäre brachte eine ganze Reihe von Mißständen und Verbrechen ans Licht, die mit dem Watergate-Einbruch nur indirekt zu tun hatten, aber dennoch zahlreiche Mitarbeiter Nixons aufs schwerste belasteten. Im Zuge einer dieser Untersuchungen wurde Vizepräsident Agnew einer früher begangenen Steuerhinterziehung überführt und dadurch zum Rücktritt veranlaßt (10. Oktober 1973). Als Nachfolger bezeichnete Nixon den republikanischen Fraktionschef im Repräsentantenhaus, Gerald R. Ford aus Michigan.

Im Laufe des Jahres 1973 wurde immer klarer erkennbar, daß die Regierung Nixon von einem weitverzweigten Geschwür der *Korruption* befallen war. Hohe und höchste Amtsträger erschienen als skrupellose Schwindler und Betrüger; es kam zu aufsehenerregenden gerichtlichen Verurteilungen, und schließlich geriet auch die Person des Präsidenten so sehr ins Zwielicht, daß allenthalben der Ruf nach seinem Rücktritt oder gar nach seiner Absetzung laut wurde. Abscheu, Enttäuschung und Mißtrauen gegenüber seiner Amtsführung verbreiteten sich bis in die konservativsten Kreise hinein. Die durch die Untersuchungsorgane erzwungene Freigabe der Tonbandaufzeichnungen zahlreicher Gespräche Nixons mit seinen Beratern erhärtete im Frühjahr und Sommer 1974 die Evidenz, daß der Präsident die kriminellen Handlungen der Watergate-Einbrecher und ihrer direkten Auftraggeber von allem Anfang an geduldet und gebilligt hatte. Immer deutlicher enthüllte sich die Tatsache, daß er nicht nur seine Anhänger im Kongreß, sondern die gesamte amerikanische Öffentlichkeit durch seine wiederholten Unschuldsbeteuerungen aufs schändlichste hinters Licht geführt hatte. Dem bereits angelaufenen *Impeachment-Verfahren* vermochte er sich schließlich nur noch dadurch zu entziehen, daß er am 9. August 1974 – knapp zwei Jahre nach dem überwältigenden Erfolg der Wiederwahl – von seinem Amt zurücktrat und dieses dem Vizepräsidenten Gerald Ford überließ. Das dramatische Ereignis, das an den Fernsehschirmen auf der ganzen Welt mit größter Spannung verfolgt wurde, war in der gesamten bisherigen Geschichte der Vereinigten Staaten ohne Vorbild: Noch nie war ein Präsident mitten in seiner Amtszeit zum Rücktritt gezwungen worden.

Die Watergate-Affäre hat in den USA eine neue Welle der nationalen Unsicherheit ausgelöst. Man kann wohl sagen, daß die amerikanische Nation durch sie auf den bisher tiefsten Punkt in der Krise ihres Selbstverständnisses herabgedrückt worden ist. Wohl sind Korruptionsskandale in den höchsten Regierungskreisen schon früher immer wieder vorgekommen, und es ist auch schon passiert, daß Kabinettsmitglieder deswegen zurücktreten mußten. Was aber noch nie vorkam, ist die Kompromittierung des Präsidenten in der Art und Weise, wie dies bei Nixon seit dem Frühjahr 1973 der Fall war. Wenn die Krise des amerikanischen Selbstverständnisses durch Watergate eine Einmaligkeit erhalten hat, die sich dem Vergleich mit historischen Präzedenzien entzieht, so hat dies aber noch einen anderen Grund: Nicht nur die Autorität eines Präsidenten, sondern diejenige der Verfassung selbst ist – wenigstens vorübergehend – ins Wanken geraten. Die Machtfülle des Staats- und Regierungsoberhauptes hat ein Ausmaß angenommen, das von den »Founding Fathers« keineswegs beabsichtigt war. Daß diese Entwicklung ihre Vorgeschichte besitzt, die über John F. Kennedy bis zu Franklin D. Roosevelt zurückreicht, ist freilich nicht zu übersehen.[13] Zudem schien nun aber in der Administration Nixons auch das Gleichgewichtssystem der »Checks and Balances« nicht mehr zu funktionieren. Die Exekutive war übermächtig geworden und hatte in der Ausübung ihrer Macht allmählich jegliche Skrupel abgelegt. Bei den um den Präsidenten gescharten Diener- und Wächterfiguren hatte die totale Loyalität gegenüber dem »Chief Executive« das eigene politische und moralische Gewissen völlig ausgeschaltet, und der Präsident selber war in seiner Isolierung zum Sünder wider den Geist der Verfassung und zum Gesetzesbrecher geworden. Daß die Institutionen der Rechtsprechung und einige maßgebliche Presseorgane dem Sog der Korruption mit Erfolg widerstanden und entscheidend zur Abklärung der ganzen Affäre beitrugen, dürfte späteren Betrachtern indessen wohl als besonders bedeutsames Faktum der Geschichte von Watergate erscheinen.

Das allgemeine Vertrauen der Amerikaner in die fundamentalen Einrichtungen ihres Staatswesens ist während beinahe zwei Jahrhunderten stets mehr oder weniger intakt gewesen. In der Zeit des Vietnamkrieges und der Watergate-Affäre hat aber hier ein besorgniserregender Abbröckelungsprozeß eingesetzt. Dieser hat bis zum Sommer 1974 eine innere Schwächung der Nation bewirkt, die sich die USA als eine der immer noch führenden Weltmächte im Grunde nicht mehr leisten können. Begreiflicherweise wird von Präsident Ford nunmehr die zielstrebige Bemühung um Stabilisierung und Beruhigung erwartet.

Daß die außenpolitische Aktivität der USA in den Jahren 1973/74 erfolgreicher war, als man im Hinblick auf die innere Situation hätte erwarten dürfen, muß wohl in erster Linie der wahrhaft phänomenalen Leistungsfähigkeit des seit dem Herbst 1973 als Außenminister amtierenden Henry A. Kissinger zugeschrieben werden. Seine Ver-

13 Vgl. dazu Arthur M. Schlesinger, Jr.: The Imperial Presidency, Boston 1973.

mittlung im Nahen Osten nach dem Yom Kippur-Krieg vom Oktober 1973 hat den USA nicht nur in diesem Krisenherd der Weltpolitik ein ganz neues Gewicht verliehen. Ob hieraus neue und wirksame Ansätze zur Herstellung eines dauernden Friedens resultieren werden, läßt sich jedoch vorerst noch nicht sagen. Allerneueste Entwicklungen, die sich 1974/75 sowohl im Nahen Osten als auch in Südostasien abzeichneten, lassen allzu optimistische Erwartungen jedenfalls nicht aufkommen. Viel eher scheint nüchterne Skepsis am Platze zu sein.

Die Vereinigten Staaten stehen in der Mitte der 1970er Jahre vor dem 200. Jubiläum ihres siegreichen Kampfes um die nationale Unabhängigkeit. Das Leben der Republik wird gegenwärtig noch von zahllosen ungelösten Problemen belastet. Zu den sozialen Spannungen, zu der bis heute immer rascher ansteigenden Inflation und zu der seit 1973 ebenfalls latent vorhandenen Gefahr einer Energieversorgungskrise ist die Watergate-Affäre bis zum Sturz Nixons als schwerste innenpolitische Erschütterung getreten. Daß sich die mannigfaltigen Konvulsionen in nächster Zeit noch verschärfen werden, ist nicht auszuschließen. Andererseits aber darf auch die Möglichkeit nicht von der Hand gewiesen werden, daß sich die Prüfungen der jüngsten Vergangenheit auf lange Sicht als Impulse für eine neue und konstruktive Selbstbesinnung auswirken und eine neue Periode politischer und sozialer Reformen einleiten könnten. Eine solche Entwicklung würde früheren Ablaufsphasen in der Geschichte der USA wiederum durchaus entsprechen. Reinigende Kräfte, die in dieser Richtung wirken und wirken können, sind vorhanden und werden immer wieder spürbar. Daß sie möglichst bald wieder zum vollen und heilsamen Durchbruch gelangen, ist gewiß auch von Europa aus zu hoffen.

Bibliographie

Eine einigermaßen systematische und nach Vollständigkeit strebende Übersicht über Quellenpublikationen, Forschungshilfsmittel und Sekundärliteratur zur Geschichte der USA würde den hier zu Verfügung stehenden Raum bei weitem überschreiten. Was wir geben können, ist lediglich ein kurzer Hinweis auf einige grundlegende Veröffentlichungen, in denen weiterführende bibliographische Detailinformation zu finden ist. Dabei sollen vornehmlich Werke neueren und neuesten Datums erwähnt werden.

Zu den unentbehrlichen *Hilfsmitteln der bibliographischen Orientierung* gehört in erster Linie: Frank Freidel (ed.): Harvard Guide to American History, 2 Bde., Cambridge, Mass., [2]1974. Hier findet man umfassende und bis in die allerneueste Zeit reichende bibliographische Informationen zu allen Themen und Einzelfragen der amerikanischen Geschichte. Für Studierende dürfte daneben von besonderem Nutzen sein: Eugene R. Fingerhut (ed.): Fingerhut Guide – Sources in American History, Santa Barbara, Calif., 1973. Diese Publikation gibt erschöpfende Auskunft über die Gesamtheit der Einzelbibliographien zur Geschichte der USA sowie über die wichtigsten Nachschlagewerke und Handbücher. Eingehende bibliographische Hinweise (unter besonderer Berücksichtigung der europäischen Forschung) wird auch enthalten: Günter Kahle u. Erich Angermann (Hrsg.): Handbuch der amerikanischen Geschichte, dessen 1. Band in naher Zukunft veröffentlicht werden soll.

Über *Stand und Entwicklung der Forschung* in praktisch allen Bereichen der Geschichte der USA informieren i. a. sehr zuverlässig die von der American Historical Association herausgegebenen AHA Pamphlets, die am Sitz der Gesellschaft in Washington, D.C., verlegt werden. Eine gute Übersicht über die Gesamtheit der neueren und neuesten Interpretationstendenzen bietet ferner: William H. Cartwright & Richard L. Watson, Jr., (eds.): The Reinterpretation of American History and Culture, Washington, D.C., 1973.

Zu den wichtigsten *Zeitschriften,* in denen laufend Forschungsbeiträge und Rezensionen von Neuerscheinungen auf dem Gebiet der amerikanischen Geschichte veröffentlicht werden, gehören die American Historical Review, das Journal of American History (bis 1964: Mississippi Valley Historical Review), das Journal of Southern History und das vornehmlich auf die Kolonial- und Revolutionsperiode spezialisierte William and Mary Quarterly.

Aus der Reihe der kurzgefaßten und besonders handlichen *Nachschlagewerke* seien vor allem genannt: Thomas C. Cochran & Wayne Andrews (eds.): Concise Dictionary of American History, New York 1963, sowie Joseph G. E. Hopkins (ed.): Concise Dictionary of American Biography, New York 1964. Ebenfalls sehr brauchbar ist: J. A. Garraty & J. L. Sternstein: Encyclopedia of American Biography, New York 1974. Wer rasche Auskunft über Daten und Ereignisse sucht, greift immer wieder mit Gewinn zu: Richard B. Morris (ed.): Encyclopedia of American History, New York [3]1970, oder zu: Webster's Guide to American History, Springfield, Mass. 1971. Historisch-geographische Orientierung ermöglichen u. a.: Edward W. Fox: Atlas of American History, New York 1964, und besonders anschaulich Martin Gilbert: American History Atlas, London 1968.

Aus der großen Zahl der mehr oder weniger umfangreichen *Gesamtdarstellungen* der Geschichte der USA können nur ganz wenige Titel herausgegriffen werden. Dem deutschsprachigen Leser dürfte auf einige Zeit hinaus das bereits erwähnte, in Vorbereitung befindliche Handbuch der amerikanischen Geschichte nützliche Dienste leisten (es wird neben der Geschichte der USA und Kanadas auch diejenige Mittel- und Südamerikas behandeln). Zu den überzeugendsten unter den kürzeren amerikanischen Gesamtdarstellungen gehört: John M. Blum, Edmund S. Morgan, C. Vann Woodward u. a.: The National Experience, A History of the United States, New York ³1973. Sehr viel umfassender angelegt ist die unter der Leitung von Henry Steele Commager & Richard B. Morris erscheinende Reihe The New American Nation Series (abgekürzt NANS, New York 1954 ff.). Sie hat bis 1975 bereits die recht stattliche Zahl von 29 Bänden erreicht. Etwas knapper organisiert und in der Thematik der Einzeldarstellungen origineller ist die von Daniel J. Boorstin herausgegebene Reihe der Chicago History of American Civilization (abgekürzt CHAC, Chicago 1956 ff., bisher ebenfalls 28 Bände). Als beachtenswertes neuestes Unternehmen derselben Art erscheint unter der Herausgeberschaft von Jack P. Greene die History of American Society Series (Indianapolis u. New York 1972 ff., bisher 2 Bände). Chronologisch begrenzt, aber innerhalb dieser Begrenzung ebenso umfassend wie ausgewogen erscheint die Arbeit des französischen Historikers Claude Fohlen: La société américaine 1865–1970, Paris 1973. Immer noch lesenswert ist daneben die einflußreiche revisionistische Gesamtbetrachtung der amerikanischen Geschichte in dem Buch von William Appleman Williams: The Contours of American History, Chicago 1961 u. ö.

Die Gesamtheit der amerikanisch-europäischen Beziehungen schildert: Max Silberschmidt: The United States and Europe, Rivals and Partners, London 1972, während in ebenso klar gezogenen Umrissen das komplementäre Thema Richard W. Van Alstyne: The United States and East Asia, London 1973, behandelt.

Einführende Darstellungen der amerikanischen *Zeitgeschichte* gibt es ebenfalls in großer Zahl. Besonders erwähnenswert sind die aus der europäischen Distanz geschriebenen Werke von Erich Angermann: Die Vereinigten Staaten von Amerika, München 1966, (dtv-Weltgeschichte des 20. Jahrhunderts, Bd. 7) und D.K. Adams: America in the 20th Century, A Study of the United States since 1917, Cambridge 1967. Im Hinblick auf die neuesten Interpretationstendenzen ist sehr informativ: Barton J. Bernstein & Allen J. Matusow (eds.): Twentieth Century America, Recent Interpretations, New York ²1972.

Die zuverlässigsten *statistischen Informationen* zur Geschichte der USA sind in den folgenden durch das US Bureau of the Census herausgegebenen Publikationen zu finden: Historical Statistics of the United States, Colonial Times to 1957, Washington, D.C. 1960; Continuation to 1962 and Revisions, ebda. 1965; Statistical Abstract of the United States, ebda., erscheint alljährlich. Die weiter unten abgedruckten Tabellen basieren ausschließlich auf diesen Veröffentlichungen.

Zu den besten und bei aller Knappheit der Auswahl doch umfassendsten *Quellensammlungen* gehört nach wie vor: Henry Steele Commager (ed.): Documents of American History, 2 Bde., New York ⁹1973. Brauchbar ist auch Daniel J. Boorstin: American Primer, Chicago 1968. In deutscher Übersetzung hat eine Anzahl besonders wichtiger Texte zusammengestellt: Erich Angermann: Der Aufstieg der Vereinigten Staaten von Amerika, Stuttgart ³1970 bzw. ³1973, (Quellen- und Arbeitshefte für den Schulunterricht Nr. 4237 bzw. 4238).

Ergänzend zu diesen allgemeinen Orientierungswerken und zu den in Text und Anmerkungen gegebenen bibliographischen Hinweisen sollen nun noch einige grundlegende Darstellungen *besonderer Gesamtaspekte* der amerikanischen Geschichte genannt werden:

Außenpolitik

Julius W. Pratt: A History of United States Foreign Policy, Englewood Cliffs, N.J., [3]1972. Lloyd Gardner, Walter LaFeber, T.C. McCormick: Creation of the American Empire: US Diplomatic History, Chicago 1973. Richard W. Van Alstyne: The Rising American Empire, Chicago 1965. Walter LaFeber: The New Empire, An Interpretation of American Expansion 1860–1898, Ithaca, N.Y., 1963. Walter LaFeber: America, Russia, and the Cold War 1945–1971, New York [2]1972; diese Darstellung vertritt wie die anderen hier erwähnten Arbeiten desselben Verfassers die revisionistische Interpretationstendenz in der durch William A. Williams begründeten Tradition; einen besonderen Hinweis verdient die ausgezeichnete bibliographische Übersicht am Schluß des Bandes.

Wirtschaftsgeschichte

Harold U. Faulkner: American Economic History, New York [8]1964. Lance E. Davis, Richard A. Easterlin u. a.: American Economic Growth, An Economist's History of the United States, New York 1972; dieses Werk enthält zahlreiche statistische Angaben und Zusammenstellungen, die anderswo kaum zu finden sind. Louis M. Hacker: The Course of American Economic Growth and Development, New York 1970; dies ist eine konzise und sehr anschauliche Gesamtdarstellung der amerikanischen Wirtschaftsgeschichte; der Verfasser stellt zahlreiche ältere Interpretationstendenzen in Frage und entwirft ein in manchen Punkten unkonventionelles Bild. Robert W. Fogel & Stanley L. Engerman (eds.): The Reinterpretation of American Economic History, New York 1971; hier ergibt sich aus 36 Beiträgen ein umfassender Überblick über die quantifizierenden Forschungsmethoden und die daraus resultierenden neuen Interpretationsansätze der seit ca. 1957 in den USA äußerst wirkungsreichen Schule der »New Economic History«. Hans Jaeger: Geschichte der amerikanischen Wirtschaft im 20. Jahrhundert, Wiesbaden 1973; eine gute Einführung mit ausführlicher Bibliographie.

Westexpansion

Ray A. Billington: Westward Expansion, New York [4]1974. Max Mittler: Eroberung eines Kontinents, Zürich 1968.

Indianer

William T. Hagan: American Indians, Chicago 1961 u. ö. (CHAC). Harold E. Driver: Indians of North America, Chicago [2]1969. Wilcomb E. Washburn: Red Man's Land/White Man's Law, A Study of the Past and Present Status of the American Indian, New York 1971.

Geschichte der Schwarzen

John Hope Franklin: From Slavery to Freedom, New York ^{4}1974. C. Vann Woodward: The Strange Career of Jim Crow, New York ^{3}1974. Winfried Förster: Das Rassenproblem in den USA, München 1973; ist als Einführung geeignet. Zur Sklaverei vgl. Bd. I, S. 91, Anm. 4.

Einwanderung

Oscar Handlin: Immigration as a Factor in American History, Englewood Cliffs, N.J., 1959. Maldwyn A. Jones: American Immigration, Chicago 1960, (CHAC). John Higham: Strangers in the Land, Patterns of American Nativism, New Brunswick, N.J., 1955 u. ö. Milton M. Gordon: Assimilation in American Life, New York 1964.

Urbanisierung

Charles N. Glaab & A. Theodore Brown: A History of Urban America, New York 1967. Constance McLaughlin Greene: The Rise of Urban America, New York 1965. Zane L. Miller: The Urbanization of Modern America, A Brief History, New York 1973.

Industrialisierung

Thomas C. Cochran & William Miller: The Age of Enterprise, A Social History of Industrial America, New York ^{2}1961. Thomas C. Cochran: The American Business System, A Historical Perspective 1900–1955, Cambridge, Mass., 1955. John K. Galbraith: The New Industrial State, New York 1967.

Arbeiterbewegung

Henry Pelling: American Labor, Chicago 1960, (CHAC). Leon F. Litwack: The American Labor Movement, Englewood Cliffs, N.J., 1962. Milton Derber: The American Idea of Industrial Democracy, Urbana, Ill., 1970. John P. Diggins: The American Left in the Twentieth Century, New York 1973; behandelt nicht nur die Arbeiterbewegung, ist jedoch als erste Orientierung sehr brauchbar.

Regierungsorganisation und Verfassung

Ernst Fraenkel: Das amerikanische Regierungssystem, Köln u. Opladen ^{2}1962. Alfred H. Kelly & Winfred A. Harbison: The American Constitution: Its Origins and Development, New York ^{4}1970. Paul L. Murphy: The Constitution in Crisis Times 1918–1969, New York 1972, (NANS); enthält eine sehr reichhaltige Bibliographie zur amerikanischen Verfassungsgeschichte.

Kultur- und Geistesgeschichte

Merle Curti: The Growth of American Thought, New York [3]1964. David M. Potter: People of Plenty: Economic Abundance and the American Character, Chicago 1954 u. ö. Michael Kammen: People of Paradox, An Inquiry Concerning the Origins of American Civilization, New York 1972.

Religion

Sidney E. Ahlstrom: A Religious History of the American People, New Haven u. London 1972.

Tabellen

1. Zeittafel

1497–98	John Cabots Reise (Entdeckung der nordamerikanischen Küste von Neufundland bis zur Chesapeake Bay).
1585	Sir Walter Raleigh gründet die (bald wieder aufgegebene) Kolonie Virginia.
1607	Erste permanente englische Kolonie in Virginia.
1620	Reise der Pilgerväter auf der »Mayflower«; Gründung der Kolonie Plymouth (21.11. Mayflower-Vertrag).
1629	Entstehung der Massachusetts Bay-Kolonie.
1636	Roger Williams gründet Rhode Island (Religionsfreiheit).
1647	Schulgesetz von Massachusetts bringt öffentliches Schulwesen.
1681	William Penn gründet Pennsylvania als Quäkerkolonie (Religionsfreiheit).
1689–97	»King William's War« (Pfälzischer Krieg).
1702–13	»Queen Anne's War« (Spanischer Erbfolgekrieg).
1740–48	»King George's War« (Österreichischer Erbfolgekrieg).
1741 ff.	»Great Awakening« (Jonathan Edwards).
1754–63	»French and Indian War«; (nach dem Siebenjährigen Krieg wird Kanada englisch).
1764/65	Sugar Act, Stamp Act.
1765	»Sons of Liberty«; 7.–25.10. Stempelsteuerkongreß in New York.
1767	Townshend Acts bringen Einfuhrzölle für Blei, Farben, Glas und Tee (1770 aufgehoben).
1773	10.5. Tea Act; 16.12. »Boston Tea Party«.
1774	Coercive Acts (»Intolerable Acts«); 5.9.–26.10. 1. Kontinentalkongreß in Philadelphia.
1775	19.4. Gefechte von Lexington und Concord eröffnen den Unabhängigkeitskrieg; 10.5. 2. Kontinentalkongreß eröffnet, Wahl von George Washington zum Oberkommandierenden.
1776	4.7. Der Kontinentalkongreß nimmt die von Thomas Jefferson entworfene Unabhängigkeitserklärung einstimmig an.
1778	6.2. Französisch-amerikanische Allianz (Benjamin Franklin).
1783	3.9. Friede von Paris bringt die Anerkennung der amerikanischen Unabhängigkeit.
1787	Verfassung verabschiedet (1789 in Kraft gesetzt, 1791 Amendments 1–10).
1793	Eli Whitneys Entkörnungsmaschine revolutioniert den Baumwollanbau.
1803	»Louisiana Purchase« (Kauf der Gebiete westlich des Mississippi von Frankreich).
1807	Embargo Act gegen Europa zur Demonstration der Neutralität ruiniert amerikanischen Handel (1809 nur noch gegen England und Frankreich in Kraft); Robert Fulton eröffnet mit seiner Fahrt auf der »Clermont« von New York nach Albany das Zeitalter des Dampfschiffes.

1812–14	Kriege gegen England und Indianer.
1817–25	Bau des Erie-Kanals.
1819	Finanzkrise wegen Überexpansion; Erwerb Floridas von Spanien.
1820	Missouri-Kompromiß (Sklaverei nur noch südlich von 36° 30' nördl. Breite).
1823	Monroe-Doktrin leitet isolationistische US-Außenpolitik ein.
1828	Gründung der Demokratischen Partei.
1832	South Carolina lehnt Zolltarif des Bundes ab.
1834	Gründung der Whig-Partei.
1837	Wirtschaftskrise.
1845	Annexion von Texas.
1846–48	Krieg gegen Mexiko (Gewinn von New Mexico und California).
1848	Goldrausch in Kalifornien.
1850	Henry Clays Kompromiß zwischen Nord- und Südstaaten in der Sklavenfrage für neue Staaten (California) und Territorien (New Mexico, Utah).
1852	Harriet Beecher Stowes Buch »Uncle Tom's Cabin«.
1854	Kansas-Nebraska Act erlaubt in den beiden Territorien die Sklaverei und löst heftigen Protest der Sklavereigegner aus; Gründung der Republikanischen Partei; Commodore Matthew C. Perry öffnet Japan für den Handel mit dem Ausland.
1857	Entscheidung des Supreme Court im Fall des Sklaven Dred Scott: Der Kongreß kann die Sklaverei in den Territorien nicht verbieten.
1861–65	Sezessionskrieg; 6. 11. 60 Wahl des Republikaners Abraham Lincoln zum Präsidenten; 20. 12. 60 der Konvent von South Carolina beschließt als erster Südstaat die Sezession vom Norden; 1. 1. 63 Emanzipationsproklamation Lincolns; 9. 4. 65 Kapitulation Robert E. Lees bei Appomattox; 14. 4. 65 Ermordung Lincolns; 18. 12. 65 Sklavereiverbot im 13. Amendment ratifiziert.
1867	Kauf von Alaska (1959 als 49. Bundesstaat in die Union aufgenommen).
1867–71	Terror des Ku-Klux-Klan.
1869	21.2. 15. Amendment gewährt den Negern das Wahlrecht (am 30.3.74 ratifiziert): die transkontinentalen Eisenbahnlinien der Union Pacific und der Central Pacific Railroads treffen am Promontory Point in Utah zusammen; Gründung der »Knights of Labor«.
1870	John D. Rockefeller gründet die Standard Oil Company.
1873	Andrew Carnegie beginnt mit dem Aufbau der Stahlindustrie.
1875–77	Sioux-Krieg in South Dakota.
1886	Die Gefangennahme des Apachenhäuptlings Geronimo beendet den Apachenkrieg (1871-86) im Südwesten; schwere Arbeiterunruhen in Chicago (»Haymarket Affair«); Gründung der »American Federation af Labor« (AFL).
1890	Sherman Antitrust Act.
1892	Gründung der »People's (Populist) Party« in St. Louis.
1893	1. Ford-Automobil; Wirtschaftskrise.
1895–97	Venezuela-Grenzstreit mit England; Währungskonflikte (»Silver Question«).
1898	Krieg gegen Spanien; im Friedensvertrag von Paris erhalten die USA die Philippinen (1946 freigegeben), Puerto Rico und Guam von Spanien; Annexion von Hawaii (1959 als 50. Bundesstaat in die Union aufgenommen).

1899/1900 Staatssekretär John Hays Noten über die »Politik der Offenen Türe« in China.
1901 Platt Amendment sichert den USA Einfluß auf Kuba (Truppenlandungen 1906–09, 1912); 1. Milliardenkonzern durch die Vereinigung der Stahlindustrie unter J. P. Morgan; Hay-Pauncefote-Vertrag sichert den USA Alleinrecht zum Bau des Panamakanals (1904–14).
1901–17 »Progressive Movement«.
1904 »Roosevelt Corollary« zur Monroe-Doktrin.
1904–07 US-Militärintervention in Santo Domingo.
1905 Gründung der radikalen Gewerkschaft der »Industrial Workers of the World« (IWW).
1906 San Francisco durch Erdbeben zerstört.
1910 »Dollar Diplomacy« in Nicaragua (US-Interventionstruppen bleiben bis 1933); Carnegie-Stiftung für den Weltfrieden.
1913 Henry Ford nimmt die Fließbandproduktion auf; Rockefeller-Stiftung; Bundesbank (Federal Reserve System) geschaffen.
1914–17 Bewaffneter Konflikt mit Mexiko.
1915 US-Militärintervention auf Haiti (US-Marinetruppen bleiben bis 1934).
1917 1.3. Zimmermann-Note; 6.4. US-Kriegserklärung an Deutschland; 7.12. US-Kriegserklärung an Österreich-Ungarn.
1918 8.1. Wilsons »Vierzehn Punkte«.
1919–21 »Red Scare«.
1920 19.3. US-Senat lehnt die Ratifikation des Versailler Friedensvertrages und damit den Beitritt der USA zum Völkerbund ab (49 Ja : 35 Nein); Alkoholverbot (Prohibition des 18. Amendments) spaltet die Bevölkerung in zwei Lager (»Wet« und »Dry«); Beendigung der Prohibition 1933.
1921/22 Festsetzung der Flottenstärke der 5 Großmächte USA, England, Japan, Frankreich und Italien auf der Flottenkonferenz in Washington.
1921–24 Restriktionsmaßnahmen der Bundesregierung gegen die Einwanderung.
1922–26 Teapot Dome-Skandal wegen illegaler Verpachtung staatlicher Ölländereien durch hohe Beamte.
1924–26 Ku-Klux-Klan-Exzesse im Süden und Mittelwesten gegen Neger, Katholiken, Juden, Intellektuelle und »Nasse«.
1927 Erfindung der Baumwollpflückmaschine; 20./21.5. Charles A. Lindbergh überfliegt den Atlantik.
1928 Briand-Kellogg-Pakt zur Ächtung des Krieges.
1929 24.10. »Schwarzer Freitag« leitet mit dem Zusammenbruch der New Yorker Börse die Weltwirtschaftskrise ein.
1930 Hohe Schutzzölle durch Hawley-Smoot Tariff Act.
1932 7.1. Stimson-Doktrin verkündet (Nichtanerkennung gewaltsamer Eroberungen).
1933 9.3.–16.6. »Die Hundert Tage«; 1. Phase des »New Deal«; Übergang vom »Laissez faire«-Staat zum modernen Sozialstaat: Agricultural Adjustment Act, Federal Emergency Relief Administration, Tennessee Valley Authority, Federal Securities Act, National Industrial Recovery Act, Farm Credit Administration; Anerkennung der UdSSR.
1934 »Politik der guten Nachbarschaft« löst die Politik der Interventionen in Lateinamerika ab.

1935 Neutralitätsgesetzgebung (u.a. Waffenembargo); 2. Phase des New Deal: Resettlement Administration, Federal Housing Administration, National Labor Relations Act (Wagner-Act) (schafft National Labor Relations Board), Social Security Act; 9.11. Gründung des »Congress of Industrial Organizations« (CIO) durch John L. Lewis (Abspaltung von der »American Federation of Labor«).

1937 1.5. »Cash-and-carry«-Klausel ermöglicht Waffenlieferungen an Kriegführende unter Begünstigung Englands; 5.10. Quarantäne-Rede Roosevelts in Chicago.

1939 3.10. Erklärung von Panama (300–1000 km Neutralitätszone um den amerikanischen Kontinent).

1940 20.6. Roosevelt beruft mit Henry L. Stimson als Kriegs- und Frank Knox als Marineminister zwei alte Interventionisten der Republikanischen Partei.

1941 11.3. Lend-Lease Act (Leih- und Pachtgesetz) ermöglicht US-Kriegsmateriallieferungen an die Alliierten (seit 7.11. auch an die UdSSR); 9.–12.8. Roosevelt und Churchill verkünden die Atlantik-Charta; 7.12. Japanischer Überfall auf Pearl Harbor; 8.12. US-Kriegserklärung an Japan; 11.12. US-Kriegserklärung an Deutschland und Italien.

1942 7.11. Landung von US-Truppen in Nordafrika.

1943 14.–24.1. Konferenz von Casablanca; 10.7.–17.8. britisch-amerikanische Eroberung Siziliens; seit 3.9. britisch-amerikanische Invasion Italiens; 28.11.–1.12. Konferenz von Teheran.

1944 Seit 6.6. Alliierte Invasion Frankreichs; Juli: Konferenz von Bretton Woods zur Schaffung eines Weltwährungssystems; 1.8.–7.10. Konferenz von Dumbarton Oaks zur Vorbereitung der Gründung der UNO (1945 San Francisco).

1945 4.–11.2. Konferenz von Jalta; 7./8.5. Kapitulation Deutschlands; 17.7.–2.8. Konferenz von Potsdam; 6./9.8. Abwurf von zwei US-Atombomben auf Hiroshima und Nagasaki; 14.8. Kapitulation Japans.

1947 12.3. Kongreßbotschaft Trumans verkündet seine Doktrin der Eindämmungspolitik; 5.6. US-Außenminister George C. Marshall lanciert in einer Rede in Harvard seinen Wirtschaftsplan; 23.6. Taft-Hartley Act über die Gewerkschaften.

1948/49 24.6.48–12.5.49 1. Berlin-Krise mit Blockade und US-Luftbrücke.

1949 20.1. Trumans »Punkt 4«-Programm; 4.4. Unterzeichnung des Nordatlantik-Paktes (Dänemark, England, Frankreich, Island, Italien, Kanada, Luxemburg, Niederlande, Norwegen, Portugal, USA; 1952 Griechenland und Türkei, 1955 Bundesrepublik Deutschland).

1950 25.6. Ausbruch des Koreakrieges (25.7.1953 Waffenstillstand); 23.9. International Security Act (McCarran Act) gegen kommunistische Umtriebe.

1950–54 Senator Joseph R. McCarthy veranstaltet in öffentlichen und geheimen Hearings eine Hetzjagd auf »kommunistische« Aktivisten (2.12.1954 US-Senat verurteilt McCarthys Tätigkeit mit 67:22 Stimmen).

1954 26.4.–21.7. Genfer Indochina-Konferenz teilt Vietnam am 17. Breitengrad; 17.5. Entscheidung des Supreme Court gegen die

Rassentrennung in öffentlichen Schulen; 8.9. SEATO-Vertrag unterzeichnet (Australien, England, Frankreich, Neuseeland, Pakistan, Philippinen, Thailand, USA); 2.12. US-Verteidigungspakt mit Formosa.

1955 18.–23.7. Genfer Gipfelkonferenz (Bulganin, Eden, Eisenhower, Faure); 5.12. Zusammenschluß der AFL und CIO.

1956 Amerikanische Vermittlung im Suez-Konflikt.

1957 9.3. Verkündung der Eisenhower-Doktrin (Militär- und Wirtschaftshilfe im Nahen Osten).

1959 25.–27.9. Chruschtschow trifft Eisenhower in Camp David.

1960 »U-2«-Zwischenfall.

1961 1.3. Friedenskorps geschaffen; 13./14.3. Allianz für den Fortschritt; 17.4. Schweinebucht-Invasion auf Kuba gescheitert; 3./4.6. John F. Kennedy trifft Chruschtschow in Wien.

1962 Errichtung eines US-Militärkommandos in Saigon; 22. 10. bis 20. 11. Kuba-Krise.

1963 Mai: Rassenunruhen in Birmingham; 19.6. Civil Rights Law (2.7.1964 verabschiedet); 3.8. Atomteststoppabkommen durch den Senat ratifiziert; 22.11. John F. Kennedy in Dallas ermordet.

1964 2.8. Angriff auf US-Zerstörer »Maddox« im Golf von Tongking bringt Intensivierung des Vietnam-Krieges.

1965 Februar: Aufnahme der systematischen US-Bombardierung Nordvietnams; 28.4. US-Intervention im Bürgerkrieg in der Dominikanischen Republik (Johnson-Doktrin: Verhinderung kommunistischer Machtübernahme); Rassenunruhen in Watts (California); 6.8. Wahlrechtsgesetz; 3.10. Abschaffung des Quoten-Einwanderungssystems von 1924.

1966 Zwei neue Ministerien geschaffen: Department of Transportation, Department of Housing and Urban Development.

1967 10.2. 25. Amendment zur Regelung der Nachfolge in der Präsidentschaft; schwere Rassenunruhen in zahlreichen Großstädten; Zunahme der Protestbewegungen, hpts. gegen den Vietnamkrieg.

1968 4.4. Ermordung des Negerführers Martin Luther King; 13.5. nach Tet-Offensive des Vietcong und Nordvietnams Eröffnung der amerikanisch-nordvietnamesischen Friedensgespräche in Paris; 6.6. Ermordung Robert F. Kennedys, 19.6. Höhepunkt der »Kampagne der Armen« mit Marsch auf Washington; 1.7. Atomwaffen-Sperrvertrag.

1969 Enthüllungen über das US-Massaker von My Lai; 20.7. Apollo XI: erstmals Menschen auf dem Mond; 17.11. Beginn der SALT-Verhandlungen in Helsinki.

1970 29.4. Invasion Kambodschas durch südvietnamesische und US-Truppen; neue Intensivierung der Protestbewegungen.

1971 8.2. Invasion von Südlaos.

1972 22.–30.5. Nach Peking-Reise unterzeichnet Richard M. Nixon in Moskau erstes SALT-Abkommen.

1973 27.1. Unterzeichnung eines Vietnam-Waffenstillstandsvertrages in Paris; 31.1. Beginn der MBFR-Gespräche in Wien; 7.12. Gerald Ford ersetzt Spiro T. Agnew als US-Vizepräsident nach dessen Rücktritt wegen Steuerhinterziehungs- und Korruptionsaffäre.

1973/74 Watergate-Skandal.

1974 9.8. Rücktritt Nixons.

2. *Die kontinentale Expansion der Vereinigten Staaten und die bundesstaatliche Entwicklung der Union*

1787 Northwest Territory
1787 *Delaware, Pennsylvania, New Jersey*
1788 *Georgia, Connecticut, Massachusetts, Maryland, South Carolina, New Hampshire, Virginia, New York*
1789 *North Carolina*
1790 *Rhode Island*
1791 *Vermont*
1792 *Kentucky*
1796 *Tennessee*
1798 Mississippi Territory
1800 Indiana Territory
1803 *Ohio,* Louisiana Purchase
1804 Orleans Territory
1805 Michigan Territory, Louisiana Territory
1809 Illinois Territory
1812 Missouri Territory, *Louisiana*
1816 *Indiana*
1817 *Mississippi*
1818 *Illinois*
1819 *Alabama,* Arkansas Territory
1820 *Maine*
1821 *Missouri*
1822 Florida Territory
1836 *Arkansas,* Wisconsin Territory
1837 *Michigan*
1838 Iowa Territory
1845 *Florida, Texas*
1846 *Iowa*
1848 *Wisconsin,* Oregon Territory
1849 Minnesota Territory
1850 *California*, Utah Territory, New Mexico Territory
1853 Washington Territory
1854 Kansas Territory, Nebraska Territory
1858 *Minnesota*
1859 *Oregon*
1861 *Kansas,* Dakota Territory, Colorado Territory
1863 *West Virginia,* Idaho Territory, Arizona Territory
1864 *Nevada,* Montana Territory
1867 *Nebraska,* Kauf von Alaska
1868 Wyoming Territory
1876 *Colorado*
1889 *North Dakota, South Dakota, Montana, Washington*
1890 *Idaho, Wyoming,* Oklahoma Territory
1896 *Utah*
1907 *Oklahoma*
1912 *Arizona, New Mexico*
1959 *Alaska, Hawaii*

3. *Die Präsidenten der Vereinigten Staaten von Amerika*

Präsident	Partei	Amtszeit	Alter beim Amtsantritt	Lebensdaten	Staat (Heimat-/Wahlstaat)	Vizepräsident
1. George Washington	F	30. 4.1789– 3. 3.1793	57	1732–1799	Virginia	John Adams
George Washington	F	4. 3.1793– 3. 3.1797	61			John Adams
2. John Adams	F	4. 3.1797– 3. 3.1801	61	1735–1826	Massachusetts	Thomas Jefferson
3. Thomas Jefferson	DR	4. 3.1801– 3. 3.1805	57	1743–1826	Virginia	Aaron Burr
Thomas Jefferson	DR	4. 3.1805– 3. 3.1809	61			George Clinton
4. James Madison	DR	4. 3.1809– 3. 3.1813	57	1751–1836	Virginia	George Clinton
James Madison	DR	4. 3.1813– 3. 3.1817	61			Elbridge Gerry
5. James Monroe	DR	4. 3.1817– 3. 3.1821	58	1758–1831	Virginia	Daniel D. Tompkins
James Monroe	DR	4. 3.1821– 3. 3.1825	62			Daniel D. Tompkins
6. John Q. Adams	NR	4. 3.1825– 3. 3.1829	57	1767–1848	Massachusetts	John C. Calhoun
7. Andrew Jackson	D	4. 3.1829– 3. 3.1833	61	1767–1845	North Carolina/Tenn.	John C. Calhoun
Andrew Jackson	D	4. 3.1833– 3. 3.1837	65			Martin Van Buren
8. Martin van Buren	D	4. 3.1837– 3. 3.1841	54	1782–1862	New York	Richard M. Johnson
9. William H. Harrison	W	4. 3.1841– 4. 4.1841	68	1773–1841	Virginia/Ohio	John Tyler
10. John Tyler	D	6. 4.1841– 3. 3.1845	51	1790–1862	Virginia	
11. James K. Polk	D	4. 3.1845– 3. 3.1849	49	1795–1849	Tennessee	George M. Dallas
12. Zachary Taylor	W	5. 3.1849– 9. 7.1850	64	1784–1850	Virginia/Louisiana	Millard Fillmore
13. Millard Fillmore	W	10. 7.1850– 3. 3.1853	50	1800–1874	New York	
14. Franklin Pierce	D	4. 3.1853– 3. 3.1857	48	1804–1869	New Hampshire	William R. King
15. James Buchanan	D	4. 3.1857– 3. 3.1861	65	1791–1868	Pennsylvania	John C. Breckenridge
16. Abraham Lincoln	R	4. 3.1861– 3. 3.1865	52	1809–1865	Kentucky/Illinois	Hannibal Hamlin
Abraham Lincoln	R	4. 3.1865–15. 4.1865	56			Andrew Johnson
17. Andrew Johnson	R	15. 4.1865– 3. 3.1869	56	1808–1875	North Carolina/Tenn.	
18. Ulysses S. Grant	R	4. 3.1869– 3. 3.1873	46	1822–1885	Ohio/Illinois	Schuyler Colfax
Ulysses S. Grant	R	4. 3.1873– 3. 3.1877	50			Henry Wilson
19. Rutherford B. Hayes	R	4. 3.1877– 3. 3.1881	54	1822–1893	Ohio	William A. Wheeler
20. James A. Garfield	R	4. 3.1881–19. 9.1881	49	1831–1881	Ohio	Chester A. Arthur

21.	Chester A. Arthur	R	20. 9.1881– 3. 3.1885	50	1830–1886	Vermont/New York	
22.	Grover Cleveland	D	4. 3.1885– 3. 3.1889	47	1837–1908	New Jersey/New York	Thomas A. Hendricks
23.	Benjamin Harrison	R	4. 3.1889– 3. 3.1893	55	1833–1901	Ohio/Indiana	Levi P. Morton
24.	Grover Cleveland	D	4. 3.1893– 3. 3.1897	55			Adlai E. Stevenson
25.	William McKinley	R	4. 3.1897– 3. 3.1901	54	1843–1901	Ohio	Garrett A. Hobart
	William McKinley	R	4. 3.1901–14. 9.1901	58			Theodore Roosevelt
26.	Theodore Roosevelt	R	14. 9.1901– 3. 3.1905	42	1858–1919	New York	
	Theodore Roosevelt	R	4. 3.1905– 3. 3.1909	46			Charles W. Fairbanks
27.	William H. Taft	R	4. 3.1909– 3. 3.1913	51	1857–1930	Ohio	James S. Sherman
28.	Woodrow Wilson	D	4. 3.1913– 3. 3.1917	56	1856–1924	Virginia/New Jersey	Thomas R. Marshall
	Woodrow Wilson	D	4. 3.1917– 3. 3.1921	60			Thomas R. Marshall
29.	Warren G. Harding	R	4. 3.1921– 2. 8.1923	55	1865–1923	Ohio	Calvin Coolidge
30.	Calvin Coolidge	R	3. 8.1923– 3. 3.1925	51	1872–1933	Vermont/Massachusetts	
	Calvin Coolidge	R	4. 3.1925– 3. 3.1929	52			Charles G. Dawes
31.	Herbert C. Hoover	R	4. 3.1929– 3. 3.1933	54	1874–1964	Iowa/California	Charles Curtis
32.	Franklin D. Roosevelt	D	4. 3.1933–20. 1.1937	51	1882–1945	New York	John N. Garner
	Franklin D. Roosevelt	D	20. 1.1937–20. 1.1941	55			John N. Garner
	Franklin D. Roosevelt	D	20. 1.1941–20. 1.1945	59			Henry A. Wallace
	Franklin D. Roosevelt	D	20. 1.1945–12. 4.1945	63			Harry S. Truman
33.	Harry S. Truman	D	12. 4.1945–20. 1.1949	60	1884–1972	Missouri	
	Harry S. Truman	D	20. 1.1949–20. 1.1953	64			Alben W. Barkley
34.	Dwight D. Eisenhower	R	20. 1.1953–20. 1.1957	62	1890–1969	Texas/New York	Richard M. Nixon
	Dwight D. Eisenhower	R	20. 1.1957–20. 1.1961	66			Richard M. Nixon
35.	John F. Kennedy	D	20. 1.1961–22.11.1963	43	1917–1963	Massachusetts	Lyndon B. Johnson
36.	Lyndon B. Johnson	D	22.11.1963–20. 1.1965	55	1908–1973	Texas	
	Lyndon B. Johnson	D	20. 1.1965–20. 1.1969	56			Hubert H. Humphrey
37.	Richard M. Nixon	R	20. 1.1969–20. 1.1973	56	1913–	California/New York	Spiro T. Agnew
	Richard M. Nixon	R	20. 1.1973– 9. 8.1974	60			Spiro T. Agnew/Gerald R. Ford (seit 7.12.73)
38.	Gerald R. Ford	R	9. 8.1974–	61	1913–	Michigan	Nelson A. Rockefeller

Parteiabkürzungen: D = Democrat; DR = Democratic Republican; F = Federalist; NR = National Republican; R = Republican; W = Whig.

4. Die Kaufkraft des Dollars
(berechnet auf der Basis von 1 Dollar von 1967)

	1970	1965	1960	1955	1950	1945	1940	1935	1930	1925	1920	1915
Großhandelspreise	0,906	1,035	1,054	1,139	1,222	1,832	2,469	2,427	2,250	1,875	1,258	2,792
Konsumentenpreise	0,860	1,058	1,127	1,247	1,387	1,855	2,381	2,432	1,999	1,903	1,666	3,289

	1910	1905	1900	1895	1890
Großhandelspreise	2,758	3,230	3,461	3,978	3,455
Konsumentenpreise (nur Lebensmittel)	3,879	4,711	5,249	5,428	5,172

	1885	1880	1875	1870	1865	1860	1855	1850	1845	1840	1835	1830
Großhandelspreise	3,339	2,838	2,405	2,102	1,534	3,051	2,580	3,379	3,420	2,988	2,838	3,154

	1825	1820	1815	1810	1805	1800	1795	1790	1785	1780	1775	1770
Großhandelspreise	2,756	2,678	1,669	2,167	2,013	2,200	2,167	3,154	2,988	1,261	3,784	3,686

	1765	1760	1755	1750
Großhandelspreise	3,942	3,593	4,300	4,731

5. Einwanderung 1820 – 1970

Jahrzehnt	Menschen
1820–1830	151774
1830–1840	599125
1840–1850	1713251
1850–1860	2598214
1860–1870	2314824
1870–1880	2812191
1880–1890	5246613
1890–1900	3687564
1900–1910	8795386
1910–1920	5735811
1920–1930	4107209
1930–1940	528071
1940–1950	1035039
1950–1960	2515479
1960–1970	3321677
Total 1820–1972	45917801

6. Das US-Bruttosozialprodukt zum jeweiligen Geldwert (1870 – 1970)

Jahr	Total (in Milliarden Dollar)	Pro Kopf (in Dollar)
1870	6,7	165
1875	7,5	171
1880	9,8	186
1885	11,3	204
1890	13,5	210
1895	13,6	199
1900	17,3	231
1905	24,2	294
1910	31,6	349
1915	40,3	408
1920	88,9	835
1925	91,3	788
1930	91,1	740
1935	72,5	569
1940	100,6	761
1945	213,6	1526
1950	284,6	1876
1955	397,5	2405
1960	504,4	2792
1965	681,2	3506
1970	976,4	4765

7. *Summe der Warenexporte und -importe pro Jahrzehnt (1790–1970)* (in Millionen Dollar)

Jahrzehnt	Exporte	Importe	Bilanz
1791–1800	468	592	– 124
1801–1810	746	927	– 181
1811–1820	591	807	– 216
1821–1830	694	729	– 35
1831–1840	1035	1195	– 160
1841–1850	1196	1181	+ 15
1851–1860	2489	2844	– 355
1861–1870	2545	3318	– 773
1871–1880	5891	5788	+ 103
1881–1890	7652	6922	+ 730
1891–1900	10248	7633	+ 2615
1901–1910	16164	11585	+ 4579
1911–1920	45867	26118	+19749
1921–1930	45870	37415	+ 8455
1931–1940	25780	20975	+ 4805
1941–1950	109400	50865	+58535
1951–1960	172685	122410	+50275
1961–1970	300100	249745	+50355
1972	48968	55555	– 6587

8. *Die Bevölkerung der Vereinigten Staaten von Amerika (1790–1970)*

Jahr	Gesamt-bevölkerung	Anteil der Schwarzen in %	Einwohner pro Quadratmeile (2,59 km²)	Geburtenrate pro 1000 Einwohner	Lebenserwartung bei Geburt (in Jahren)
1790	3929214	19,3	4,5		
1800	5308483	18,9	6,1		
1810	7239881	19,0	4,3		
1820	9638453	18,4	5,6	55,2	
1830	12866020	18,1	7,4		
1840	17069453	16,8	9,8	51,8	
1850	23191876	15,7	7,9		
1860	31443321	14,1	10,6	44,3	
1870	39818449	12,7	13,4		
1880	50155783	13,1	16,9	39,8	
1890	62947714	11,9	21,2		
1900	75994575	11,6	25,6	32,3	47,3
1910	91972266	10,7	31,0	30,1	50,0
1920	105710620	9,9	35,6	27,7	54,1
1930	122775046	9,7	41,2	21,3	59,7
1940	131669275	9,8	44,2	19,4	62,9
1950	150697361	10,0	50,7	24,1	68,2
1960*	179323175	10,6	50,5*	23,7	69,7
1970*	203211926	11,7	57,4*	18,2	70,8

* mit Alaska und Hawaii

Namen- und Sachregister

Geographische Bezeichnungen wurden nur aufgenommen, wenn sie mit historischen Vorgängen in direktem Zusammenhang stehen.